EXPLORATION

SCIENTIFIQUE

DE L'ALGÉRIE

PENDANT LES ANNÉES 1840, 1841, 1842

CHEZ MM.

LANGLOIS ET LECLERCQ,

FORTIN-MASSON ET CIE,

LIBRAIRES,

A PARIS.

EXPLORATION

SCIENTIFIQUE

DE L'ALGÉRIE

PENDANT LES ANNÉES 1840, 1841, 1842

PUBLIÉE

PAR ORDRE DU GOUVERNEMENT

ET AVEC LE CONCOURS D'UNE COMMISSION ACADÉMIQUE

SCIENCES HISTORIQUES ET GÉOGRAPHIQUES

VII

PARIS

IMPRIMERIE ROYALE

M DCCC XLV

MODE DE TRANSCRIPTION

DES

MOTS ARABES EN CARACTÈRES FRANÇAIS

ADOPTÉ POUR LA PUBLICATION
DES TRAVAUX DE LA COMMISSION SCIENTIFIQUE D'ALGÉRIE.

On a cherché à représenter les mots arabes de la manière la plus simple et en même temps la plus conforme à la prononciation usuelle.

Il a paru convenable de rejeter les lettres purement conventionnelles, dont l'emploi augmente les difficultés de l'orthographe, sans retracer plus exactement l'expression phonique.

Il a été reconnu que, sauf deux exceptions, tous les caractères arabes rencontrent des caractères ou identiques ou analogues dans l'alphabet français. On a donc rendu par les lettres françaises simples ceux des caractères arabes qui leur sont identiques pour la prononciation, et par les mêmes lettres, accompagnées d'un accent[1], ceux qui leur sont analogues.

Les deux lettres qui n'ont, dans notre langue, ni identiques, ni analogues, sont le ع et le غ. La pre-

---

[1] Cet accent est celui qui, désigné en algèbre sous le nom de *prime*, y est employé comme signe de l'analogie entre les quantités.

mière est partout remplacée par une apostrophe, accompagnée des voyelles que la prononciation rend nécessaires; la seconde, par la double lettre *kh*, conformément à l'usage.

Trois autres caractères, qui n'ont pas, dans la langue française, d'identiques ou d'analogues simples, ont été rendus par des lettres doubles, savoir: le ج par *dj*, le ش par *ch*, le و par *ou*. La prononciation arabe se trouve ainsi fidèlement reproduite.

Les avantages qu'a paru offrir ce mode de transcription sont surtout:

1° De ne point exiger la fonte de caractères nouveaux, et de pouvoir être ainsi adopté, sans aucune dépense, dans tous les établissements typographiques;

2° De fournir un moyen facile de rétablir les mots dans leurs caractères primitifs.

Lettres.	Valeur.	
ا	A, È, I, O.	L'emploi de ces divers caractères est déterminé par la prononciation et l'accentuation de la lettre arabe.
ب	B.	
ت ث	T.	Ces deux lettres sont généralement confondues dans la prononciation.
ج	Dj.	
ح	H'.	
خ	Kh.	
د ذ	D.	Généralement confondues.
ر	R.	
ز	Z.	

Lettres.	Valeur.	
س	S, C, Ç....	L'emploi de ces trois lettres sera réglé de manière à conserver le son sifflant de l'S.
ش	Ch.	
ص	S', C', Ç'....	Même observation que pour le س.
ض ظ	D'........	Ces deux lettres sont confondues par tous les Barbaresques dans la prononciation et dans l'écriture.
ط	T'.	
ع	'..........	Apostrophe précédée ou suivie de celle des voyelles dont la prononciation nécessite l'emploi.
غ	R'.	
ف	F.	
ق	K', G, Gu..	Le g et le gu seront employés dans les mots où l'usage attribue au ق la prononciation gutturale du g; ex.: Gafs'a, Guélma.
ك	K.	
ل	L.	
م	M.	
ن	N.	
ه	H.	
و	Ou, Ô.	
ى	Î, Ĭ.	

OBSERVATIONS.

1° Dans les mots qui, étant précédés de l'article, commencent par une lettre solaire, on se conformera à la prononciation en redoublant la lettre initiale. Ainsi on écrira 'Abd-er-Rah'mân, Nâc'er-ed-Dîn, et non 'Abd-el-Rah'mân, Nâc'er-el-Dîn.

2° Les mots terminés par la lettre ة, qui ne prend alors que le son de l'a sans aspiration, seront terminés, dans la transcription française, par la lettre *a* simple, et non par *ah*. On écrira donc *Miliána*, *Blída*, et non pas *Miliánah*, *Blídah*.

3° Les consonnes placées à la fin d'une syllabe ne seront jamais suivies de l'*e* muet. Toutefois il ne faut pas oublier que dans la langue arabe les consonnes se prononcent toutes distinctement, et qu'aucune ne prend le son nasal ni ne s'élide. Ainsi *Bíbân* doit se prononcer *Bíbâne*; *Mans'our*, *Manns'our*; *Tôzer* se prononce *Tôzere*; *Kouínín*, *Kouínîne*; *Zâr'ez*, *Zâr'ezz*; *Gâbes*, *Gâbess*.

HISTOIRE
DE
L'AFRIQUE
DE MOH'AMMED-BEN-ABI-EL-RAÏNI-EL-K'AÏROUÂNI

TRADUITE DE L'ARABE

PAR

MM. E. PELLISSIER ET RÉMUSAT

PRÉFACE DES TRADUCTEURS.

L'ouvrage dont nous avons entrepris la traduction nous a paru mériter, à plus d'un titre, d'être offert au public, à une époque où le Nord de l'Afrique, dont la plus belle partie est devenue française, attire les regards de toute l'Europe. L'auteur de ce livre, fort inconnu jusqu'à présent, a résumé avec assez de lucidité, et quelque peu de critique, tout ce que ses prédécesseurs avaient écrit sur cette contrée depuis l'invasion musulmane. Il est en général moins sec, moins décharné que la plupart des historiens arabes, même les plus renommés. On trouve chez lui, sur les mœurs et sur les institutions, quelques digressions qui ne manquent point d'intérêt.

Le but principal d'El-K'aïrouâni a été d'écrire l'histoire du royaume de Tunis, c'est-à-dire de l'Afrique proprement dite, en prenant ce mot dans le sens restreint que lui donnaient les anciens. Mais comme ce pays ne fut longtemps qu'une partie du vaste gouvernement arabe du Mor'reb, puis successivement des empires des Ar'labites, des Fatimites, des Zeïrites, des Almoravides, et enfin des Almohades; que ce ne fut qu'à la chute de ces derniers qu'il devint état indépendant, notre auteur a écrit, par le fait, l'histoire de toute la Barbarie jusqu'au XIIIe siècle. A partir de cette époque, il ne s'occupe plus que de Tunis, dont il donne les annales détaillées sous la dynastie des Beni-H'afez et sous la domination turque, jusqu'en 1681 (1092 de l'hégire), année où il publia son ouvrage. Dans cette dernière partie de son travail, il est écrivain original; car, comme il a soin de le dire, depuis la chute des Beni-H'afez, Tunis n'eut pas d'autre historien que lui.

Si les personnes qui s'occupent de sciences historiques pensent que c'est leur avoir rendu un service que d'avoir fait connaître un auteur arabe aussi complet que l'est El-K'aïrouâni, elles devront en attribuer le mérite principal à M. le maréchal duc de Dalmatie, dont les encouragements ont soutenu les traducteurs dans ce travail aride, et sous les auspices de qui cette traduction voit le jour.

Nous avons cru devoir joindre à la traduction du texte de notre auteur un nombre assez considérable de notes à l'usage des lecteurs peu versés dans l'histoire, la littérature, la géographie et les institutions de l'Orient. Nous prions les orientalistes qui voudront y jeter les yeux, de les lire avec indulgence, et ceux d'entre eux à qui nous avons fait des emprunts, de nous les pardonner et de recevoir nos remercîments pour les lumières qu'ils nous ont fournies.

PRÉFACE DE L'AUTEUR.

Au nom de Dieu clément et miséricordieux !
Que la prière de Dieu soit sur notre maître le
prophète Moh'ammed !

Louange à Dieu qui permet, lorsqu'on l'invoque, de terminer la tâche qu'on s'est imposée;
que toute société appelle de ses vœux, à cause des
bienfaits et des grâces dont il comble le genre
humain! Lui seul a la connaissance des faits que
les siècles doivent dérouler à nos yeux, faits dont
le secret étourdit la raison, qui ne peut le pénétrer ni le comprendre. Lui seul tient entre ses
mains nos destinées, dont il possède la connais-

sance, quelque reculé que doive en être l'accomplissement. C'est lui qui a accordé aux savants les connaissances qu'ils possèdent; c'est lui qui, par sa toute-puissance, a créé l'univers. Qu'il soit béni et glorifié par tous ceux qui reconnaissent sa grandeur infinie, et qui confessent son unité! qu'il soit exalté par les cœurs qu'il a formés! C'est lui-même qui a prescrit de le glorifier en échange des biens dont il nous comble.

Déclarons qu'il n'y a de Dieu que Dieu, qu'il est unique et n'a point d'associé. Il est clément et généreux. Déclarons que notre seigneur Moh'ammed est sa créature et son apôtre. La mission de Moh'ammed fut toute de justice et de vérité. Il dissipa les erreurs répandues dans le monde, se conformant en cela à la volonté de Dieu, qui l'avait envoyé. Il se rendit d'un lieu saint dans un autre lieu saint que tout musulman vénère; il purifia la religion, il proclama les préceptes que suivent les croyants. Son passage d'un lieu saint dans un autre fut pour tous ceux qui suivent la loi l'ère consacrée. Que la prière soit sur lui! que le parfum de cette prière s'élève vers lui jusqu'à la fin des siècles! qu'il soit agréable à lui, à ses parents et à ses alliés, dont Dieu a dit : « Que les parents du prophète soient lavés de toute souillure, et qu'il leur soit fait rémission de leurs anciens péchés! »

Dieu se montra favorable aux compagnons du prophète, qui soumirent à leurs lois les peuples de l'Orient et ceux de l'Occident; qui détruisirent les temples de ceux qui donnent des associés à Dieu; qui exterminèrent les adorateurs des idoles, et qui proclamèrent à haute voix l'unité de Dieu. Ce fut alors que brilla la justice, et que l'erreur fut confondue. Alors les esprits, ramenés à la vérité, ne se perdirent plus dans le chaos des opinions contradictoires.

Que la prière que tout musulman adresse au Très-Haut pour le prophète et les siens leur profite au jour du jugement! Dans ce jour redoutable, que de visages seront resplendissants de beauté! mais combien d'autres seront couverts de honte et de confusion! La prière sur le prophète nous sera un préservatif contre les feux de l'enfer, et un droit pour obtenir une place parmi les élus.

Dieu continua sa protection aux deux générations qui suivirent celle du prophète et poursuivirent ses travaux. Cette protection durera pour eux éternellement, tant que l'oiseau chantera sur la branche et que les doigts des écrivains formeront des lettres.

Moi, Moh'ammed-ben-abi-el-Goum-el-Raïni, connu sous le nom de Ben-abi-Dinar-el-K'aïrouâni, je partage l'opinion des savants qui regardent la science de l'histoire comme la plus digne d'occuper un homme grave; elle fait passer en revue, devant l'esprit, les faits que Dieu a accomplis dans les temps reculés. On y voit la manière dont les décrets divins se sont exécutés sur les anciennes générations. Là brille la toute-puissance de Dieu, qui, sans cesse occupé, n'est jamais distrait de ses occupations sans cesse renouvelées.

Quelques personnes pensent que l'étude de l'histoire constitue pour l'homme une occupation prescrite par Dieu même, qui a voulu que nous prissions, dans les leçons du passé, des règles pour bien juger des événements de nos jours. Ensuite n'est-il pas merveilleux de voir se refléter comme dans un miroir tout ce qui a été dit, tout ce qui a été fait dans les temps reculés? Il n'y a pas de manière plus utile de fortifier l'esprit et d'orner la mémoire qui, au moyen du télescope du temps, plonge dans des bosquets d'or.

On doit reconnaître que l'histoire de l'Orient est la perle des connaissances historiques; l'Occident a aussi ses fastes, qu'il ne faut pas négliger; enfin, il est convenable de se faire un résumé de l'histoire du genre humain tout entier.

Malheureusement les historiens écrivent le plus souvent sous l'influence de leurs passions et des préjugés de leur pays; et comme cette influence varie selon les temps, les lieux et les circonstances, il en résulte de nombreuses contradictions dans leurs écrits : mais tous s'accordent en ce qui concerne Tunis, Tunis la verte, Tunis la reine des cités de l'Afrique, Tunis la bien gardée de Dieu, Tunis, dont aucun auteur ne saurait raconter toutes les merveilles. Tout observateur attentif qui l'aura contemplée un seul moment préférera à toutes les villes cette charmante fiancée de l'Occident, qui fut le siége des Beni-H'afez. Son éclat ne saurait être méconnu, il est comme celui de la lumière.

Des auteurs dont l'autorité est incontestable

assurent que Tunis avait atteint le plus haut degré de prospérité longtemps avant qu'elle fût soumise à l'empire des Turcs. Ben-el-Hentâti a composé un ouvrage sur cette belle ville. Il puisa, pour en réunir les matériaux, dans les trésors des Beni-H'afez, qui lui furent ouverts. Son livre est aujourd'hui hors de prix. Si cet auteur eût vu la Tunis de nos jours, s'il eût contemplé la majesté de ses nouveaux édifices et le tranquille bonheur de ses habitants, il aurait avoué que, depuis lui, elle n'a fait que gagner en prospérité, et dans son étonnement il eût laissé échapper son bâton de ses mains.

Cet état florissant a cependant eu ses vicissitudes; le malheur a atteint Tunis. Nous avons vu les querelles de deux frères et le choc des cavaliers. Dieu permit ces désordres et ces troubles, où chacun se renferma dans son égoïsme sans songer au bien général.

J'aurais désiré qu'il se trouvât un homme sage et éclairé qui eût réuni les matériaux de l'histoire de cette époque aux documents plus anciens que nous fournit Ben-ech-Chemma pour les temps antérieurs; mais les malheurs dont fut accablée

Tunis, la dispersion de mes amis, la perte douloureuse de mes enfants, furent pour moi des raisons suffisantes de composer l'ouvrage que j'aurais voulu voir entreprendre par une main plus habile. Je fis donc de nombreuses recherches, je consultai des hommes capables, qui me donnèrent des encouragements; je réunis les matériaux les plus authentiques, et ce que j'ai vu de mes propres yeux. Ce travail fut une sorte de soulagement pour mon cœur ulcéré par les malheurs de mon pays et la perte de mes enfants.

K'atni a dit : Que Dieu fasse miséricorde à Ben-el-Ouardi, qui a publié les sentences suivantes :

Je me plais dans les douleurs. Je désire connaître les écritures, et que mon ami soit glorieux.

Mais, me disais-je, que suis-je pour prétendre à un pareil honneur? De quel mérite, de quelle force suis-je pourvu pour inscrire mon nom parmi ceux des cavaliers de la joute?

El-Ah'naf, à qui Dieu fasse miséricorde, a dit dans des circonstances pareilles :

Le siècle est corrompu; j'ai suivi le torrent, mais le fond de mon cœur est resté pur : aussi, à force de travail, j'espère me faire un nom.

Quant à moi, mon insuffisance doit me rendre un objet de compassion. Pauvre de science, il faudra que je fasse des emprunts à de plus savants que moi. J'espère, du reste, que les hommes instruits qui me liront me pardonneront les erreurs dans lesquelles je tomberai. Je ne pourrais rien faire sans leur indulgence, ni prendre rang parmi les sages, moi, simple homme du monde, plus adonné, jusqu'à présent, aux dissipations de la vie extérieure qu'aux occupations sérieuses de l'esprit; moi qui, comme la plus imprudente des créatures, cherche à m'engager dans un fourré impénétrable. Je puis être comparé à un homme qui voudrait couper du bois dans les ténèbres, ou réunir les eaux fuyantes de mille sources.

Cette tâche m'est d'autant plus difficile que mes cheveux commencent à blanchir. Lorsque l'aube paraît, le jour approche et la nuit s'éloigne. Deux choses, hélas! doivent faire naître dans ce monde nos plus amers regrets : la perte de la jeunesse, et celle des personnes qui nous sont chères.

Malgré toutes ces considérations, j'entre dans l'arène, armé des écrits de Ben-ech-Chemma; précaution indispensable à qui veut bâtir sur de solides fondements. Je réunirai les renseignements qu'il nous fournit, tant de lui-même que d'après les auteurs qu'il a consultés. J'y joindrai les documents que j'ai réunis de mon côté, et que je n'ai admis qu'après mûr examen. Si, dans le cours de mon histoire, je me suis quelquefois écarté des opinions de Ben-ech-Chemma, c'est que j'ai eu la conviction qu'elles étaient erronées, et que je n'ai pas dû lui sacrifier les miennes. Je ferai tout mon possible pour mériter, ce que je recherche avant tout, l'estime du public. Il est rare qu'avec l'aide de Dieu un travail persévérant ne nous conduise pas au but de nos efforts : si j'atteins le mien, je me croirai un fils de Defren.

Je commencerai mon édifice par la domination des khalifes. Quoique sans moyens, sans force, et même un peu paresseux, j'espère que Dieu m'aidera, qu'il m'éclairera, qu'il me mettra à l'abri du mensonge, et me préservera de faux pas.

J'ai donné pour titre à mon ouvrage : *Le Compagnon qui raconte l'histoire de l'Afrique et de Tunis*. Je l'ai divisé en huit livres, plus un katem (épilogue).

Le premier livre contient la description de Tunis;

Le second, celle de l'Afrique ;

Le troisième, la conquête de l'Afrique par les musulmans;

Le quatrième, l'histoire des khalifa 'Abadîa (Fatimites);

Le cinquième, celle des émirs Senhadja (Zeïrites).

Le sixième, celle des Beni-H'afez;

Le septième et le huitième, celle de la domination turque.

Le katem traite des événements arrivés plus récemment dans le pays de Tunis, et qui rendirent cette ville célèbre sur tout le continent africain.

HISTOIRE

DE

L'AFRIQUE.

LIVRE PREMIER.

DESCRIPTION DE TUNIS.

Ben-ech-Chemma prétend que Tunis est d'origine musulmane, et qu'elle fut bâtie vers l'an 80 de l'hégire. Il ajoute que lorsque Abou-Dja'far-el-'Abbâci, surnommé El-Mans'our, en parlait avec les officiers que lui envoyait, de temps à autre, le gouverneur de l'Afrique, il l'appelait toujours la rivale de K'aïrouân. C'était en faire un bel éloge. Aujourd'hui, continue le même auteur, elle peut passer pour la principale et la plus belle ville de l'Afrique. Elle fut le siége des rois de la dynastie des Beni-H'afez. Elle reçut des émigrés de l'Espagne, du Mor'reb et d'autres pays. Elle prit bientôt un grand accroissement de population, car chacun aurait voulu habiter ce beau séjour. De magnifiques jardins y furent plantés, et des milliers d'édifices s'y élevèrent.

Tunis est à dix milles de Carthage. Les jardins situés entre cette ville et la mer étaient très-fertiles, bien arrosés et abondants en fruits exquis. La mer a, depuis, couvert ce terrain. Les géographes placent Tunis dans la deuxième division du troisième climat [1]. Ils assurent qu'elle portait anciennement le nom de T'archîch, qu'elle n'eut celui de Tunis qu'après que les musulmans s'y furent établis. Elle est, disent-ils, bâtie sur un promontoire, à l'extrémité d'un étang, ouvrage des hommes, et communiquant avec la mer par un canal dont l'entrée n'est qu'à trois milles de Carthage. L'étendue qu'ils donnent à Tunis est de six milles dans un sens, et de huit milles dans l'autre.

Ben-ech-Chemma attribue vingt-quatre mille dra' [2] de circonférence au mur d'enceinte de Tunis. Il fait l'éloge de la grande mosquée de cette ville, dont le minaret a vue sur la mer, et dit qu'elle fut élevée par 'Abd-Allah-ben-el-H'edjab, en l'année 114, ainsi que le chantier de construction où il fit arriver la mer.

Quant à moi, je trouve que les géographes ont raison dans ce qu'ils disent de l'ancienneté de Tunis. Cette question a été débattue avant moi et me paraît complétement éclaircie. Nous avons des auteurs qui nous donnent des détails sur la prise de possession de cette ville par les musulmans. Ben-ech-Chemma a également

[1] Les géographes arabes partagent la terre en zones, qu'ils appellent climats, et chaque climat en dix parties; ils comptent sept zones de l'équateur au pôle.

[2] Le dra' est une mesure qui vaut environ un demi-mètre. C'est la coudée.

raison lorsqu'il dit que l'étang actuel était autrefois un terrain couvert de jardins. Ce qui le prouve ce sont les puits qu'on y trouve, et où sont sans doute tombés bien des pêcheurs. Aujourd'hui ils connaissent les endroits dangereux et les évitent. Les travaux qui ont amené la formation de cet étang n'ont pu être faits que par les musulmans, et après la destruction de Carthage, qui était sur la mer, et d'ailleurs trop éloignée pour que l'étang pût lui être utile.

Ben-ech-Chemma, tout en disant que Tunis est d'origine musulmane, ne dit pas quel est le prince qui en fit construire les remparts. Les Tunisiens assurent que ce fut le cheikh Sidi-Mah'rez, qui vivait au commencement du ve siècle de l'hégire. Ce cheikh les fit peut-être réparer, après les funestes événements qui se passèrent à Tunis, en 316, lorsqu'Abou-Izîd, homme sans retenue ni religion, dévasta l'Afrique, et enleva de Tunis, femmes, enfants, esclaves, bêtes, marchandises, argent, etc. et environ douze mille jarres d'huile. Je donnerai plus tard des détails sur ces événements [1]. Ben-ech-Chemma ne dit pas non plus qui bâtit la k'as'ba. Il avance seulement, en parlant d'Abd-el-Ouâh'ed, qu'il y demeura à son arrivée à Tunis. Ce qui prouve que la fondation de la k'as'ba est antérieure aux Beni-H'afez. Peut-être fut-elle bâtie aux temps des Beni-Ar'lâb, comme on le verra plus tard. Les khalifes y demeurèrent. Les Beni-Khorsân l'habi-

---

[1] Dans le livre IV.

taient aussi lorsqu'ils secouèrent le joug des Beni-Bades [1].

Je suis cependant porté à croire qu'il s'agit ici d'une autre k'as'ba que celle qui existe actuellement, et que cette dernière fut bâtie par les Beni-H'afez, ainsi que nous le verrons plus loin. La mosquée et le chantier ne furent point construits par 'Abd-Allah-ben-el-H'edjab, comme l'avance Ben-ech-Chemma. 'Abd-Allah fut envoyé en Afrique, en 110, par H'achem-ben-'Abd-el-Mâlek-ben-Merouân, khalife d'Orient. Il fit sortir El-Mustenir de prison et l'envoya à Tunis [2].

Au reste, El-Bekri [3] dit, comme l'auteur que je viens de citer, que ce fut 'Abd-Allah-ben-el-H'edjab qui fit ces constructions, et que le pourtour de Tunis est de vingt-quatre mille dra'. Il ajoute qu'elle portait anciennement le nom de T'archîch, et, la mer qui baigne ces parages, celui de Râdes, ainsi que le port. Il dit de plus que ce fut H'acen-ben-No'mân qui en prit possession. D'autres écrivains assurent que cet honneur revient à Zouhir-ben-Kîs-el-Bâloui. Il y a beaucoup

---

[1] Bades, émir de la dynastie des Zeīrites, ou émirs Senhadja. On parle de cette révolte dans le livre V.

[2] Ce Mustenir avait été malheureux dans une expédition qu'il fit en Sicile par ordre du prédécesseur d'Abd-Allah, qui l'en punit par la prison; il rentra en faveur sous 'Abd-Allah, qui le nomma gouverneur de Tunis. Cet événement est rapporté en détail dans le livre III.

[3] Abou-'Obaïd-el-Bekri, célèbre géographe. Ce qu'il a écrit sur l'Afrique a été traduit et publié par M. E. Quatremère, dans le tome XII des Notices et extraits des manuscrits de la Bibliothèque royale.

de contradictions dans tout ce qu'on a dit sur Tunis. Prétendre, avec quelques-uns, qu'elle a été bâtie sous les Beni-O'mmîa, et prise par H'acen ou Zouhir, serait inexact. Zouhir gouvernait, vers l'an 67 de l'hégire, et H'acen, vers l'an 77. Tunis n'aurait été bâtie qu'en 80; elle ne peut donc avoir été prise avant cette époque. Il est certain que ce n'est que postérieurement à cette année qu'on aperçoit, dans l'histoire, des preuves de la présence des musulmans à Tunis, qu'ils y choisirent des emplacements et y bâtirent des maisons. Avant ce temps, aucun musulman n'y avait pénétré. On n'en attribue la fondation aux Beni-O'mmîa que parce que ce fut sous eux que ces événements se passèrent. Au reste, il est vrai que Ben-ech-Chemma devait connaître mieux que moi l'histoire de son pays.

El-Bekri dit que dans le jardin, transformé en étang, qui est près de Tunis, lequel a vingt-quatre milles de circonférence et qui baigne le pied de la montagne d'Abi-'Omar, il a remarqué les ruines d'un ancien château, situées dans la petite-île, de deux milles de circuit, qu'on appelle Chekli[1], et qui produit de la soude. Maintenant il existe encore un château en cet endroit, mais qui est d'une origine postérieure à celui dont parlent El-Bekri et d'autres auteurs. Cette forteresse fut d'abord construite par les chrétiens, au commencement de l'an de l'hégire 940. Elle fut prise par les Turcs, comme on le verra; depuis, elle tomba en ruines, et il n'en resta que de faibles traces. H'adji-

---

[1] C'est dans cette île qu'est établi actuellement le lazaret de Tunis.

Mous't'afa, dey, la releva en 1070. De nos jours elle n'est pas occupée.

Tunis, poursuit Ben-ech-Chemma, est une ville d'arts et de sciences, à dix milles de laquelle coule une rivière que l'on nomme Medjerda, dont les eaux endurcissent le cœur de ceux qui en boivent. Elle fut appelée Tunis, parce que, dans les premiers temps que les musulmans arrivèrent en Afrique, ceux d'entre eux qui passaient près du clocher de T'archîch, s'arrêtaient à converser avec un moine qui venait leur tenir compagnie pendant leur repos. Depuis, en parlant de cet endroit, ils disaient : le lieu qui tient compagnie (*touannes*)[1], et de là le nom de Tunis. Au dire de Ben-ech-Chebbat, un olivier isolé se trouvait au lieu où a été bâtie la mosquée. On disait également de cet olivier : « l'olivier qui tient compagnie. » La mosquée prit le nom de mosquée de l'Olivier.

D'autres auteurs ont écrit que le moine dont nous venons de parler apportait ordinairement aux Arabes qui faisaient halte près de T'archîch, un mets composé de ces grains que l'on nomme dechîcha. Les Tunisiens en ont pris la coutume, au commencement de chaque année, de manger le dechîcha. Ces mêmes Arabes remarquèrent un lieu que le moine avait entouré de ronces, et ils lui demandèrent ce que cela pouvait être. Il leur répondit qu'il avait vu souvent jaillir de ce lieu une brillante lumière, et que, perçant

---

[1] Du verbe arabe *ouanès*, qui signifie tenir compagnie, distraire, occuper le temps d'une manière agréable.

que quelque objet saint s'y trouvait, il l'avait entouré de ronces, pour empêcher les chiens d'aller le profaner. Les Arabes s'empressèrent alors d'y faire leurs prières. Depuis, la chaire de la mosquée a été établie en cet endroit même qui a été ainsi consacré à la religion. Si ce fait est vrai, nul doute que le lieu ne soit saint et béni. La prière ne peut y être que méritoire, puisque, dès le principe, nos aïeux le sanctifièrent en y invoquant Dieu.

El-Bekri dit qu'un fossé fortifié entourait Tunis, et que cette ville avait cinq portes. Ben-ech-Chebbat assure que, de son temps, il y en avait dix, y compris celle de la k'as'ba; aujourd'hui il y en a sept. La k'as'ba a une porte secrète, ordinairement fermée.

Plusieurs auteurs donnent jusqu'à cinq noms à Tunis, savoir :

T'archîch, qui est son ancien nom ;

Tunis, nom imposé par les conquérants, et dont l'étymologie a été expliquée;

El-H'adra (la présente), parce que les rois de la dynastie des Beni-H'afez y demeuraient;

El-Khad'ra (la verte), à cause du grand nombre d'oliviers qui s'y trouvent et dont le feuillage se conserve en hiver comme en été. C'est un arbre béni, qui produit plus que tout autre. Il est une source de richesse. La verdure est en général prise comme synonyme d'opulence; Tunis étant riche en oliviers, a pris le nom de la Verte;

Et enfin, Djerdjet-el-'A'lîa (le haut escalier); les uns

disent qu'elle a été ainsi surnommée à cause de la grande mosquée; d'autres disent que c'est à cause de sa haute renommée et de sa prépondérance sur les villes d'Afrique.

J'ai su, d'une personne bien informée, qu'Ah'med, sultan de Maroc, ayant envoyé son serviteur Mah'-moud-Pacha, à la tête d'une armée, dans le Soudan, pour soumettre ce pays, celui-ci prit Timbektou et fit reconnaître à cette contrée la souveraineté de son maître. Le cheikh Ah'med-Abou-el-'Abbês, connu sous le nom de Bâba, était, à cette époque, l'homme le plus instruit du pays. Il demanda à ses concitoyens quel était ce prince dont ils venaient de reconnaître la souveraineté. « C'est, lui répondirent-ils, le sultan de Maroc. » — « Je ne connais d'autre sultan en Occident, leur répliqua-t-il, que celui de Tunis. » On voit que ce savant connaissait Tunis et son histoire, quoiqu'il fût plus près de Maroc que de Tunis, Tunis, dont cette simple phrase fait l'éloge.

Pour en revenir à Ben-ech-Chebbat, il vante la beauté de la mosquée, l'élégance et la hauteur de son minaret qui est telle, dit-il, que du sommet on peut voir l'intérieur des maisons de la ville. On y arrive, du côté de l'Est, par un perron de douze marches. Cet auteur sait sans doute à quoi s'en tenir sur ce fait, mais il ne dit pas qui a bâti la mosquée. D'autres écrivains ont avancé, comme je l'ai déjà dit, que c'était 'Abd-Allah-ben-el-H'edjab. Peut-être cet émir ne fit-il qu'en jeter les fondements. Ben-Nâdji prétend que ce fut Ziâdet-Allah-ben-el-Ar'lâb qui fit construire la mosquée de l'Olivier, ainsi que les remparts et la k'as'ba. Il est à croire, en effet, que cet édifice s'éleva sous la domination des Ar'labites, car on lit l'inscription suivante sur les parois du dôme, au-dessus de la chaire : « Êmir-el-moumenîn El-Mesta'ïn-Billah-el-'Abbâci, année 250. » On agrandit ensuite la mosquée, comme on le fit du temps des Beni-H'afez.

Voici à peu près la description que fait Ben-ech-Chebbat, de Tunis. Cette ville renferme, dit-il, un grand nombre de rues, de spacieux fondouk'[1], et quinze maisons de bains. Les portes des maisons sont en général en arc de cercle, et construites du marbre le plus beau. Il s'y fait un commerce très-étendu. Sa poterie est en renom. Les pots à eau, qu'on y fabrique, sont très-blancs et si minces qu'on voit presque le jour à travers. Aucun pays ne peut lutter avec Tunis dans ce genre d'industrie. On peut dire que Tunis est la plus belle ville de l'Afrique. C'est le berceau des arts et des sciences; aussi fournit-elle des k'âd'i aux autres pays. Ses fruits sont aussi délicieux au goût que ses campagnes sont belles à la vue.

Que Dieu fasse miséricorde à Ben-ech-Chebbat; mais s'il eût vécu de notre temps, s'il eût vu le nombre immense des jardins de Tunis, la variété et la bonne qualité de leurs fruits, il n'aurait pu en faire la description. Dieu en est témoin, nul canton sur la terre n'offre de pareilles richesses. Les Égyptiens s'enor-

[1] Caravansérails.

gueillissent de leur pays; Tunis est, sous tous les rapports, la sœur de l'Égypte. Ce qui prouve la fécondité de son sol, c'est qu'en automne il entre en ville plus de mille charges de raisins par jour, sans compter les charges de melons, figues et autres fruits. Le chef des employés aux portes m'a assuré qu'en 1061 il avait tenu compte des charges de raisins qui s'étaient vendues pour faire du vin, non compris le raisin vendu pour d'autres usages; le nombre s'en était élevé à soixante mille. Maintenant qu'on juge. Les maisons de bains, qui y étaient au nombre de quinze, sont actuellement au nombre de quarante. Quant à la poterie, c'est la moindre branche de son industrie.

L'auteur de l'*Aktebas-en-Nouar* dit que Tunis, ville d'Afrique, est à quatre journées de marche de K'aïrouân; qu'elle fut bâtie par les Beni-O'mmîa, et que la ville ancienne qui l'avoisine, dont les Romains étaient les maîtres, se nommait Carthage. Il compte, parmi les savants à qui elle donna le jour, 'Ali-Abou-el-H'acen-ben-Ziâd-et-Tounci. Ce personnage illustre avait entendu la lecture d'*El-Mouatta* de la bouche de son propre auteur, Mâlek. Sahnoun, autre savant, qui mourut cinq ans après Mâlek, ne dut sa science qu'à l'étude de cet ouvrage. Sahnoun fut enterré près de la porte dite Menâra.

Le savant et pieux Cheikh-Mah'rez-ben-Khalf était de Tunis; il y mourut et fut enterré également dans sa maison, derrière la porte dite Souîk'a. C'est Ben-ech-Chemma qui rapporte ce fait. Il dit aussi qu'au

Sud de Tunis existe une montagne nommée Djebel-et-Tôba et Djebel-ez-Zellâdj, et qu'au sommet de cette montagne s'élève un pavillon qui a vue sur la mer. Il est réellement étonnant que cet auteur n'ait pas su que ce pavillon fut la demeure du cheikh Abou-H'acen-ech-Châdli, qui vivait longtemps avant Ben-ech-Chemma. Peut-être, cependant, ne fut-il en réputation que beaucoup plus tard. Ben-ech-Chemma ajoute qu'à l'Est de la montagne est une grotte ouverte, auprès de laquelle coule un ruisseau. Aujourd'hui il n'existe rien de pareil, à moins que notre auteur n'ait voulu désigner la grotte dite Châdli, qui est au pied de la montagne, près de l'étang. Il y avait là, en effet, une source qu'on appelait El-H'ammâm, et qui n'est plus qu'une mare.

A propos de Tunis, je dois citer les vers suivants, composés à sa louange :

> Tunis charme le voyageur;
> Il ne la quitte qu'à regret;
> Et portât-il ses pas au fond de l'Irac,
> Son cœur s'attendrirait encore à son souvenir.
> Son cœur s'attendrit et la désire,
> Comme Farzdak désirait En-Nouar.

Farzdak[1] était l'amant aimé d'En-Nouar, et, comme

---

[1] Poëte célèbre du 1ᵉʳ siècle de l'hégire. Il était éperdument amoureux d'En-Nouar, sa cousine, à la main de laquelle une supercherie lui avait donné quelques droits. Cette femme, dont la beauté est encore célèbre en Orient, quitta son pays pour fuir les poursuites de son cousin qu'elle n'aimait point ; mais les diverses tribus arabes où elle se présenta, craignant, en lui donnant asile, de s'attirer quelque

il était poëte, il a laissé beaucoup de vers où il chante ses amours.

El-Baladri[1] prétend que ce fut Zouhir-ben-Kîs qui prit Tunis. Selon Bekri, ce fut H'acen-ben-No'mân, lequel massacra les chrétiens qui se trouvaient dans les jardins. Quant à ceux de la ville, ils firent mine de se soumettre, s'engageant à payer contribution et à fournir aux Arabes tout ce dont ils auraient besoin, à condition que ceux-ci n'entreraient pas dans leur ville. Ces chrétiens, dit El-Bekri, avaient beaucoup de vaisseaux. Ils profitèrent des ombres de la nuit pour s'embarquer avec leurs femmes, leurs enfants, ce qu'ils possédaient de plus précieux, et abandonnèrent la ville. H'acen y entra avec le fer et le feu, y installa des musulmans, y éleva une petite mosquée et se retira. Après son départ, les chrétiens revinrent à l'improviste, tuèrent ou prirent les musulmans, qui étaient sans défense, et firent un riche butin.

Cette nouvelle étant parvenue aux oreilles de H'acen, il se dirigea sur Tunis, et envoya à 'Abd-el-Mâ-

boutade poétique de Farzdak, dont la plume satirique était très-redoutée, elle fut obligée de céder et de s'unir au terrible poète. Cet amant passionné devint bientôt un mari volage ; il fit même des vers contre celle qu'il avait tant désirée : il a appris à la postérité que cette belle cousine était un peu trop grasse, et qu'elle nageait dans la sueur aussitôt que l'éventail cessait d'agiter l'air autour d'elle.

M. Caussin de Perceval a publié sur Farzdak, ainsi que sur Akhtal et Djerir, ses contemporains et ses rivaux en poésie, trois excellentes Notices dans le Journal asiatique.

[1] Ah'med-ben-Yakni-ben-Djâber-el-Baladri, auteur d'un livre intitulé, *El-Ansab-ech-Cherfa,* ou Généalogie des nobles.

lek-ben-Merouân une députation de quarante Arabes, des plus notables du pays, pour lui faire connaître ce triste événement; le khalife en fut vivement touché. Il se trouvait alors auprès de lui un grand nombre de Teba'ïn, et, parmi eux, deux Soh'âba[1], l'un nommé Anas-ben-Mâlek et le second Zâïd-ben-Tâbet. Ces deux vieillards rassemblèrent les croyants et leur promirent le paradis, s'ils voulaient consacrer un jour au combat, pour venger les Arabes de Tunis. Ils engagèrent fortement le khalife à se presser de reprendre Tunis et ses environs, et de veiller à sa conservation, parce que, dirent-ils, Tunis est une ville sainte. Leurs discours produisirent un bon effet. Le khalife écrivit à son frère 'Abd-el-'Azîz, gouverneur de l'Égypte, d'envoyer à Tunis mille familles coptes, et de veiller à ce qu'on en eût le plus grand soin dans la traversée. Il enjoignit en même temps à H'acen-ben-No'mân de faire construire un arsenal maritime à Tunis, pour y créer une marine capable de faire respecter les musulmans jusqu'à la fin des siècles, et dont on se servirait pour faire des courses sur les côtes des chrétiens. H'acen ouvrit alors passage à la mer de Râdes[2], et la fit arriver jusqu'au chantier. Il fit construire beaucoup de vaisseaux et installa les Coptes dans la ville.

Ben-ech-Chebba, sans croire qu'Abd-Allah-ben-

[1] On appelle Soh'âba les compagnons du prophète, ceux qui ont vécu avec lui; Teba'ïn (suivants) les fidèles de la génération suivante.
[2] Râdes, village situé à l'Est de Tunis, entre le lac et la mer.

H'edjab soit le créateur de l'arsenal, pense qu'il le fit peut-être réparer. Tunis était peuplée de musulmans, longtemps avant ce gouverneur, et des courses avaient déjà été faites avec avantage sur les côtes des chrétiens. El-Bekri donne à H'acen tout l'honneur des travaux qui furent faits à la mer de Râdes. D'autres auteurs assurent qu'Abd-el-Mâlek-ben-Merouân en conçut lui-même le projet, lorsqu'il apprit ce qu'avaient souffert les Arabes de Tunis, par l'invasion des chrétiens, ce qui est d'accord avec l'opinion d'El-Baladri. Ils ajoutent que les fidèles de l'Orient écrivirent à ceux d'Afrique que ceux d'entre eux qui feraient la guerre, pendant un jour seulement, dans les environs du port de Râdes, pourraient se dispenser du pèlerinage de la Mecque, les premiers s'engageant à remplir ce devoir en leur lieu et place. D'autres savants, qui se sont beaucoup occupés de cette affaire de Râdes, disent qu'elle eut lieu sous le règne d'El-Oulid, et que ce fut lui qui ordonna à 'Abd-el-'Azîz d'envoyer des Coptes à Tunis, et à H'acen d'entreprendre les travaux du port.

Il y a encore d'autres écrivains qui disent que ce fut Mouça-ben-Nâç'er qui ordonna la construction de l'arsenal, et y fit arriver la mer, qui couvrit un espace de douze milles, ce qui forma un port. Ils disent que, par son ordre, cent vaisseaux furent construits pour faire la guerre aux chrétiens; que son fils 'Abd-Allah fit une expédition en Sakalia [1], y prit des villes et en

[1] La Sicile.

rapporta un riche butin. Selon ces historiens, ce fut la première expédition maritime entreprise par les musulmans. On l'appela la guerre des nobles. Ces mêmes auteurs ajoutent qu'un autre chef fut envoyé à Sarkousa[1], où il fit un grand carnage. Dieu sait jusqu'à quel point on peut ajouter foi à ces différentes versions.

Il n'est pas besoin d'exalter davantage la gloire de Tunis, dont la célébrité est proverbiale. Elle mérite de porter le nom de Tunis, puisqu'elle charme le voyageur. Le plus pauvre y trouve à glaner. On ne la quitte qu'avec regret; on s'y attache, et la ville, si je puis m'exprimer ainsi, s'attache à vous. Les éloges qu'on en fait sont dans toutes les bouches. Il est permis d'en parler au Mesdjed-el-H'aram (à la Mecque), et au Mesdjed-el-Aksa (à Jérusalem)[2]; ceci est un fait positif.

Tunis est la bien gardée de Dieu. Elle est au centre

---

[1] Syracuse.

[2] Il est interdit de parler d'objets profanes dans ces deux temples; mais Tunis étant une ville sainte, la défense ne la concerne pas. Voilà ce que veut dire l'auteur.

Mesdjed-el-H'aram signifie proprement *le temple sacré*, et quoique cette dénomination appartienne à tous les temples, on l'applique plus particulièrement à celui de la Mecque, appelé *la kahaba*. Le temple de Jérusalem fut, dans le principe, appelé *El-Aksa*, à cause de son éloignement de la Mecque; on l'appelle aussi *la maison sainte*, Bît-el-K'ouds. Le mot arabe *mesdjed*, prononcé *mesgida* et dont les Espagnols ont fait *mesquita*, est devenu le mot français *mosquée*. Les Arabes se servent plus souvent du mot *djema'* que de celui de *mesdjed*. Le premier signifie *assemblée*; c'est l'analogue du mot *église*.

de l'Afrique, comme l'Afrique est au centre des pays de l'Orient et de ceux de l'Occident. Ma conviction est que sa fondation remonte à des temps fort reculés, et que les auteurs qui disent qu'elle fut prise et non fondée par les musulmans ont raison. H'acen s'en empara, 'Abd-Allah-ben-el-H'edjab l'embellit, comme le fit depuis Zïâdet-Allah-ben-el-Ar'lâb, et elle ne fut terminée que sous les Beni-H'afez. On ne tardera pas à voir tout cela en détail. H'acen-ben-No'mân fit aussi la conquête de Carthage, après avoir coupé les conduits qui y amenaient l'eau. Ce fut lui qui construisit la mosquée de l'Olivier, comme on l'a déjà vu. J'ai demandé à des chrétiens versés dans l'étude de l'histoire, quel était chez eux le nom primitif de Tunis, ils m'ont répondu, Tunis, et m'ont dit que ce nom était d'origine grecque. Ils m'ont fait voir un livre d'histoire enrichi des plans de Carthage et de Tunis; le Hania et la rivière de Medjerda s'y trouvent aussi. J'ai remarqué que Tunis y occupe moins d'espace que Carthage. J'ai interrogé ces chrétiens sur l'époque de la fondation de ces deux villes, et ils m'ont dit qu'elle remontait à plus de deux mille ans. Les chrétiens ont, en général, de la passion pour ces sortes d'études. Le pays dont je parle leur appartenait, et il est à croire que les propriétaires connaissent mieux les localités que les locataires [1].

Quant à la mosquée de Tunis, on ne peut admettre,

---

[1] L'antiquité de Tunis n'a pu être un sujet de controverse que pour des Arabes. Il est question de cette ville sous le nom qui est encore

ainsi que quelques-uns l'ont avancé, qu'elle ait été bâtie par 'Abd-Allah-ben-el-H'edjab, l'an 114 de l'hégire; car les premiers conquérants, ayant été des gens distingués et pieux, on ne peut croire qu'ils soient restés sans mosquée, trente ans et même plus, puisqu'au dire de ces auteurs Tunis aurait été bâtie en 80. Selon moi, il serait plus raisonnable de croire qu'on se hâta d'élever d'abord la mosquée telle quelle, et que plus tard elle fut agrandie et embellie. Cette remarque doit, à mon sens, lever tous les doutes.

Les remparts furent élevés par les soins des Beni-Ar'lâb, ainsi que la k'as'ba. Les émirs qui ont commandé en Afrique s'établirent d'abord à K'aïrouân. Les premiers qui aient préféré Tunis sont ceux de la famille des Beni-Ar'lâb. Voici ce que dit, à ce sujet, Ben-et-Tadji[1] : « Les Beni-Ar'lâb, attirés par la beauté du lieu, préférèrent Tunis; ils y bâtirent la grande mosquée. » En parlant des Beni-Ar'lâb, je dis dans le courant de mon histoire, que 'Abd-Allah-ben-Ah'med-ben-Brahim-ben-el-Ar'lâb mourut à Tunis, en 296, assassiné par ses esclaves, à l'instigation de son fils, Zïadet-Allah, qui gouverna après lui.

Au résumé, la ville de Tunis a été la première de l'Occident qui ait pu s'enorgueillir de ses monuments. En tout, elle a l'avantage sur les autres. Sa gloire re-

---

le sien, dans plusieurs auteurs grecs et romains, tels que Tite-Live, Polybe, Diodore de Sicile, etc.

[1] Casiri, dans sa *Bibliotheca hispano-arabica*, indique un écrivain de ce nom, auteur d'un ouvrage intitulé : *Règle et lumière des mœurs*.

çut un nouvel éclat depuis qu'elle passa sous la protection de la Turquie. Tout ce qui pouvait lui nuire fut repoussé, et elle brilla, au milieu de ses rivales d'Afrique, d'une beauté réelle et d'une réputation méritée. De nouveaux établissements y furent créés; ses produits se multiplièrent; ses rues, ses maisons s'encombrèrent de marchandises; des mosquées et d'autres édifices nouveaux vinrent l'embellir et la parer d'un plus grand éclat. Les étrangers, attirés de loin ou de près par les éloges qu'ils en entendaient faire, vinrent s'y établir. Alors Tunis fut digne de son nom. Ce ne fut que de mon temps qu'elle perdit de sa splendeur, que les malheurs fondirent sur elle, à la suite de la guerre. La crainte règne aujourd'hui dans ses murs jadis si paisibles. J'espère que Dieu lui rendra des jours prospères.

Les Tunisiens possèdent les plus belles qualités du cœur et de l'esprit; ils sont bons, compatissants, doués d'une grande force de mémoire et d'un jugement sain et pénétrant. Les savants de Tunis l'emportent sur tous les autres par l'étendue et la variété de leurs connaissances. Cela est si vrai, que si quelqu'un, voulant se livrer à un travail d'esprit, avait des recherches à faire, il recueillerait en un an plus de renseignements dans cette ville qu'en dix dans une autre contrée.

Dieu a doué Tunis d'un charme inexplicable qui la distingue de toutes les autres cités du continent. Cela tient-il à la grande mosquée, semblable en cela à celle de Salomon?

El-'Abdri a parlé longuement de Tunis; il rend justice à ses savants en les dépeignant tels qu'ils sont, tandis qu'en parlant de ceux d'Égypte il dit : « Écoutez les éloges qu'on en fait; mais n'allez pas sur les lieux juger par vous-même. » L'origine, voilà le principal. On ne s'élève que lorsqu'on appartient à une souche déjà respectée.

Le cheikh Abou-'Abd-Allah-Moh'ammed-ben-Mus'-t'afa-el-Azhaï, professeur à Tunis, qu'il connaissait bien, et où il avait été traité avec la plus grande considération par les magistrats et les habitants, disait, après un long séjour dans cette ville : « Dût-on me couper la tête, je répondrais *non* à trois questions.

« Si on me demandait : Avez-vous connu un homme plus docte qu'Ibrahim-el-Lekkâni ? Je répondrais *non*.

« Si on me disait : Avez-vous vu quelque chose de plus beau que la mosquée de l'Olivier? Je répondrais *non*. »

Quant à la troisième question, il en sera fait mention plus tard.

On a dit beaucoup de bien des habitants de Tunis, et l'on n'a pas oublié leurs femmes. Un écrivain a avancé que quiconque se marie ailleurs qu'à Tunis ne peut pas se considérer comme marié. Ce peu de mots dit tout.

Mais c'est assez exalter Tunis. Si je poursuivais, l'espace me manquerait, et je sortirais des bornes que je me suis prescrites. Ma plume voulait continuer; mais je l'ai arrêtée, dans la crainte de la trouver épuisée lorsque j'aurai à traiter des sujets qui demandent un travail de longue haleine. Toute inspiration, toute aide vient de Dieu, et c'est sur lui que je compte pour poursuivre ma tâche.

LIVRE SECOND.

DESCRIPTION DE L'AFRIQUE [1].

Les savants entendent par Afrique le pays de K'aïrouân. Des écrivains en font une des parties du monde ; mais ils ne s'accordent pas sur les limites qu'ils lui assignent.

L'Afrique est au centre de l'Occident. Or ce qui est au centre est toujours ce qu'il y a de mieux. On dit que cette terre fut appelée Afrique parce qu'elle sépare l'Est de l'Ouest [2]. C'est ordinairement ce qu'il y a de mieux qui sépare deux parties. D'autres disent qu'elle doit son nom aux Afarik'a qui l'habitaient, c'est-à-dire aux fils de Farouk'-ben-Mesraïm [3], descendants, à ce qu'on assure, de Kouth, fils de Cham, fils de Noé. Une autre opinion fait venir les Afarik'a d'Afrik'ich-ben-Abr'a-ben-Zi-el-K'arnîn, qui, ayant conquis l'Occident, y bâtit une ville [4]. On appela cette ville Afrik'a, et ses

---

[1] Il ne s'agit ici que de l'Afrique prise dans le sens restreint que El-K'aïrouâni donne le plus habituellement à ce mot, ainsi que nous en avons prévenu le lecteur dans notre préface.

[2] Du verbe arabe *farak*, qui signifie séparer, diviser.

[3] C'est ce Mesraïm, dont la plupart des chronologistes font le premier roi d'Égypte, sous le nom de Ménès.

[4] Les historiens arabes donnent à leur nation deux origines distinctes : ils appellent Arabes purs ou sans mélange les peuples de

habitants Afarik'a. C'est El-Makrizi [1] qui avance ce fait. Le nom de ce conquérant s'écrivait d'abord Afrik'is. Les Arabes changèrent le س (sin) en ش (chin).

Ben-Chebbat dit, d'après d'autres auteurs, qu'Afrik'ia vient de Barik' [2], parce que le ciel de l'Afrique est sans nuages. Cette explication n'est pas juste, car ce pays est très-brumeux. C'est au point que l'on a écrit qu'il est rare que le temps ne soit pas couvert à K'aïrouàn.

l'Yémen, descendus de Joktân, fils du patriarche Heber ou Houd, et Arabes mélangés ou Mostarabes, les descendants d'Ismaël, qui prit femme chez les Djouromnites, tribu sortie de l'Yémen et établie alors sur le territoire de la Mecque. Joktân eut un fils appelé Sab'a, d'où les peuples de l'Yémen furent appelés Sabéens. H'emiar, fils de Sab'a, donna son nom à la plus puissante de leurs tribus. Les Sabéens et les Hémiarites ont été connus des Grecs et des Romains; mais leurs auteurs ne disent pas que ces Arabes envoyaient des colonies dans le Nord de l'Afrique, fait que le témoignage unanime des historiens orientaux ne permet pas de révoquer en doute. Tous sont d'accord, à quelques variantes près, sur cet Afrik'ich dont parle ici notre auteur. Selon Léon l'Africain, qui en ceci répète ce qui a été écrit avant lui, il conduisit dans la contrée à laquelle il donna son nom, les tribus de Zanagra, Muçamouda, Zenata, Houara et Gomora. Cette émigration remonte à un temps très-reculé, et qui nous paraît être celui de la domination des rois pasteurs ou arabes en Égypte. Il y aurait bien des recherches curieuses à faire à ce sujet; mais ce serait un travail dont l'étendue dépasserait les bornes d'une simple note. Nous ferons seulement remarquer ici cette épithète de K'arnîn (aux deux cornes), qui semble rattacher l'arrivée des Arabes sabéens en Afrique aux traditions de Jupiter-Ammon.

[1] T'âki-ed-Dîn-ben-Ah'med-el-Makrizi, né au Caire vers l'an 760 de l'hégire, est un des plus célèbres écrivains arabes; il composa un grand nombre d'ouvrages, dont le plus connu est une Description historique et topographique de l'Égypte.

[2] C'est-à-dire, clair.

Le territoire de cette ville est considérable, comme le point de partage des nuages. On a dit que les nuages qui se forment à K'aïrouân vont se résoudre en pluie en Sakalia. Il pleut souvent en Afrique, et en hiver le froid y est assez rigoureux. J'ai entendu des savants faire à cette contrée l'application de ce passage du Koran. « Ils ne voient pas que c'est moi qui pousse les eaux vers la terre fertile en artichauts sauvages. » En effet, on ne rencontre dans aucun autre pays habité une aussi grande quantité d'artichauts sauvages qu'en Afrique.

L'Afrique est une magnifique contrée, qui renferme tout ce qu'il y a de meilleur et de plus utile; on y trouve de superbes villes, de beaux édifices, d'abondantes récoltes, des eaux douces, des fruits de toute espèce, de riches mines, d'excellent laitage, de bonnes terres, enfin tout ce qui peut satisfaire les besoins et les désirs de l'homme.

Plusieurs auteurs comprennent sous le nom de Mor'reb tout le continent qui s'étend de la rive gauche du Nil aux côtes de l'Océan, et ils appellent Afrique la partie comprise entre Barka, Tanger, la Méditerranée et les sables qui sont à l'entrée du pays des nègres. Pour moi, j'établis que de notre temps on entend par Afrique la contrée qui s'étend de l'Ouad-et-T'în[1] à Bêdja. Ben-Chebbat dit que ce pays est assez connu pour qu'il puisse se dispenser de le décrire,

[1] L'Ouad-et-T'în coule à quelques lieues au Sud de Sfax, auprès des ruines de l'antique Thena. C'est le Tanaïs ou Tana de Salluste.

et que de tout temps il a produit des hommes versés dans toutes les sciences. Il fait au Mor'reb et à l'Afrique l'application de diverses paroles du prophète. Ben-Debbar' cite celles qui se rapportent, selon lui, à Mnastir et à Râdes. Ben-el-Nadji dit que ces applications sont justes, en ce qui concerne Mnastir. Je vais rapporter quelques-uns de ces passages, pour obtenir les grâces qui y sont attachées.

Le premier, cité par Ben-Chebbat, est tiré d'Yah'ia-ben-Gahin qui, dans son *Ketab-Meslem* [1], raconte qu'il tenait d'H'achim, qui le tenait de Daoud, qui le tenait d'Abi-Henda, qui le tenait d'Abi-O'sman, qui le tenait d'Abi-Oukas, que le prophète a dit : « Les gens du Mor'reb resteront purs sur la vérité jusqu'au dernier jour. »

Dans les livres de *Tebkat fi 'Alema Afrik'ia* [2], Far-h'at-ben-Moh'ammed nous apprend, d'après 'Abd-Allah-ben-Abi-H'acen, et successivement d'après 'Abder-Rah'mân-el-H'alabi, et 'Abd-Allah-ben-'Omar, que le prophète a dit : « Il viendra de l'Occident, le jour du jugement, des hommes de ma loi, dont la figure sera plus resplendissante que la lune, dans la quatorzième nuit du mois. »

On rapporte à l'Afrique un grand nombre d'autres passages. On dit, entre autres, que Mnastir est une des

---

[1] Livre du musulman. D'Herbelot fait mention d'un ouvrage ainsi intitulé, mais l'auteur est différent : il l'appelle Abou-H'ossaïn-ben-H'adjadj-el-Meslem.

[2] C'est-à-dire, classement des savants d'Afrique.

portes du paradis. Il est certain que c'est un agréable pays.

Divers écrivains, suivant en cela l'opinion d'Abder-Rah'mân-ben-Zaïd [1], disent que l'Afrique s'.. nd de Tanger à Tripoli. Tout ce vaste espace n'e' , qu'un ombrage continu; les villes et les villages s'y touchaient, tant il était peuplé. Kahina détruisit tout cela, après la défaite d'H'acen-ben-No'mân-el-Krerrâni. H'acen avait conquis Carthage et Tunis, et avait mis en fuite les Berbères, du côté de Barka. Étant ensuite retourné à K'aïrouân, il s'informa s'il restait à vaincre quelques chefs puissants. On lui apprit qu'il y avait encore à combattre une magicienne, nommée Kahina, qui habitait le mont Aourês, et qui avait beaucoup de troupes sous ses ordres. Il marcha contre elle et lui livra bataille. Un grand nombre d'Arabes périrent, et H'acen prit la fuite. Kahina le poursuivit jusqu'au delà des terres de Gâbes, et lui fit quatre-vingts prisonniers.

Cet événement eut lieu sous le règne d'Ab·'-el-Mâlek-ben-Merouân. H'acen rendit compte à ce khalife de l'échec qu'avaient éprouvé les musulmans. Ben-Merouân lui écrivit de s'arrêter là où il recevrait sa lettre. Elle lui parvint sur le territoire de Barka, et il s'arrêta dans un lieu qui porte encore le nom de K's'our-Hacen. Il y resta cinq ans, et, pendant tout ce temps, Kahina fut maîtresse de l'Afrique. Elle dit

[1] Casiri, dans sa *Bibliotheca hispano-arabica*, mentionne un historien de ce nom, auteur de quinze volumes d'Annales africaines.

aux Berbères : « Les Arabes convoitent les villes et les richesses de l'Afrique à laquelle nous ne demandons que du grain. Je ne vois de salut pour vous que dans la dévastation du pays, afin qu'ils ne le convoitent plus. » Elle envoya ensuite ses troupes de tous côtés. On coupa les oliviers et les autres arbres; on détruisit les places fortes; enfin, on dévasta entièrement ce riche pays, où les villages se touchaient[1].

Les historiens chrétiens disent que le souverain de l'Afrique résidait à Carthage, et que cent mille villes ou places fortes lui obéissaient. Lorsque les Carthaginois voulurent porter la guerre en Italie, ils ne prirent qu'un homme et un dinar par ville. Ils s'y rendirent par l'Espagne, qu'ils conquirent ainsi que la Gaule. Leur prince mit le siége devant Rome. Alors le chef des Romains envoya ses troupes par mer en Afrique, pour attaquer Carthage. Il y eut une grande bataille sur les bords de l'Ouad-Medjerda. Les Carthaginois avaient quatre-vingt mille hommes de cavalerie, sans compter les fantassins. Cette diversion des Romains avait obligé le prince des Carthaginois d'abandonner l'Italie et de revenir en Afrique. Les Carthaginois possédèrent l'Espagne pendant plusieurs siècles[2].

El-Melchouni dit qu'aucun prophète n'a paru en Afrique. Les premiers serviteurs de Dieu qui y péné-

---

[1] Toute cette histoire de Kahina est racontée de nouveau et à sa véritable place dans le livre suivant.

[2] Le lecteur comprendra facilement qu'il s'agit ici de la deuxième guerre punique, que l'auteur raconte à sa manière.

trèrent furent les disciples d'Aïça [1], sur qui soit le salut. Parmi eux était Mathieu le Publicain [2], qui fut tué à Carthage; il est auteur d'un évangile qu'il écrivit en hébreu, neuf ans après l'Ascension du Christ au ciel. Quelques auteurs assurent que le prophète de Dieu, Khâled-ben-Senân-el-'Absi, est venu en Afrique, mais sans but de prédication. Il vivait après 'Aïssa et avant Moh'ammed [3]. Il est enterré, dit-on, à Tebessa; mais plusieurs le nient. Le cheikh Et-Touâti assure que son tombeau est réellement dans cette ville. J'ai entre les mains un écrit de mon père (Dieu lui accorde sa miséricorde!), où se trouve cette phrase : « J'ai vu le cheikh Et-Touâti se rendant en pèlerinage, au tombeau du prophète de Dieu, Khâled-ben-Senân-el-'Absi. » Le cheikh Et-Touâti a fait un livre pour prouver la venue de Khâled en Afrique où on l'appelle Khâled-en-Nebi.

On compte parmi les villes d'Afrique : Barka, Tripoli, R'dâmes, Fezzân, Ouadjela, Oudân, Kouar, Gafs'a, Kastilia, Gâbes, Djerba, Tahart [4], Bêdja, El-Orbes, Chok-Benâr, Sabra, Sbîtla, Barr'aï, Medjâna,

[1] Jésus-Christ.
[2] Cette mission de l'évangéliste Mathieu, en Afrique, n'est pas plus prouvée que celle de Simon Zélotes, que quelques Grecs donnent pour apôtre aux Africains. Le savant Morcelli, dans son *Africa christiana*, a repoussé cette seconde assertion; il ne paraît pas avoir eu connaissance de la première.
[3] L'historien persan Mirkhond met ce prophète infiniment plus près de Moh'ammed que de Jésus-Christ; car il dit que sa fille était contemporaine du premier.
[4] Ou Tiharet.

Souça, Benzert, Zar'ouân, Djeloula, Tunis et Carthage.

Très-anciennement, sous les Afarik'a, le siége du gouvernement était à Carthage, comme sous les Grecs. Vint ensuite l'invasion des Berbères qui arrivèrent de l'Orient lorsque, après la mort de leur roi Djâlout'[1], ils quittèrent leur pays et se dispersèrent; la plus grande partie d'entre eux s'établirent en Afrique et dans le Mor'reb[2]. Dans la suite, ils embrassèrent la religion chrétienne. Les Romains s'emparèrent des côtes, et les Berbères furent leurs sujets.

Carthage, la plus grande ville de l'Occident, était de fondation ancienne. Quelques auteurs disent qu'elle fut bâtie du temps du roi David, et qu'il y a soixante et douze ans de différence entre l'époque de sa fondation et celle de la fondation de Rome. Ils ne disent pas la-

[1] Goliath.
[2] Nous avons déjà vu une grande immigration d'Arabes sabéens en Afrique; celle des Cananéens n'est pas moins constatée. Tout le monde sait que Procope en parle comme d'un fait avéré, à l'appui duquel il mentionne certaines colonnes trouvées à Tigisis, qui portaient une inscription indiquant qu'ils avaient quitté la Palestine, chassés par les Juifs. Cette inscription nous paraît aussi suspecte qu'à Gibbon; mais l'historiette de Procope prouve au moins l'antiquité de la tradition. On voit dans le *Pœnulus* de Plaute, que les Carthaginois appelaient l'Afrique le pays de Canaan. Saint Augustin (*in Expositione epistolæ ad Romanos*) dit qu'il en était de même de son temps; enfin, tous les historiens arabes sont unanimes dans la croyance que les Berbères descendent des premiers habitants de la Palestine, chassés de ce pays par les Israélites; seulement quelques-uns semblent réunir cette émigration à celle d'Afrék'ich. Quant au nom de Berbère, on lui donne plusieurs étymologies, dont aucune ne nous paraît satisfaisante.

quelle a été bâtie la première. Cette date ne saurait être exacte, à moins qu'il ne s'agisse d'une seconde ou d'une troisième édification, car des érudits nous apprennent qu'il existait, au temps de Moïse, un prince de Carthage qui faisait des courses sur mer pour capturer les vaisseaux. Or Moïse vivait longtemps avant David. Ces mêmes savants disent que la réunion des deux mers est à Râdes, et que le Djedar était à Moh'ammediia, qui est T'ebenda. Les gens de Tlemsên prétendent que cet édifice était chez eux.

Voici un fait qui prouve l'antiquité de Carthage : 'Abd-er-Rah'mân-ben-Zaïd, étant encore dans sa jeunesse, se promenait un jour avec son oncle sur les ruines de Carthage, dont il admirait la grandeur, lorsqu'ils découvrirent un tombeau portant cette inscription en langue hamirih [1] : « Je suis 'Abd-Allah-ben-Ouassi, envoyé de l'envoyé de Dieu, S'âlah'. » Voilà ce que des gens dignes de foi assurent avoir entendu dire à 'Abd-er-Rah'mân. Quelques-uns d'eux ajoutent qu'il y avait de plus dans l'inscription : « Chaïbân m'a envoyé aux habitants de cette ville avec mission de les appeler à Dieu. J'arrivai chez eux au commencement de la journée, et ils me mirent à mort injustement. Que Dieu les juge d'après leur conduite [2]. »

[1] Dialecte des Arabes sabéens.
[2] Le prophète S'âlah', dont il est question dans ce paragraphe, est le patriarche S'âlah' de la Bible; il était père d'Heber. D'après les musulmans, il fut envoyé pour prêcher la parole de Dieu aux Temoudites qui, ne l'ayant pas écouté, furent frappés de mort, selon le Koran, qui raconte tout au long cette histoire. On voit qu'Abd-Allah,

On lit dans quelques historiens que, lorsque Mouça-ben-Noceïr eut fait la conquête de l'Andalousie, on lui dit qu'il existait dans ce pays un cheikh d'un âge extrêmement avancé. Il voulut le voir. Le cheikh se présenta à lui; ses sourcils couvraient ses yeux. Mouça lui dit : « Apprends-moi combien d'années ont passé sur toi. » — « Cinq cents, » répondit le cheikh. Mouça lui fit ensuite d'autres questions auxquelles il répondit. Puis il lui demanda le nom de son pays et combien de temps il y avait vécu. Le vieillard répondit : « Je suis de Carthage; j'y ai vécu trois cents ans et deux cents ici. » Mouça l'interrogea alors sur la fondation de Carthage. Le cheikh lui dit : « Carthage a été bâtie par ceux du peuple d'Ad qui échappèrent à la mort lorsque Dieu fit périr leurs frères par la violence du vent[1]. Elle fut ensuite détruite et resta mille ans en ruine. Nemrod-ben-J'aoud-ben-Nemrod-el-Djebbâr la releva, en se conformant à l'ancien plan. Comme il avait besoin d'y faire venir de l'eau douce, son père, à qui il s'adressa, lui envoya des architectes et des ingénieurs qui firent les travaux que cette entreprise nécessitait. L'eau arriva, mais ceux qui l'avaient obtenue n'en burent que pendant quarante ans[2]. Son père régnait à Cham et

---

le disciple de S'âlah', ne possédait pas plus que son maître le don de la persuasion.

[1] Ce peuple reçut ce châtiment pour avoir repoussé le prophète Heber ou Houd, comme les Temoudites avaient repoussé son père S'âlah'.

[2] Nous ne savons ce que l'auteur entend par là. Au reste, cette phrase ne se trouve que dans un ou deux manuscrits.

dans l'Irak'[1], et son oncle au Sind[2] et dans les Indes. En creusant les fondements de l'aqueduc, on trouva une pierre sur laquelle était gravé, en caractères anciens, que la ville serait détruite, lorsque le sel s'y formerait. Or, un jour, visitant une citerne, à Dâr-es-Sena', à Carthage, je vis du sel attaché à une pierre; alors je quittai cette ville et je vins ici. Ceux qui crurent à la prophétie en firent autant. » Tel fut le discours du cheikh. Mouça lui demanda quel était l'âge du prince de Carthage, et il répondit : « Sept cents ans [3]. »

L'aqueduc dont il est ici question est une des merveilles du monde, et si les Égyptiens tirent vanité de leurs pyramides, les Africains ont droit de s'enorgueillir de cet aqueduc. L'eau venait d'une grande distance, d'un lieu que l'on appelait autrefois Djenkar, d'autres disent Djeka, et qui est aujourd'hui El-Moh'ammediia, derrière Zar'ouân[4]. Le canal recueillit dans son cours l'eau de Zar'ouân et celle de toutes les sources qui se rencontrent à droite et à gauche de la ligne parcourue, à une distance de plusieurs farek'as[5]; cette ligne se déployait d'un bout à l'autre,

---

[1] C'est-à-dire dans la Syrie et dans la Chaldée.

[2] La partie des Indes arrosée par l'Indus.

[3] Il est surprenant que l'auteur, qui dit, dans le livre précédent, avoir consulté des Européens touchant les antiquités africaines, n'ait pas eu, sur la fondation de Carthage, des idées plus exactes, et qu'il dise à cet égard tant d'énormités.

[4] Il y a là de beaux débris d'antiquité et des sources magnifiques.

[5] Parasanges, ou lieues de vingt-trois au degré.

au centre d'une belle zone de jardins. Les historiens disent que cet aqueduc avait soixante milles, en droite ligne, et trois cents, en tenant compte des sinuosités. On mit trois cent quatre ans à le faire; ce qui ne surprendra pas si l'on considère l'importance de cette construction et la longévité des hommes de cette époque. Ceux qui voient les restes de cet aqueduc peuvent en juger. Ces mêmes historiens parlent des trois remparts de Carthage, de son port, de l'étendue de son enceinte, qui était de quatorze mille dra'. C'était la plus belle ville de l'Afrique. El-Bekri a dit que, si l'on y allait tous les jours de sa vie, on y trouverait chaque jour des choses merveilleuses.

Il y avait d'abord un château sur la mer; il était très-élevé et à plusieurs étages; on l'appelait El-Ma'lek'a. Aujourd'hui ce n'est plus qu'un amas de ruines. El-Bekri parle de deux autres édifices, l'un appelé le Théâtre[1], qui était consacré aux jeux, et l'autre, Thermes[2]. Il y avait dans celui-ci des colonnes de marbre très-hautes et sur le chapiteau desquelles dix hommes pouvaient s'asseoir autour d'une table. Le même auteur parle de sept citernes, connues sous le nom de citernes des Démons, qui contenaient de l'eau depuis un temps immémorial; ces citernes existent encore de nos jours. El-Bekri ajoute qu'il y avait, dans l'intérieur même de la ville, un port dans lequel les vaisseaux pouvaient entrer à la voile, mais que ce port

---

[1] Ce mot est dans le texte.
[2] *Idem.*

n'est plus qu'une saline, près de laquelle est une construction circulaire, connue sous le nom de fort d'Abi-Selîmân. Je suis persuadé que ce fort d'Abi-Selîmân et cette saline sont la ville que les Andalous ont peuplée. Il y a près du fort une autre bâtisse; Dieu sait si elle est postérieure ou antérieure au fort. Au temps d'El-Bekri, Carthage contenait aussi deux édifices en marbre, qu'on appelait *les Deux Sœurs,* dans lesquels étaient des réservoirs où l'eau arrivait du côté du Nord et de sources inconnues. Je pense, et Dieu du reste en sait davantage, que c'est la même eau qui alimente les puits de Sekra, laquelle vient du pied de la montagne qui est derrière Dj'afar, au Nord, et se joint aux eaux d'une source qui est sous la saline de Sekra[1]. On trouve beaucoup de sources dans cette localité; mais, comme le sol en est sablonneux, on a été obligé d'y faire des constructions en maçonnerie, pour que l'eau ne s'en perdît pas, et d'entourer l'endroit d'où ces sources s'échappent, d'une digue circulaire qui a une déversion du côté de Carthage. Je tiens ces détails d'une personne qui a visité les lieux. Ceux qui les ignorent pensent que les travaux faits en cet endroit n'ont eu d'autre but que l'arrosage des jardins de Sekra; mais ce n'aurait pas été pour si peu de chose qu'on les aurait entrepris. Ce sont des travaux de roi, et dont la destination devait répondre à la grandeur de l'entreprise.

[1] Dj'afar et Sekra sont deux localités des environs de Tunis, à gauche de la route de cette ville à la Goulette.

Lorsque Moula-el-Mustames-el-Afsi restaura une partie de cet aqueduc, dont il dirigea les eaux vers son jardin d'Abi-Fahr, aujourd'hui El-Bat'em[1], on ne releva que quelques arches, encore ne furent-elles qu'en pisé. L'eau arriva dans les bassins du jardin, et y arrive encore. Mais enfin, El-Mustames, ce puissant prince, dont la réputation est si brillante, ne put remettre l'aqueduc dans son premier état, et dut se contenter de quelques chétives réparations. Au reste, les ruines de cette construction attestent la puissance du peuple qui en jeta les fondements. Quant à la ville, il ne reste que les ruines, que l'on nomme Ma'llek'a, et quelques citernes. Des personnes qui naviguent dans ces parages peuvent, de la mer, voir ceux des débris de Carthage qui s'étendent sous l'eau dans la direction du Sud-Est. Il est hors de doute que la mer n'allait pas, dans les temps anciens, jusqu'à H'alk'-el-Ouad, et qu'elle n'y est arrivée qu'après la destruction de Carthage.

Si El-Ma'llek'a était un château de Carthage et que le fort d'Abi-Selîmân en fît aussi partie, comme on l'a dit, la longueur de cette ville devait être de douze milles. J'ai en effet entendu dire que l'arc appelé Djem était une de ses portes, et qu'elle touchait à la montagne qui est près de la petite ville appelée Selîmân, de notre temps. Dans cette ville de Selîmân se

---

[1] Moulin à foulon, comme l'indique son nom, situé à Tuburbo. Il y avait jadis une manufacture de chachiia ou bonnets. On vient d'y établir une manufacture de draps.

trouve le fort d'Abi-Selimân, dont on a parlé, et un port dont j'ignore la profondeur.

Louanges à Dieu qui régit à son gré les villes et les hommes, qui a fait triompher la religion et qui a dispersé ses ennemis!

Dieu se servit d'H'acen-ben-No'mân pour la conquête de ce beau pays. Ce guerrier y arriva à la tête de quarante mille hommes; c'était l'armée la plus considérable qu'aucun musulman eût encore commandée. Lorsqu'il parut devant Carthage, la population de cette ville était très-nombreuse. Les deux armées se rencontrèrent. Les plus vaillants des chrétiens furent tués et les autres prirent la fuite. Ils s'embarquèrent dans la nuit sur des vaisseaux qu'ils tenaient prêts. Les uns allèrent en Andalousie, et les autres à l'île de Sakalia.

Lorsque les gens du dehors apprirent la fuite du roi, ils se réfugièrent dans la ville. H'acen les y assiégea, et fit couper les aqueducs qui conduisaient l'eau à Carthage. A cette époque, la mer n'arrivait pas encore à Tunis.

J'ai beaucoup parlé de Carthage, à cause de son ancienne grandeur attestée par ses ruines, et aussi à cause de sa proximité de Tunis.

LIVRE TROISIÈME.

CONQUÊTE DE L'AFRIQUE PAR LES MUSULMANS. ÉMIRS QUI ONT GOUVERNÉ CE PAYS DU TEMPS DES KHALIFES ET POSTÉRIEUREMENT.

Les khalifes conquirent, dans leur temps, la plus grande partie de l'Orient. 'Amrou-ben-el-'Assi, après s'être emparé de l'Égypte et de la ville d'Alexandrie, envoya 'Ok'ba-ben-Nafich à Barka, à Zouîla et aux villes environnantes. Toutes se soumirent aux musulmans. Pendant ce temps, 'Amrou-ben-el-'Assi se porta, par une marche rapide, sur la ville de Tripoli qu'il enleva. Il soumit également les montagnes de Nefouça[1], alors peuplée de chrétiens. Ces événements se passèrent sous le règne du khalife 'Omar-ben-el-Ketab, en l'année 23 de l'hégire; 'Amrou-ben-el-'Assi ne s'engagea pas plus avant dans l'Afrique et retourna en Égypte.

'Otmân-ben-'Affân, qui succéda à 'Omar-ben-el-Ketab, ne voulut destituer aucun gouverneur, à son avénement au khalifat, s'étant fait une maxime de ne destituer personne, sauf le cas de prévarication. 'Amrou-ben-el-'Assi resta donc gouverneur d'Égypte, et le nouveau khalife nomma au commandement de l'armée

---

[1] Edrîci place les montagnes de Nefouça à six journées de marche de Tripoli, et à neuf de Sfan.

d'Afrique, son frère de lait[1], 'Abd-Allah-ben-S'ad-ben-Abi-Tarh', originaire d'Égypte. Il lui adjoignit 'Abd-Allah-ben-Nafih-ben-'Abd-el-Kis et 'Abd-Allah-ben-Nafiah-ben-el-H'usseïn.

L'armée pénétra en Afrique. Elle était forte de vingt mille hommes. Arrivé à K'abs'a[2], Ben-Abi-Tarh' expédia des courriers dans toutes les directions, et se porta ensuite vers Sbît'la[3]; Djardjir commandait alors dans cette ville et s'était rendu redoutable dans toute la contrée. On rapporte que ce Djardjir[4] dépendait de H'arkal[5], mais qu'après avoir trahi son maître il s'était emparé de l'autorité suprême et s'était mis à battre monnaie en son propre nom. Son pouvoir s'étendait de Barka à Tanger, et le siége de son gouvernement était à Sbît'la.

Les lettres que Ben-Abi-Tarh' écrivit à Djardjir ne furent pas du goût de ce dernier, qui se prépara à la guerre[6]. Parmi les moyens qu'il employa pour vaincre les envahisseurs, il promit et jura de donner sa fille en mariage à celui qui tuerait le chef de l'armée musulmane, et, afin que chacun pût contempler la palme

---

[1] C'est-à-dire son frère utérin, d'après le sens que les Arabes attachent à cette expression, *frère de lait*.

[2] C'est la même ville qui est ordinairement appelée K'afs'a, et qui est la Capsa des Romains.

[3] L'ancienne Suffetula.

[4] Le patrice George.

[5] Héraclius, empereur de ce qui restait de l'empire romain.

[6] Dans ces lettres, le général arabe sommait le patrice George d'embrasser l'islamisme, ou de se rendre tributaire du khalife.

promise au vainqueur, il la fit exposer à tous les yeux. Cette nouvelle parvint aux oreilles de Ben-Abi-Tarh', qui jura à son tour, par la religion de Moh'ammed, qu'il donnerait la fille de Djardjir à celui qui tuerait ce prince. Le combat ne tarda pas à s'engager[1]. L'ennemi avait cent vingt mille combattants. Il fut cependant battu, et Djardjir tué par 'Abd-Allah-ben-el-Zouhir, qui eut sa fille pour récompense. Les chrétiens vaincus se retirèrent, dans le plus grand désordre, derrière les remparts de Sbît'la. Ben-Abi-Tarh' en fit le siége et s'en rendit maître, en l'an 27 de l'hégire. Il y trouva une grande quantité d'or et d'argent. 'Abd-Allah-ben-el-Zouhir, qui avait eu l'honneur de tuer le général chrétien, fut envoyé au khalife 'Otmân-ben-'Affân pour lui porter la nouvelle de cette victoire. On dit qu'il arriva en vingt-sept jours au terme de son voyage.

Ben-Abi-Tarh' dépêcha ensuite des courriers vers K's'ahr-K'afs'a. Les Romains, frappés d'épouvante, se renfermèrent à la hâte dans leurs places fortes, puis envoyèrent demander la paix, s'engageant à payer sur-le-champ trois cents quintaux d'or, si Ben-Abi-Tarh' consentait à retourner d'où il était venu. Cette offre convint au général arabe, qui prit l'argent et signa la paix. Il quitta l'Afrique après y avoir séjourné un an et deux mois. Il retourna en Égypte, recevant sur son passage la soumission des pays qu'il traversait. Le butin fut distribué aux troupes.

[1] Cette bataille fut une série de combats qui durèrent plusieurs jours, et où la victoire fut vivement disputée.

On dit que pendant qu'il était en Afrique, Ben-Abi-Tarh' envoya 'Abd-Allah-ben-Nafih-ben-el-Hussein et 'Abd-Allah-ben-Nafih-ben-'Abd-el-Kis à Nedjed et en Andalousie. Ils s'y portèrent en longeant le rivage de la mer, et y firent un grand butin. D'autres auteurs assurent que, lorsque Ben-Abi-Tarh' quitta l'Afrique, il y laissa à sa place 'Abd-Allah-ben-Nafih-ben-'Abd-el-Kis. Ces auteurs sont ceux qui prétendent que l'Andalousie a été soumise du temps d'Otmân. En général, les historiens s'accordent à dire que cette conquête ne se fit que du temps d'El-Oulid-ben-'Abd-el-Mâlek, ce qui est conforme à la vérité, à moins que ce pays n'ait été conquis deux fois; c'est l'opinion de beaucoup de gens [1]. Des historiens prétendent aussi que Ma'-ouïa-ben-Khedidj fit trois autres invasions en Afrique, mais il y a beaucoup de contradictions parmi eux. Quelques-uns disent que cette guerre eut lieu en l'an 34 de l'hégire, avant qu'Otmân eût été assassiné. La première incursion eut lieu, selon eux, en 34, la seconde en l'an 40, et la troisième sous le khalifat de Ma'ouïa. Aucun de ces historiens ne dit quel était le khalife régnant à l'époque de la première incursion. On ne sait si c'était 'Ali-ben-Abi-T'âleb, ou H'acen son fils. Ma'ouïa-ben-Abi-Khedidj vivait, vers l'an 50, sous le règne du khalife Ma'ouïa-ben-Abi-Sefian. En

---

[1] Au rapport de d'Herbelot, Ben-Chohna, historien du ix° siècle de l'hégire, parle d'une expédition d'Andalousie, qui aurait été antérieure à celle de Tarik; mais elle n'aurait eu lieu que sous le règne d'Abd-el-Mâlek-ben-Merouân, cinquième khalife O'mmiade.

l'année 40, H'acen-ben-'Ali-ben-Abi-T'âleb était khalife.

L'an 45 de l'hégire, Ma'ouïa-ben-Abi-Sefian envoya Ma'ouïa-ben-Khedidj en Afrique, à la tête d'une armée de dix mille hommes. 'Abd-Allah-ben-'Omar-ben-el-Ketab, 'Abd-Allah-ben-el-Zouhir-ben-el-'Aouâm, 'Abd-el-Mâlek-ben-Merouân, Iah'ïa-ben-Abi-el-H'akem-ben-Abi-el-'Assi, et un grand nombre des plus notables de K'orîch [1] marchèrent avec lui. Ce nouveau général envoya 'Abd-Allah-ben-el-Zouhir investir la place de Souça. Ce chef marcha contre cette ville, combattit vaillamment les chrétiens qui l'habitaient, et retourna vers son général après avoir porté le mépris pour les ennemis au point de faire la prière d'*El-'Acer*[2] en face d'eux, sans s'embarrasser des traits qu'ils lui lançaient. 'Abd-el-Mâlek-ben-Merouân fut envoyé vers Djeloula, dont il fit le siége, et qu'il emporta d'assaut au bout de très-peu de temps ; il y fit un très-grand butin, et enleva les enfants, et tout fut partagé entre les croyants. Je ne sais si ceci eut lieu en 34 ou en 45 de l'hégire[3].

Entre Djeloula et K'aïrouân, à vingt-quatre milles de la première de ces deux villes, se trouve un joli endroit appartenant aux Beni-'Obaïd, connu sous le nom de *Sardania*. Il n'existe pas en Afrique de site

---

[1] Tribu célèbre, qui avait la garde et l'administration du temple de la Mecque à l'époque de la venue du prophète. Moh'ammed était lui-même de cette tribu, de la famille de H'achem.

[2] La prière de quatre heures du soir. On sait que les musulmans sont tenus de prier quatre fois par jour.

[3] L'auteur tranche la question dès le commencement de ce paragraphe. La date de 45 est la véritable.

lus agréable, et où l'air soit plus pur; il y a beaucoup d'arbres fruitiers, de cannes à sucre, de jasmins et surout de rosiers. Ben-Nadj a écrit que, dans la saison, on en exportait pour K'aïrouân quarante charges de roses par jour.

Néanmoins Ben-'Adidj envoya une flotte de deux cents voiles avec des troupes en Sakalia[1]. Cette expédition ne dura qu'un mois et produisit un riche butin, dont la cinquième partie fut envoyée au khalife.

Benzert[2] fut pris dans l'année 41 de l'hégire. 'Abd-el-Mâlek-ben-Merouân était à la tête des troupes qui s'en emparèrent. En allant à cette expédition, il rencontra une femme 'adjem[3] qui l'invita à se reposer chez elle, et qui le reçut parfaitement bien. Ce chef conserva un si profond souvenir de son hospitalité, que, lorsque plus tard il fut parvenu au khalifat, il écrivit à celui qui le représentait en Afrique, d'avoir pour elle et pour sa famille les plus grands égards.

Benzert est d'architecture ancienne; c'est une très-jolie ville, située au bord de la mer. On peut lui appliquer ce que dit le Koran : « Les gens de Temoud[4] qui ont transporté la roche dans la vallée. »

[1] La Sicile.
[2] Bizerte.
[3] Les Arabes appellent *'adjem* les musulmans qui ne parlent pas leur langue. Ainsi cette femme devait être une Romaine ou une indigène convertie. Le mot *'adjem*, comme nom de peuple, s'applique aux Persans.
[4] Les Temoudites dont il est question dans la note 1 du livre II, page 29.

« Informez-vous de la ville qui est près du rivage de la mer. »

J'ai entendu dire qu'un Juif avait jadis commandé à Benzert. Plus tard, lorsque cette ville eut été réduite sous le joug, les habitants des environs, pour la punir de l'insolence qu'elle avait montrée au temps de sa prospérité, choisirent le samedi pour jour de marché, afin que les citadins ne pussent y faire leurs approvisionnements. Dieu sait si cela est vrai.

Ma'ouïa-ben-Khedidj envoya Rouifa-ben-Tabet-el-Ensaïri à Djerba [1]. Ce Rouifa était alors gouverneur de Tripoli. Quant à Djerba, c'est une île près de K'âbes, contenant beaucoup de jardins et d'oliviers. Rouifa s'en rendit maître en 46.

Là se bornèrent les exploits de Ma'ouïa-ben-Khedidj. Ce général retourna en Égypte, dont il fut nommé gouverneur. 'Ok'ba-ben-Nafih-el-Fahri le remplaça en Afrique, où il arriva à la tête de dix mille combattants. Ce dernier combattit les chrétiens et les Berbères partout où il les rencontra, et en fit un grand carnage. On dit ailleurs par quel motif il fonda K'aïrouân [2], où il mit une forte garnison. Il y fit construire la grande mosquée, où il fit le premier la prière. Ce qu'il y eut de plus extraordinaire dans cet homme, c'est que Dieu exauça toujours ses vœux, comme on le verra

---

[1] Cette île, dont le nom a été désigné de plusieurs manières, est appelée Gelves par les historiens espagnols; c'est la Lotophagite, de Ptolémée, que Strabon appelle Menix, du nom d'une de ses villes.

[2] K'aïrouân fut fondé pour contenir les Berbères de cette contrée.

plus tard. En 51 de l'hégire, Ma'ouïa-ben-Abi-Sefian le rappela et le fit remplacer, en Afrique, par Muslimat-ben-Moklid. Celui-ci, ayant été aussi nommé gouverneur d'une partie de l'Égypte, se fit représenter en Afrique par un de ses officiers nommé Dinar-Abi-el-M'adjer. Ce nouveau général affecta de prendre en tout le contre-pied de ce qu'avait fait 'Ok'ba; il détruisit même K'aïrouân, et bâtit une nouvelle ville qu'il appela Ti-K'aïrouân, où il força les habitants de l'ancienne de venir demeurer. 'Ok'ba fut très-sensible à ce procédé, et, dans sa colère, il demanda à Dieu de faire tomber un jour El-M'adjer en son pouvoir.

Sous le gouvernement de El-M'adjer, la presqu'île de Charik[1] fut soumise. Cette contrée, bien connue de notre temps, contient actuellement beaucoup de villages habités par les Andalous, tels que Selimân, Turki et autres. Il existe des eaux thermales, qu'on appelle H'ammâm-el-Lif, et un arc de triomphe connu sous le nom de Bâb-el-Djezîra (la porte de l'île). Le pays de Charik est situé entre Souça et Tunis; il est fertile, et, à l'époque où les musulmans en firent la conquête, il était couvert de villes et de maisons de campagne. Charik-el-'Absi en fut le gouverneur, et c'est de lui qu'il a pris son nom. Ce fut H'anach-ben-'Abd-Allah-es-Senâni que El-M'adjer chargea d'en faire la conquête. Ce chef y fit un riche butin et y tua beaucoup d'ennemis.

---

[1] C'est la presqu'île du cap Bon, où un grand nombre de Maures chassés d'Espagne s'établirent.

Pendant ces événements, 'Ok'ba se rendit auprès du khalife pour se plaindre de El-M'adjer, dont la conduite en Afrique l'avait si fort irrité. Le khalife recueillit ses plaintes et lui promit de le renvoyer bientôt lui-même en Afrique. La mort l'empêcha d'exécuter sa promesse; son fils et son successeur, Iezid, s'en acquitta. 'Ok'ba, nommé de nouveau gouverneur de l'Afrique, en 62, fit arrêter et mettre aux fers El-M'adjer. C'est ainsi que son vœu fut exaucé. Il détruisit la nouvelle ville que son prédécesseur avait élevée, rétablit K'aïrouân et y réinstalla les anciens habitants. Il fit ensuite de grands préparatifs de guerre. Lorsque tout fut prêt, il établit à K'aïrouân, pour y commander à sa place pendant son absence, Zouhir-ben-Kis-el-Beloui; et, s'étant mis à la tête d'une nombreuse armée, il se porta sur Bagaï, au pied des montagnes d'Aourês. Une grande multitude de Romains et de Berbères s'étaient réfugiés dans cette contrée ; 'Ok'ba leur livra bataille, les vainquit, et fit sur eux un immense butin en chevaux de toute beauté. L'ennemi, battu et épouvanté, s'enferma dans les places fortes.

'Ok'ba s'éloigna ensuite de Bagaï et se dirigea sur Samis[1]. C'était une des villes les plus considérables des Romains, à deux journées de marche de Constantine. On récolte, dans ses environs, des figues, des raisins, des noix et des pêches. Arrivé près de cette ville, 'Ok'ba rencontra l'ennemi. La bataille fut sanglante, et

---

[1] Cette ville est appelée *Melich* par Nowaïri et par tous les historiens qui l'ont suivi.

les chrétiens vaincus cherchèrent un refuge derrière leurs fortifications.

'Ok'ba, lors de son premier commandement, s'était emparé de R'dâmes, en l'an 42 de l'hégire. Une partie des habitants furent tués et les autres réduits en servitude. Dans sa marche rapide, il soumit le pays des nègres et les peuplades berbères. Il conquit Fezzân, Ouâdân, K'afs'a et Kastilia [1]; ces villes avaient fait précédemment une première soumission, mais, depuis, elles s'étaient révoltées, et il les remit sous le joug. Il prit aussi Nef'tih [2], Tak'ious, K'âbes et H'amma. Il ne fit la paix avec le chef de Fezzân, qui était venu à sa rencontre, qu'au prix de trois cents esclaves noirs qui lui furent livrés. Ce fut dans cette expédition que, pressé par la soif, il réclama l'assistance divine qui ne lui fit pas défaut, car son cheval, en frappant du pied, fit jaillir une source, qui prit le nom d'Aïn-el-Fers, qu'elle porte encore aujourd'hui. Il assiégea les gens de Konara; mais, voyant qu'il ne pouvait vaincre leur résistance, il feignit de s'éloigner; puis, revenant brusquement sur ses pas, il les battit et enleva leurs femmes et leurs enfants. Il revint ensuite à Zouîla; de là il passa à Ma'skar où il se reposa quelques mois, puis il se dirigea sur K'afs'a et Kastilia. On dit que les remparts de K'afs'a ont été construits par les serviteurs

---

[1] D'après Edrîci, c'est la même ville que Tôzer, située auprès du lac Melr'îr', appelé par le docteur Shaw *lac des Marques.*

[2] Neftih est à cinq ou six lieues au Sud de Tòzer; H'amma, à la même distance au Nord, et Tak'ious, entre H'amma et K'afs'a.

de Nemrod. 'Ok'ba se porta ensuite vers l'Occident, et se rendit maître des villes de Sebta et de Tanger. Sebta est une ville maritime qui était alors commandée par 'Aliân, lequel aida T'arik' à faire la conquête de l'Andalousie. Elle est très-ancienne; elle se trouve aujourd'hui entre les mains des infidèles[1]. Que Dieu permette qu'elle rentre sous la domination musulmane! 'Ok'ba fit la paix avec 'Aliân et le laissa gouverner la ville. Il se porta ensuite sur Tanger, surnommée la Blanche; c'était la maison royale des rois d'Occident; il s'en empara, et massacra ou fit prisonniers ceux qui voulurent la défendre. Ces rois, dont il vient d'être question, étaient si puissants, que l'un d'eux, assure-t-on, a eu une armée qui, lorsqu'elle était en bataille, présentait un front de trente milles. Tanger est tout à fait à l'Occident de l'Afrique; elle est à mille milles de K'aïrouân. Les infidèles l'occupent maintenant, et ce sont les troubles et les guerres civiles de l'empire du Maroc qui en ont été la cause. Il en a été de même d'El-'Araïch, de Ma'môra, de Bridja, d'Oran et des autres places de l'Occident qui sont tombées entre les mains des chrétiens. Mais ce ne fut qu'après l'an 1000 de l'hégire que les infidèles en prirent possession.

[1] Notre auteur publia son livre en 1681. Ceuta était, comme aujourd'hui, au pouvoir des Espagnols. Les Anglais occupaient alors Tanger; mais ils l'abandonnèrent en 1683. Cette place, conquise par les Portugais en 1471, arriva à la couronne d'Angleterre en 1662, par le mariage de Charles II avec Catherine de Portugal, dont elle fut la dot.

'Ok'ba marcha de là vers Sous, la plus rapprochée de l'Est, puis vers Sous qui en est la plus éloignée. La première de ces villes est entre Tanger et Tadjera, à vingt journées de marche de celle-ci; ses habitants cultivent l'orge et le blé; ils sont vêtus de tissus de laine, et la plupart sont pasteurs. Le pays est tellement dépourvu de bois qu'on n'y voit pas un seul arbre. L'autre Sous est entre T'adjera et Turfla, à deux mois de marche de chacune de ces deux villes. Au delà de Turfla le pays est inhabité, si ce n'est au delà de la mer de sable. 'Ok'ba s'empara de Sous et y fit beaucoup de prisonniers. Il prit ensuite Aïgla, d'où il ramena de si belles captives que plusieurs d'entre elles furent vendues mille dinars et plus. On ne fit jamais un si riche butin. La superbe ville de Dra'a, à travers laquelle coule une rivière, tomba aussi en son pouvoir. Cette ville était si grande et si peuplée qu'il s'y tenait sept marchés, un pour chaque jour de la semaine. 'Ok'ba se rendit également maître de Nefis, place forte, où un grand nombre de Romains et de Berbères s'étaient retirés. Ce ne fut qu'après un long siége qu'il pénétra dans la ville, où il fit un très-grand butin. Poursuivant le cours de ses conquêtes, il atteignit les Semtourna dans le désert. Ceux-ci s'enfuirent à son approche et lui livrèrent passage. Il arriva alors à l'Océan. On raconte que, parvenu sur le rivage de cette vaste mer, il poussa son cheval dans les flots en criant : « Salut! » Les personnes de sa suite, étonnées, lui demandèrent qui il saluait. « Je salue, dit-il, les sujets

d'Iounès[1]; sans la mer, je pourrais vous les faire voir. »
Puis, s'adressant à Dieu, il s'écria : « Vous connaissez,
ô mon Dieu, la pureté de mes intentions; je vous supplie de m'accorder la grâce qu'avait sollicitée de vous
Alexandre le Grand, afin que je puisse amener tous
les hommes à vous adorer. » Il fit alors ses dispositions
pour le retour. Il semblait n'avoir aucun ennemi à redouter; tous les peuples étaient soumis ou fuyaient à
son approche. Il arriva à Tubina[2], où commandait K'oucila. Là, il quitta l'armée, et prit les devants avec une
faible escorte. Il arriva ainsi à Bâdes, puis devant Tehouda; mais, à son grand étonnement, il vit les portes
de cette ville se fermer devant lui, et s'entendit adresser des injures par la populace accourue sur les remparts. Ce fut en vain qu'il pria ces hommes égarés de
revenir à de meilleurs sentiments : ils ne tinrent aucun
compte de ses paroles

K'oucila était l'auteur de cette révolte. Cet homme
s'était converti à l'islamisme lorsque El-Meh'adjer prit
Tlemsên; mais il avait une injure à venger. 'Ok'ba,
sous les ordres duquel il avait servi, lui avait ravi
quelques moutons et l'avait forcé à les égorger et les
écorcher de ses mains. Cette injustice et cette humiliation avaient profondément blessé K'oucila, qui avait
juré d'en tirer vengeance. 'Ok'ba, averti de ses inten-

[1] C'est-à-dire Jonas, qui, ayant passé trois jours dans le ventre d'un poisson, est en quelque sorte le Neptune des Orientaux.

[2] Cette ville était située entre le mont Aourès et Msîla; Shaw en a vu les ruines. C'était indubitablement le T'ubuna de Ptolémée et le Tubunæ de la Table de Peutinger.

tions par El-Meh'adjer lui-même, avait donné ordre qu'on l'arrêtât; mais il était trop tard. K'oucila, qui avait ses intelligences avec les habitants de Tehouda, gagna cette ville et y organisa la révolte déjà préparée par les Romains et les Berbères qui l'habitaient. 'O'kba, devant qui tout avait plié jusqu'alors, prit la résolution d'attaquer Tehouda, avec sa seule escorte. Il descendit de cheval, fit sa prière, et engagea El-Meh'adjer à aller prendre le commandement de l'armée, étant résolu, quant à lui, de soumettre Tehouda ou de mourir. El-Meh'adjer refusa, préférant la gloire de vaincre ou de mourir avec 'Ok'ba. L'escorte partagea leur enthousiasme. Tous brisèrent les fourreaux de leurs sabres et marchèrent au combat, mais, accablés par le nombre, ils périrent tous, ou du moins fort peu d'entre eux parvinrent à se soustraire à la mort par la vitesse de leurs chevaux.

K'oucila fut proclamé roi par les Romains et les Berbères. Cet événement embrasa l'Afrique d'une guerre générale. K'oucila, après la victoire, marcha sur K'aïrouân. Le bruit de sa marche parvint bientôt aux oreilles de Zouhir-ben-Kis, lieutenant d'Ok'ba dans cette ville. Il tenta de réunir des forces pour le combattre, mais personne ne répondit à sa voix. K'oucila arriva devant K'aïrouân, avec une armée de Romains et de Berbères. Les habitants valides s'enfuirent, et il n'y trouva que des vieillards et des enfants auxquels il donna l'aman[1].

---

[1] Les Arabes appellent ainsi l'acte par lequel on promet aux vaincus de respecter leur personne et leurs biens.

Zouhir se réfugia avec les siens à Barka; il y demeura jusqu'à la mort d'Iezid-ben-Ma'ouïa-ben-Abi-Sefian. Le plus jeune fils de ce khalife lui succéda, et mourut peu de temps après. Les suffrages se portèrent alors sur Merouân-ben-el-H'akem. Ce nouveau khalife régna peu de temps; il mourut en 56. 'Abd-el-Mâlek-ben-Merouân, son fils, lui succéda. Lorsque ce monarque fut affermi sur le trône, on le pria de jeter les yeux sur l'Afrique et de travailler à mettre fin à la guerre qui l'affligeait, en détruisant la puissance de K'oucila. « Je ne vois, répondit le khalife, que Zouhir à qui cette mission puisse être confiée. C'est un homme pieux, qui a servi sous 'Ok'ba et qui connaît le pays. » Ces motifs le firent nommer. Le khalife lui donna des troupes, de l'argent, et il partit pour l'Afrique avec une nombreuse armée, en 57; d'autres disent en 69. Lorsque K'oucila eut connaissance de son arrivée, il quitta K'aïrouân et alla camper à Meins. Ce mouvement de retraite fut connu de Zouhir, qui ne s'arrêta que trois jours à K'aïrouân. Le quatrième, il arriva près de Meins; il y campa et passa la nuit en vue de l'armée ennemie. La bataille se livra le lendemain, après la prière. K'oucila fut vaincu et tué. Le champ de bataille fut couvert de cadavres berbères. Les Arabes se mirent à la poursuite des fuyards et les égorgèrent comme des moutons. Après avoir fait trembler les Africains, qui se renfermèrent dans leurs places fortes, Zouhir retourna à K'aïrouân.

Quelques historiens prétendent que ce fut ce général qui prit Tunis; d'autres assurent que ce fut No'mân. J'ai discuté ces diverses opinions, dans le premier livre de cet ouvrage. On dit aussi que, lorsque Zouhir fut investi du gouvernement de l'Afrique, 'Abd-el-'Aziz-ben-Merouân était émir en Égypte. Il y avait été placé par son frère 'Abd-el-Mâlek. Quoi qu'il en soit, Zouhir ne tarda pas à reconnaître combien était lourd le fardeau dont il était chargé. Il craignit que son cœur ne se corrompît au sein de la puissance et de l'abondance dont il jouissait en Afrique. C'était un homme pieux et philosophe. Il résolut donc de se démettre du commandement, et se dirigea sur Barka. Arrivé à la hauteur de cette ville, il ordonna à l'armée de poursuivre son chemin vers l'Égypte. Quant à lui, il prit avec une faible escorte le rivage de la mer, pour se rendre à Barka. Il rencontra, dans le trajet, une troupe de chrétiens qui emmenaient des musulmans en captivité. Il ne pouvait se dispenser d'aller à leur secours. Il chargea donc les chrétiens, mais périt, avec tout son monde, sous le sabre des infidèles[1]. Lorsque cette triste nouvelle parvint à 'Abd-el-Mâlek-ben-Merouân il en fut très-affecté. Il y avait une ressemblance frappante entre la fin tragique de Zouhir et celle du malheureux 'Ok'ba. Les musulmans non moins affligés, prièrent de nouveau le khalife

---

[1] Cette affaire fut plus sérieuse que ne le dit notre auteur. Ce ne fut point une faible escorte qui fut défaite, ce fut un petit corps d'armée. Les vainqueurs étaient des Grecs envoyés de Constantinople et de Sicile par l'empereur d'Orient.

d'aviser à ce qu'il y avait à faire en Afrique. Celui-ci se décida à y envoyer H'acen-ben-No'mân, qui était en Égypte, à la tête d'une puissante armée. Il lui écrivit à cet effet, lui promettant d'ouvrir les trésors de l'état pour donner, à lui et à ceux qui voudraient le suivre, toutes les richesses qu'ils désireraient.

H'acen passa en Afrique avec une armée de quarante mille hommes. On n'avait jamais vu, avant lui, un pareil déploiement de forces. C'était en 76 ou 77 de l'hégire. Arrivé à K'aïrouân, H'acen demanda quel était le chef ennemi le plus considérable. On lui répondit qu'il n'y en avait pas de plus puissant que celui qui commandait à Carthage. Carthage était une superbe ville dont les flots de la mer baignaient les remparts. Le plus beau monument qu'elle renfermait était le Dâr-el-Mel'ab (le théâtre); il s'élevait par étages et chaque étage était soutenu par des colonnes. On voyait sculptés sur les murs toutes sortes d'animaux, ainsi que les diverses professions; on y voyait aussi les vents personnifiés, tels que le Seb'a et le Debour : le premier avait une figure riante, et le second une figure sévère. Cette ville contenait une si grande quantité de marbre que, quand même toutes les populations de l'Afrique se seraient réunies pour l'enlever, elles n'auraient pu en venir à bout. Aujourd'hui il n'en reste pas même de vestige. Ben-Chebbat a indiqué, dans ses écrits, la manière dont il faut prononcer le nom de cette ville. Elle était le siége des rois d'Afrique. Carthage était à douze milles de Tunis et à cent de K'aïrouân.

Je me répète ici pour bien faire connaître sa position. H'acen-ben-No'mân y dirigea un corps de cavalerie qui la réduisit aux abois, en coupant les aqueducs. Lorsqu'il s'en fut rendu maître il la détruisit de fond en comble, et en dispersa les habitants.

H'acen n'eut d'abord qu'à se louer de la fortune ; tout allait au gré de ses désirs. Ayant entendu dire que les Romains, aidés par les Berbères, faisaient des rassemblements dans les environs de Barka, il marcha contre eux et les dispersa. Il retourna ensuite à K'aïrouân, où il s'informa de nouveau des chefs ennemis qui lui restaient à vaincre; il apprit que les musulmans avaient un adversaire redoutable dans Kahina, dite Doumia, fille d'Enfak, issue des plus nobles familles berbères qui avaient commandé en Afrique. Cette guerrière habitait alors la montagne d'Aourês. Les Romains et les Berbères reconnaissaient et respectaient son autorité. H'acen marcha contre elle. Kahina, ne voulant pas lui laisser l'initiative de l'attaque, se porta à sa rencontre à la tête d'une puissante armée de Romains et de Berbères. On ne tarda pas à en venir aux mains. H'acen, trahi par le sort, vit périr sous ses yeux une grande quantité d'Arabes, et quatre-vingts seulement furent faits prisonniers. Il prit la fuite, et fut poursuivi jusqu'au delà des terres de K'âbes; il arriva sur celles de Barka, et s'arrêta en un lieu qu'on appelle encore aujourd'hui K's'our-H'acen. J'en ai parlé au deuxième livre de cet ouvrage. Il resta cinq ans consécutifs en cet endroit. Au bout de ce temps, 'Abd-el-Mâlek-ben-

Merouân lui écrivit, et lui envoya des troupes et de l'argent; il retourna alors en Afrique. Kahina, ayant eu connaissance des préparatifs de cette nouvelle invasion, ordonna aux peuples qui lui étaient soumis de ravager les campagnes et les jardins, de couper les arbres, pour que les Arabes, ne trouvant de ressources nulle part, pas même dans les villes, que la guerre avait fait abandonner, ne rencontrassent rien qui pût les attacher à l'Afrique. J'ai déjà dit que ce pays, depuis Tripoli jusqu'à Tanger, offrait un ombrage continuel, tellement il était boisé [1]. Kahina renvoya en même temps aux Arabes tous les prisonniers qu'elle avait faits sur eux dans la dernière bataille, à l'exception d'un seul, K'âled, qu'elle avait adopté et admis au nombre de ses enfants. Bientôt, ayant des pressentiments de sa mort, elle réunit ces derniers, et les engagea à aller implorer la clémence et la protection du général arabe. « Je sais, leur dit-elle, que ma fin approche. Lorsque je regarde l'Orient, j'éprouve à la tête des battements violents qui m'en avertissent. » Ses enfants se conformèrent à ses intentions. Cependant H'acen s'avançait à grandes journées, et les deux armées furent bientôt aux prises. La bataille fut si terrible que l'on aurait dit que la mort allait faucher tous les combattants. Kahina vaincue prit la fuite. H'acen la poursuivit et la

---

[1] Nowaïri parle aussi de la richesse et de la beauté de l'Afrique avant les ravages systématiques de Kahina, dont le nom est encore célèbre et populaire dans cette contrée. Il cite à ce sujet l'historien 'Abd-er-Rah'mân-ben-Zaïd.

tua dans un endroit qu'on appelle encore Bîr-Kahina (le puits de Kahina); d'autres disent près de Tabraka. Sa tête fut envoyée à 'Abd-el-Mâlek. Ceux de ses enfants qui s'étaient faits musulmans furent mis chacun à la tête de douze mille Berbères, et on les envoya vers l'Occident pour y faire la guerre au nom de Dieu [1].

La tranquillité paraissant rétablie, le gouverneur retourna à K'aïrouân en l'an 84. Ce fut alors qu'il soumit au kharadj [2] les Romains et les Berbères.

Quelques personnes disent que ce fut Zouhir qui prit Tunis. C'est l'opinion de Ben-Chebbat, qui a copié Baladri. El-Bekri pense que ce fut H'acen qui s'empara de cette ville, et Ben-Chebbat, dans un autre passage de son livre, dit que Tunis a peut-être été prise deux fois. On doit se rappeler ce que j'ai dit précédemment des travaux de H'acen pour faire arriver la mer à Tunis, et des Cophtes que Merouân lui envoya.

---

[1] C'est-à-dire en Espagne, où les Arabes pénétrèrent peu de temps après. Il faut remarquer ici la politique habile des Arabes, qui, en employant à des guerres lointaines la turbulence des Berbères, surent étendre leurs conquêtes en même temps qu'ils consolidaient leur domination en Afrique.

[2] C'est-à-dire l'impôt foncier sur les terres des peuples vaincus à qui on laisse cependant la propriété de leurs biens; il était ordinairement du cinquième du revenu. Il résulte de ce passage, conforme en tout à ce que dit Ben-Khaldoun, qu'une grande quantité de terres ont été et ont dû être terres de kharadj en Afrique; car le kharadj suit la terre et non l'individu; de sorte qu'une fois établi, il reste sur la terre dans quelques mains qu'elle passe, et quand même le propriétaire primitif se serait fait musulman. C'est ce qu'explique fort clairement El-K'addouri, si savamment analysé par M. de Sacy dans ses

La paix régnant en Afrique, H'acen jura de se démettre de son commandement, et il tint son serment. Le khalife accepta, malgré lui, sa démission, et lui donna pour successeur Mouça-ben-Noçeir-el-K'orîchi. Celui-ci arriva en Afrique, en 88, alors que le pays était de nouveau agité par les intrigues des chefs berbères. A son approche, les mutins se retirèrent vers l'Ouest; il les poursuivit jusqu'à Sous, la plus près de l'Est, en tuant ou faisant prisonniers ceux qu'il pouvait atteindre. Enfin, fatigués de la guerre, les Berbères demandèrent et obtinrent la paix. Mouça leur donna un chef de son choix; il installa à Tanger, en qualité de gouverneur, T'arik'-ben-Zïad-Moulad, à qui il donna dix-sept mille cavaliers arabes et berbères. Ces dispositions prises, il retourna vers l'Est, et soumit les pays de Medjâna et de Zar'ouân, couverts de villages habités par d'autres Berbères; il fit sur ceux-ci dix mille prisonniers qu'il envoya à K'aïrouân : ce furent les premiers qui parurent dans cette ville. On dit qu'Içer-ben-Arta avait soumis la Medjâna avant ce général. On a prétendu que Mouça

excellents Mémoires sur la propriété foncière en Égypte. Mais il ne faudrait pas conclure de ce qui précède, que le kharadj fut en Afrique le régime commun. On voit, dans l'histoire de la conquête de cette contrée par les Arabes, que bon nombre d'indigènes et de colons romains embrassèrent l'islamisme dès le principe et avant l'établissement du kharadj. Or, les terres de ceux-ci devinrent tout naturellement terres d'achour (dîme), impôt religieux imposé par la loi à tous les fidèles. Enfin, les terres abandonnées par les colons romains qui quittèrent le pays, et celles qui durent être confisquées à divers titres, durent être partagées entre les conquérants, et elles furent ainsi terres d'achour.

avait été envoyé en Afrique par le père du khalife 'Abd-el-Mâlek en 78, et qu'il y resta jusqu'au règne d'Oulid.

Mouça fit aussi des courses sur les terres des Houâra, Zenata et Senhadja. Ses conquêtes, qui se succédaient avec tant de rapidité, lui acquirent la bienveillance du khalife. Selon quelques auteurs, ce fut lui qui fit arriver la mer près de Tunis, en lui ouvrant un passage par les basses terres, établit l'arsenal de cette ville et y fit construire cent navires de guerre. Son fils Merouân, envoyé à Sous, la plus avancée vers l'Occident, avec cinq mille cavaliers, s'y couvrit de gloire, et en rapporta de grandes richesses; il pénétra jusqu'à l'Océan, et revint avec quarante mille captifs. Il serait trop long de détailler ici le reste du butin immense qui provint de cette expédition.

Dans l'année 91 de l'hégire, T'arik' fut envoyé en Espagne, et débarqua dans le lieu qui, depuis, a porté et porte encore son nom. T'arik' était, à cette époque, gouverneur de Tanger. 'Aliân, un des grands de Tanger, détermina Mouça à entreprendre la conquête de l'Espagne. Ayant eu à se plaindre de Zérik, roi de ce pays, il se rendit à K'aïrouân auprès de Mouça, et lui fit connaître combien il lui serait facile de s'emparer de cette contrée. Mouça s'empressa alors d'envoyer T'arik' en Espagne : celui-ci débarqua au pied de la montagne appelée aujourd'hui Djebel-T'arik' (Gibraltar). 'Aliân lui fut d'un grand secours [1]. Il était alors

[1] Il est généralement admis que ce fut pour se venger du roi Ro-

commandant de l'île Verte[1], qui était une dépendance de Tanger. Les détails de cette expédition nous conduiraient trop loin. Nous renvoyons ceux qui voudraient les connaître aux ouvrages de Ben-Karda-bou-T'abari[2], Sah'eb-el-Mektacer, et autres auteurs qui ont écrit sur cette matière, et sur la fidélité desquels on peut compter.

Zérik[3], roi d'Espagne, informé de la descente de T'arik' à Gibraltar, rassembla son armée et se porta à la rencontre des Arabes. Les deux armées se battirent avec acharnement pendant huit jours consécutifs, et, à la fin, la victoire resta aux musulmans. Les infidèles prirent la fuite. Cependant leur nombre était considérable, tandis que T'arik' n'avait sous ses ordres que douze mille hommes.

T'arik' soumit successivement les villes d'Achebilia[4], Carmouna[5], Chedouna[6], Mourour, Stadja[7], Cordoba[8],

drigue, qui avait déshonoré sa fille, que le comte Julien, le 'Aliân des Arabes, les appela en Espagne.

[1] Algésiras.

[2] Abou-Dja'far-Moh'ammed-ben-Djorair-et-T'abari, mort à Baghdad en 310 de l'hégire, auteur de plusieurs ouvrages, dont le plus célèbre est une Histoire universelle fort estimée ; elle va jusqu'à l'année 300, et a été abrégée et continuée par George El-Macin, et traduite en latin par Erpenius.

[3] Rodrigue.

[4] Séville.

[5] Carmona.

[6] Sidonia.

[7] Ecija.

[8] Cordoue.

Telitla¹, Badja, Marda², Sarkosta³, et un grand nombre d'autres. Le butin qu'il y fit fut si considérable, que lorsqu'un cheval ou une mule boitait, on pouvait être sûr qu'il s'était logé dans son sabot un morceau d'or ou d'argent, ou une pierre précieuse. Mouça, frappé de si brillants succès, voulut prendre sa part de la gloire dont se couvrait son lieutenant⁴. Il laissa son fils 'Abd-Allah en Afrique, et passa en Espagne à la tête de dix mille cavaliers. Il prit une tout autre direction que celle qu'avait suivie T'arik', soumit un grand nombre de villes, de Telitla à Djelalka, et pénétra dans l'intérieur des terres, jusqu'à un mois de marche de Cordoba et de Kessa. Enfin, après une campagne de vingt mois, il quitta l'Europe et revint en Afrique. Il écrivit au khalife une lettre qui commençait ainsi : « Prince des croyants, ce n'est pas une conquête ordinaire que je viens de faire; c'est une image de la fin du monde que j'ai eue devant les yeux⁵. » Il

---

¹ Tolède.
² Merida.
³ Saragosse.
⁴ Mouça avait conçu contre T'arik' une horrible jalousie, qui se manifesta par les plus indignes traitements. Lorsqu'il le rejoignit en Espagne, il s'oublia jusqu'à lui porter des coups d'un fouet qu'il avait à la main; il l'envoya en prison, et l'aurait sans doute fait périr, sans les remontrances d'un envoyé du khalife. Ce monarque, instruit de ce qui se passait en Espagne, envoya l'ordre de remettre T'arik' en liberté, et le manda en même temps à sa cour, ainsi que Mouça. Ce dernier avait formé le vaste projet de revenir à Damas, à travers l'Europe et l'Asie mineure : le khalife s'y opposa.
⁵ Mouça s'était avancé jusqu'à Carcassone en commettant des dégâts

partit ensuite pour se rendre auprès du khalife, lui offrant en présent treize coffres pleins d'or, d'argent, de perles, et des objets les plus précieux, la fameuse Table de Salomon, et trente mille prisonniers de familles nobles. Ce fut en 94 qu'il revint en Afrique, après avoir laissé son fils 'Abd-el-'Aziz en Espagne. Il laissa son second fils 'Abd-Allah en Afrique, et arriva en Égypte en 95; de là il se dirigea sur Damas. Il trouva El-Oulid-ben-'Abd-el-Mâlek déjà atteint de la maladie dont il mourut. Selîmân, frère du khalife, et qui devait être son successeur, invita Mouça à s'abstenir de se présenter au malade, voulant avoir lui-même les richesses qu'il lui apportait; mais Mouça ne l'écouta pas et fit sa visite. Cette démarche imprudente fut la cause de sa perte. Le khalife mourut et Selîmân lui succéda. Le premier acte de ce prince fut de forcer le vainqueur de l'Espagne à lui payer 200,000 dinars. Le nouveau khalife et Mouça firent ensuite le pèlerinage de la Mecque. Ce dernier mourut en chemin, de misère et de chagrin, à Teksala.

Louange à Dieu, qui élève ou abaisse les hommes à son gré! Mouça, qui avait conquis la moitié du monde habité, qui avait acquis tant de richesses, mourut pauvre, demandant l'aumône aux passants, après avoir été abandonné du dernier de ses serviteurs. Accablé d'opprobre et de misère, il demanda la mort, et Dieu la lui envoya. Je ne suis entré dans ces détails sur la

affreux, et tels, que les peuples vaincus pouvaient croire qu'en effet la fin du monde était arrivée pour eux.

mort de Mouça que pour donner à mes contemporains, qui lisent peu, un exemple frappant des vicissitudes humaines [1].

Ainsi, on le voit, l'Afrique a été de tout temps le théâtre de grands événements. Ce continent fut soumis par les généraux arabes, qui fixèrent à K'aïrouân le siége de leur gouvernement. Plus tard, en ͻoo environ, ils conquirent la Sakalia, comme nous le verrons. Mouça, qui était un des Teba'ïn, avait vu les Sah'aba. C'était un h⸱mme sage, généreux et plein de courage. Ben-el-Khalk'ân[2], qui a copié Seit-ben-S'ad, dit que jamais les armées qu'il commanda ne battirent en retraite, et que le cinquième du butin qu'il fit en Afrique et qu'il envoya au khalife, se monta à soixante mille têtes[3]. Son fils 'Abd-Allah en fournit cent mille, et Merouân, un autre de ses fils, cent autres mille. El-S'ad'fi[4] assure que jamais les musulmans ne firent, ni depuis, ni avant, un pareil butin. Lorsque Mouça partit pour l'Orient, on portait dans ses bagages vingt-sept couronnes enrichies de pierres précieuses, provenant des princes d'Espagne. Il avait trente mille esclaves à sa suite. Quelques écrivains prétendent que ce fut le khalife Oulid-ben-'Abd-el-Mâlek qui persécuta Mouça, et

---

[1] Aucun auteur arabe ne dit ce que devint T'arik'.

[2] Abou-el-'Abbas-Chams-ed-Dîn-ben-Moh'ammed-ben-Khalk'ân, écrivain du vii⁰ siècle de l'hégire, auteur d'une Biographie des hommes illustres, était Syrien.

[3] Sous-entendu, d'esclaves.

[4] S'àlah'-ed-Dîn-Khalil-ben-Ibek-el-S'ad'fi, écrivain du viii⁰ siècle de l'hégire.

qu'entre autres tourments qu'il lui fit souffrir, il l'exposa, pendant toute une journée, à un soleil ardent, tellement qu'il tomba évanoui. La vérité est que ce fut Selîmân qui le perdit, et qui fut cause de sa mort. Son pèlerinage à la Mecque eut lieu en 97 ou 99; il mourut en chemin, à Ouled-el-Kora. Selon El-Msa'oud [1], il commanda en Afrique seize ans, et mourut dans la soixante et treizième année de son âge. Ben-el-Khalk'ân et d'autres auteurs ont longuement parlé de lui.

Ce fut en 96 que Selîmân-ben-'Abd-el-Mâlek parvint au khalifat. Il rappela d'Espagne 'Abd-el-'Aziz-ben-Mouça-ben-Noceir [2]. Quelques auteurs prétendent que cet 'Abd-el-'Aziz était frère et non fils de Mouça. Il fut remplacé en Espagne par Es-Semh-ben-Mâlek. 'Abd-Allah-ben-Keriz [3] fut envoyé en Afrique, et y resta jusqu'au règne d'Omar-ben-'Abd-el-'Aziz; c'est lui-même qui le raconte. Il dit aussi que, durant son commandement, il se plaignit au khalife des reptiles et des insectes venimeux et incommodes qui fourmillaient en Afrique, et que celui-ci lui répondit de prendre son mal en patience, en bon musulman, et

---

[1] 'Ali-ben-Hussein ben-'Ali-Abou-H'acen-el-Msa'oudi, célèbre auteur d'un ouvrage historique, intitulé. les Prairies d'or et les Mines de perles. Il était de Baghdad, mais il passa presque toute sa vie en Égypte; il mourut vers l'an 345 de l'hégire.

[2] Selon l'opinion la plus répandue, 'Abd-el-'Aziz fut tué en Espagne par ordre du khalife. 'Abd-Allah eut le même sort en Afrique.

[3] Cet 'Abd-Allah, gouverneur d'Afrique, est placé, par d'autres auteurs, après et non avant Moh'ammed, qui, selon El-K'aïrouâni, lui succéda.

d'invoquer Dieu, à l'entrée de la nuit, pour être préservé des piqûres dangereuses.

En l'an 100 de l'hégire, tout le pays de Barka à Sous était soumis. Les Romains et les Berbères n'osaient plus rien entreprendre : les uns avaient embrassé l'islamisme, les autres payaient l'impôt [1]. Il n'en était point de même avant cette époque ; alors les évêques d'Alexandrie envoyaient leurs prêtres aux chrétiens d'Afrique pour les soulever [2]. Dieu en a purgé cette contrée ; que son nom soit béni !

On a dû remarquer que les gouverneurs résidaient à K'aïrouân, et qu'ils nommaient à tous les emplois dépendants de leur commandement. 'Abd-Allah-ben-Keriz, qui était la créature de Selîmân, fut rappelé par 'Omar-ben-'Abd-el-'Aziz, et remplacé par Moh'ammed-ben-Zaïd-el-Ansâri. A la même époque, H'odaifa-ben-el-Okras passa en Espagne. Le premier resta en Afrique, jusqu'au règne d'Iezid-ben-'Abd-el-Mâlek-ben-Merouân, qui le remplaça par Iezid-ben-Abi-Muslem ; celui-ci, avant cette nomination, avait occupé l'emploi d'ouzir auprès de H'adjadj-ben-Iouçef-ben-T'ak'efi [3].

---

[1] Ceci établit bien la distinction dont nous parlons dans la note 2 de la page 55.

[2] On lit en effet dans George El-Macin, abréviateur et continuateur de Tabari, que les patriarches jacobites d'Alexandrie, profitant de l'isolement où se trouva de Rome l'église catholique expirante d'Afrique après la conquête musulmane, s'ingérèrent souvent dans les affaires de cette église.

[3] H'adjadj-ben-Iouçef-ben-T'ak'efi, un des plus célèbres généraux qu'aient eus les Arabes, fut fait gouverneur de l'Irak par 'Abd-el-Mâlek,

Le khalife Selîmân avait fait mettre ce général en prison, et il y était resté pendant toute la durée de son règne et de celui d'Omar-ben-'Abd-el-'Aziz. Il n'en sortit que sous celui de Iezid-ben-'Abd-el-Mâlek, qui le nomma gouverneur de l'Afrique. Arrivé dans ce pays, il rencontra son prédécesseur, Moh'ammed-ben-Zaïd-el-Ansâri qui en partait. « Dieu soit loué, lui dit-il, de ce qu'il te fait tomber dans mes mains! mais il ne saurait disposer de toi autrement que je ne l'entends. Si l'ange de la mort voulait prendre mon âme avant que je n'aie mangé cette grappe de raisin (il en tenait en effet une à la main), je l'en empêcherais, car ta mort précédera la mienne. » Il le fit aussitôt arrêter et ordonna qu'on fît les apprêts de son supplice. Mais, comme on allait lui couper la tête, l'imam annonça la prière du soir. Iezid devait y présider en sa qualité de chef suprême, et il abandonna tout pour s'acquitter de ce devoir. Mais lorsqu'il arriva à la génuflexion, il fut frappé à mort par un individu qui invita en même temps Moh'ammed à s'en aller en paix. Moh'ammed se retira plein d'admiration pour la puissance de Dieu. Ben-Khalk'ân et Sah'eb-el-Fardji rapportent plus au long cette anecdote. On prétend que cet assassinat était le résultat d'un complot formé contre Iezid, qui

cinquième khalife O'mmiade, après avoir vaincu 'Abd-Allah-ben-Zog'ir, qui avait usurpé le titre de khalife. Son administration fut très-sanguinaire. On dit qu'il fit périr cent vingt mille personnes, et que lorsqu'il mourut, il y en avait cinquante mille en prison. Les historiens arabes sont pleins de traits de cruauté de cet homme, au milieu desquels on voit cependant quelques actes de générosité.

avait voulu se conduire, en Afrique, comme il le faisait dans son ancien emploi. D'autres auteurs disent que ce fut le crime isolé d'un impie. Quoi qu'il en soit, il paraît que les principaux habitants de K'aïrouân, en annonçant cet événement au khalife, lui dirent dans leur lettre : « Nous n'avons jamais eu la pensée de braver votre autorité, mais votre lieutenant nous ayant tyrannisés, nous l'avons tué. »

Moh'ammed-ben-Zaïd-el-Ansâri remplit le commandement, mais il fut bientôt remplacé par Bachir-ben-Sefouân-el-K'albi, qui envoya en Espagne 'Okba-ben-el-H'edjadj. Bachir resta en Afrique jusqu'en 105. Il partit, à cette époque, pour l'Orient, portant de riches présents pour le khalife Iezid-ben-'Abd-el-Mâlek. Chemin faisant, il apprit la mort de ce khalife, et donna les présents qu'il lui destinait à son successeur, H'achem-ben-'Abd-el-Mâlek. Ce nouveau khalife renvoya Bachir en Afrique, où il resta jusqu'en 109, époque de sa mort.

Bachir, avant de mourir, s'était choisi un successeur qui fut sur le point de perdre le pays par sa mauvaise administration. Le khalife le destitua et nomma à sa place 'Obeïda-ben-'Abd-er-Rah'mân, dans le mois de safar 110. Arrivé en Afrique, ce gouverneur fit embarquer El-Mustenir-ben-el-H'art avec des troupes, et l'envoya faire une excursion en Sakalia. La flotte fut assaillie par une violente tempête, et tous les bâtiments périrent, à l'exception de celui que montait Mustenir, qui fut jeté à Tripoli. 'Obeïda, qui attribuait à Mustenir la perte de sa flotte, parce qu'il avait mis de la lenteur dans ses opérations et s'était laissé gagner par la mauvaise saison, ordonna au gouverneur de Tripoli de le lui envoyer chargé de fers. Lorsqu'il fut arrivé à K'aïrouân, 'Obeïda le fit jeter en prison, où il resta jusqu'à la révocation de ce gouverneur, qui fut remplacé par 'Abd-Allah-ben-el-H'edjab. Ce dernier lui rendit la liberté et l'envoya à Tunis, ainsi que je l'ai déjà dit dans le premier livre de cet ouvrage. Je reviendrai bientôt sur l'histoire de Mustenir.

O'beïd-Allah-ben-'Abd-er-Rah'màn resta en Afrique jusqu'en 110 de l'hégire. Il retourna ensuite à Damas, et offrit en présent au khalife une grande quantité de captives noires et blanches, des nègres, des eunuques, en tout plus de sept cents esclaves choisis; des chevaux, de l'or et de l'argent. Il le pria en même temps de lui retirer le gouvernement de l'Afrique. Le khalife y consentit et prescrivit à 'Abd-Allah-ben-el-H'edjab, gouverneur de l'Égypte, de se rendre en Afrique et de prendre le commandement de cette contrée des mains d'Ok'ba-ben-Kedama-Tedjbii, à qui 'Obeïd l'avait confié au moment de son départ.

'Abd-Allah-ben-el-H'edjab est, selon Ben-Chemma, celui qui fit construire l'arsenal maritime de Tunis. Cette assertion est contraire à ce qu'ont écrit d'autres historiens, et aux documents que j'ai recueillis moi-même. Il est certain que des flottes étaient sorties de Tunis longtemps avant Ben-el-H'edjab. C'est à H'acen-ben-No'màn que revient la gloire de cette construction. Au reste, je parlerai encore de cela plus tard.

'Abd-Allah-ben-el-H'edjab partit pour l'Afrique, dans le mois de rebi'-el-akher de l'année 110 de l'hégire. Il laissa à son fils le commandement de l'Égypte. Arrivé à sa destination, il fit sortir Mustenir de prison et le nomma gouverneur de Tunis. Il envoya 'Abid-ben-Abi-'Obeïda-ben-'Obeïda-ben-'Ok'ba-ben-Nafih à Sous et au pays des nègres. Ce chef ramena de cette expédition deux femmes d'une organisation assez extraordinaire : elles n'avaient chacune qu'une seule mamelle. Elles appartenaient à l'espèce que les Berbères appellent 'Adjân.

Khaled-ben-Abi-H'abib-el-Fahri fut ensuite envoyé par le gouverneur contre les Berbères de Tanger [1]. Il était accompagné des plus nobles de K'orich et d'Ansar[2]; mais tous périrent dans cette expédition, dont personne ne revint, et qu'on appelle encore l'expédition des nobles. 'Abd-Allah-ben-el-H'edjab retourna en Orient, dans le mois de djoumâd-el-oouel de l'année 123 [3]. Ben-el-Kardabous fait mention de lui dans son livre intitulé *Aktifa*. Ben-Chebbat raconte que ce gou-

[1] Ces Berbères s'étaient révoltés contre leur gouverneur qui les opprimait, et l'avaient massacré.

[2] C'est-à-dire de la tribu de Mohammed et de Médine. Ansar signifie protecteur. Cette épithète est donnée à Médine, où le prophète trouva en effet protection lorsqu'il fut obligé de fuir de la Mecque.

[3] 'Abd-Allah-ben-el-H'edjab fut rappelé par le khalife, après avoir perdu une seconde bataille contre les révoltés de Tanger.

verneur envoya H'abib-ben-Abi-'Obeïda en Sakalia, vers l'an 122. Ce général débarqua auprès de Sarkouça [1], la ville la plus considérable du pays ; les habitants se défendirent avec courage ; H'abib mit aussi beaucoup de vigueur dans l'attaque, et laissa des marques de son sabre sur les portes de la cité chrétienne. A la fin, les gens de Sarkouça consentirent à payer tribut, et H'abib retourna en Afrique.

Ben-el-H'edjab a laissé la réputation d'un homme docte et d'un écrivain distingué [2]. Il était très-versé dans l'histoire des Arabes. On a déjà vu que la fondation de la mosquée et de l'arsenal de Tunis lui a été attribuée. Cette fondation aurait eu lieu, selon les auteurs qui en font honneur à Ben-el-H'edjab, en 114. Il est prouvé, par d'autres témoignages, qu'il prit le gouvernement de l'Afrique en 116, et qu'il le quitta en 123.

L'auteur de l'Aktifa dit que dans le mois de djoumâd-et-tâni 123, le khalife H'echâm nomma au gouvernement de l'Afrique K'altoum-ben-'Aïad-el-Kissi, qui périt, avec les siens, sous le fer des Berbères de Tanger. Cet historien n'entre dans aucun détail sur cette funeste expédition. Il est présumable que l'historien de K'aïrouân en parle plus amplement [3]. J'aurais voulu avoir ce déplorable récit, mais je n'ai pu me le

---

[1] Syracuse.

[2] Il était poëte.

[3] On trouve dans la Bibliothèque orientale de d'Herbelot plusieurs auteurs qui ont écrit l'histoire de cette ville, savoir : Abou-el-R'arib-

procurer. Le peu que je dis sur cette malheureuse affaire est peut-être dans cette histoire de K'aïrouân; mais c'est à une autre source que je l'ai puisé [1], ce qui n'en est pas moins un mérite, vu la préoccupation de mon esprit, les troubles et les inquiétudes au milieu desquels je vis, et le manque de tout soutien, si ce n'est celui de Dieu.

Lorsque le khalife H'echâm-ben-'Abd-el-Mâlek-ben-Merouân eut appris, dit Ben-Kardabous, la mort de K'aïtoum, il le remplaça, dans le mois de safar 124, par Hentala-ben-S'efouân, qui resta en Afrique jusqu'au règne de Merouân-ben-Moh'ammed [2].

Le khalife Hechâm rappela d'Espagne 'Ok'ba-ben-el-H'edjadj et le remplaça par El-H'issan-ben-Dirar-el-K'albi qui gouverna cette contrée pendant neuf ans. Il y était arrivé avec dix mille hommes du pays de Damas. Ces forces lui permirent de détruire le parti

---

el-Senhadji, Abou-'Ali-ben-R'achik, Abou-'Abd-Allah-el-H'ouçaïn et Ibrahim-Refik'.

[1] Sans doute dans Ben-Khaldoun, qui en parle succinctement. Cet auteur dit que les Berbères de Tanger se révoltèrent parce qu'on voulut les imposer, quoiqu'ils se fussent faits musulmans.

[2] El-K'aïrouâni passe ici sous silence un fait de la plus haute importance, qui est la destruction des rebelles berbères. Après la défaite du prédécesseur d'Hentala, ils s'étaient répandus dans tout le pays; mais celui-ci, peu de temps après son arrivée en Afrique, les défit complétement dans trois batailles aux environs de K'aïrouân; il y en eut cent soixante mille de tués. 'Abd-el-Ouah'ed, un de leurs généraux, périt les armes à la main; l'autre, nommé Akkacha, fut pris et décapité. Cet éclatant succès mit fin à la révolte. Il est surprenant que El-K'aïrouâni ne parle pas d'événements aussi graves.

qu'Ifren-el-Mezennati s'était formé en Espagne; il se rendit maître de ce rebelle et le fit mettre en croix. Il fit en même temps crucifier un chien à sa droite, un porc à sa gauche, un singe derrière lui et un ours devant. Il établit les gens de Damas à El-Bira [1], ceux de Palestine à Chedouna [2], ceux de Arden à Ouchka, ceux d'Égypte à Badja, ceux de Kanserin à Djan [3], et enfin ceux de Homs [4] à Achebilia [5], que l'on nomma depuis Achebilia-Homs. Il mourut en Espagne sous le règne de H'echâm. El-H'issem-ben-el-K'albi lui succéda.

Je ne suis entré dans tous ces détails que pour prouver que c'est aux généraux qui ont commandé en Afrique que l'on doit la conquête de l'Espagne et des autres contrées de l'Occident. Tous ces pays faisaient partie de leur gouvernement. Cet état de choses dura jusqu'à la mort de H'echâm-ben-'Abd-el-Mâlek-ben-Merouân, qui arriva dans le mois de rebi'-el-akher 125 de l'hégire. Ce khalife avait régné dix-neuf ans, sept mois et dix jours. Le jour de sa mort, Oulid-ben-Iezid-ben-'Abd-el-Mâlek prit les rênes de l'état. C'était un homme de plaisir, adonné au vin, au jeu et à la débauche, qui se plaisait à faire publiquement les choses défendues par la loi. Son administration fut si

---

[1] Elvira.
[2] Sidonia.
[3] Jaen.
[4] Emesse.
[5] Séville.

tyrannique que l'on disait de lui : « C'est le dernier et le pire des Beni-'Ommia. » On en parle plus longuement ailleurs. Iah'ia-ben-Zaïd-ben-'Ali-ben-Abi-T'âleb se révolta contre lui; mais, après une longue série de combats, il fut vaincu et tué. Sa tête fut portée au khalife, et son corps cloué à une croix, où il resta exposé jusqu'au temps d'Abi-Meslem.

On cite le trait suivant d'impiété d'Oulid-ben-Iezid : Un jour, voulant tirer du Koran quelque prédiction sur sa destinée, il ouvrit le livre et tomba sur le verset suivant :

« Tous tireront de l'avantage de leur travail, excepté le tyran et l'orgueilleux. »

Ayant lu ces mots, il mit le livre pour but à ses flèches, et dit : « Tu as voulu me faire peur, eh bien! c'est moi qui suis cet orgueilleux et ce tyran. Lorsque tu paraîtras devant Dieu au jour du jugement, dis-lui : C'est Oulid qui m'a percé de ses flèches. »

Le règne de ce mauvais prince ne fut pas long. Son cousin Iezid se révolta contre lui et le tua. Il avait régné un an et deux mois. Sa tête fut exposée à Damas, et son corps mis en pièces. Il eut pour successeur ce même Iezid-ben-Oulid-ben-'Abd-el-Mâlek-ben-Merouân surnommé El-Hakes, dans le mois de djoumâd-el-akher 126.

Merouân-ben-Moh'ammed-ben-Merouân leva contre lui l'étendard de la révolte pour venger son parent, le dernier khalife. Ce rebelle fut heureux; il entra à Damas après avoir mis Iezid en fuite. Bientôt il s'empara de sa personne et le condamna au supplice de la croix. Le règne d'Iezid ne fut que de six mois. Le jour même de sa mort, Ibrahim-ben-el-Oulid-ben-'Abd-el-Mâlek-ben-Merouân fut salué khalife[1]; mais ce nouveau règne ne fut ni long ni heureux. Ibrahim vit toujours son autorité contestée. Merouân-ben-Moh'ammed lui fit la guerre, comme il l'avait faite à son prédécesseur, et marcha contre lui à la tête de soixante et dix mille hommes. Ibrahim en avait cent mille commandés par Selîmân-ben-H'echâm. La bataille se livra dans les plaines de Damas. Merouân fut vainqueur et fit éprouver de grandes pertes à son ennemi. Damas lui ouvrit ses portes. Ibrahim, vaincu, fut obligé d'abdiquer après un règne de deux mois, et, deux mois après, Merouân le fit mettre à mort.

Merouân-ben-Moh'ammed-ben-Merouân-ben-el-H'akem-ben-Abi-'Abd-el-Malek-ben-Merouân fut salué khalife dans le mois de safar 127. On le surnomma Merouân-el-H'ammâr-el-Merouân-el-Djadi. Il fit exhumer le cadavre de Ben-Oulid et le fit mettre en croix. Il destitua 'Abd-el-Mâlek-ben-Katem, gouverneur d'Espagne, et le remplaça par T'ouaba-ben-en-Naïm-el-Ansâri qui se soutint quatre ans dans ce pays, c'est-à-dire jusqu'à l'avénement de la dynastie des Beni-'Abbês, après quoi l'Espagne fut perdue pour les khalifes. Les musulmans établis dans cette contrée élurent pour chef un certain Iouçef-ben-'Abd-er-Rah'mân-el-Fahri, qui se soutint au pouvoir jusqu'à l'arrivée de 'Abd-er-Rahmân-

[1] Il était frère d'Iezid.

ben-Ma'ouïa-ben-H'echâm-ben-'Abd-el-Mâlek-ben-Merouân, comme on le verra bientôt.

Je reviens maintenant à Merouân-ben-Moh'ammed-el-Dj'adi. Son règne fut sans cesse troublé par des guerres intestines. La ville de Homs, entre autres, se révolta. Il la prit et en fit raser les fortifications. On s'accorde à dire que ce khalife protégea toujours efficacement les pèlerins de la Mekke.

En 129 de l'hégire, Abou-Muslem-el-Keraçani prit les armes pour les Beni-'Abbas. Il en résulta une longue guerre dont l'issue fut malheureuse pour Merouân-ben-Moh'ammed. Poursuivi par les armées victorieuses des Beni-'Abbas, il se retira dans un village du S'aïd, appelé Abou-Serr. Ces événements se passèrent dans l'année 132 de l'hégire.

Merouân-ben-Moh'ammed régna cinq ans et dix mois. Il fut, en Orient, le dernier prince de la dynastie des Beni-'Ommîa qui a occupé le khalifat pendant mille mois. Celle des Beni-'Abbas, qui la remplaça, fit massacrer tous les Beni-'Ommîa qu'elle put atteindre. 'Abd-er-Rah'mân-ben-Ma'ouïa-ben-H'echâm-ben-'Abd-el-Mâlek-ben-Merouân-ben-el-H'ekm fut un de ceux qui eurent le bonheur d'échapper à la mort. Il gagna l'Espagne en l'année 139. Il trouva ce pays plongé dans l'anarchie : les uns tenaient pour les H'achemi[1], les autres pour la dynastie déchue. Aucun ordre ne parvenait des khalifes. 'Abd-er-Rah'mân réunit auprès de

---

[1] C'est-à-dire pour les Beni-'Abbès, qui étaient de la famille de H'achem, à laquelle appartenait aussi le prophète.

lui tous ceux qui avaient à se plaindre de Ioucef-ben-'Abd-er-Rah'mân. Il eut bientôt un nombreux parti, et les villes lui ouvrirent leurs portes. Iouçef, vaincu par lui, fut tué. Cordoba reconnut son autorité, et il y fut proclamé roi. Il régna trente-trois ans. Ses enfants lui succédèrent, et non-seulement ils ne se soumirent pas aux Beni-'Abbês, mais encore le nom de ces princes n'était pas même prononcé dans les prières publiques. Ceci dura jusqu'au temps d'Abd-er-Rah'mân [1], surnommé En-Nâc'er-ed-Dîn-Allah, qui prit le titre de êmir-el-moumenîn, lorsque les Beni-'Obeïd eurent pris ce même titre en Afrique. On dit que les ancêtres de cet 'Abd-er-Rah'mân avaient reconnu les Beni-'Abbês. Son nom était 'Abd-er-Rah'mân-ben-'Abd-Allah-ben-Moh'ammed-ben-'Abd-el-Rah'mân-ben-el-H'ekm-ben-H'echâm-ben-'Abd-er-Rah'mân-el-Darkal-ben-Ma'ouïa-ben-H'echâm-ben-'Abd-el-Mâlek-ben-Merouân, de la dynastie des Beni-'Ommîa. Ce fut seulement vers la vingt-septième année de son règne que, voyant l'état de faiblesse où étaient tombés les khalifes de l'Irak', et l'élévation en Afrique des 'Alouiin [2], il prit le titre de êmir-el-moumenîn. Il mourut en 350 de l'hégire, à l'âge de soixante et treize ans, après avoir gouverné l'Espagne pendant cinquante ans. Son fils El-Hekm, surnommé

---

[1] 'Abd-er-Rah'mân III, huitième successeur du premier 'Abd-er-Rah'mân.

[2] C'est-à-dire les descendants d'Ali ou Alides, comme nous les appelons, issus d'Ali et de Fat'ma, fille du prophète, et également connus sous le nom de Fatimites.

El-Mestamer, lui succéda et régna quinze ans et cinq mois. Ce prince mourut en 366, âgé de soixante-trois ans et sept mois; il eut pour successeur son fils H'echâm, surnommé El-Mouaïed, jeune enfant de dix ans, au nom duquel Moh'ammed-ben-'Abd-Allah-ben-Abi-'Omar gouverna l'Espagne. El-Mouaïed figurait dans les prières publiques, et la monnaie était frappée en son nom, mais c'était tout: Moh'ammed, qui avait su gagner l'affection des troupes, était le véritable souverain. C'était, au reste, un homme d'une rare intelligence et doué des meilleures et des plus brillantes qualités. La plupart de ses expéditions furent dirigées contre les infidèles, qu'il humilia avec l'aide de Dieu. Il obligea les chrétiens de transporter, de l'intérieur du pays, des matériaux à Cordoba pour la construction de la mosquée de cette ville. Tous les princes d'Espagne se soumirent à lui, et administraient en son nom. Personne ne fit tant de grandes choses. Aussi disait-on en parlant de lui : « C'est le plus glorieux enfant de l'islamisme. »

Ce fut sous son administration que les trésors des diverses villes furent réunis en un seul. On fit un calcul exact des revenus de l'Espagne, et on trouva qu'ils s'élevaient à cinq millions de dinars. Un tiers de cette somme était versé au Bit-el-Mâl[1], un tiers était employé à la solde de l'armée, et l'autre tiers aux monuments publics et à l'encouragement des sciences et des lettres.

Je ne suis entré dans tous ces détails que pour prou-

---

[1] Littéralement *Chambre des biens.*

ver de plus en plus que l'Afrique a procuré beaucoup d'avantages aux musulmans, puisque l'Espagne fut conquise par les généraux qui y commandaient. D'ailleurs l'enchaînement des événements m'a entraîné. Que le lecteur soit donc bien pénétré de cette vérité, qu'à l'Afrique revient tout honneur, elle dont les chefs subjuguèrent l'Espagne et donnèrent si longtemps des lois en Sakalia.

Les premiers souverains de l'Afrique, indépendants des khalifes, furent les Beni-Ar'lâb, qui furent dépossédés par les Beni-'Obeïd ou Fatimites. Viennent ensuite les princes de Senhadja; mais ceux-ci, quoique fort puissants, ne commandèrent que sous les auspices des Fatimites, qui leur abandonnèrent l'Afrique, lorsqu'ils se rendirent en Orient. Le pays soumis aux Beni-Ar'lâb s'étendait jusqu'à Sous, moins quelques districts que les Beni-Edris leur enlevèrent.

Le premier des Beni-Edris se nommait Edris-ben-'Abd-Allah-ben-H'acen-ben-el-H'usseïn-ben-'Ali-ben-Abi-T'aleb. Il vivait sous le khalife Mah'edi-el-'Abbâçi. Ce fut son fils qui bâtit Fês. J'en ferai mention plus tard, lorsque je parlerai des khalifes de l'Occident, de ceux de Lemtouna et des Beni-'Abd-el-Moumen, autrement dits Mouah'edin, pour que les événements qui les concernent s'enchaînent avec l'histoire des Beni-H'afez, qui avaient le siége de leur gouvernement à Tunis. On saisira de cette manière la succession des faits. Maintenant je vais parler des émirs qui gouvernèrent l'Afrique, du temps des Beni-'Abbês. Je ne ferai le plus souvent qu'inscrire leurs noms et les dates, et je n'entrerai dans les détails des faits que lorsque le sujet en vaudra la peine.

Après l'élévation des Beni-'Abbês et la chute des Beni-'Ommîa, il y eut de grands troubles de tous côtés. La nouvelle dynastie ne fut occupée qu'à rétablir l'ordre et la paix dans l'intérieur. En Afrique, les Khouâredj [1] excitèrent de grands désordres. Dans cet état de choses, Abou-Dja'far-el-Mans'our se décida à y envoyer Moh'ammed-ben-el-Achat-ben-'Ok'b'a-el-Khezaï, en l'année 144 [2]. Ben-el-Nebat'a prétend que ce fut 'Abd-Allah-ben-es-Seffah' qui envoya ce général en

[1] On désigne ainsi tous les dissidents, soit en matière de religion, soit en matière de politique. Ce mot vient du verbe arabe qui signifie sortir. C'est comme si on disait « gens qui sont sortis, qui se sont mis en dehors des opinions reçues. »

[2] Il y a encore ici une omission de faits très-importants. Pour les faire connaître, il est nécessaire que nous prenions les choses d'un peu haut. Après la défaite d'Abd-Allah-ben-H'edjâb par les rebelles de Tanger, une partie des troupes vaincues se réfugia en Espagne. Il y avait, parmi ces fuyards, un certain 'Abd-er-Rah'mân-ben-H'abib, que ses intrigues firent chasser de ce pays; il se retira à Tunis, et là, par des manœuvres factieuses, il parvint à se faire un parti assez puissant, et se révolta contre H'antala. Celui-ci, pour ne pas diviser les forces des Arabes, lui céda généreusement le commandement, pensant qu'il s'en contenterait; mais cet ambitieux ne tarda pas à profiter de la révolution qui renversa les Ommiades, pour se déclarer indépendant des khalifes; il périt assassiné par son propre frère. Après sa mort, l'Afrique tomba dans l'anarchie. Ce fut alors que le khalife Abou-Dja'far-el-Mans'our s'occupa de la remettre sous la domination des khalifes, et les deux premiers gouverneurs qu'il y envoya ne réussirent pas complétement; un d'eux fut même assassiné, comme le dit El-K'aïrouâni. Ce fut Iezîd, le troisième, qui termina cette grande en-

Afrique, en 133; mais je le crois dans l'erreur. Moh'ammed-ben-el-Achat combattit les Khouâredj, tua Aba-el-Ketâb et dispersa ses partisans. Il entoura K'aïrouân d'une muraille de terre épaisse de dix dra'. Cette construction fut commencée en 144, et terminée en 146. Ce Moh'ammed était chef d'une troupe appelée Açaouda (noirs), qualification que l'on donnait en général aux partisans des Beni-'Abbês, qui s'étaient portés les vengeurs d'H'osseïn et de Zeïd [1]. Ces soldats étaient tous habillés de noir, et leurs enseignes étaient de la même couleur.

'Omar-ben-H'afez-ben-Oulid-Kabiça-ben-Abi-S'afra, frère d'El-Mouh'allab-ben-Abi-S'afra, connu par son extrême bravoure, gouverna ensuite l'Afrique [2]; on l'avait surnommé Hezaramard, ce qui en persan signifie mille hommes, parce qu'en effet dans un combat il valait à lui seul autant que mille. Le khalife El-Mans'our lui porta toujours beaucoup d'affection. Il le nomma successivement aux gouvernements de Basra et du Sind, puis, en 151 de l'hégire, à celui de l'Afrique, où il

treprise; les Berbères, profitant de tous ces troubles, s'étaient révoltés de nouveau.

[1] H'osseïn, second fils d'Ali, gendre du prophète, périt en cherchant à ressaisir le khalifat, à la fameuse journée de Kerbela. Son petit-fils Zeïd eut le même sort dans une entreprise de même nature.

[2] Moh'ammed-ben-el-Achat ayant été obligé de quitter l'Afrique à la suite d'une nouvelle insurrection, le khalife envoya dans ce pays El-Ar'lâb-ben-Sâlem, qui fut tué dans une bataille. Son successeur fut cet'Omar-ben-H'afez, dont il est ici question. L'auteur ne s'arrête point sur les détails de cette époque d'anarchie, détails qui du reste n'offrent qu'un très-mince intérêt.

arriva avec cinq cents cavaliers choisis. Les notables de K'aïrouân allèrent à sa rencontre; il les reçut de son mieux et leur fit des présents. Il termina les affaires courantes, et, après un séjour de trois ans et un mois à K'aïrouân, il se rendit dans le Zâb. Il bâtit la ville de T'obna, et mourut au moment où il venait de recevoir des dépêches du khalife [1]. Son successeur fut Iezîd-ben-Katem-ben-Kabiça-ben-el-Mouh'allab-ben-Abi-S'afra. Il fit son entrée à K'aïrouân, en 155 de l'hégire, envoyé par Mans'our, à la tête de cinquante mille hommes de cavalerie. Son premier soin fut d'ordonner le supplice des assassins d'Omar-ben-H'afez. Il travailla ensuite à rétablir la tranquillité et y réussit. Tous les révoltés se soumirent. Il fit abattre la mosquée de K'aïrouân, à l'exception de la chaire, et la fit reconstruire à neuf. Il y plaça une superbe colonne verte qu'il avait achetée à un très-haut prix. Il réorganisa l'administration de la ville de K'aïrouân, et les divers corps de métiers reprirent leurs habitudes et leurs occupations. C'était, en tout point, un chef plein de prudence et de générosité. Sah'noun rapporte qu'il disait souvent : « Je ne crains rien tant sur la terre que d'avoir été injuste envers quelqu'un de mes administrés ; quoique je sache bien cependant que Dieu seul est infaillible. »

Lorsqu'il quitta l'Irak' pour se rendre en Afrique, il partit en compagnie d'Iezîd-es-Salmi, gouverneur d'Égypte, et se chargea seul de toute la dépense, ce qui était certainement une grande preuve de libéra-

[1] Il fut tué dans une bataille.

lité. Les poëtes ont célébré sa gloire dans leurs chants, et sa munificence envers eux fut poussée à l'extrême. Un jour, Merouân-ben-Abi-Hassa lui présenta les vers suivants :

C'est à cause de toi que nous avons raccourci nos prières du matin.

Et cela durant deux mois : un pour nous rendre ici, l'autre pour retourner chez nous.

Mais notre but sera rempli, car un homme de bien comme toi donne sans calculer ni hésiter.

Le gouverneur, après l'avoir écouté, invita les siens à lui donner au moins un derhem. Il en reçut 50,000 par ce moyen. Iezîd en ajouta 50,000 autres, ce qui fit 100,000 derhem pour deux minces distiques. Mais quelle grandeur, quelle générosité dans cette action! comme elle contraste avec la parcimonie des grands de notre époque! Si, de nos jours, un poëte, après s'être donné bien de la peine pour chanter les louanges de l'un d'eux, vient à le prier, non pas de récompenser son talent, mais simplement d'écouter ses vers, il en est repoussé, et l'encensé se montre envers lui avare même de son attention.

Iezîd gouverna l'Afrique pendant quinze ans. Il mourut en 70, laissant son fils à sa place. Il avait un frère alors gouverneur du Sind. C'était un homme de grande capacité, qui avait exercé de hauts emplois sous cinq khalifes, savoir : Es-Seffah', El-Mans'our, El-Mah'edi, El-Khadi et Er-Rachid. A la mort d'Iezîd chacun disait : « Voilà deux frères dont les tombeaux seront bien éloignés l'un de l'autre, l'un au fond de l'Occident et l'autre à l'extrémité de l'Orient. » Mais admirons ici la toute-puissance de Dieu! Haroun-er-Rachid ne consentit pas à laisser en Afrique le fils de Iezîd[1]. Il le rappela et y envoya son oncle, le gouverneur du Sind. Celui-ci s'appelait Roh-ben-Khatem-ben-Kabiça-ben-el-Mouh'allab-ben-Abi-S'afra-el-'Azdi. Il arriva en Afrique, en 171, y commanda quatre ans, mourut ensuite, et fut enseveli à côté de son frère. Ce fut sous son administration que s'établit, dans l'Ouest, le gouvernement des Beni-Edris. L'imam Ben-'Abd-Allah-ben-H'acen-ben-el-H'usseïn-ben-'Ali-ben-Abi-T'âleb fut le fondateur de ce nouvel empire. Il fut proclamé dans la ville d'Oulila, un vendredi du mois de ramad'ân de l'année 172 de l'hégire. Nous en parlerons plus tard.

Haroun-er-Rachid envoya en Afrique, après Roh-ben-Khatem, l'êmir Hartemat-ben-'Aïn-el-H'achemi, qui y arriva le 4 de rebi'-el-akher 179, et y resta jusqu'en 180[2]. Ben-el-Khelkân assure qu'il bâtit la ville de Menestir. Ben-Chebbat pense qu'il ne fit que construire le palais de cette ville, dont les travaux furent

---

[1] Il se nommait Daoud. Le khalife le fit gouverneur d'Égypte. Pendant sa courte administration en Afrique, il réprima une nouvelle révolte des Berbères ou Kabiles. Il est bon de noter tous ces soulèvements des Kabiles, peuple admirable pour son amour de la liberté.

[2] Avant d'envoyer en Afrique l'êmir Hartemat, le khalife avait nommé gouverneur de ce pays Fad'el, fils de Roh, dont El-K'aïrouâni ne parle pas. Il fut tué dans une révolte, et ce fut seulement après cet événement qu'Hartemat alla en Afrique.

exécutés sous la direction de Zakaria-ben-Khâdem. Ce même auteur dit qu'il fit aussi construire les fortifications de Tripoli. Après avoir terminé ces travaux et consolidé la tranquillité dans le pays, il se démit du commandement et se retira en Orient. Il vécut jusqu'au temps du khalife El-Ma'moun, qui d'abord le consultait sur les affaires d'état, mais qui finit par le faire mettre en prison, puis décapiter, en l'an 200. Hartemat avait cependant rendu de grands services à ce khalife dans la guerre qu'il eut à soutenir contre T'aher-ben-el-H'usseïn. Il était alors un des personnages les plus considérables de l'empire.

Voici le tableau des quatorze émirs des Beni-Ar'lâb.

1° Brahim-ben-el-Ar'lâb, envoyé en Afrique par Haroun-er-Rachid en 184 ou 185 [1]; il fit abattre le palais que ses prédécesseurs avaient occupé à K'aïrouân, et fonda la ville de K's'ar, dont il voulut faire le siége du gouvernement.

2° 'Abd-Allah-ben-Brahim-ben-el-Ar'lâb, fils du précédent, mourut en 201.

3° Ziâdet-Allah-ben-Brahim-ben-el-Ar'lâb, frère d'Abd-Allah, lui succéda. Il gouverna jusqu'en 223; il eut à combattre, pendant douze ans, un redoutable

[1] Brahim-ben-Ar'lâb fut le fondateur de la dynastie des Ar'labites; il se déclara indépendant après avoir pris toutes les précautions qui pouvaient assurer le succès de ses projets ambitieux, et le faire triompher du peu de résistance qu'il rencontra. Il commandait la province de Zâb sous l'administration d'Hartemat, à qui il ne succéda pas immédiatement; il y eut entre eux un autre gouverneur, Moh'ammed-ben-Meklil, dont notre auteur ne parle pas.

chef de révoltés, Mans'our-et-Tambdi, qui s'était emparé de K'aïrouân et de presque toute l'Afrique ; il finit par triompher de ce dangereux ennemi [1]. Il entoura ensuite K'aïrouân d'un rempart, et fit abattre la mosquée de cette ville, à l'exception de la chaire, mais pour la réédifier sur un autre plan. On dit que cette construction lui coûta 84,000 dinars. Il fortifia aussi la ville de Souça. Malgré tous ces travaux, il a laissé chez les habitants de K'aïrouân la réputation d'un fort mauvais prince.

Il envoya en Sakalia [2] Assad-ben-el-Ferat, son propre k'âd'i, avec une armée de dix mille hommes. Assad s'embarqua à Souça, et arriva en Sakalia. Belatha, chef de cette contrée, vint à sa rencontre et fut battu, malgré la supériorité de ses forces, qui s'élevaient à cent cinquante mille hommes. Les infidèles laissèrent un butin immense entre les mains des musulmans. Assad, après s'être emparé d'un grand nombre de villes, mourut au siége de Sarkouça ; il fut enterré dans le pays, dont ses troupes achevèrent la conquête, et où elles s'établirent. La Sakalia fut gouvernée par des êmirs envoyés de K'aïrouân jusqu'en l'an 540, époque où les chrétiens reconquirent ce pays, comme je le dirai en son lieu. En 218, l'êmir de Sakalia était Moh'ammed-ben-'Abd-Allah-ben-el-Ar'lâb ; il résidait à Felioum, d'où il sortait peu de sa personne, se contentant

---

[1] Ce ne fut pas Ziâdet-Allah qui triompha directement d'El-Mans'our ; ce rebelle périt dans une lutte contre un autre rebelle.
[2] Sicile.

de donner des ordres pour la soumission complète du pays, qui s'opéra heureusement. Il mourut en 237, après une administration de dix-neuf ans. Quant à Zïâdet-Allah, il mourut en 223.

4° Abou-Akal-ben-Brahim-ben-el-Ar'lâb, frère de Zïâdet-Allah, lui succéda et mourut en 226.

5° Sah'noun-ben-Sa'ïd florissait au temps de cet êmir, dont le nom était Abou-el-'Abbas-Ah'med-ben-Brahim [1]. Sah'noun interdit les mosquées aux prédicateurs hétérodoxes, qui auparavant s'y assemblaient pour y traiter de leurs principes religieux, à l'exemple des 'Abadïa, des S'afarïa et des Metzala.

Sous l'êmir 'Abou-el-'Abbas, El-'Abbas-el-Fad'el-ben-Fazara fut envoyé en Sakalia pour y remplacer Moh'ammed-ben-'Abd-Allah-ben-el-Ar'lâb, mort en 237, comme il a été dit.

6° Ah'med-ben-Brahim-ben-Ah'med-ben-el-Ar'lâb [2] succéda au précédent en 240. Les Tunisiens s'étant révoltés, il marcha contre eux et leur fit un grand nombre de prisonniers, parmi lesquels se trouvaient beaucoup de femmes. Sah'noun, alors k'âd'i, prit ces dernières sous sa protection, les réunit chez lui, et jura que tant qu'il serait k'âd'i, il empêcherait de les

---

[1] Cet êmir eut à réprimer une révolte de Kabiles.

[2] L'un des deux manuscrits que nous avons eus à notre disposition porte Moh'ammed-ben-Brahim-ben-Moh'ammed. On ne voit dans l'un ni dans l'autre, de qui ce prince était fils; car cette expression *Ben-Brahim* ne paraît indiquer ici que le nom de la famille dont la souche était Brahim-el-Ar'lâb. Ben-Khaldoun appelle cet êmir Abou-Ibrahim; il le fait fils du précédent.

traiter en esclaves. L'èmir fut obligé de les lui laisser, et de ne plus s'en occuper. El-'Abbas, gouverneur de Sakalia, se rendit maître, à cette époque, de la ville de Bôna, où il fit construire un oratoire. Cette ville devint dès lors le siége du gouvernement; auparavant cet honneur appartenait à Sarkouça. El-'Abbas mourut en 247, laissant à son fils le gouvernement de l'île.

7° Brahim-ben-Ah'med-ben-Brahim-ben-Ar'lâb succéda à son père en Afrique. Il mourut en 249.

8° Ziâdet-Allah-ben-Moh'ammed-ben-Brahim-ben-Ar'lâb, frère du précédent, lui succéda. Il administra l'Afrique pendant dix-huit mois, et mourut en 251.

9° 'Abou-'Abd-Allah-Moh'ammed-ben-Ah'med-ben-Moh'ammed-ben-Brahim-ben-Ar'lâb succéda à son oncle Ziâdet-Allah dans le mois de djoumâ'd-el-ooueI 251. Il administra le pays pendant dix ans et cinq mois. Il mourut en 261.

Khefadja-ben-S'efian était son lieutenant en Sakalia. Il fit beaucoup d'expéditions contre les chrétiens et prit beaucoup de villes. Il fut assassiné par un de ses soldats, qui, après ce crime, se réfugia chez les ennemis. Moh'ammed, son fils, prit alors le commandement, et fut confirmé dans les fonctions de gouverneur de Sakalia par l'êmir Moh'ammed. En 257, il fut assassiné par un eunuque. L'êmir Moh'ammed le remplaça par Ah'med-ben-Ia'k'oub-el-Ar'lâbi.

En 261 de l'hégire, l'êmir Moh'ammed mourut et eut son fils pour successeur.

10° Ah'med-ben-Moh'ammed-ben-Brahim-ben-el-

Ar'lâb succéda à son père. Il fit construire la citerne de K'aïrouân et la mosquée de Tunis[1].

11° Ibrahim-ben-Ah'med-ben-Moh'ammed fonda la ville de Rekkâda, de 263 à 264. Il en fit le siége du gouvernement, quoiqu'il habitât souvent Tunis. On dit que c'était un prince plein d'urbanité[2] et de savoir. Son règne fut long. Il envoya en Sakalia H'acen-ben-el-Mins, qui soumit beaucoup de pays et de villes renommées. Il s'y rendit ensuite lui-même, et y proclama la guerre sainte. Il laissa en Afrique, pour y commander pendant son absence, son fils 'Abou-el-'Abbas-Ah'med. Après avoir obtenu d'immenses succès contre les infidèles, il mourut à Drab en 289. Son corps fut transporté à K'aïrouân, où il fut enseveli. Ce prince était parvenu au

---

[1] Les historiens arabes ne comptent pas ordinairement ce prince au nombre des émirs; car il était à peine sur le trône, qu'il fut obligé d'en descendre, et de le céder à son oncle Ibrahim, que les vœux de la nation y appelaient.

[2] Tous les historiens sont d'accord sur l'exacte justice qu'Ibrahim fit régner dans ses états; il mit le peuple à l'abri des exactions des grands. Le plus humble de ses sujets, lorsqu'il avait le droit pour lui, pouvait, en toute assurance, lui porter plainte, même contre les membres de la famille royale. Il condamna sa propre mère dans une affaire civile où elle avait tort. Il purgea l'Afrique des brigands qui l'infestaient; mais l'habitude de frapper des têtes coupables finit par le rendre cruel, et dans son intérieur il eut souvent de sanglants caprices, qui l'ont fait ranger, par plusieurs écrivains, au nombre des tyrans les plus odieux. Nowaïri raconte de lui des actes qui font frémir. Ibrahim eut à comprimer plusieurs révoltes. Tunis et Alger s'étant soulevées, il réduisit ces deux villes, et les traita avec l'inflexibilité qui était dans son caractère. Ben-'Abou-Ah'med, le chef des révoltés d'Alger, périt du supplice de la croix.

pouvoir en 264; je viens de dire qu'il mourut en 289, ainsi son règne fut de vingt-cinq ans. Ce fut sous lui que commença à paraître, dans les terres de Ketama, Ben-'Abd-Allah-ech-Chii, qui se disait issu du prophète. On en parlera bientôt.

12° 'Abou-el-'Abbas-Ah'med-ben-Brahim-ben-Ah'med-ben-Moh'ammed, dont on vient de parler, qui avait commandé en Afrique en l'absence de son père, lui succéda à sa mort. Il conserva le trône tant qu'il vécut. Son fils 'Abd-Allah-ben-Ah'med prit le commandement après lui.

13° 'Abd-Allah-ben-Ah'med-ben-Ibrahim-ben-Ah'med-ben-Moh'ammed était un prince doué des plus précieuses qualités; il était bon, poli, affable, clément, généreux et ami sûr. Il habitait Tunis, où il mourut en 295, assassiné par trois individus de Sakalia. Les bras de ces meurtriers avaient été armés par son propre fils, Ziâdet-Allah, qu'il avait été obligé de faire enfermer à cause de ses excès de boisson. La tête du malheureux émir fut apportée à son fils, encore en prison. Il en sortit pour monter sur le trône, et le premier ordre qu'il donna fut le supplice des assassins de son père, quoiqu'ils n'eussent agi que d'après ses suggestions.

14° Ziâdet-Allah-ben-'Abd-Allah-ben-Ah'med, arrivé au pouvoir, suivit l'impulsion que lui donnaient ses vices. Il se livra aux plaisirs, s'entoura de bouffons, troubla le repos de ses sujets et perdit l'état. Il fit mettre à mort, non-seulement plusieurs de ses oncles, mais encore des personnes de son intérieur le plus intime. Sous lui, 'Obeïd-Allah-ech-Chii, dont on a déjà parlé, prit de la consistance dans l'Ouest. Zïâdet-Allah, instruit des progrès que faisait cet ambitieux, rassembla quarante mille hommes qu'il envoya contre lui, sous les ordres d'un de ses parents. Cette armée ayant été battue et dispersée, Zïâdet-Allah connut sa faiblesse. Il réunit ses richesses, abandonna son royaume et se retira en Orient. C'était sous le khalifat de Mok'tader-Billah-el-'Abbâci. Dès qu'il fut arrivé en Égypte, El-Kousri, qui en était gouverneur, en instruisit le khalife. Ce dernier écrivit aussitôt à l'êmir africain de retourner à son poste, et de faire, à tout prix, face à Ech-Chii; il prescrivit en même temps au gouverneur de l'Égypte de lui fournir des secours en hommes et en argent. Zïâdet-Allah était déjà arrivé à Er-Reka lorsqu'il reçut la dépêche du khalife; il retourna aussitôt en Égypte. Le gouverneur de ce pays, traînant en longueur les préparatifs de l'expédition, il se livra, pour passer le temps, à ses habitudes de débauche. L'ennui de l'attente, et bientôt les maladies dispersèrent le peu d'amis et les quelques troupes qu'il avait réunis. Il voulut alors se retirer à Jérusalem. Il mourut en route à Remla, où il fut enterré. En lui s'éteignit la dynastie des Beni-Ar'lâb, qui gouverna l'Afrique pendant cent douze ans environ.

Louange à Dieu dont le règne ne finit pas, qui fait ce qu'il lui plaît, dont les décrets s'accomplissent et qui gouverne toutes choses!

LIVRE QUATRIÈME.

DU GOUVERNEMENT 'ABADIA DEPUIS SON ORIGINE.

Abou-'Obeïd-Allah-ech-Chii fut le véritable fondateur de ce gouvernement. Ses autres noms étaient : El-H'usseïn-Ben-Ah'med-ben-Moh'ammed-ben-Zakaria. Il était de Sena', d'autres disent de K'oufa. Il avait embrassé les opinions de Ben-H'oucheb, qui l'envoya dans le Mor'reb[1]. Il se rendit d'abord à la Mecque à l'époque de

[1] Il est nécessaire, pour bien comprendre la révolution qu'Obeïd-Allah opéra en Afrique, d'avoir quelques notions sur la secte des Chiites. Cette secte regarde 'Ali, gendre du prophète, comme son successeur légitime et immédiat; en conséquence, elle ne reconnaît point les trois khalifes qui l'ont précédé. Il y a plus : l'opinion que l'imamat, c'est-à-dire la souveraineté spirituelle et temporelle, résidait exclusivement dans les descendants d'Ali, prévalut tellement, que le khalife abasside El-Ma'moun désigna Mouça, l'un d'eux, pour son successeur, voulant ainsi faire cesser la séparation du pouvoir de fait et du pouvoir de droit; mais Mouça étant mort avant El-Moumen, cet arrangement, contrarié d'ailleurs par la famille du khalife, ne put avoir lieu. Les musulmans comptent douze imams, se suivant de père en fils, savoir : 'Ali, gendre du prophète; H'acen et H'ossaïn, fils d'Ali; 'Ali, fils d'H'ossaïn; Moh'ammed Baker, Dja'far, Mouça, 'Ali-R'ida, Abou-Dja'far, 'Ali-Azkré, H'acen-Azkré, et enfin Moh'ammed-el-Moh'di. D'après une tradition chiite, qui cependant est fort accréditée chez les orthodoxes eux-mêmes, ce dernier disparut à l'âge de douze ans; sa mère le cacha dans une grotte, où il vit encore; il en sortira avant la fin des siècles, et paraîtra dans ce monde avec Jésus-Christ et Élie. Ces trois suprêmes pontifes réuniront tous les peuples

l'arrivée des pèlerins. Là, il fit connaissance avec quelques Mor'rebins de Ketama[1], et, comme il avait quelques notions sur la famille du prophète et qu'il en parlait assez bien, il leur plut par sa conversation animée. Ces hommes l'interrogeaient sur ses projets; il leur dit qu'il avait l'intention d'aller en Égypte pour s'instruire; alors ils l'engagèrent à faire route avec eux jusque-là.

Lorsqu'ils furent arrivés tous ensemble en Égypte, et qu'il fallut songer à se séparer, les Mor'rebins, qui s'étaient extrêmement attachés à 'Obeïd-Allah, en éprouvèrent de la peine, et lui dirent que, s'il ne voyageait que pour s'instruire, il ferait tout aussi bien de venir avec eux dans le Mor'reb. C'est ce qu'il fit, et il

en un seul peuple, et toutes les religions en une seule religion. Il n'y aura plus alors aucune distinction de juifs, de mahométans et de chrétiens.

Cette croyance, qui est fort belle et fort consolante, a malheureusement été exploitée par des ambitieux qui, à diverses reprises, ont voulu se faire passer pour le Moh'di. Nous allons voir que le fils d'Obeïd-Allah prit ce titre vénéré. Cependant sa descendance des imams n'est rien moins que prouvée. Ceux qui le reconnaissent pour être de la famille d'Ali disent qu'il sortait d'une branche collatérale par Isma'ël, un des fils de Dja'far, sixième imam. Il est vrai qu'ils ajoutent que cet Isma'ël, qui mourut avant son père, lequel l'avait désigné pour son successeur, laissa un fils à qui revenait l'imamat par droit de représentation, bien que Mouça, son oncle, lui eût été préféré. C'est de cet Isma'ël que les princes de la dynastie d'Obeïd-Allah sont souvent appelés Ismaëliens.

[1] Ketama, tribu berbère, dont l'origine remonte, selon Edrîci, aux Cananéens. D'autres auteurs la font descendre des tribus de l'Iémen, qu'Afrikis conduisit en Afrique, et qui s'y établirent. Au temps d'Edrîci, il y avait des Ketama entre Arzilla et Tetouan, et entre Sétif et la mer, dans la direction de Kollo et de Bône.

continua de marcher avec eux, sans leur communiquer ce qu'il avait dans le cœur. Chemin faisant, il prit d'eux toutes sortes de renseignements sur leur pays, de manière à connaître tout ce qu'il voulait savoir. Lorsqu'ils furent arrivés, les Mor'rebins se disputèrent à qui lui offrirait l'hospitalité; ils furent même sur le point de se battre; mais 'Obeïd-Allah les mit d'accord en disant qu'il voulait arriver à Fedj-el-Akiar, et il les interrogea sur cette localité. Ils en furent étonnés, car c'était la première fois qu'il leur en parlait. Il promit de revenir les voir, chacun en particulier, et ils le laissèrent partir. Ils ne le connaissaient que sous le nom d'Obeïd-Allah-el-Mecherk'i. Il partit le 1er de rebi'-el-oouel 280. Les Berbères vinrent de tous côtés se ranger sous son obéissance.

C'était du temps d'Ibrahim-ben-Ah'med-el-Ar'lâbi. Ce prince dédaigna 'Obeïd-Allah, qu'il crut au-dessous de ce qu'il entreprenait. Mais plus tard Ziâdet-Allah, voyant que son parti prenait de la consistance, qu'il s'était emparé de Tahart, et que les Berbères accouraient à lui de toutes les vallées, fit marcher des troupes qui furent battues. Après quelque temps Ziâdet-Allah, voyant qu'Obeïd-Allah prenait chaque jour de nouvelles forces, s'enfuit en Orient avec sa famille et ses trésors, comme je l'ai déjà dit. 'Obeïd-Allah, ayant appris sa fuite, quitta la ville de Hiba, où il se trouvait avec mille cavaliers arabes de Ben-Ioucef-ben-Abi-Khanzir, et se porta sur Rekkâda, en faisant observer à sa troupe la plus exacte discipline. Les gens de K'aïrouân se portèrent à sa rencontre pour le féliciter de sa victoire. Il entra à Rekkâda le 1ᵉʳ de redjeb 296. Le vendredi étant arrivé, il écrivit à l'imam de la mosquée, pour lui indiquer ce qu'il devait dire en chaire, et pour qui il devait faire la prière. Il fit graver sur la monnaie, d'un côté, « J'ai accompli les décrets de Dieu, » et de l'autre : « Les ennemis de Dieu sont dispersés. »

Lorsqu'il vit que son entreprise réussissait, et que le pays lui obéissait, il prit pour son lieutenant son frère El-'Abbas, qui s'était réuni à lui, quitta Rekkâda le 1ᵉʳ de ramad'ân 296, et se dirigea sur Sedjelmâça. L'Ouest en fut ému, les Zenata en furent épouvantés, et les Berbères lui demandèrent l'aman.

Lorsqu'il fut près de Sedjelmâça, El-Issah'-ben-Med'rar, qui en était gouverneur pour les Beni-Ar'lâb, apprit son arrivée. Zïâdet-Allah lui avait écrit au sujet d'El-Moh'di, fils d'Obeïd-Allah, qui s'était rendu dans son pays. El-Issah' envoya chercher l'homme qu'on lui disait être El-Moh'di, et qui l'était en effet; mais celui-ci nia son identité. Il était arrivé à Sedjelmâça déguisé en marchand, et personne ne l'avait reconnu; mais à l'approche d'Obeïd-Allah, El-Issah' le fit mettre en prison. 'Obeïd-Allah écrivit pour demander sa mise en liberté, mais il ne put rien obtenir; alors il eut recours aux armes. El-Issah', fut vaincu après un combat d'une heure, et prit la fuite. 'Obeïd-Allah s'empara de Sedjelmâça, tira de prison son fils El-Moh'di, et lui fit amener un cheval. Tout le monde remonta ensuite à cheval. Les chefs des Kabiles entouraient El-Moh'di. 'Obeïd-

Allah pleurait de joie et disait, « Celui-ci est mon maître et le vôtre! » car il avait résolu de lui céder le commandement. El-Moh'di fut installé dans une grande tente qu'on lui avait préparée, et 'Obeïd-Allah se mit à la poursuite d'El-Issah'. Il le prit, le promena devant l'armée et le fit mettre à mort, après l'avoir soumis à la bastonnade.

Abou-'Obeïd-Allah entra dans le Mor'reb, à la tête de deux cent mille hommes, infanterie et cavalerie. El-Moh'di resta encore quarante jours à Sedjelmâça et se dirigea ensuite vers l'Afrique. Il arriva à Rekkâda le jeudi 20 de rebi'-el-akher 297, et descendit dans un des palais de la ville. Les autres palais et maisons furent partagés entre les troupes. El-Moh'di se fit reconnaître partout, et ordonna que son nom fût proclamé dans les chaires; il fit des lois; enfin, il exerça tous les droits de la souveraineté. On lui donna le titre d'êmir-el-moumenîn. Cette même année vit la chute de trois dynasties, savoir : celle des Beni-Med'rar à Sedjelmâça, dans la personne d'El-Issah', après cent soixante ans de durée; celle des Beni-Restam, à Tahart, après cent trente ans; et enfin celle des Beni-Ar'lâb après cent douze ans. Tout revient à Dieu, c'est le plus infaillible des héritiers.

RÈGNE DE L'IMAM EL-MOH'DI.

Abou-Moh'ammed-'Obeïd-Allah-ben-el-H'assar-ben-'Ali-ben-Mouça-ben-Dja'far-ben-Moh'ammed-ben-'Ali-ben-el-H'usseïn-ben-'Ali-ben-Abi-T'âleb est ainsi désigné dans Ben-K'elkan, qui a tiré cette généalogie d'un livre d'histoire sur K'aïrouân, et y a signalé des contradictions. Il est certain qu'on est peu d'accord sur l'origine d'El-Moh'di, ni sur le lieu de sa naissance. Les uns le font naître à Selima, et les autres à Bagdad en 260. Il commença à régner en 297. Il avait un physique avantageux, un peu chargé d'embonpoint, mais d'un aspect imposant. Il était versé dans toutes les connaissances humaines, et possédait les qualités propres au commandement, qu'il voulait exercer sans partage. Il nomma H'acen-ben-Ah'med-ben-..... [1] gouverneur de Sakalia.

Dès les premiers jours du règne d'El-Moh'di, El-'Abbas [2] se montra envieux de sa fortune et intrigua contre lui auprès des personnes qui l'entouraient. Ces dispositions malveillantes furent connues. El-Moh'di dissimula quelque temps; puis, comme les intrigues continuèrent, il fit périr, en 298, El-'Abbas et son frère Abou-'Obeïd-Allah [3].

Abou-'Obeïd-Allah-ech-Chii [4] était un homme simple dans ses manières, plein de la crainte de Dieu. Il était ordinairement vêtu de grossiers habits de laine, et ne se nourrissait que de mets très-communs. Il fut le fon-

---

[1] Le nom qui doit venir après est resté en blanc dans le manuscrit.

[2] Frère d'Obeïd-Allah, dont il est parlé plus haut.

[3] Notre auteur passe avec bien de la légèreté sur cet horrible parricide.

[4] Cette qualification signifie un sectaire quelconque. Les Sunnites la donnent à leurs adversaires, qui ne l'acceptent pas. Ceux-ci appellent leur secte El-Adeliat, c'est-à-dire la secte des justes.

dateur de la dynastie des Fatimites, dans l'Occident, et l'instrument de sa propre mort[1].

Maître de l'empire, El-Moh'di institua pour son héritier son fils Abi-el-K'âcem-Moh'ammed, qui en prit dès lors le titre dans ses lettres. Il eut à apaiser deux révoltes, l'une en Sakalia, où il envoya une flotte et un gouverneur de son choix, l'autre à Tripoli, dont les habitants furent punis par une amende de 340,000 dinars d'or.

En 300, il se rendit à Tunis, à Carthage et dans d'autres lieux, cherchant un emplacement pour une place forte qui pût le mettre à l'abri du danger qui menaçait sa dynastie, de la part d'un compétiteur, dont ses connaissances dans l'art de la divination lui avaient appris l'apparition prochaine. Il fit choix du lieu où est actuellement Mohdïa, dont il fut le fondateur. Lorsqu'on commençait à en poser la première pierre, il fit tirer une flèche qui alla tomber dans un endroit où les fidèles étaient dans l'habitude de faire leurs prières. Il dit ensuite : « Le maître de l'âme arrivera jusqu'au lieu où est tombée la flèche. » Il désignait par ces mots Abou-Izîd-el-Kardji. Il fit ensuite mesurer la distance parcourue par la flèche, et ayant trouvé qu'elle était de deux cent vingt-trois dra's, il dit : « Ceci indique le nombre d'années pendant lesquelles Mohdïa restera en notre pouvoir. »

L'émir fit ensuite marcher contre l'Égypte le fils qui devait lui succéder. Ce prince battit le chef de cette

[1] Par le tort qu'il eut de se démettre du pouvoir.

contrée, prit Alexandrie et le Fioum, et retourna, après cela, dans le Mor'reb. En 307, il marcha de nouveau vers l'Est; mais la peste se mit dans son armée et l'obligea de revenir sur ses pas.

En 315, l'héritier du trône se porta vers l'Occident jusqu'à Tahart. Il bâtit une ville qu'il appela Moh'ammedïa et qui est Msîla. Il ordonna à celui qu'il en nomma gouverneur, d'y réunir de grands approvisionnements de bouche.

El-Moh'di mourut au comble de la puissance, au milieu de rebi'-el-oouel de l'année 322, à l'âge de soixante-neuf ans, après un règne de vingt-cinq ans. Il fut enseveli à Mohdïa. Son pouvoir s'était étendu de Barka au fond du Mor'reb, où celui des Edrisites avait été renversé. Il gouvernait toute cette contrée, à l'exception de Sebta, que possédaient les Beni-'Ommîa. En 305, il s'était rendu maître de Fês, par les mains de son k'aïd Mettala [1].

RÈGNE D'EL-K'AÏEM-BAMR-ALLAH.

Abou-el-K'âcem-Nezzar, fils d'El-Moh'di, succéda à son père, d'après la promesse qu'il lui en avait faite, et suivit ses errements. Il envoya contre Djenaïa [2] une flotte commandée par 'Ali-ben-Ish'ak', qui s'en rendit

[1] El-K'aïrouâni donne les détails de cette guerre dans la première partie du livre VI.

[2] Gênes. Les Arabes n'y restèrent pas, et se contentèrent de la ravager.

maître. Il envoya dans le Mor'reb Missour-el-Fita avec un nombre considérable de troupes, et se rendit lui-même à Fès.

De son temps parut Abou-Izîd-ben-Kidad-el-Kardji, dont je vais résumer l'histoire.

Abou-Izîd était fils de Mekalled-ben-Kidad, de Touzer, et Zenati d'origine. Quant à lui, il était né dans le pays des Nègres. Mekalled-ben-Kidad et son fils, étant allés habiter le Mor'reb, Abou-Izîd y fit son éducation et adopta les principes d'une secte perverse qui rejetait la Sunna et traitait d'hérétiques ceux qui l'admettaient. Son éducation faite, il fonda une école et vécut des dons qu'on lui faisait. Il demeurait dans un mesdjed de Tak'ious. Il était vêtu de laine, portait un bonnet de laine, et avait toujours un chapelet passé au cou. Son extérieur de piété et ses discours lui attirèrent de nombreux disciples et de chauds admirateurs, dès le règne d'El-Moh'di. Bientôt il fut le chef d'une faction politique, et commença à faire des courses dans le pays des Berbères. Sous le règne d'El-K'aïem, il devint redoutable. Il assiégea Badja et Kastilia, et s'empara de Medjâna. Là on lui fit présent d'un âne blanc, qui fut sa monture ordinaire et avec lequel il entra en Afrique. Il pilla la ville d'Arbes, dont les habitants se réfugièrent vainement dans leurs mosquées. Les soldats violèrent les vierges, et commirent des horreurs indignes de musulmans.

El-K'aïem fit marcher contre lui Bechir-el-Fita, qui avait surtout pour mission de défendre la ville de Badja.

Abou-Izîd se porta à sa rencontre, dévastant le pays qu'il traversait et emmenant les femmes captives. Il fut battu dans une première affaire; mais, à la seconde, Bechir, vaincu, fut contraint de prendre la fuite. Il se retira à Tunis. Abou-Izîd s'empara de vive force de Ladja. Il donna trois jours de pillage à ses troupes, puis il mit le feu à la ville, réduisit les femmes en servitude, et se livra à des actes affreux contre les habitants, n'épargnant pas même les enfants à la mamelle. Tous les Kabiles, épouvantés, vinrent, bon gré malgré, lui faire leur soumission. Il fit confectionner des tentes et des drapeaux, et marcha contre Bechir, qui était à Tunis. Bechir s'avança au-devant de lui avec les Tunisiens; mais il fut encore battu. Alors ceux de Tunis se révoltèrent contre le gouvernement d'El-K'aïem, et firent leur soumission à Abou-Izîd, qui leur donna un gouverneur de leur ville.

Abou-Izîd se porta ensuite vers Fah's-Abi-T'âleb, lieu encore connu de nos jours et qui se trouve près de Zar'ouân. Bechir lui livra bataille à Herk'la, et cette fois fut vainqueur. L'armée d'Abou-Izîd perdit quatre mille hommes tués et cinq cents prisonniers.

Ces derniers furent conduits à Mohdïa, où ils furent tous massacrés. Abou-Izîd se releva de cette défaite, parvint à réorganiser son armée, et se porta à H'arirïa, près de K'aïrouân. Il battit les gens de Ketama, qui s'enfuirent du côté de Rekkâda. Il était alors à la tête de cent mille hommes, tant infanterie que cavalerie. Il s'avança pendant quelques jours tantôt vers Rekkâda, tantôt vers K'aïrouân. Puis les gens de K'aïrouân lui ayant livré bataille et ayant été vaincus, cette ville tomba en son pouvoir. Il fit camper son armée en dehors de la porte dite de Tunis, et ne laissa entrer dans la ville que les Kabiles, qui la saccagèrent. Les notables étant venus implorer l'aman, il leur demanda pourquoi ils n'avaient pas fait cette démarche plus tôt. Ils cherchèrent à s'excuser; mais, pendant qu'il les traînait ainsi en longueur, K'aïrouân était pillé, et ses habitants égorgés. Les notables invoquèrent sa pitié en lui disant que leur ville allait être détruite, « Eh! quand cela serait, leur répondit-il, la Mecque et le temple de Jérusalem l'ont bien été deux fois; » ensuite il leur donna l'aman. Ayant, après cela, reçu la nouvelle que les troupes d'El-K'aïem marchaient contre lui, il fit publier dans K'aïrouân que tout le monde eût à prendre les armes pour cette guerre, qu'il qualifia de sainte, sous peine de mort et de confiscation de biens. Cette mesure violente lui procura beaucoup de combattants. Il se rencontra avec l'armée d'El-K'aïem. La victoire, un instant indécise, se déclara pour lui. Les troupes de l'émir furent défaites, et il leur prit leurs tentes et leurs drapeaux. Les vaincus se réfugièrent à Mohdïa, dont, dans leur frayeur, ils abandonnèrent même les faubourgs.

Abou-Izîd resta soixante jours sous ses tentes, et, pendant ce temps, il envoya sa cavalerie dans les places de la côte pour en enlever les armes et les approvisionnements. La ville de Souça fut prise de vive force

On coupa les pieds ou l'on brisa les os aux hommes. On éventra les femmes, depuis les parties sexuelles jusqu'à la poitrine. Abou-Izîd commit des horreurs qui ne seraient pas même permises contre des ennemis de la religion. Les habitants de l'Afrique abandonnèrent leurs demeures, et se sauvèrent nus et sans chaussures à K'aïrouân; un grand nombre périrent de faim et de soif. La ville de Tunis fut pillée. On en enleva beaucoup d'argent et d'esclaves, et douze mille jarres d'huile.

J'ai parlé de cet événement dans le commencement de mon ouvrage. Le nombre des villes qui furent pillées est incalculable. Les Berbères, qui composaient la plus grande partie des troupes d'Abou-Izîd, transportèrent le butin dans leur pays.

En 333, El-K'aïem fit creuser des fossés autour des faubourgs de Mohdïa, et invita ceux de Senhadja et de Ketama à venir la défendre. Abou-Izîd, de son côté, appela à lui les Berbères pour l'attaquer. Il parut bientôt sous ses murs et en ravagea les environs. El-K'aïem sortit pour lui livrer bataille. Ses troupes furent mises en fuite. Abou-Izîd arriva jusqu'aux fossés des faubourgs avec sa garde, et dispersa les troupes qui les défendaient. Il entra dans la mer, avec les siens, jusqu'à ce que les chevaux eussent de l'eau à la hauteur du poitrail. Ensuite il força la première enceinte et pénétra jusqu'au lieu de la prière, à une portée de trait du corps de la place. Le reste de son armée était à Zouîla, pillant et massacrant sans miséricorde. Enfin les gens de Mohdïa reprirent courage. Abou-Izîd fut contraint de rentrer dans son camp, qu'il retrancha. Mais les Kabiles de Tripoli, de K'âbes, de Nefouça, du Zâb, et même du fond du Mor'reb, vinrent à lui, et le siége continua.

Une seconde attaque coûta beaucoup de monde à El-K'aïem. La troisième fut aussi très-sanglante; mais, dans celle-ci, Abou-Izîd fut vaincu et contraint de se retirer dans son camp, après avoir fait des pertes immenses. Une quatrième attaque n'aboutit qu'à de nouvelles pertes d'hommes de part et d'autre.

La disette était dans Mohdïa et en fit sortir beaucoup de monde.

El-K'aïem ouvrit alors les magasins, qui avaient été bien pourvus du temps de son père, et fit des distributions de vivres à la troupe et aux esclaves. Mais la détresse de Badja n'en continua pas moins. Ils furent réduits à manger des cadavres, des bêtes de somme et des chiens. A la fin tout le monde quitta la ville, et El-K'aïem resta seul avec ses troupes. Les Berbères éventraient au dehors ces malheureux fugitifs pour arracher de leurs entrailles l'or qu'ils les soupçonnaient d'avoir avalé, et se rendirent coupables d'atrocités inouïes.

El-K'aïem, ayant appris que les troupes d'Abou-Izîd étaient dispersées pour le pillage, fit une sortie dont le succès fut équivoque. Il y eut plusieurs engagements entre les deux partis, et la victoire fut partagée.

Au commencement de 334, la désunion se mit dans les troupes d'Abou-Izîd, qui se dispersèrent. Il ne lui resta que trente hommes, avec lesquels il retourna à K'aïrouân. Là il prodigua ses trésors pour relever son parti, mais ce fut en vain : tout le monde l'abandonna. Il devint un objet de risée, même pour les enfants. Il s'enfuit, et El-K'aïem fit prendre possession de K'aïrouân. Les gens de Mohdïa, à la levée du siége, avaient pillé ses bagages et pris ses drapeaux. L'abondance succéda à la disette dans cette ville.

Cependant Abou-Izîd se releva encore, grâce aux Kabiles, qui ne tardèrent pas à revenir à lui de tous côtés. Il envoya à Tunis des troupes, qui y entrèrent le 10 de safar 334, et la pillèrent. On massacra les hommes, on réduisit en servitude les femmes et les enfants. Plusieurs Tunisiens se noyèrent en voulant se sauver par mer; d'autres allèrent se cacher dans les ruines de Carthage, où ils moururent de faim.

L'armée d'El-K'aïem marcha de nouveau contre Abou-Izîd vers Tunis. Elle fut battue dans un combat, qui se livra près de l'Ouad-Meliân[1], et se retira à Djebel-er-Reças ; mais une seconde affaire lui fut avantageuse, et les troupes dA'bou-Izîd furent mises en fuite. L'armée d'El-K'aïem reprit Tunis le lundi 5 de rebi'-el-ooucl. Tous les soldats ennemis qu'elle y trouva furent massacrés. Près de trois mille charges de munitions de bouche tombèrent en son pouvoir. Elle retourna ensuite à Mohdïa. Après son départ,

---

[1] Petite rivière à deux lieues au Sud de Tunis.

Ia'k'oub, fils d'Abou-Izîd, ayant rassemblé des forces considérables, marcha sur Tunis, fit main-basse sur les habitants qui y étaient rentrés, et incendia ce qui y restait de maisons. Il alla ensuite à Badja, où il commit les mêmes excès. Il y eut à cette époque, en Afrique, des calamités dont il est impossible de présenter un tableau exact.

Lorsque les prisonniers faits à Tunis arrivèrent à K'aïrouân, les gens de la ville les délivrèrent des mains des Berbères.

Le fils d'Abou-Izîd, ayant encore augmenté ses forces, marcha sur Souça à la tête de quatre-vingt-sept mille Berbères en djoumâd-el-akher 334. Pendant qu'il assiégeait cette place, El-K'aïem abdiqua en faveur de son fils dans le mois de ramad'ân, et mourut dans le mois de chouâl suivant.

RÈGNE D'EL-MAN'SOUR-BILLAH.

Abou-el-T'aher-Isma'ïl-ben-el-K'aïem-Bamr-Allah-Abou-el-K'âcem-Nezar-ben-el-Moh'di commença à régner en 334. Il tint secrète la mort de son père jusqu'à ce qu'il eût triomphé d'Abou-Izîd, et fit de grandes largesses aux troupes. C'était un prince d'une intelligence prompte, brave et éloquent. Il pouvait discourir d'abondance sur toutes sortes de sujets. Il se trouvait à la tête d'une forte armée, et résolut de conduire la guerre avec activité. Il repoussa Abou-Izîd de Souça; après plusieurs combats, le rebelle se dirigea sur K'aïrouân. Mais les habitants de cette ville lui fermèrent leurs portes, et massacrèrent même ceux des siens qui se trouvaient chez eux. El-Mans'our atteignit Abou-Izîd sur le territoire de K'aïrouân, et lui livra plusieurs combats où le succès fut partagé. Enfin, une dernière affaire fut décisive. Abou-Izîd, vaincu, s'enfuit dans l'Ouest. El-Mans'our l'y poursuivit, et, après quelques événements de guerre, se rendit maître de sa personne. Abou-Izîd mourut au bout de quatre jours de captivité, dans le mois de moh'arrem 336. Après sa mort, El-Mans'our le fit écorcher et fit remplir sa peau de coton. Il envoya partout la nouvelle de sa victoire. Il se rendit ensuite à K'aïrouân, dont les habitants vinrent le complimenter. Il fit promener dans toute la ville le corps d'Abou-Izîd ayant un singe sur les épaules. De là, cette misérable peau fut envoyée à Mohdïa, et pendue aux remparts de cette place, où elle resta jusqu'à ce que les vents en eussent dispersé les lambeaux.

El-Mans'our fonda la ville de Mans'oura, près de K'aïrouân, en commémoration de sa victoire; puis il retourna à Mohdïa. Il y resta jusqu'à ce qu'il eût effacé les traces des maux qu'elle avait soufferts; et ensuite il retourna à son palais de Mans'oura.

En 336, El-Mans'our nomma Isma'îl-el-H'acen-ben-Abi-ben-el-H'usseïn gouverneur de Sakalia. Il occupa jusqu'à sa mort, arrivée en 353, ce poste que sa postérité occupa après lui.

En 340, le bruit ayant couru que le roi des Romains

se disposait à attaquer la Sakalia, El-Mans'our envoya dans cette île une flotte formidable. Il mourut, l'année d'après, un vendredi, fin de chouâl, après un règne de sept ans et dix-huit jours, à l'âge de quarante ans.

Son fils Abi-Bemin-Mah'ad lui succéda. Il fut enseveli dans son palais de Sabra. Ce fut sous lui que Ziri, chef de la famille des Beni-Menâd, se mit au service des Fatimites.

El-Mans'our paya de sa personne dans la guerre qu'il eut à soutenir contre Abou-Izîd. Il fut plus d'une fois en danger de tout perdre, et ne dut la victoire qu'à Dieu et à son courage. Abou-Izîd s'était emparé de toutes les villes d'Afrique, à l'exception de Mohdïa, qui resta au pouvoir d'El-K'aïem.

La révolte d'Abou-Izîd dura trente ans, pendant lesquels il ravagea toute l'Afrique. El-Mans'our était supérieur à son père et à son grand-père. Abou-Dja'far-el-Mersouardi raconte que le jour de la défaite d'Abou-Izîd, il se trouvait à la suite de l'êmir, qui laissa tomber une branche de géranium qu'il tenait à la main. Abou-Dja'far la ramassa, et, en la lui présentant, voulant faire allusion aux événements du jour, il lui dit :

« Étant parvenu au comble de ses désirs, elle jeta son bâton et fut joyeuse, comme le voyageur qui rentre chez lui. »

El-Mans'our lui répliqua. « Vous auriez pu faire une citation plus opportune, et dire : « Moïse jeta son bâton, et les prestiges des magiciens cessèrent. »

« Vous êtes descendant de la fille du prophète, répondit Abou-Dja'far; j'ai dit ce que je savais, et vous avez dit ce que vous savez. »

La maladie dont mourut El-Mans'our était produite par l'insomnie. Il ne voulut pas suivre les prescriptions du médecin juif Ish'ak'-ben-Selîmân, qui le soignait et qui lui avait défendu l'usage des bains. Son mal empira.

Un second médecin qui fut appelé ne put lui procurer le sommeil, et il mourut. Que Dieu lui fasse miséricorde !

RÈGNE DE MOEZ-LIDDIN-ALLAH.

Abou-Temin-Ma'ad-ben-el-Mans'our-Abi-et-T'aher-Isma'îl-ben-el-K'aïem-Bamr-Allah-Abi-el-K'âcem-Moh'ammed-ben-el-Moh'di-'Obeïd-Allah naquit à Mohdïa en 319. Son père l'avait, de son vivant, désigné pour son successeur. Il fut proclamé en chouâl, d'autres disent en zil-k'ada 341, le dimanche septième jour du mois. Il était âgé de vingt-deux ans. Il se conduisit avec douceur et sagesse, suivant les traces de son père pour le bonheur de ses sujets. Il était d'un caractère noble, généralement porté à la clémence, et de plus fort brave.

En 342, il marcha contre les gens d'Aourês qui s'étaient révoltés, et les soumit. Il nomma son mameluck Kaïssar gouverneur du Mor'reb. Il plaça Ben-Menâd-es-Senadj à Cherizi, Dja'far-ben-'Ali-ben-H'amdoun, connu sous le nom de Ben-el-Andalsi, à Msîla et dépendances; Kaïssar-es-Sakalbi à Badja et dépendances; Ah'med-ben-Beh'er à Fês; Ben-Atta-el-Ketami à K'âbes; Bassil-es-Sakalbi à Sert; Ben-el-Kafi-el-Ketami à Adjedabïa; Alfah'-en-Nâcheb à Barka et dépendances; enfin Moh'ammed-ben-Ouassal à Sedjelmâça. Ce dernier se révolta par la suite, et prit le surnom de Chaker-Allah.

Soulat-el-Ketami fut chargé des contributions de l'Afrique.

En 345, le roi des Romains envoya des présents à El-Moez. A la même époque, Djahar-el-Kâteb[1] vit sa fortune s'accroître; il fut nommé visir. Madfar-Sakalbi fut nommé chef de la cavalerie, et eut l'administration de tout le pays qui s'étend de Rekkâda aux confins de l'Égypte.

En 347, dans le mois de safar, El-Moez ordonna à Dja'far de lever des troupes, et l'envoya dans le Mor'reb, qui s'était révolté. Ce k'aïd, homme habile et entreprenant, s'empara d'abord de la ville d'Afk'ân, qu'il livra au pillage et détruisit. Il assiégea ensuite la ville de Fès, qu'il ne put prendre. Il s'en éloigna et alla à Sedjelmâça, où il fit prisonnier Moh'ammed-ben-Fat'a, son gouverneur, qui s'était déclaré indépendant, et se faisait appeler Ech-Chaker-Billah. De là, il s'avança jusqu'à l'Océan sans rencontrer d'ennemis. Il fit pêcher du poisson, qu'il envoya dans des urnes à son maître, et mit dans sa lettre des plantes marines. Il retourna ensuite devant Fès, et cette fois il s'en empara, et en fit

---

[1] C'était un Grec affranchi du père de Moez, qui s'était élevé par ses services, sa bravoure et ses talents.

le gouverneur prisonnier. Après ce succès et la soumission complète du pays, à l'exception de Sebla, il reprit le chemin de l'Afrique, conduisant à sa suite, sur des chameaux, les deux gouverneurs rebelles enfermés dans des cages de bois. Son expédition avait duré trente mois. Il rentra à Mans'oura, où les deux gouverneurs furent mis en prison, après avoir été exposés en public.

En 353, Isma'ïl-el-H'acen-ben-'Ali-ben-H'usseïn, gouverneur de Sakalia, étant mort, El-Ma'ad nomma à sa place son fils, qui commença à gouverner en 354. La même année, l'êmir fit, dans ses états, un voyage de quatre-vingts jours, dans un but tout à la fois de plaisir et d'utilité. Il visita Tunis et les merveilles de Carthage. Il revint ensuite à Mans'oura, qui est la ville que l'on nomme aujourd'hui Sabra.

En 355, il fit creuser des puits sur la route de l'Égypte et ordonna qu'on lui bâtît un palais à chaque station. Vers la fin du mois de djoumâd-el-akher, il apprit la mort de Kafour, qui commandait dans ce pays. A cette même époque, il envoya Djohar dans le Mor'reb. Ce général consolida la tranquillité dans ce pays, y perçut les contributions et y fit des levées de troupes, surtout chez les Kabiles de Ketama.

En 358, El-Ma'ad se rendit à Mohdia, et tira du palais de son père cinq cents charges de dinars; il retourna ensuite dans le sien.

Le samedi 14 de rebi'-el-oouel de la même année, le k'aïd Djohar partit pour l'expédition d'Égypte, à la tête d'une puissante armée de Berbères, de Ketama, de Zouïliens[1] et de troupes régulières. El-Ma'ad prodigua des largesses à ceux qui partaient : chacun reçut quelque chose, depuis 20 jusqu'à 100 dinars. Outre cela, le trésor contenait mille charges d'argent. Les bagages et les approvisionnements étaient immenses. Le 12 cha'ban 358, Djohar entra à Mas'r. Le 20 du même mois, il fit la prière pour son maître dans la chaire de cette ville.

La nouvelle de cette rapide conquête parvint à El-Ma'ad dans le mois de ramad'ân; elle le combla de joie. Depuis cette époque, il ne cessa de recevoir de Djohar des lettres où ce k'aïd le pressait de se rendre lui-même en Égypte. Le pays de Cham[2] et le Hedjaz[3] s'étaient soumis.

En 360, Djohar envoya son fils à El-Ma'ad, avec un magnifique présent, composé d'objets précieux en or et en argent, de selles brodées en or, de marchandises de toute espèce, enfin de tout ce que l'Orient renferme de plus riche et de plus digne d'un roi. Il envoyait de plus les chefs ennemis prisonniers. El-Ma'ad les reçut dans toute sa gloire, la couronne sur la tête, revêtu de son plus riche costume; il les accueillit avec affabilité, leur rendit la liberté, et leur prodigua des marques de considération.

En chouâl 361, il se disposa à se rendre en Égypte.

---

[1] Gens de Zouïla.
[2] La Syrie.
[3] La partie de l'Arabie où se trouvent Médine et la Mecque.

Il quitta Mans'oura, et alla passer quatre mois à Sardania. Pendant ce temps-là, il réunit ses richesses et ceux qu'il voulait emmener avec lui. Sardania est près de K'aïrouân. Les habitants de cette ville y ont leurs maisons de campagne. Le 1ᵉʳ de safar, El-Ma'ad quitta Sardania[1] et fit mettre le feu aux clôtures de ses jardins, disant : « Recevez les derniers adieux de celui qui ne doit plus vous revoir. »

Il laissa Balkin-ben-Ziri-es-Senhadji pour commander à sa place en Afrique et dans le Mor'reb. Je parlerai plus tard de ce lieutenant, qui avait auparavant le gouvernement de K'âbes.

El-Moez quitta K'âbes le mardi, 10 de rebi'-el-ooueI, et arriva à Tripoli le 24 du même mois. Il en partit le 13 de rebi'-et-tâni, et arriva à Sert le 4 djoumâd-el-oouel. De cette ville, il alla au palais qu'on lui avait bâti à Adjedabia. De Adjedabia, il alla à son palais de Moezia à Barka. Il poursuivit ainsi son voyage à petites journées, arriva enfin à Alexandrie, et mit pied à terre au bas de la tour du Phare. Les habitants vinrent lui rendre hommage. Le k'âd'i vint aussi le saluer, mais il négligea de saluer l'héritier du trône. El-Moez lui demanda : « Avez-vous fait le voyage de la Mecque ? » — « Oui, commandeur des croyants, répondit le k'âd'i. » — « Avez-vous salué, dit l'émir, les deux cheikhs Abou-

---

[1] Il a été question de cette localité dans le livre III ; elle est entre Djeloula et K'aïrouân. Par une singulière inadvertance, Cordoura la confond avec l'île de Sardaigne. Au reste, d'après Ibn-Khaldoun, elle fut ainsi nommée parce qu'elle fut d'abord peuplée par des Sardes enlevés de leur île par les Arabes.

Bekr et Omar? » — « Je ne les ai point salués, reprit le k'âd'i. » — « Pourquoi ne l'avez-vous pas fait? » — « C'est, répondit le k'âd'i, parce que j'étais trop occupé du prophète pour songer aux autres. C'est ainsi qu'à l'instant même mon admiration pour le prince des croyants m'a fait oublier son héritier. » Cette réponse adroite fut très-goûtée du khalife, qui ne fut pas moins satisfait de la répartie suivante. Ayant demandé à ce même k'âd'i s'il avait jamais vu de khalifes, celui-ci lui répondit : « Commandeur des croyants, je n'en ai vu qu'un, et c'est vous. Les autres n'étaient que des rois. »

El-Moez, après avoir visité les palais et les bains d'Alexandrie, quitta cette ville et se dirigea sur Mas'r, où il arriva le samedi, 3 de ramad'ân. Djohar avait déjà fait bâtir près de cette cité une autre ville pour loger des troupes; car la première ne pouvait tout contenir. Il l'avait appelée El-K'ahîra-el-Moezia [1], du nom de son maître. C'est là que se trouvent la forteresse et la mosquée d'El-Azhar. Mas'r est ce qu'on nomme aujourd'hui El-Festat ou El-K'ahîra-el-A'tik'a [2].

Elle fut bâtie sous Amrou-ben-el-Assi. Quant à la ville de Pharaon, on la nommait Menas [3].

Les troupes qui étaient venues avec le khalife logèrent dans les deux villes, et les autres campèrent entre les deux. Le mercredi, 5 de ramad'ân 352, El-Moez passa le Nil et entra à K'ahîra. Le k'aïd Djohar

[1] Le Kaire de Moez.
[2] Le vieux Kaire.
[3] Memphis.

le rencontra au deuxième pont, descendit de cheval et baisa la terre devant lui. Le khalife mit pied à terre dans le palais qui lui avait été préparé. Il se rendit ensuite à la mosquée, où il fit ses dévotions. Vers la fin de moh'arrem, Djohar cessa ses fonctions de gouverneur de l'Égypte. Les troupes logées à K'ahîra s'y établirent par nations, dont les quartiers de cette ville ont conservé les noms jusqu'à ce jour, tels que le quartier de Zouîla, le quartier de Barka, le quartier de Ketama.

El-Moez mourut en Égypte, le 17 de rebi'-el-oouel 365, à l'âge de quarante-cinq ans, d'autres disent de quarante-six ans. C'était un prince juste et clément. Il était versé dans l'astronomie. Il fut le dernier khalife de sa dynastie en Afrique, et le premier, en Égypte. Il régna vingt-trois ans et cinq mois, dont deux en Afrique et le reste en Orient. Voici ce qu'on raconte de la cause de sa mort prématurée.

Il était depuis longtemps en relations avec le roi des Romains, par l'intermédiaire d'un nommé Nicolas, qui l'avait vu en Afrique et qui vint le trouver en Égypte. Dans la conférence qu'il eut avec lui dans ce pays, il lui dit : « Te rappelles-tu que, lorsque je te vis à Mohdîa, je te dis que je serais bientôt maître de l'Égypte, et que, pour me voir, c'était là qu'il faudrait te rendre désormais ? » Nicolas répondit affirmativement. « Eh bien! je te dis actuellement, continua El-Moez, qu'une autre fois tu devras te rendre à Bagdad, où tu me verras sur le trône des khalifes. » Nicolas lui répondit : « Si tu me promets de ne point t'irriter de ce que je vais te dire, à ce sujet, je te communiquerai mes réflexions. »

« Parle sans crainte, dit le prince ; je te donne assurance entière. » Alors Nicolas s'exprima ainsi :

« Lorsque le roi m'envoya vers toi, j'allai d'abord en Sakalia ; le gouverneur de cette île me reçut au milieu de ses troupes ; ce qui me donna une haute idée de ta puissance. A Souça, je vis ton armée ; elle se présentait sous un aspect si formidable, qu'il y avait de quoi en perdre l'esprit. A Mohdïa, c'est à peine si je pus t'approcher, tellement tu étais entouré de troupes, de courtisans et de serviteurs ; je pensai mourir d'admiration. En approchant de ton pavillon, une éclatante lumière éblouit ma vue ; je fus introduit ; je te trouvai assis sur ton trône ; je fus tellement frappé de ta majesté, que je te crus créateur et non créé. Si tu m'eusses dit, « Je vais prendre mon essor vers le ciel, » je l'aurais cru ; actuellement je n'éprouve rien de semblable ; en entrant dans la ville, mes yeux ont été obscurcis comme d'un nuage noir ; je ne vois point sur ton visage cette majesté que j'y remarquai l'année dernière. Je me suis dit : Sa fortune se levait alors, maintenant elle ne peut plus que décroître. »

Ces paroles firent tant d'impression sur l'esprit du khalife, qu'il tomba dans une noire mélancolie ; la fièvre s'empara de lui et ne le quitta plus jusqu'à sa mort. Il avait désigné pour son héritier son fils Mans'our-Nezar, surnommé El-'Aziz-Billah, qui lui succéda.

RÈGNE D'EL-'AZIZ-BILLAH.

Abou-Mans'our-Nezar-el-Moez-Sadin-Allah-Abi-Temin-Ma'ad-ben-el-Mans'our-Abi-et-T'aher-Isma'ïl-ben-el-K'aïm-Bamr-Allah-Abi-el-K'âcem-Moh'ammed-ben-el-Moh'di-'Obeïd-Allah naquit le jeudi, 14 de moh'arrem 344, à El-Mohdïa. Il commença son règne en rebi'-el-akher 365, après la mort de son père. Il était brave, clément et instruit. Les prières se faisaient pour lui en Afrique, en Égypte, dans le pays de Cham et dans l'Iemen. Il ajouta à ses états Homs, Alep et Moussoul.

Il avait à Cham un agent israélite nommé Micha, qui avait pour secrétaire un chrétien appelé 'Aïça-ben-Mans'our. Les juifs et les chrétiens étaient protégés par ces deux hommes. Les musulmans de Mas'r, voulant détruire l'influence de ces infidèles, écrivirent le billet suivant et le placèrent dans la main d'une statue, dans un lieu où le prince devait passer : « Nous demandons la fin de nos maux à celui qui fait que les juifs sont heureux par Micha, que les chrétiens le sont par 'Aïça, et que les musulmans sont méprisés par toi. » Le khalife ayant aperçu ce papier, se le fit donner; il le lut, et, d'après son contenu, il fit arrêter Micha et 'Aïça. Le premier fut condamné à une très-forte amende, et il prit du second 300,000 dinars.

Un autre jour, étant en chaire, ses regards tombèrent sur un autre écrit portant ces mots : « Nous nous sommes soumis à la tyrannie, mais nous ne pouvons supporter l'impiété; si tu connais les choses cachées, devine quel est celui qui a écrit ces lignes. » En effet, cet émir se vantait de connaître les choses les plus secrètes. Il entretenait de vieilles femmes qui, sous divers prétextes, s'introduisaient dans les maisons et lui rapportaient ce qui s'y faisait et s'y disait. Ensuite, lorsqu'il était devant la foule, il s'écriait : « A quoi pensent ceux d'entre vous qui disent telle chose, qui font telle autre? » De sorte qu'on lui croyait le don de la divination ; lui-même se vantait de le posséder.

Il avait pour lieutenant en Afrique Balkin, qui avait déjà été le lieutenant de son père. Son premier ministre était Ia'k'oub-ben-Kels, converti à l'islamisme, le plus habile homme de son temps. Je ne puis faire son histoire dans cet abrégé; du reste, elle se trouve dans d'autres historiens.

Une fois, El-'Aziz-Billah écrivit à El-H'akem, qui régnait en Andalousie, une lettre pleine d'invectives. Ce prince se contenta de lui répondre : « Tu m'injuries quoique tu me connaisses ; je repousserais tes attaques si je te connaissais. » Ce qui voulait dire probablement que sa généalogie lui était suspecte.

El-'Aziz mourut à Belbis à l'âge de quarante-deux ans, le 8 de ramad'ân 386, d'une maladie qui tenait de la goutte et de la colique néphrétique. Que Dieu lui fasse miséricorde!

RÈGNE DE H'AKEM-BAMR-ALLAH.

Abou-'Ali-Mans'our-ben-el-'Aziz-Billah-ben-el-Moez-Liddin-Allah-ben-el-Mans'our-Billah'-ben-el-Moh'di-'Obeïd-Allah naquit le 13 de rebi'-el-ooueI 375 ou 376; il avait, par conséquent, dix ou onze ans lorsqu'il monta sur le trône. L'eunuque blanc Berdjouan, fidèle serviteur de son père, le fit reconnaître et gouverna en son nom pendant sa minorité. Dans la suite le khalife le fit périr. Il y a au vieux Kaire un quartier qui porte son nom. El-H'akem est connu par la bizarrerie de son caractère; il ordonnait une chose, et, un instant après, il la défendait. Il était cruel et répandait le sang de ses serviteurs. Il disparut du monde en zil-k'ada 411, à l'âge de trente-sept ans, après vingt-cinq ans de règne. On dit que sa sœur, qui lui en voulait pour certains faits, le fit assassiner. Ce prince parcourait souvent seul les rues de la ville, monté sur une ânesse, afin de tout voir par ses yeux; sa sœur fit embusquer un jour un assassin près de la colline de H'alouan, où il passa et où il trouva la mort. Son corps fut transporté au palais et enterré secrètement par sa sœur. On ne sut ce qu'il était devenu; les Mor'rebins crurent longtemps que sa disparition avait quelque chose de miraculeux et qu'il reviendrait. Lorsqu'ils apercevaient un nuage dans le ciel, ils s'agenouillaient, pensant qu'il allait en descendre. On dit aussi que ce khalife voulait se faire passer pour Dieu. (Dieu me pardonne de rapporter une pareille énormité!) Sa sœur fit proclamer son fils Ed-Daher.

RÈGNE D'ED-DAHER.

Abou-Achem-'Ali-Mans'our-ben-el-'Aziz-Billah-Mans'our-Nezai-ben-el-Moez-Liddin-Allah-Abi-Temin-Ma'ad-ben-el-Mans'our-Billah-Abi-et-T'aher-Isma'il-ben-el-K'âcem-Bamr-Allah-Abi-el-K'âcem-Moh'ammed-ben-el-Moh'di-'Obeïd-Allah naquit au mois de ramad'ân 395, et fut proclamé khalife le jour de la fête de Necher 410. Il gouverna avec douceur, mais il était trop ami du repos. Le pouvoir suprême s'affaiblit sous son règne, qui dura quinze ans neuf mois et quelques jours. Il mourut au milieu de cha'ban 427, à l'âge de trente-trois ans. Son fils El-Mestancer-Billah lui succéda.

RÈGNE DE MESTANCER-BILLAH.

Abou-Temin-Ma'ad-ben-et-T'aher-el-'Aziz-Liddin-Allah-ben-el-H'akem-el-Moezia naquit en 420. Il fut proclamé après la mort de son père, en cha'ban 427. Son règne fut marqué de plus d'accidents que ceux de ses prédécesseurs. Il y eut d'abord une famine telle que les hommes se dévorèrent les uns les autres. Le nom de Mestancer fut proclamé dans la chaire de Bagdad en 435, honneur que n'avait obtenu aucun de ses prédécesseurs. Il le fut aussi à K'oufa, à Ouant et à Moussoul; mais, par compensation, Ech-Chalihi se révolta dans l'Iemen et se déclara indépendant. El-Moez-ben-Bâdes-es-Ska-Hadji, dont je parlerai dans le livre suivant, en fit autant en Afrique. Jusqu'à cette époque, cette province était restée soumise.

La famine dont je viens de parler dura sept ans; un pain se vendait 5o dinars. La mère et les sœurs du khalife se rendirent à Bagdad; il fut réduit lui-même à un seul cheval; sa suite allait à pied; son secrétaire Ben-Hebat-Allah avait conservé sa monture, mais il était obligé de la prêter à celui qui portait le parasol du khalife.

El-Mestancer eut pour premier ministre Beder-el-Djimali. Il mourut le 18 de zil-h'adja 487, à l'âge de soixante-huit ans. Il en avait régné soixante et un, étant monté sur le trône à sept ans. Il vécut plus longtemps qu'aucun de ses prédécesseurs. Son fils El-Mesta'alli lui succéda.

RÈGNE D'EL-MESTA'ALLI-BAMR-ALLAH.

Abou-el-K'âcem-Ah'med-ben-el-Mestamer-Billah-ben-el-'Aziz-Liddin-Allah-ben-el-H'akem-Bamr-Allah-ben-el-'Aziz-Billah-ben-el-Moez-Liddin-Allah-ben-el-Mans'our-Billah-ben-ed-Daher-ben-el-K'aïem-ben-el-Moh'di-'Obeïd-Allah naquit à K'ahîra en moh'arrem 469. Il commença son règne à l'âge de vingt et un ans, en 487, après la mort de son père.

Sous lui, les Français prirent Antioche, Mah'ra et

Jérusalem¹, mais leur puissance ne s'y consolida pas. Il avait remis le soin du gouvernement à l'êmir El-djiouch ², et restait dans le plus absolu repos. Il mourut à l'âge de vingt-neuf ans, en safar 495, après un règne de huit ans et quelques jours. Son fils Abou-'Ali lui succéda.

RÈGNE D'EL-BAH'KAN-ALLAH.

Abou-'Ali-Mans'our-ben-el-Mesta'alli-Billah-Abi-el-K'âcem-Ah'med-ben-el-Mestancer-Billah-Abi-Temin-Ma'ad-ben-ed-Daher-el-'Aziz-Liddin-Allah-Abi-H'akem-Bamr-Allah-Abi-H'akem-'Ali-ben-el-H'akem-Bamr-Allah-Abi-Ali-Mans'our-Nezar-ben-el-Moez-Liddin-Allah-Abi-Temin-Ma'ad-ben-el-Mans'our-Billah-Abi-el-T'aher-Isma'ïl-ben-el-K'aïem-Bamr-Allah-Abi-el-K'âcem-Moh'ammed-ben-el-Moh'di-Abi-Moh'ammed-'Obeïd-Allah naquit en moh'arrem 490 et commença à régner le 17 safar 495, à l'âge de cinq ans. Comme il ne pouvait encore monter à cheval, El-Afd'el, fils de l'êmir El-djiouch, dirigea les affaires; mais, lorsque le khalife fut en âge de gouverner, il le fit périr. On le surnommait Chahencha. Ses noms étaient Abou-el-K'â-cem-ben-êmir-el-djiouch-Bader-el-Djimali-el-Armani. Il fut tué en 513.

---

¹ Il s'agit de la première croisade où les Français jouèrent un si grand rôle, que leur nom devint un terme générique, dans le Levant, pour désigner tous les chrétiens de l'Occident.

² Le chef des troupes.

El-Bah'kan-Allah était un mauvais prince qui répandait le sang de ses sujets et les dépouillait de leurs biens. Ses ennemis se rendirent maîtres d'une grande partie de ses états. Il mourut assassiné dans le mois de safar 524. Il était le dixième khalife de la dynastie des Obeïdes. Son cousin El-H'afed'-Liddin-Allah lui succéda.

RÈGNE DE H'AFED'-LIDDIN-ALLAH.

Abou-el-Mîmoun-'Abd-el-Medjid-ben-Moh'ammed-ben-Mestamer-Allah-ben-et-T'aher-el-'Aziz-Liddin-Allah-ben-el-H'akem-ben-el-'Aziz-ben-el-Moez-ben-el-Moh'di naquit en 467, et fut proclamé khalife en 524, après l'assassinat de son cousin. Abou-'Ali-Ah'med, fils d'El-Afd'el et petit-fils de l'émir El-djiouch-el-Djimali, s'empara de la direction des affaires, et réduisit ce prince au rôle de statue; il le fit même emprisonner. Mais H'afed' parvint à faire assassiner ce visir ambitieux et à ressaisir le pouvoir.

H'afed' était atteint de la néphrétique. Chirmaou-ed-Diçi lui donna un tambour fait de sept métaux sous l'influence de sept planètes; lorsque l'individu attaqué de cette maladie frappait sur ce tambour, il en sortait des bouffées de vent qui le soulageaient. Salah'-ed-Din trouva cet instrument dans le trésor des rois d'Égypte, lorsqu'il s'empara du pays.

H'afed' mourut en djoumâd-el-oouel 544, à l'âge de soixante et treize ou soixante et quatorze ans, après vingt-deux ans de règne. Isma'il lui succéda et prit le surnom de Thafer-Billah.

RÈGNE DE THAFER-BILLAH.

Abou-Mans'our-Isma'ïl-ben-el-H'afed'-Liddin-Allah-Abi-el-Mîmoun-'Abd-el-Medjid-ben-el-Mestamer-Billah-ben-et-T'aher-ben-el-H'akem-ben-el-'Aziz-ben-el-Moez-ben-el-Mans'our-ben-el-K'aïem-ben-el-Mohdi-'Obeïd-Allah naquit vers le milieu de rebi'-el-ooueI 527. Il fut proclamé khalife après la mort de son père, et assassiné vers le milieu de moh'arrem 549. Je passe sous silence les quelques événements de son court règne, que l'on peut voir, au reste, dans d'autres historiens. Abou-el-K'âcem-'Aïça fut proclamé khalife à sa place, et surnommé El-Faiez-Bamr-Allah.

RÈGNE D'EL-FAIEZ-BAMR-ALLAH.

Abou-el-K'âcem-'Aïça-ben-et-Thafer-Billah-ben-H'afed'-Liddin-Allah-ben-el-Mestamer-ben-et-T'aher-ben-el-H'akem-ben-el-'Aziz-ben-el-Moez-ben-el-Mans'our-ben-el-K'aïem-ben-el-Moh'di-'Obeïd-Allah fut reconnu khalife le jour de l'assassinat de son père, en moh'arrem 549. Il était âgé de cinq ans. Le visir, qui était lui-même l'assassin, le prit dans ses bras et le présenta à la troupe en disant : « Voilà le fils de votre maître. » Les soldats fondirent en larmes en voyant cet enfant. Le jeune khalife, effrayé de ces démonstrations, s'évanouit, et eut des convulsions qui durèrent jusqu'à sa mort, arrivée en redjeb 555. Il était âgé de dix ans, et avait porté cinq ans le titre de khalife. El-Aded-Liddin-Allah lui succéda.

RÈGNE D'EL-ADED-LIDDIN-ALLAH.

Abou-Moh'ammed-ben-Allah-el-Aded-ben-Ioucef-ben-el-H'afed'-Liddin-Allah-ben-el-Mestamer-Billah-ben-et-T'aher-ben-el-H'akem-ben-el-'Aziz-ben-el-Moez-ben-el-Mans'our-ben-el-K'aïem-ben-el-Moh'di naquit en 546, et fut proclamé en redjeb 555. Il eut pour visir son tuteur El-Mâlek-es-Salah'-T'alaïé-ben-Zeribek, homme impie et méchant.

Bientôt après, Ech-Chaouer vint de Cham et entra en Égypte. Il fit périr T'alaïé, et mourut lui-même peu après avoir imposé pour visir à El-Aded son parent El-Mâlek-en-Nâc'er-Salah'-ed-Din-Ioucef-ben-Aïoub-ben-Chadi[1]. Ce visir s'empara de la direction des affaires, et El-Aded ne fut qu'une peinture. A la fin Salah'-ed-Din le fit abdiquer, et alors les prières se firent pour le khalife abbasside de Bagdad, qui était alors l'imam El-Mestader-Bamr-Allah. El-Aded ne se doutait pas de ce qui se passait. Il était d'ailleurs malade. Il mourut en 567. En lui finit la dynastie des Fatimites.

Ben-K'alkan rapporte avoir entendu dire à des Égyptiens que, dans le commencement de leur puissance,

[1] Le fameux Saladin.

ces princes avaient demandé une liste de surnoms propres à des souverains, à un écrivain qui en fit une dans laquelle le surnom d'El-Aded était le dernier; et, en effet, il fut porté par le d... 'er de cette famille.

La domination des Fatimites dura deux cent soixante ans, savoir, cinquante-deux en Afrique, et deux cent huit en Égypte. Ils eurent quatorze khalifes. Le premier fut El-Moh'di et le dernier El-Aded.

J'aurais pu me dispenser de parler de ceux des Fatimites qui régnèrent en Égypte, et m'en tenir à ceux qui gouvernèrent l'Afrique, puisque ce n'est que l'histoire de cette contrée que j'ai entrepris d'écrire. Mais j'ai pensé qu'ayant été obligé par mon sujet même de commencer leur histoire, puisque c'est en Afrique que leur puissance s'est d'abord élevée, j'aurais, en ne la continuant pas, affaibli l'intérêt du récit. On trouvera dans d'autres ouvrages les détails que cet abrégé n'a pu donner.

On n'est point d'accord sur l'origine de ces khalifes. Quelques historiens admettent la généalogie qu'ils ont produite; d'autres la croient fausse, et pensent même que ces prétendus Fatimites étaient des Rafedi. Dieu connaît ce qui se cache dans la nuit du passé.

LIVRE CINQUIÈME.

DES ÉMIRS DE SENHADJA.

Je raconterai dans ce livre l'histoire des princes de Senhadja qui, quoique soumis aux Beni-'Obeïd, dont ils ne furent que les délégués, n'en occupèrent pas moins de fait le rang suprême. Les Tunisiens ne les considèrent pas comme de véritables monarques. Quant à moi, je considère qu'ils le furent plus que les Beni-H'afez, si ce n'est que ces derniers eurent le titre d'êmir-el-moumenîn, que les Senhadja ne prirent jamais. Ils régnèrent cependant plus de deux cents ans.

Les Senhadja eurent le gouvernement de l'Afrique lorsque le khalife Moez-Liddin-Allah partit pour l'Égypte, et qu'il nomma, pour son lieutenant en Afrique, Abou-el-Fetouh'-Ioucef-Balkin-ben-Ziri-ben-Menâd-el-Senhadji.

Senhadja est une peuplade de Berbères qui descend, dit-on, d'Oulâd-'Abd-ech-Chams-ben-Ouatel-ben-Hemir, lequel était roi d'Afrikech. D'autres prétendent que, lorsque Afrikech-ben-Abr'a-ben-Zi-el-K'arnîn eut soumis le pays de Hemir, qu'il eut pénétré ensuite en Occident et fondé la ville d'Afrikia [1], les Senhadja furent au nombre de ceux qu'il chargea des affaires du pays. Il en est qui disent qu'ils descendent de Senhadj-Abou-Senhadja-ben-Hemir-ben-Saba. D'autres en font

[1] Voir la note 4 du livre II, page 21.

une fraction des Haouara, qui en étaient eux-mêmes une d'Hemir. Ils sont divisés en soixante et dix tribus, parmi lesquelles figurent les Lemtouna, qui ont conquis le Mor'reb. S'il plaît à Dieu, j'en parlerai dans la suite. Pour le moment j'en ai dit assez.

La première fois que Ziri approcha de Mans'our, ce fut lorsque ce khalife se porta dans le Mor'reb à la poursuite d'Abou-Izîd en 335. Ziri, sur le territoire duquel il pénétra, alla à sa rencontre et se soumit à lui avec sa troupe et sa famille. Le khalife le combla d'honneurs et de présents, lui donna le sabre et les vêtements du commandement, et le déclara chef de ces contrées.

Ziri, entreprenant et courageux, fit encore avec le khalife la campagne de 342 dans le Mor'reb. Cette fois il fut nommé prince d'Achir et de ses dépendances[1]. En 346, il accompagna Djohar au siége de Fês et amena la prise de cette ville. Sa fortune politique en fut accrue; car on lui donna la ville de Tïaret qu'il joignit à ce qu'il possédait déjà.

Il existait une rivalité haineuse entre Ziri et Dja'far-ben-Abi, surnommé l'Andalous, fils du fondateur de Msîla[2]. Dja'far commandait dans le Zâb du Mor'reb pour les Beni-'Obeïd. Il avait reçu d'eux l'investiture, et il faisait faire les prières en leur nom. Lorsque

---

[1] Le khalife ne fit que sanctionner un fait : Ziri était déjà prince d'Achir, qui fut fondé par lui l'an de l'hégire 324. On voit les ruines de cette ville à quelques lieues de Bou-R'âf (vulg. Boghar), dans la province de Titeri.

[2] Cette ville fut fondée en 315, comme on l'a vu dans le livre IV,

Moez-Liddin-Allah se disposa à son expédition d'Orient, le bruit se répandit qu'il laisserait le gouvernement de l'Afrique à Ioucef-ben-Ziri, ce qui déplut extrêmement à Dja'far l'Andalous. El-Moez lui envoya plusieurs fois l'ordre de se rendre auprès de lui. Il feignit d'obéir, quitta Msîla et s'enfuit chez les Zenata, qui le reconnurent pour chef. Il leva alors ouvertement l'étendard de la révolte. Ziri, en étant informé, marcha contre lui avec une partie de ses Senhadja. Il y eut un grand combat dans lequel, le cheval de Ziri s'étant abattu, ce chef fut tué. Grand nombre de ses guerriers périrent avec lui. Dja'far envoya aussitôt son frère Iah'ia en Andalousie, pour informer de cet événement El-H'akem-el-Amoui, khalife de ce pays. Cependant les Zenata, ayant appris que Ioucef-ben-Ziri se disposait à venger la mort de son père, résolurent dans leurs cœurs de lui livrer Dja'far. Celui-ci, instruit de leurs mauvaises intentions, s'enfuit en Andalousie avec sa famille. Le khalife El-H'akem le reçut d'abord très-bien, et lui assigna une pension annuelle. Il fut quelque temps dans une belle position auprès de ce khalife ; puis il fut disgracié. Mais bientôt après il rentra en faveur. Il resta en Andalousie jusqu'à l'administration du visir Ben-Abi-Omar, qui le fit périr et envoya sa tête à Balkin.

Ziri était plein de bons procédés pour les Arabes ;

et comme l'attestent d'ailleurs Abou-el-Feda et d'autres écrivains. Ce fut El-K'aïem-Bassir-Allah qui la fit construire par le père du personnage dont il est ici question, lequel en fut le premier gouverneur.

mais il traitait rudement les Kabiles. On n'avait jamais vu dans le Mor'reb une époque comme la sienne. Pendant vingt-six ans il administra avec la plus grande habileté. Après sa mort, qui arriva ainsi que nous venons de le raconter, son fils Balkin, qui était alors à Achir, rassembla ses parents et ses esclaves, prit l'élite de ses troupes et partit pour venger la mort de son père. Il tua un grand nombre de Zenata dans diverses affaires, les chassa du pays et s'empara de leurs femmes et de leurs enfants. Lorsque cette nouvelle parvint à Moez, qui avait beaucoup d'affection pour Balkin et qui le préférait à tous ses frères, il se montra satisfait de sa conduite. Il lui envoya l'ordre de rendre la liberté aux prisonniers et de venir le trouver. Balkin se mit aussitôt en route, après avoir préposé à l'administration de ses états un chef qui avait sa confiance, et expédié aux commandants des diverses parties de son empire des instructions où il prenait le titre de lieutenant du sultan. Il ne laissa pas un cheval, pas un chameau chez les Berbères de l'Ouest. Il emmena tout avec lui, à l'exception des bêtes de labour, et se dirigea sur Mans'oura. Comme la nouvelle de son élévation au poste éminent de lieutenant du khalife s'était répandue partout, on se porta à sa rencontre de toutes parts, et il reçut des présents qui accrurent ses richesses, lesquelles augmentaient avec sa faveur.

Lorsqu'il fut arrivé chez El-Moez, il s'assit modestement dans l'antichambre, attendant son tour d'audience. Le khalife le reçut parfaitement, loua son mérite et ses actes, lui ceignit son propre sabre et le revêtit de son propre manteau. Il fit aussi des présents aux gens de sa suite et les combla d'honneurs.

Je vais maintenant faire l'histoire de la dynastie dont Balkin fut le chef depuis son avénement au gouvernement de l'Afrique. Le peu que j'en ai dit n'est qu'une introduction destinée à faire connaître l'origine de cette famille.

L'êmir Balkin-Ioucef-ben-Ziri-ben-Menâd-el-Senhadji-Abou-el-Fetouh'-Balkin reçut l'investiture de l'Afrique et de tout le Mor'reb, à l'exception de Tripoli et de la Sicile, qui ne furent pas compris dans son gouvernement. C'était le mardi 23 de zil-hadja de l'an 361.

Lorsqu'El-Moez-Liddin-Allah partit pour l'Orient, il lui remit un diplôme portant son cachet pour que chacun eût à lui obéir. Balkin accompagna le khalife jusqu'à K'âbes. Au moment où ils se séparèrent, le khalife lui dit : « O Ioucef, si tu dois oublier mes conseils, tâche au moins de te rappeler les trois suivants :

« Ne fais jamais remise des contributions aux gens du dehors.

« Tiens toujours ton sabre levé sur les Berbères.

« Ne donne jamais de commandements aux membres de ta famille; car bientôt ils te disputeraient le premier rang. Je te recommande aussi de traiter avec bonté les habitants des villes. »

Balkin fit ensuite ses adieux au khalife et retourna à Mans'oura, où il arriva le jeudi 11 du mois de rebi'-

el-oouel 362. Il descendit au château du sultan à Sabra. Les gens de K'aïrouân vinrent à sa rencontre. Il resta deux mois à Sabra occupé des soins de l'administration. Lorsqu'il eut terminé ce qui concernait l'Afrique, il passa dans le Mor'reb au mois de cha'ban. Ce fut dans cette année que ceux de Titeri se révoltèrent. Il se porta sur leur ville, s'en empara, prit pour otages les enfants des habitants et les dépouilla de leurs richesses. A la même époque, les Zenata s'étaient rendus maîtres de Tlemsên. Il marcha contre eux, les mit en fuite et leur reprit cette ville. Alors El-Moez lui envoya l'ordre de ne pas s'avancer plus loin dans le Mor'reb, et de ne pas trop s'éloigner de l'Afrique.

Sous lui, Ziri-ben-'Atîa-ez-Zenâti se révolta dans l'Ouest, s'empara de Fês, de Sedjelmâça et de leurs dépendances, et fit faire dans ces contrées la prière pour les Beni-'Ommîa. Balkin reprit ces deux villes et chassa les délégués des Beni-'Ommîa. Il alla ensuite assiéger Sebta[1], qu'il ne put prendre; puis il pilla Basra, qu'on nomme aujourd'hui Assila[2].

En 365, il expédia vers l'Orient un présent pour El-Moez; mais, ayant appris la mort de ce prince et l'avénement de son fils El-'Aziz, il fit revenir ce présent de Tripoli, et en prépara un autre pour El-'Aziz. Ce fut le premier que reçut celui-ci. Ce khalife lui renouvela l'investiture, et lui envoya de la monnaie frappée en son nom, *El-'Aziz-Billah, roi d'Égypte.*

[1] Ceuta.
[2] Arzilla.

Balkin demanda à El-'Aziz et obtint de lui les villes de Sert, d'Adjabia et de Tripoli, qu'il réunit à son gouvernement. Il combattit et vainquit, dans plusieurs combats, les Beni-Grouat'. Il envoya en Afrique tant de prisonniers faits sur cette tribu, qu'on n'en avait jamais vu un plus grand nombre. Il devint si puissant dans le Mor'reb, que personne n'osa plus lui résister. Il poursuivit les Zenata jusqu'à ce qu'il les eût contraints de s'enfoncer dans les sables du désert. Les gens de Sebta furent effrayés de ses succès; mais ce fut alors qu'El-Mans'our-ben-Omar le détourna de cette ville, en lui envoyant la tête de Dja'far l'Andalous. Il recevait à Fès les courriers qu'El-Moez lui expédiait de l'Égypte [1].

En 370, Balkin envoya son fils Mans'our à K'aïrouân, pour qu'il expédiât de là un présent en Égypte. Ce jeune prince descendit à Rekkâda, où il remplit sa mission; après quoi, il retourna dans le Mor'reb. C'était la première fois qu'il paraissait en Afrique. Il était né et avait été élevé à Achir.

En 373, Ben-Kharzoun s'empara de Sedjelmâça et la pilla. Balkin marcha contre lui, mais il fut atteint, en chemin, d'une colique néphrétique dont il mourut dans un lieu appelé Ark'lan, le 23 de zil-h'adja, après avoir désigné pour son successeur son fils Mans'our. Louange à l'Être qui ne meurt pas!

[1] L'auteur veut dire par là que les communications étaient parfaitement sûres dans cette vaste étendue de pays, et en tirer un argument en faveur de l'administration de Balkin.

EL-MANS'OUR-BEN-BALKIN-BEN-ZIRI-BEN-MENÂD.

El-Mans'our était à Achir lorsqu'arriva la nouvelle de la mort de son père. Il fut aussitôt reconnu par les troupes, les citadins et les gens du dehors. Ce fut un prince sage, n'aimant pas le sang et disposé à traiter tout le monde avec douceur; aussi fut-il très-aimé. Il fit régner la tranquillité dans ses états et s'attira les cœurs par ses libéralités et ses manières affables. Les principaux fonctionnaires vinrent lui offrir des présents; il les reçut avec bonté et les combla de richesses. Les k'âd'i, les êmin et les notables de K'aïrouân se rendirent à Achir pour le saluer et lui faire leurs compliments de condoléance sur la mort de son père. Ils le trouvèrent sur une colline en dehors de la ville. Ce fut là qu'ils lui baisèrent la main et lui offrirent leurs vœux. Il les accueillit avec bienveillance et distinction. Le lendemain du jour de leur arrivée, il les reçut au milieu de ses troupes, entouré de tout l'éclat du pouvoir suprême. Il leur dit : « Quelque agréables que me soient vos vœux, je regrette cependant que vous vous soyez mis en voyage dans la mauvaise saison. » Il leur fit ensuite distribuer 10,000 dinars. Le cinquième jour, il les fit venir de nouveau en sa présence et leur dit, entre autres choses : « Mon aïeul et mon père agissaient avec violence envers leurs sujets; je ne veux, quant à moi, employer que la douceur, car c'est à Dieu seul que je dois ma puissance [1]. »

[1] Il voulait dire par là qu'un pouvoir bien assis et consacré par le

Il leur ordonna ensuite de retourner dans leur pays. Il confirma 'Abd-Allah-el-Khâteb dans le poste de gouverneur de l'Afrique qu'il occupait du vivant de son père.

En 374, El-Mans'our se rendit à Rekkâda. Tous les gens de K'aïrouân allèrent l'y voir; il les reçut bien et leur promit ses bonnes grâces. Les fonctionnaires lui firent des présents; celui du k'aïd de K'aïrouân fut magnifique. El-Mans'our, de son côté, en fit un de 1,000,000 de dinars au khalife Nezar.

Il fit bâtir un oratoire à Rekkâda, où il passa le ramad'ân. Le jour de la fête, il se rendit à la prière, magnifiquement habillé. La selle de son cheval était couverte de perles et de diamants. Vers la fin de zilh'adja, il retourna dans le Mor'reb. Il fut accompagné par 'Abd-Allah-el-Khâteb, qui se fit remplacer, dans son gouvernement de l'Afrique, par son fils Ioucef. Dans la même année 374, El-Mans'our eut un fils, qu'il nomma Badis-Abou-Menâd. C'était le 11 de rebi'-el-oouel. Vers le même temps, il envoya son frère avec des troupes sur Fês et Sedjelmâça, dont Ziri-ben-'Atîa-ez-Zenâti s'était emparé. Les deux armées se rencontrèrent; celle de Mans'our fut battue, et son frère s'enfuit à Achir. Depuis, Mans'our ne fit plus aucune entreprise contre le pays des Zenata.

En 367, il dépensa 800,000 dinars au château de Sabra qu'il fit entourer d'arbres de tous côtés. Dans

temps n'est pas aussi souvent obligé de recourir à la violence qu'un pouvoir nouveau et contesté ; ce qui est assez généralement vrai.

le courant de cette même année, 'Abd-Allah-el-Khâteb et son fils Ioucef furent tués par El-Mans'our[1], qui donna le gouvernement de l'Afrique à Ioucef-ben-Abi-Moh'ammed, un de ses affranchis. Ce fut aussi dans cette même année que le pays de Ketama fut soumis et qu'on y perçut les contributions; que le khalife Nezar envoya un présent à El-Mans'our, et que l'oncle de celui-ci, Abou-el-Fettar, se révolta contre lui à Tïaret. El-Mans'our marcha à sa rencontre et le mit en fuite. Il prit et pilla Tïaret, mais il laissa la vie aux habitants. Après cela, il retourna à Achir.

Ce fut encore en 376 que mourut 'Abd-Allah-ben-Moh'ammed-ben-Abi-el-H'usseïn, gouverneur de la Sicile; il désigna son fils Ioucef pour lui succéder, et le khalife Nezar confirma ce choix. La Sicile fut florissante sous l'administration de Ioucef-ben-'Abd-Allah.

En 381, El-Mans'our-ben-Balkin alla passer le temps de l'Aïd-el-Kebîr (la grande fête) à Sabra; il y déploya beaucoup de magnificence et fit remise à ses sujets de tous les arriérés de contributions, qui montaient à des sommes considérables. En rebi'-

---

[1] L'émir avait conçu des soupçons sur leur fidélité, et, dans une partie de chasse, il les tua tous deux de sa propre main; il commença par Ioucef, qu'il renversa d'un coup de javelot, et au moment où le fils se penchait sur le corps de son père, il l'étendit sur lui d'un second coup. Ce fait, raconté par plusieurs historiens, dément étrangement ce que dit K'aïrouâni de la douceur d'El-Mans'our. On raconte que, dans une autre circonstance, ce prince éventra un rebelle fait prisonnier, et que, dans un accès de rage, il lui dévora le cœur.

el-oouel, il fit circoncire son fils. Tous les gouverneurs de provinces lui envoyèrent, à cette occasion, des présents proportionnés à l'importance de leurs charges; Ben-Khetâb, qui commandait à Zouîla, lui envoya une girafe et beaucoup de productions du Soudan; le gouverneur de Tripoli lui offrit cent charges de diverses richesses, des chevaux et de fort belles choses de l'Orient.

Dans le courant de cette même année, le khalife accorda à son fils Badis la survivance de son vaste gouvernement, ce qui lui fit un sensible plaisir. El-Mans'our destitua, à la même époque, le commandant d'El-Arbes qu'il remplaça par Kaïssar, un de ses affranchis. Celui-ci trouva six cent mille kafis de grains dans les magasins de son prédécesseur.

En 383, son fils Badis fit son premier voyage; il alla à Achir avec sa tante Djelan. Son père, tous les grands et toute la population de K'aïrouân allèrent au-devant de lui. Il arriva en même temps un éléphant et d'autres raretés envoyées par le khalife. El-Mans'our monta à cheval et se porta à la rencontre du présent de ce monarque. Le jour de la fête étant arrivé, Badis se rendit à la mosquée, précédé de cet éléphant, et avec un grand éclat. Son père évita de sortir ce jour-là [1]. Tous deux restèrent en Afrique et ne retournèrent plus dans le Mor'reb.

En 386, El-Mans'our mourut le jeudi, 3 de rebi'-el-

[1] Pour ne pas distraire de son fils l'attention et les hommages du peuple.

oouel ; il fut inhumé dans le grand château de Sabra. Il avait régné treize ans environ. Il était clément, généreux et expéditif dans les affaires. Son règne fut un des meilleurs.

BADIS-BEN-EL-MANS'OUR-BEN-IOUCEF-BEN-ZIRI-BEN-MENÂD-ES-SENHADJI.

Ce prince arriva au pouvoir à la mort de son père El-Mans'our, dans le mois de rebi'-el-oouel 386. Il se rendit aussitôt à son château de Sardania avec sa suite et ses esclaves ; ce fut là qu'on vint le complimenter. Il se disposait à envoyer un présent au khalife d'Égypte, lorsqu'il apprit sa mort, arrivée dans le mois de ramad'ân, comme je l'ai déjà dit. Le présent resta à Rekkâda jusqu'à l'année d'après. Alors il fut envoyé au nouveau khalife. Badis donna à son oncle H'amed-ben-Balkin le gouvernement d'Achir et du Mor'reb. Le khalife El-H'akem-Bamr-Allah députa vers lui pour lui annoncer la mort de Nezar, lui faire ses compliments de condoléance sur celle de Mans'our, et le reconnaître comme successeur de ce dernier. Badis donna le gouvernement de l'Afrique à Moh'ammed-ben-Abi-el-'Arab. Il alla ensuite faire un voyage d'agrément à Mohdïa et à Souça. Les vaisseaux qui étaient dans ce dernier port exécutèrent plusieurs manœuvres devant lui. Il y passa quelques jours et retourna ensuite à Sabra.

Il célébra la grande fête de 387 avec une pompe

inouïe. Le luxe qu'il y déploya dépassait tellement celui de ses prédécesseurs, que chacun avoua qu'on n'avait jamais rien vu de pareil. Il parut en public, précédé de l'éléphant dont nous avons déjà parlé, de deux girafes et d'un chameau entièrement blanc. Le khalife d'Égypte lui envoya un présent de pierres précieuses et de diverses autres productions de l'Orient. Badis alla au-devant de ce présent pour faire honneur à celui qui l'envoyait.

Badis, ayant reçu la nouvelle que, dans le Mor'reb, Ziri-ben-'Atîa-ez-Zenâti se dirigeait vers Achir, fit marcher contre lui une armée commandée par Moh'ammed-ben-Abi-el-'Arab, gouverneur de l'Afrique. Ce chef fut complétement battu près de Tïaret et perdit ses bagages et son trésor. Après cette déroute, Badis partit de Rekkâda et marcha en personne contre Ziri-ben-'Atîa. Celui-ci assiégeait Achir, mais il leva le siége à son approche. Badis le poursuivit jusqu'aux extrémités du Mor'reb, et revint ensuite à Achir.

Pendant qu'il était ainsi occupé, ses oncles se révoltèrent. Il les vainquit dans plusieurs combats, où périrent sept mille hommes des Zenata qui étaient avec eux. Badis revint victorieux à K'aïrouân, et fit promener dans les rues de cette ville, ainsi qu'à Mans'oura, les têtes de ses ennemis vaincus.

Felfel-ez-Zenâti se révolta sous ce règne. Il y eut aussi de grands troubles à Tripoli; mais Badis les apaisa. Le règne de ce prince fut troublé par des révoltes continuelles.

En 403, El-H'akem, khalife d'Égypte, envoya un présent à Badis ainsi qu'à son fils. Badis alla au-devant de ce présent avec les grands de sa cour et son fils El-Moez, qui parut pour la première fois en public dans cette circonstance. On mit pied à terre pour lire les dépêches du khalife; elles contenaient l'acte de donation de Barka, qui augmenta les états de Badis.

Badis eut bien des fois les armes à la main, et fit bien des voyages dans le Mor'reb. Il était toujours le premier au combat. Quoiqu'il aimât à thésauriser, il était extrêmement généreux; il fit beaucoup de bien aux membres de sa famille, à qui il pardonna même des actes de rébellion. Il marchait contre les Zenata, lorsque la mort le surprit à Meh'ammedia, dans la dernière nuit de zil-k'ada 406. Les grands qui l'accompagnaient cachèrent sa mort pour se donner le temps de faire reconnaître son fils El-Moez, qui n'avait pas encore dix ans. Cela fait, la mort du prince fut déclarée, et son corps transporté à Mohdïa, où se trouvait son fils, que sa grand'mère y avait conduit. Cette princesse avait choisi cette ville pour sa résidence, à cause des guerres qui affligeaient l'intérieur du pays. Elle y avait fait déposer ses richesses.

Le siége du gouvernement des Beni-Ziri avait d'abord été à Achir. El-Mans'our-ben-Balkin le transporta ensuite à Sabra près de K'aïrouân; Badis son fils ne changea rien à cette disposition. Il habita Sabra autant que les guerres qu'il eut à soutenir le lui permirent. El-Moez s'établit à El-Mohdïa.

EL-MOEZ-BEN-BADIS-BEN-EL-MANS'OUR-BEN-BALKIN-BEN-ZIRI-BEN-MENÂD-ES-SENHADJI.

Ce prince fut proclamé à Mohdïa le 3 de zil-h'adja 406. Il était alors âgé de huit ans et sept mois. Lorsqu'on sut la mort de Badis, le gouverneur de K'aïrouân, ainsi que les docteurs de la loi et tous les grands allèrent présenter leurs hommages à El-Moez, au sujet de la mort de son père et de son avénement au trône. Ce jeune prince se montra à eux dans toute la splendeur de la royauté. Il se fit remarquer par une sagesse et une raison bien supérieures à son âge. Au reste, c'était sa grand'mère qui dirigeait les affaires. Elle reçut parfaitement bien les gens de K'aïrouân et leur ordonna ensuite de retourner chez eux.

Le 1er de moh'arrem, les troupes qui transportaient le corps de Badis arrivèrent à Mohdïa, où il fut inhumé. El-Moez se porta au-devant du convoi. Les chefs principaux lui furent présentés, et il leur donna des preuves de son intelligence et de sa générosité.

El-Moez se trouvait à Sabra lorsqu'il s'éleva de grands troubles religieux : comme les Chiites professaient ouvertement leurs pernicieux principes, les orthodoxes en massacrèrent un certain nombre avec leurs femmes et leurs enfants. A Mohdïa, plusieurs de ces sectaires furent tués dans la mosquée où ils s'étaient réfugiés. Tous ceux que l'on rencontrait à K'aïrouân étaient maltraités, massacrés ou brûlés. Plus de cinq cents Chiites, fuyant la persécution, se réfugièrent dans le château de Mans'our, demandant la protection d'El-Moez, qui ordonna qu'on leur laissât la vie. El-Moez fut suscité par Dieu pour détruire l'hérésie. Quoique né lui-même dans la secte des Chiites, il en détestait les principes[1]. Sous lui, tout le monde dut suivre la secte de Malek; toutes les autres furent abolies. Il y avait auparavant les sectes des Sefiria, des Chiites, des Abadia, des Mkaria et des Melzala. Quant aux sectes sunnites, il y avait celle d'H'anefia et celle de Malek; il ne reste plus que cette dernière[2]. Lorsque El-Moez se fut consolidé dans son gouvernement, il refusa toute obéissance aux Beni-'Obeïd et fit proclamer dans les prières publiques les Beni-'Abbas, comme je le dirai plus tard.

H'amad, grand-oncle de Moez, avait pris les armes dans le Mor'reb; ce prince marcha contre lui et le défit dans plusieurs combats. A la fin, H'amad se soumit et envoya à El-Moez son fils avec des lettres d'excuses.

[1] Sa conduite avait en cela un but plus politique que religieux. Ayant résolu de se soustraire à l'obéissance des Fatimites, il cherchait au préalable à détruire la secte des Chiites en Afrique.

[2] Les Sunnites ou orthodoxes se divisent en quatre rites, qui ne diffèrent que par quelques points peu importants de théologie, de culte et de jurisprudence, au sujet desquels la discussion est permise, et que par cette raison on appelle Mah'moudat et Matbouat, c'est-à-dire autorisés et suivis. Les chefs de ces quatre écoles sont :

1° Abou-H'anifa-ben-T'abet, né à K'oufa l'an 80 de l'hégire, un des plus savants et des plus célèbres docteurs de l'islamisme. Ce ne fut que longtemps après sa mort que sa doctrine fit autorité : de son vivant il fut persécuté par le khalife de Bagdad, parce qu'il n'admettait pas d'une manière absolue le dogme désespérant de la prédestination. Les Turcs suivent sa doctrine;

El-Moez lui pardonna et lui assigna une pension de 3,000 drachmes par jour, plus vingt-cinq mesures d'orge pour ses chevaux et ceux de ses amis, à qui il distribua de plus cent vêtements complets. Il donna, en outre, à son cousin trente juments, avec des selles brodées d'or, et une si grande quantité d'autres objets précieux, qu'on ne saurait les évaluer; puis il le renvoya à son père. Il établit ensuite des officiers dans toutes les villes du Mor'reb.

Le khalife d'Égypte El-H'akem lui ayant expédié un titre confirmatif de la position qu'il occupait en Afrique, il lui députa, en 408, son affranchi Sandal, gouverneur de Badja, avec un présent de trois cent trente-cinq zèbres, avec des selles garnies d'or, des esclaves nègres et autres choses. Le khalife lui envoya, en retour, un sabre, enrichi de diamants, d'une valeur inestimable, et un diplôme de noblesse; ce qui n'avait eu lieu pour aucun de ses prédécesseurs.

2° Abou-'Abd-Allah-Malek-ben-Ars, que suivent les Arabes d'Afrique ;
3° Ah'med-ben-H'anbal ;
4° Abou-'Abd-Allah-ben-Edris-el-Chaféi.

Les Sunnites, qui se divisent en ces quatre écoles, sont ainsi nommés, parce qu'ils admettent le sunnah ou tradition, la loi orale, que les Chiites repoussent; ils ont raison de se considérer comme les seuls orthodoxes, parce qu'en se plaçant au point de vue musulman on ne peut nier, sans blesser la logique, que la transmission légale du pontificat ne se trouve en eux; ils ont à cet égard sur les Chiites le même avantage que, chez les chrétiens, les catholiques ont sur les protestants.

En 411, la grand'mère de Moez mourut. Les funérailles coûtèrent 100,000 dinars, d'après l'évaluation qui fut faite par les comptables de l'époque. Le cercueil était en bois des Indes garni de perles et de lames d'or. Les clous étaient d'or, et il y en avait pour 1,000 miktars. Le corps fut enveloppé de cent vingt linceuls, et embaumé avec grande profusion de musc et d'encens. Vingt et un chapelets des plus grosses perles furent suspendus au cercueil de cette princesse, qui fut inhumée à Mohdïa. El-Moez fit immoler à cette occasion cinquante chamelles, cent bœufs et mille moutons. La chair de ces victimes fut distribuée au peuple. Les femmes eurent de plus 100,000 dinars.

En 413, El-Moez se maria, ce qui donna lieu à des fêtes superbes. La dot et le trousseau de la mariée furent exposés en public. La dot avait été transportée au lieu de l'exposition par dix mulets chargés chacun de 10,000 dinars. Les fêtes en coûtèrent plus d'un million. On édifia plusieurs châteaux, édifices comparables pour la magnificence à ceux d'El-No'man-ben-Mandar dans l'Irak'[1].

Ce fut sous le règne d'El-Moez que les Zenata prirent les armes du côté de Tripoli. Il leur fit longtemps la guerre et en tua beaucoup. Ces Zenata sont ceux dont il a tant été parlé dans le monde. Leur histoire se rat-

---

[1] No'man-ben-Mandar, roi d'Irak', petit royaume arabe et chrétien dépendant de la Perse, et qui, comme cet empire, alla se fondre dans celui des khalifes. La magnificence des édifices de l'Irak' est célèbre en Orient. On reviendra sur ce sujet dans le livre VIII.

tache à celle des Beni-Helal. Les gens de Tripoli aiment à en parler; c'est au point qu'ils trouvent toujours moyen de ramener la conversation sur ce sujet.

El-Moez fut le prince le plus généreux et le plus magnifique de sa famille. Il était plein de piété et d'humanité. Il n'y eut sous son règne d'autres exécutions à mort que celles qui furent ordonnées en justice. Il était doué d'une excellente mémoire et d'une intelligence rare. Il cultivait les arts et les sciences. Il nous reste de lui une jolie pièce de vers. Le roi des chrétiens lui envoya des présents.

En 435, il prit l'île de Djerba et se déclara pour les Beni-'Abbas, et l'imam El-K'aïem-Bassir-Allah-el-Abassi[1] lui envoya un diplôme.

En 440, le nom des Beni-'Obeïd ne fut plus proclamé dans les prières publiques. El-Moez déchira leur drapeau et le brûla. De grands troubles suivirent cet acte. Souça, K'afs'a, Sfax, Badja, et presque tout le Mor'reb se révoltèrent. Ce fut alors que commencèrent à paraître les Lamtouna, qui se rendirent maîtres de toute cette contrée. Je donnerai plus tard une partie de leur histoire, s'il plaît à Dieu. A la même époque, les Arabes de l'Orient firent invasion en Afrique et la ravagèrent. Voici quelle fut la cause de leur venue.

Lorsque El-Moez se décida à se soustraire à l'obéissance des Beni-'Obeïd, il travailla d'abord à les déconsidérer dans l'esprit des peuples, en semant de fâcheux

[1] Le khalife de Bagdad, pour lequel El-Moez s'était déclaré en abandonnant le parti des Fatimites.

bruits sur leur compte. Il chercha même à corrompre leurs serviteurs. Il écrivit à cet effet au visir d'El-Mestamer, khalife d'Égypte, pour l'engager à trahir son maître. Sa lettre se terminait par ces vers : « Cesse de t'attacher à des yeux sans consistance, et dont un homme comme toi devrait ignorer même le nom. » Après avoir lu cette lettre, le visir dit à un de ses amis : « N'est-il pas surprenant qu'un homme du Mor'reb, un Berbère, veuille tromper un Arabe de l'Irak'? »

Lorsque El-Moez se fut mis en révolte ouverte et qu'il eut reçu l'investiture du khalife de Bagdad, le visir conseilla à El-Mestamer de faire marcher contre lui des tribus d'Arabes. Ce prince goûta ce conseil, et fit partir les Arabes du Saïd, à qui il distribua de l'argent et abandonna Barka. Les Arabes qui allèrent ainsi en Afrique étaient les Riah', les Zagba, et une portion des Beni-Amer et des Senan. Arrivés en Afrique, ils y commirent toutes sortes d'excès et se gorgèrent de richesses. Lorsque leurs amis d'Égypte apprirent cela, ils voulurent aller les rejoindre et offrirent de l'argent à Mestamer pour qu'il le leur permît. Le prince accepta leurs offres. Il retira plus d'eux, en leur permettant de se rendre en Afrique, qu'il n'avait donné à leurs devanciers pour les y pousser[1].

[1] Cette invasion de la Barbarie par les tribus arabes de l'Égypte est un fait très-remarquable de l'histoire de cette contrée; mais il en est un autre qui, quoique peu connu, ne l'est pas moins : c'est une émigration très-considérable qui eut lieu de la Barbarie en Égypte vers la fin du XVIIe siècle. A cette époque, grand nombre de tribus de Tunis et de Tripoli se portèrent dans les régions arides de la rive

Ces nouveaux venus eurent d'abord à combattre les Zenata des environs de Tripoli. El-Moez marcha contre eux avec une réunion de Senhadja et de Zenata. Les deux partis se trouvèrent en présence. Les Zenata firent défection et les Senhadja prirent la fuite. El-Moez, entouré d'un corps de nègres de près de vingt mille hommes, résista plus longtemps qu'on ne devait l'attendre d'un prince que la fortune abandonnait; mais, à la fin, il fut contraint de battre en retraite sur Mans'oura. Les Arabes s'avancèrent jusqu'à K'aïrouân. Il y eut entre cette ville et Rekkâda un combat où ils furent encore vainqueurs. El-Moez voulut alors négocier; il fit ouvrir les portes de K'aïrouân et permit aux Arabes d'entrer dans cette ville et d'y acheter ce dont ils auraient besoin. Il espérait les rappeler, par cette concession, à des sentiments plus modérés et les déterminer à retourner dans leur pays; mais il n'en fut pas ainsi : les Arabes pillèrent la ville, en dispersèrent les habitants, se rendirent maîtres de toute la contrée, qu'ils se partagèrent et qu'ils ruinèrent complétement. El-Moez, voyant qu'il ne pouvait résister à ce torrent dévastateur, se retira à Mohdïa, dont son fils Temin était gouverneur. Celui-ci alla à sa rencontre et lui rendit

gauche du Nil, et pendant plusieurs années elles ne vécurent que des déprédations qu'elles commettaient dans la vallée de ce fleuve; mais elles finirent par s'établir sur des terres que leur céda le gouvernement, et les cultivèrent. Depuis cette époque, ces hommes de proie sont devenus de paisibles fellah', plus pillés que pillards. On peut voir à ce sujet, dans l'ouvrage de la Commission d'Égypte, les Mémoires de MM. Jomard et Aimé Dubois.

tous les honneurs qu'il lui devait comme à son souverain et à son père. El-Moez lui remit la conduite des affaires, et mourut en 453, après un règne de quarante-neuf ans. Il fut très-généreux. On dit qu'il donna en un seul jour 100,000 dinars à un de ses amis. Mais son règne fut continuellement agité par la guerre, tous ses commandants de province s'étant successivement révoltés contre lui. Il n'y a que Dieu dont l'empire soit solide et durable.

TEMIN-BEN-EL-MOEZ-BEN-BADIS-BEN-EL-MANS'OUR-BEN-IOUCEF-BALKIN-BEN-ZIRI-BEN-MENÂD.

Ce prince naquit à Mans'oura en 422. Il eut le commandement de Mohdïa en 455, et commença à régner après la mort de son père. L'esprit de révolte fit de nouveaux progrès sous son règne. Tunis même se souleva. Temin y envoya une puissante armée qui la tint assiégée pendant un an et deux mois. Ben-Korsan, qui commandait dans la ville, fatigué de la rigueur du siége, en passa par ce que voulut Temin, et l'armée se retira. Souça se révolta ensuite. Temin la prit de vive force, et cependant il en épargna les habitants. A Sfax, H'ammou-ben-Felfel-el-Bergonoti leva aussi l'étendard contre lui ; il marcha à sa rencontre avec des Berbères et des Arabes des tribus de Zegba et de Riah'. H'ammou, abandonné des siens, prit la fuite.

Les Beni-Riah' chassèrent de l'Afrique les Beni-Zegba, et vendirent K'aïrouân à El-Nâc'er-ben-'Ala-en-Nas-ben-

H'amad. Mais les Beni-Karra, arrivés du côté de Barka, firent invasion sur le territoire de cette ville.

En 467, Temin fit la paix avec En-Nâc'er-ben-'Ala-en-Nas, et lui donna sa fille en mariage avec des richesses qu'on ne peut décrire. Il nomma en même temps son fils au gouvernement de Tripoli, et la paix parut consolidée de ce côté-là.

Mâlek-ben-'Ali-es-Sah'ri marcha ensuite contre Temin, et vint camper sous Mohdïa avec des forces considérables. Ce prince alla l'y attaquer, le mit en fuite et le poussa jusqu'à K'aïrouân, où il le tint quelque temps assiégé. Mais ce révolté réussit à s'évader.

Temin assiégea ensuite en même temps K'âbes et Sfax. Pendant son absence, les Génois et les Vénitiens se présentèrent avec une flotte de près de trois cents navires, et, comme ils ne trouvèrent pas de résistance, ils saccagèrent Mohdïa et Zouila. Ils étaient plus de trente mille, et après le pillage ils se retirèrent.

L'année 483 fut marquée par deux fléaux, la famine et la peste; cette dernière n'avait jamais été si terrible qu'elle le fut alors.

Temin passa presque toute sa vie en guerre contre les révoltés, et même contre ses propres parents. C'était un homme d'un grand mérite. Il était même poëte. Il avait toujours chez lui un cercle de gens lettrés avec lesquels il aimait à traiter des questions de littérature. Ben-Rachik-el-K'aïrouâni était au nombre de ses amis et a fait de beaux vers à sa louange. Ce prince fut le plus clément des Beni-Menâd; il pardonnait facilement, même les plus grandes fautes. Sa vie fut vraiment fort belle; mais, pour abréger, je passe bien des choses. Sous son règne l'ennemi de la religion s'empara de la Sicile. Les musulmans perdirent cette île en 484. Que Dieu la leur rende un jour!

Puisqu'il ne sera plus question de ce pays, il convient que je complète ce que j'en ai dit. Ceux qui me liront verront que la Sicile dépendit fort longtemps de l'Afrique.

J'ai fait connaître que cette île fut conquise pour Ibrahim-ben-el-Ar'lâb, par Açad-ben-el-Ferat, sous le khalife 'Abd-Allah-el-Mans'our-ben-er-Rachid. Les délégués des Beni-Ar'lâb y commandèrent jusqu'aux jours des Beni-'Obeïd. En 336, le khalife El-Mans'our, de cette dynastie, donna le gouvernement de la Sicile à El-H'acen-ben-'Ali-ben-el-H'usseïn-el-Kalbi, qui le conserva jusqu'à la mort de ce prince. Sous le règne de Moez, il passa en Afrique, laissant à son fils Ah'med le gouvernement de la Sicile; c'était en 342. Il resta en Afrique jusqu'en 347; à cette époque, Moez le renvoya en Sicile. En 351, Moez écrivit à El-Hacen de faire circoncire les enfants de la Sicile le même jour que son fils, le 1er de rebi'-el-oouel de ladite année. L'êmir Ah'med commença par circoncire ses propres enfants; on circoncit ensuite ceux des grands et ceux du peuple. On leur donna à tous des vêtements. Moez leur envoya, de plus, 100,000 dinars qui leur furent partagés; ils étaient quinze mille.

En 352, Ah'med envoya mil sept cent soixante et dix

prisonniers qu'il avait faits à Tabaria dont il s'était emparé. L'année suivante, Moez envoya en Sicile une grande flotte commandée par El-H'usseïn, fils de l'êmir Ah'med. Il y eut, entre cet êmir et les chrétiens, une grande bataille dans laquelle ceux-ci furent vaincus. Il y périt plus de dix mille de ceux qui donnent des associés à Dieu ; le butin fut considérable. En 353, Moez rappela de la Sicile l'êmir Ah'med ; il s'y fit remplacer par Iah'ia, affranchi de son père, au moment de son départ, mais, après son arrivée en Afrique, Moez y envoya 'Ali, frère d'Ah'med.

Moez donna ensuite à Ah'med le commandement d'une flotte qu'il envoyait en Égypte ; mais cet êmir mourut à Tripoli. Son frère fut alors nommé gouverneur de la Sicile, dont il n'avait que le commandement provisoire. Celui-ci gouverna douze ans et mourut dans une expédition qu'il fit en terre ferme dans un endroit que l'on nomme Chehid. Son fils Djâber lui succéda sans l'approbation du khalife, qui ne tarda pas à le destituer et à envoyer à sa place Dja'far-ben-Moh'ammed-ben-el-H'usseïn, lequel gouverna l'île jusqu'à sa mort. 'Abd-Allah-ben-H'usseïn lui succéda et mourut en 319. Son fils Abou-el-Fetouh'-Ioucef lui succéda. Il gouverna avec douceur, mais, ayant été atteint de paralysie, son fils Dja'far lui succéda de son vivant. Dja'far tyrannisa le peuple, qui se souleva contre lui et vint l'assiéger dans son palais. Son père Ioucef se fit transporter au milieu des révoltés et parvint à les apaiser en leur promettant que Dja'far serait destitué. Il le fut en effet. 'Abou-Ah'-

med, surnommé Taïd-ed-Doula, le remplaça en 410. Il gouverna jusqu'en 427. Les habitants de l'île se soulevèrent contre lui et le tuèrent. Son frère H'usseïn, surnommé Samsam-ed-Doula, lui succéda. Sous le gouvernement de celui-ci, les soulèvements augmentèrent; il fut obligé d'abandonner le pays, et chaque chef se rendit indépendant dans la ville qu'il commandait. Le k'aïd 'Abd-Allah-ben-Mankouz devint chef suprême d'Ouazer et de Barbarana; Ben-el-Aouaz, de Hana et de Zartana; le k'aïd Ben-et-Temenna, de Sargossa et de Ketama; et tous ces chefs se firent la guerre entre eux. Ben-et-Temenna, appuyé par les Français, fut victorieux[1]. Le prince de ces chrétiens se nommait Radjaï[2]. Il prit, avec Ben-et-Temenna, un grand nombre de places. Beaucoup de docteurs de la loi quittèrent alors l'île et allèrent demander du secours à El-Moez. Ce prince envoya en Sicile une armée qui n'obtint aucun succès à cause des divisions des musulmans, à qui il ne resta bientôt plus que Bana et Djerza. Ces deux villes furent assiégées et leurs habitants réduits à manger de la chair humaine. Djerza se rendit la première; Bana résista pendant trois ans; enfin les Français réunirent contre elle toutes leurs forces et la prirent. Radjaï se rendit maître de toute l'île et mourut à l'âge de quatre-vingts ans. Que Dieu le maudisse! Son fils, qui lui succéda, fut encore plus redoutable; il affecta les manières des princes musulmans, s'entou-

[1] Les Normands, qui avaient conquis le Midi de l'Italie.
[2] Roger.

rant d'une suite nombreuse. Il fit établir les Français dans l'île au milieu des musulmans, que, du reste, il traita avec douceur. Ses flottes étaient montées par des soldats des deux peuples [1]. Elles s'emparèrent de beaucoup de villes, telles que Mohdïa, Souça, Djerba et Tripoli ; dans l'Orient, il s'empara d'Antioche, où il y eut de sanglants combats. Que Dieu le maudisse !

La Sicile est la plus belle île de la mer. Il y a de superbes villes. La plus belle et la plus considérable est Palerme, que les montagnes entourent de toutes parts, excepté du côté de la mer. Elle se divise en trois quartiers, dont le plus beau est la ville vieille appelée Khaleça ; c'était la demeure des princes et des grands au temps des musulmans [2]. Elle contenait un arsenal maritime. La Sicile resta plus de deux cent soixante et dix ans au pouvoir des musulmans. Que Dieu la leur rende !

Je ne suis entré dans tous ces détails que parce que la Sicile a été une dépendance du gouvernement de l'Afrique jusqu'au moment où les ennemis de la religion s'en sont emparés. Les dissensions intestines des musulmans furent la cause de la perte de cette conquête. Que Dieu nous préserve de pareils désordres,

---

[1] Roger était un très-grand prince qui savait vaincre et administrer ; il avait pour but d'établir une fusion complète entre les vainqueurs et les vaincus. Il était plus avancé que son siècle et que beaucoup de gens du nôtre.

[2] Tout ceci est tiré d'Edrîci.

et qu'il nous maintienne dans sa grâce! Je retourne maintenant au règne d'El-Moez.

Aïouba a dit : « Temin-ben-el-Moez mourut en 501, âgé de quatre-vingt-neuf ans, après un règne de quarante-six ans, dix mois et vingt jours. Il laissa cent fils et soixante filles. Son fils Iah'ia lui succéda. »

IAH'IA-BEN-TEMIN-BEN-EL-MOEZ-BEN-EL-BADIS-BEN-EL-MANS'OUR-BEN-IOUCEF-BALKIN-BEN-ZIRI-BEN-MENÂD.

Ce prince prit la direction des affaires après la mort de son père. Il était alors âgé de quarante-trois ans. Il monta à cheval, selon l'usage, avec les grands de l'état, distribua de l'argent à la multitude et lui fit de belles promesses. On fut assez content de lui. Il s'empara de la place de Kebilia[1], que son père n'avait pu prendre. Chaque année, sa flotte allait ravager les côtes des chrétiens et en revenait victorieuse. Il conduisit lui-même les affaires, ce qui ne l'empêchait pas de se livrer à l'étude des sciences. Il connaissait l'histoire, l'astronomie et la médecine ; il était encore poëte. Il mourut à l'âge de cinquante-deux ans, après un règne de huit ans et six mois, le 1er de zil-k'ada 509. Il laissa trente fils et vingt-six filles. Son administration ne fut point mauvaise, mais le temps de la décadence des Beni-Ziri était arrivé. Dieu seul est souverain !

[1] Ville maritime, l'antique Clypea.

'ALI-BEN-IAH'IA-BEN-TEMIN.

Ce prince était à Sfax lorsque son père mourut. On l'en fit venir à l'insu de ses sœurs, et les troupes le proclamèrent à Mohdïa. Son premier acte fut d'envoyer une flotte à l'île de Djerba, qui avait constamment repoussé le joug de ses aïeux[1] et qui fut obligée de subir le sien. Il assiégea ensuite Ah'med-ben-Korsan dans Tunis. La ville ne fut pas prise, mais Ah'med n'obtint la paix qu'aux conditions que voulut lui imposer l'êmir. Ce prince soumit aussi les gens de la montagne d'Ouslât, race de tout temps livrée au mal et à la révolte.

Rafa', k'aïd de K'âbes, se révolta et envoya en Sicile pour faire acte de soumission au roi Radjaï et lui demander des secours. En attendant, ce rebelle ayant rallié à lui quelques Arabes, marcha sur Mohdïa; mais l'êmir 'Ali ayant gagné ces Arabes par des promesses et de l'argent, ils abandonnèrent le parti de Rafa', qui se retira à K'aïrouân. Le roi de Sicile fit faire de grandes menaces à 'Ali. Il lui répondit sur le même ton, et travailla à se mettre en état de défense. Comme il ne se sentait pas le plus fort, il rechercha l'alliance de l'êmir Iouçef-ben-Tachfin. Cependant la guerre contre les chrétiens n'éclata pas sous son règne.

Ce fut du temps de l'êmir 'Ali que Moh'ammed-ben-Toumart vint à Mohdïa, où il corrigea quelques abus. J'en parlerai plus tard. 'Ali mourut de maladie en 515,

[1] L'auteur oublie ce qu'il a dit plus haut.

laissant le trône à l'èmir El-H'acen, son fils, qui n'avait que douze ans. Que Dieu lui fasse miséricorde!

EL-H'ACEN-BEN-'ALI-BEN-IAH'IA-BEN-TEMIN-BEN-EL-MOEZ-BEN-BADIS.

Sous ce prince, la guerre éclata; Radjaï rassembla des troupes de tous les pays et envoya une flotte formidable contre Mohdïa. El-H'acen se prépara à le bien recevoir; il réunit cent mille fantassins et dix mille cavaliers. Un parti de chrétiens, qui avait débarqué et qui s'était retranché à K's'ar-ed-Dimâs, fut enlevé. La flotte chrétienne, composée de trois cents voiles, fut assaillie par la tempête. Il ne s'en sauva que cent navires qui retournèrent en Sicile.

Après le départ des chrétiens, l'èmir de Bougie voulut s'emparer de Mohdïa. Il avait entendu dire qu'El-H'acen avait traité avec Radjaï, ce qui était vrai; il lui avait même donné de l'argent et en avait passé par les conditions que celui-ci avait voulu lui imposer. Les gens de Mohdïa avaient écrit à Iah'ia-ben-el-'Aziz-el-H'ammâdi, èmir de Bougie, pour l'entraîner à marcher sur leur ville, qu'ils s'engageaient à lui livrer. Il les crut et envoya des troupes par terre et des bâtiments par mer. Ces forces étaient commandées par El-Faki-Mot'ref. Ce général assiégea la ville par terre et par mer; mais, comptant toujours sur les promesses des habitants, il ne poussa pas très-vigoureusement le siége, qui traîna en longueur. Le roi de Sicile, ayant su ce qui se passait, envoya une flotte au secours d'El-H'acen, avec injonction à son amiral d'obéir aux ordres de cet émir. A l'arrivée de ce puissant secours, les Bougiotes virent bien qu'il leur serait impossible de prendre la ville. L'amiral chrétien voulait les exterminer, mais El-H'acen, à qui il répugnait de répandre le sang musulman, s'y opposa. En conséquence, ils purent opérer leur retraite, et ils retournèrent dans leur pays, après avoir tenu Mohdïa assiégée pendant soixante et dix à soixante et quinze jours; c'était en 529. La flotte chrétienne retourna ensuite en Sicile. El-H'acen écrivit à Radjaï pour le remercier et lui dire que, de son côté, il était tout à ses ordres. L'union la plus parfaite parut donc régner entre ces deux princes; mais, dans la même année, l'ennemi de Dieu, Radjaï envoya sa flotte à Djerba. Elle était montée par des chrétiens et des musulmans de la Sicile, ainsi que par des Français, en nombre considérable. Ces troupes s'emparèrent de l'île, massacrèrent les hommes et réduisirent en servitude les femmes, qui furent vendues en Sicile. Cependant bien des musulmans qui s'étaient sauvés obtinrent l'aman de Radjaï et retournèrent à Djerba, en reconnaissant son autorité. Il fut ainsi maître de cette île et y nomma un gouverneur. El-H'acen, craignant pour lui-même, mit tout en usage pour détourner l'orage qui le menaçait; il en vint à bout pendant quelque temps; mais, en 536, la guerre éclata au sujet de quelque argent qu'El-H'acen avait emprunté des chrétiens et qu'il ne put rendre à l'échéance. La flotte du roi de Sicile parut devant Mohdïa. En vain El-H'acen employa, pour apaiser son ennemi, les présents et les soumissions; en vain il lui fit remettre tous les esclaves chrétiens qui se trouvaient dans ses états, il ne put obtenir la paix qu'en se reconnaissant pour son vassal.

En 537, le maudit fit sur Tripoli une entreprise qui échoua; mais, dans la même année, il prit et saccagea Djidjeli, qui appartenait aux émirs de Bougie, les Beni-H'ammad; il prit aussi l'île de K'erk'na [1]. En 541, il envoya deux cents voiles à Tripoli et s'en empara. Il y eut du sang répandu; mais, après la victoire, Radjaï fit du bien aux musulmans qui se soumirent à son autorité. La prise de Tripoli répandit l'effroi dans toute l'Afrique. Le k'aïd de K'âbes lui fit sa soumission, se reconnut son vassal et en reçut les insignes d'honneur en usage chez les chrétiens. Il leva pour lui les contributions. Dieu nous préserve des maux que la pusillanimité attire! Comment pourrait-on considérer comme musulmane cette génération avilie? Elle appartient plutôt aux démons. L'amour du monde et de ses richesses les conduisit à cette infamie; l'amour du monde rend aveugle et sourd. Dans cette même année 537, il y eut en Afrique une disette telle que beaucoup de gens passèrent en Sicile.

En 542, Ma'ammer-ben-Rachid et Mot'ref-ben-Ziad obtinrent d'El-H'acen des troupes pour marcher contre Ioucef, k'aïd de K'âbes. La ville fut prise et ce chef fut tué. Son frère 'Aïça s'enfuit en Sicile. Lorsqu'il

[1] Entre Mohdïa et Djerba.

eut raconté à Radjaï ce qui s'était passé, ce prince, furieux, envoya une expédition formidable contre Mohdïa. Elle y arriva tellement à l'improviste que l'on ne put se mettre en défense. La population s'enfuit, ainsi qu'El-H'acen, qui, laissant derrière lui ses richesses et même quelques-uns de ses parents, se retira à Ma'alk'a près de Tunis, où Mot'ref-ben-Ziad lui donna l'hospitalité.

Cependant le général chrétien ayant fait publier un aman général à Mohdïa, les habitants de cette ville rentrèrent dans leurs domiciles et y furent bien traités. Le vainqueur s'empara des richesses d'El-H'acen. Il eut beaucoup d'égards pour les parents, les femmes et les enfants de ce prince qui étaient restés à Mohdïa, et il les envoya en Sicile.

L'ennemi de Dieu mit garnison à Mohdïa et à Zouîla. Il organisa du reste parfaitement l'administration de ces deux villes. Il y fit rendre la justice par des k'âd'i agréables au peuple; il avança même des fonds aux négociants pour ranimer le commerce. Il envoya ensuite deux corps de troupes, l'un à Souça et l'autre à Sfax. La première de ces deux villes se rendit sans combat; la seconde fut enlevée de vive force. Du reste, après la victoire, les musulmans furent traités avec douceur. Le roi chrétien garda ces deux villes et y mit des gouverneurs. Plusieurs tribus d'Arabes et des chefs importants se soumirent à lui. Il prélevait les contributions, mais en employant plus la persuasion que la force. Il savait captiver les peuples par une administration sage et conciliante¹. Il échoua devant la forteresse de Kebilia, qui était bien pourvue de troupes; mais la plus grande partie du pays resta entre les mains des chrétiens jusqu'au temps de l'êmîr-el-moumenîn 'Abd-el-Moumen-ben-'Ali, qui les dépouilla de leurs conquêtes en 555 et rétablit El-H'acen, comme je le dirai plus tard.

L'êmir El-H'acen fut le dernier prince des Beni-Menâd-Senhadja. Le premier avait été Ioucef-ben-Ziri, qui eut le commandement en Afrique lorsque Moez passa en Égypte. Avant lui, les Beni-Menâd ne commandaient pas dans cette contrée. On compte huit princes des Beni-Menâd qui commandèrent en Afrique. Le règne du dernier de ces princes n'eut pas autant d'éclat que celui des autres. Ses ancêtres avaient commandé depuis Barka jusqu'à Tlemsên. Après la mort d'El-Mans'our-ben-Balkin, le pays fut divisé entre les princes de cette famille. H'ammad-ben-Balkin se révolta contre son neveu Badis. Il s'empara d'une partie du pays, et fit de Bougie sa capitale. Les Beni-Ziri avaient eu d'abord pour capitale Mans'oura; puis, au temps d'El-Moez, lorsque les Arabes d'Égypte passèrent en Afrique, ils s'établirent à Mohdïa. Le lieu de leur sépulture était à K's'ar-es-Saïda, dans le canton de Monestir. C'étaient des princes puissants, qui avaient sous leurs ordres des armées nombreuses; ils étaient

¹ Tout ce que dit notre auteur des actes de Roger est à l'avantage de ce prince, dont il n'écrit presque jamais le nom sans y joindre une injure ou une imprécation, ainsi que le lecteur aura pu le remarquer.

considérés comme sultans. Les Beni-H'afez ne peuvent leur être comparés. Cependant on parle plus de ceux-ci, parce qu'ils eurent le titre d'êmir-el-moumenin que les Beni-Ziri ne portèrent pas, quoiqu'ils fussent grands et habiles. Le dernier, El-H'acen, ne manquait pas de bonnes qualités; il avait des connaissances littéraires et administratives, savait lutter contre la mauvaise fortune; mais il ne put empêcher la chute de sa dynastie, dont l'heure était venue. C'est ainsi que va le monde; le bonheur dont on jouit est un bonheur éphémère; Dieu l'a voulu ainsi. Chacun obtient son tour dans ce monde qui tourne. Personne ne peut demander compte à Dieu de ce qu'il fait; mais les hommes sont responsables de leurs actes.

H'acen, fils d'Ali, fut tué en 61. Les Beni-Fat'ma ne parvinrent au pouvoir en Afrique qu'au temps des Beni-'Obeïd. Ils furent alors khalifes. Ils bâtirent Mohdïa. Il y a entre l'assassinat d'H'acen, fils d'Ali, et le commencement du règne de ses descendants deux cent quarante-deux ans. Ils régnèrent à peu près autant; car on peut compter leur chute de la prise de Mohdïa. Il est vrai qu'El-Adid ne mourut en Égypte qu'en 567. Mais El-Mohdi n'a pas voulu parler de la durée absolue du règne de sa dynastie. Ce qu'il dit ne se rapporte qu'à l'Afrique. Du reste, les quelques années de différence, n'ayant été que des temps de troubles, ne peuvent compter.

Lorsque Moez-Liddin-Allah se disposait à partir pour l'Afrique, il dit à Balkin : « O Ioucef, apprends que

Mohdïa sera la capitale de ton gouvernement sous les princes qui viendront après toi. Tes terres touchent aux miennes. Lorsque le chef de Mohdïa tombera, ma dynastie tombera aussi. »

Le gouvernement de Mohdïa tomba à la mort d'Ali, père d'El-H'acen; car il est des personnes qui ne comptent pas El-H'acen au nombre des sultans, parce qu'il fut chassé du trône; non plus qu'elles ne comptent au nombre des khalifes ceux qui viennent après El-Omar-bi-Ah'kam-Allah, parce que celui-ci fut le dixième et dernier khalife en ligne directe. Après lui, des collatéraux furent appelés. Les personnes qui font ce raisonnement disent qu'il y eut aussi dix khalifes Beni-'Obeïd, de père en fils, et dix émirs de Senhadja, également de père en fils. Le premier de ceux-ci fut Menâd, et le dernier El-H'acen. Si maintenant on déduit des khalifes les trois qui n'ont régné que dans le Mor'reb, et qu'on parle d'El-Moez qui s'établit en Égypte, on trouvera sept khalifes de père en fils, et sept émirs Senhadja. Le premier de ceux-ci fut Balkin, qui fut nommé par El-Moez, et qui régna sur l'Afrique pendant qu'El-Moez régnait sur l'Égypte. Il y eut donc sept khalifes et sept émirs, dont le règne fut glorieux. Voilà de ces combinaisons que Dieu seul peut établir, et qui prouvent en faveur de la légitimité des Beni-'Obeïd, à qui quelques personnes contestent leur descendance du prophète. Dieu, sans aucun doute, demandera compte à ces derniers de leurs méchants propos. J'ai lu beaucoup de livres d'histoire qui donnent aux Beni-

'Obeïd les plus excellentes qualités. Quelques-uns prétendent cependant qu'ils n'étaient pas même musulmans, parce qu'ils étaient Chiites, et qu'ils affectaient de ne tenir nul compte des compagnons du prophète, conduite indigne des descendants de Fat'ma. Il n'y a de force et de puissance qu'en Dieu.

Ici finit l'histoire des Senhadja. Je vais passer à celle des Beni-H'afez.

LIVRE SIXIÈME.

DU GOUVERNEMENT DES BENI-H'AFEZ.

Ce livre sera divisé en deux parties : la première traitera des princes qui devinrent souverains dans le Mor'reb et à qui le pays se soumit. Parmi eux il en est qui ont exercé le pouvoir suprême sans prendre le titre de khalife; d'autres se sont arrogé l'autorité sans y avoir de droits; d'autres enfin l'ont prise légitimement. Je dirai ensuite comment le sceptre arriva aux Beni-H'afez, ce qui me conduira à parler des commencements de cette famille. Le lecteur pourra ainsi la suivre depuis son origine, s'il désire en connaître l'histoire. La deuxième partie traitera des khalifes de cette dynastie. Je donnerai quelques détails sur leur gouvernement, et je ferai connaître les œuvres qu'ils ont accomplies.

PREMIÈRE PARTIE.

Il faut que vous sachiez que, malgré ce que j'ai dit dans les livres précédents, je crois nécessaire de répéter ici qu'après la conquête de l'Afrique, dans les premiers temps de l'islamisme, la ville de K'aïrouân fut le siége du gouvernement, et le point de départ des généraux qui allaient commander dans le Mor'reb, en Andalousie et en Sakalia. Mais 'Abd-er-Rah'mân-ben-Merouan-ben-H'echâm-ben-'Abd-el-Mâlek-ben-Merouan-ben-el-H'akem, de la famille des Ommiades, arriva en Andalousie l'an 135 de l'hégire, fuyant les Beni-'Abbas, qui avaient enlevé le gouvernement à sa dynastie. Il s'empara du pays, qui fut dès lors soustrait à la domination de Beni-'Abbas, et où les envoyés de l'Afrique n'eurent plus d'autorité. Quelques historiens, *dissimulant la nature de cette révolution* [1], disent simplement, en parlant du khalife Er-Rachid, que ce prince fut porté au trône par le vœu de toute la nation, l'Andalousie exceptée, à cause de son éloignement et des vastes mers qui la séparaient du reste de l'empire.

En 180, les Beni-Edris parurent dans le Mor'reb. Les Berbères les reconnurent, et ils commandèrent dans ces contrées; ils prirent même le titre d'êmir-el-moumenin, sans être réellement khalifes.

Les Beni-'Obeïd s'élevèrent aussi en Occident et se proclamèrent khalifes. Ils s'emparèrent bientôt de la plus grande partie des états des Beni-Edris qu'ils réduisirent à une position secondaire. Plus tard, lorsqu'ils partirent pour l'Est, ils confièrent aux Senhadja le gouvernement du Mor'reb. Les Zenata parurent ensuite et se déclarèrent pour les Beni-'Ommîa de l'Andalousie, qui avaient envoyé des troupes dans le Mor'reb, et qui

---

[1] Les mots en caractères italiques ne sont point dans le texte; mais nous n'aurions pu, sans leur secours, rendre complétement la pensée de l'auteur.

assuraient de grands avantages à ceux qui se prononçaient pour leur cause. Il en résulta de longues et sanglantes guerres jusqu'en 401. A cette époque les deux partis se trouvèrent également affaiblis, et une foule de petits ambitieux, dont la plupart furent plus nuisibles qu'utiles au pays, s'emparèrent tour à tour du pouvoir. Alors Dieu, pour mettre fin à ces désordres, fit surgir les Meltemia[1], fraction des Berbères de Lemtouna. On les désignait sous le nom de Mrâbt'in. Ils s'emparèrent de tout le pays de l'Occident jusqu'à ce que Ben-Toumart-el-Mohdi se fut élevé contre eux. Ioucef-ben-Tachfin fut le premier prince de cette dynastie qui fut appelé *sultan* et qui prit le titre d'êmir-el-moumenin qu'il transmit à ses descendants. Il fut véritablement sultan de l'Occident et eut le rang de khalife. El-Mohdi, s'étant soulevé contre ses successeurs, prit pour lui-même le titre d'êmir-el-moumenin. A sa mort il désigna pour son successeur 'Abd-el-Moumen, qui lui succéda en effet, et dont les descendants occupèrent le trône jusqu'à la venue des Beni-Merin. Ceux-ci renversèrent les Beni-'Abd-el-Moumen, et prirent, à leur tour, le titre d'êmir-el-moumenin. Ils le conservèrent jusqu'à ce qu'ils furent eux-mêmes renversés par les cherifs, qui se soulevèrent contre eux avant l'année 1000 de l'hégire.

---

[1] Ce mot signifie *voilés*. On les appelle ainsi, dit-on, parce que dans un combat, où leurs femmes combattirent à leurs côtés, ils se couvrirent le visage comme elles, afin que l'ennemi ne pût pas distinguer les femmes des hommes.

A la décadence de la dynastie d'Abd-el-Moumen en Occident, les Beni-H'afez, profitant des troubles dont le pays était agité, s'emparèrent du souverain pouvoir en Afrique et prirent le titre de khalifes, que très-peu d'entre eux cependant surent mériter. Les Beni-H'afez étaient auparavant dans la dépendance des Beni-'Abd-el-Moumen. Ils choisirent Tunis pour leur capitale et conservèrent l'empire jusqu'à ce qu'ils passèrent par où avaient passé leurs devanciers, c'est-à-dire jusqu'à l'arrivée des Osmanlis, qui les firent disparaître et s'emparèrent du pays. Quelques personnes regrettent leur gouvernement ; mais telle est la loi du monde ; à chacun son tour.

Maintenant que le terrain est aplani, que les faits sont groupés, il convient que j'achève mon ouvrage. J'ai dit que le premier qui se rendit indépendant en Occident fut un membre de la famille des Beni-'Ommîa, par suite de ce qui était arrivé à cette famille en Orient. J'ai dit aussi qu'il s'appelait 'Abd-er-Rah'mân-ben-Maouïa-ben-el-H'achem-ben-'Abd-el-Mâlek, et qu'il fut émir en Andalousie[1]. Tous les partisans des Beni-

---

[1] 'Abd-er-R'ahmàn, encore fort jeune, avait été soustrait par quelques amis dévoués à la rage des Abbassides. Il trouva un asile sûr au sein de la puissante tribu africaine des Zenata. Les musulmans d'Espagne étaient à cette époque plongés dans toutes les horreurs de l'anarchie et de la guerre civile. Les plus sages d'entre eux, s'étant réunis à Cordoue pour chercher un remède à tant de maux, reconnurent qu'il n'y en avait point d'autre que de rompre avec tous les partis indistinctement, et de donner le pouvoir à quelque prince qui serait resté étranger aux dissensions qui ensanglantaient l'Espagne. Un cheikh

'Ommia qui se trouvaient dans ce pays se rangèrent autour de lui. Il se porta alors à Kartaba[1], qui en était la capitale, et, après plusieurs combats, il vainquit et tua Ioucef-ben-'Abd-Allah-el-Fah'ri, fut proclamé souverain, et toute l'Andalousie se soumit à lui. Il régna trente-trois ans; il eut jusqu'à sa mort de grandes fatigues et de grands travaux à supporter.

Son fils H'achem, qui lui succéda, mourut au bout de sept ans de règne, laissant, à son tour, la couronne à son fils El-H'akem qui en régna vingt-six. 'Abd-er-Rah'mân succéda à son père El-H'akem, et, après un règne de trente et un ans, eut pour successeur son fils Moh'ammed, qui gouverna pendant trois ans. Sous cet êmir, l'armée comptait cent mille hommes de cavalerie, dont vingt mille avaient des armures en argent. Sa marine se composait de sept cents hâtiments, appelés *r'erab*. Son fils El-Mounder lui succéda, régna vingt-cinq ans, puis mourut, laissant la couronne à son fils 'Abd-er-Rah'mân, qui fut surnommé En-Nâc'er-Liddin-Allah. Il prit le titre d'êmir-el-moumenin, lorsque parurent en Afrique les Beni-'Obeïd, qui l'avaient pris eux-mêmes, et qu'il ne voulut pas reconnaître. Il gouverna pendant cinquante ans, dont vingt-cinq en guerre et vingt-cinq en repos. Il fit construire la Zara[2], dont la construction

ayant alors proposé 'Abd-er-Rah'mân, il fut agréé, et on lui envoya une députation qui l'emmena en Espagne.

[1] Cordoue.

[2] Medinet-Zara (la ville de Zara). On appelait ainsi un superbe palais qu'Abd-er-Rah'mân fit construire, auprès de Cordoue, à la plus aimée de ses femmes.

dura vingt-cinq ans. Les Amins[1] tinrent compte des dépenses qui furent faites à cette occasion. Elles s'élèvent à quatre-vingt-cinq madia, d'une monnaie que l'on nomme kasmia, non compris la valeur de la main-d'œuvre, faite par corvée par ses sujets, ni le travail de ses bêtes de somme et de celles des siens. A sa mort, la couronne passa à son fils H'akem, qui mourut après quinze ans de règne, laissant pour successeur son fils H'achem, surnommé El-Maïd. Celui-ci eut pour vizir Moh'ammed-ben-Abou-'Omar, homme éclairé, doux et poli, à qui l'armée montra le plus grand dévouement.

Ce vizir fit tout le bien qu'il put, donnant à chaque province le gouverneur qui lui convenait le mieux. Les peuples reconnaissants ne juraient que par sa tête. Il institua le Beït-el-Mâl et y fit transporter tous les trésors des khalifes. Il faisait oublier El-H'akem, qui ne figurait que dans les prières publiques et sur les monnaies. Cependant Moh'ammed n'affecta pas d'exercer le pouvoir suprême; il rapportait tout au khalife et ne cessait de répéter qu'il ne faisait qu'exécuter ses ordres.

Il commanda les armées destinées à combattre les chrétiens et obtint sur eux de tels avantages qu'on n'avait jamais rien vu de pareil. On peut dire qu'il traîna les infidèles par les cheveux et abattit leur orgueil. Il arriva, à cette époque, des ambassadeurs et des présents de Constantinople et de Rome. Les rois de Kech-

[1] Syndics des corps de métiers.

tala¹ et de Djelikia² furent considérés comme gouverneurs. Ils firent des vœux pour la conservation des jours du prince, acceptèrent les conditions qui leur furent imposées et rendirent hommage. Le vizir Moh'ammed continua à gérer ainsi les affaires pendant vingt-huit ans. Il mourut en 393. Son histoire est très-connue et se trouve dans un grand nombre d'écrits. Son fils 'Abd-el-Mâlek hérita de sa puissance, du consentement du khalife H'akem. Il dirigea les affaires pendant sept ans. Il eut de grandes guerres à soutenir et fut toujours victorieux. Le khalife le surnomma El-H'adjeb-el-Medfer. Son frère 'Abd-er-Rah'mân lui succéda dans la charge de vizir. Ce dernier n'eut pas les vertus de ses prédécesseurs. Il trompa le public et l'armée, et, abusant de son influence sur le khalife, le détermina à le désigner pour son successeur. Les Beni-'Ommìa, indignés, coururent aux armes. Le khalife et son vizir furent tués. On a dit cependant que le premier parvint à se sauver et qu'on ne le revit plus.

Les gouverneurs de diverses provinces de l'Espagne, profitèrent de ces troubles pour se constituer en état d'indépendance. Tels furent Ziri-ben-Ziri à Guernata³, 'Abd-el-k'âd'ï à Achebilia⁴, Isma'ïl-ben-Dannour à Sarkossa⁵, Ben-el-Alfas à Betlious⁶, Ben-Samada à Al-

¹ Castille.
² Galice.
³ Grenade.
⁴ Séville.
⁵ Saragosse.
⁶ Badajoz.

méria, et Ben-Moudjahed à Denia. C'étaient là les principaux. Il ne fut plus question du khalifat. La guerre éclata entre ces divers émirs, qui se disputaient le commandement; ils se livrèrent des combats, et les ennemis de la religion, heureux de ce funeste état de choses, firent régner leur volonté dans le pays, tuant ou réduisant en servitude tous ceux qui tombaient entre leurs mains. Enfin, le chef de Kechtala finit par imposer tribut aux gens de la Péninsule. La rivalité des chefs, la divergence des opinions et le manque d'unité dans le commandement, les perdirent. Nous nous trouvons actuellement nous-mêmes dans une position semblable. Que Dieu, par sa toute-puissance, mette fin à ces désordres!

Lorsque les divers partis se furent affaiblis par des guerres intestines, on vit apparaître El-Fench, fils de Ferdland[1], qui, comptant sur les succès que lui promettait la désunion des musulmans, entoura de ses armées le pays dont il méditait la conquête. Les émirs, occupés à se battre entre eux et à ourdir des intrigues politiques, ne firent point attention à lui et le laissèrent s'enrichir de leurs dépouilles. Chacun d'eux, dans son orgueil insensé, se parait d'un titre pompeux : El-Mok'-tad'er, El-Metaded, El-Metouakkel, El-Metamen, etc. Que Dieu fasse miséricorde à Ben-Bachik, qui a dit : « Ce qui me choque le plus en Andalousie, c'est d'entendre dire sans cesse, El-Mok'tad'er, El-Metaded. Ces dénominations annoncent une autorité souveraine, et

[1] Alphonse VI, fils de Ferdinand Ier, roi de Castille et de Léon.

il n'y en a pas dans le pays. Tous ces prétendants me font l'effet du chat qui se gonfle, miaule et se croit un lion. »

Ben-'Abbad envoya des ambassadeurs au roi El-Fench, pour tâcher d'obtenir de lui une trêve, et, quoique ceux-ci lui eussent exposé leur requête dans les termes les plus humbles, il leur répondit : « Comment voulez-vous que je me décide à m'arrêter devant ces princes imbéciles qui prennent le titre de khalifes, tandis qu'il n'y en a pas un seul qui vaille quelque chose et qui soit en état de repousser la moindre attaque? » Les aspirants au souverain pouvoir n'en continuèrent pas moins la guerre civile qui les perdit tous. On dit qu'un d'eux ayant envoyé à El-Fench un présent de 100,000 dinars, en reçut en échange un singe dont il se montra très-fier. Dieu nous préserve de pareils chefs! La première ville dont les ennemis de la religion s'emparèrent fut Talitla[1]; ils s'en rendirent maîtres en 478. Ce fut alors qu'El-Fench prit le titre d'empereur, qui répond à celui de khalife chez nous. Il jura qu'il ne souffrirait plus qu'il y eût, dans la Péninsule, de peuple qui ne reconnût pas son autorité. Les princes de l'Andalousie, voyant qu'ils ne pouvaient repousser l'ennemi, envoyèrent des ambassadeurs à l'êmir-el-moumenin Ioucef-ben-Tachfin pour l'engager à venir à leur secours. Ce monarque passa en Espagne, battit l'ennemi et ramena encore de beaux jours pour les musulmans. J'en parlerai plus tard.

[1] Tolède.

Dans le Mor'reb, les Fatimites ou Beni-Edris s'emparèrent du gouvernement et le conservèrent longtemps, sans prendre cependant le titre de khalife. Le chef de cette dynastie fut Edris-ben-'Abd-Allah-ben-H'acen-ben-el-H'usseïn-ben-'Ali-ben-Abou-T'aléb [1]. Il fut salué émir dans la ville de Beloula ou Lila en ramad'ân 172. Il vivait du temps de Haroun-er-Rachid. On dit que ce khalife envoya à son lieutenant Brahim-ben-Ar'lâb, gouverneur de K'aïrouân, l'ordre de le faire assassiner, et que Brahim-ben-Ar'lâb fit aussitôt partir pour le Mor'reb un homme chargé de cette mission [2]. La durée de son règne avait été de cinq ans et demi.

Il eut pour successeur un fils posthume qui, comme de raison, ne gouverna que lorsqu'il eut atteint l'âge voulu. Cet émir fit beaucoup de guerres et bâtit la ville de Fès, qui devint la capitale des Beni-Edris [3]. Il mourut en 213, à l'âge de trente ans. Son fils Moh'ammed lui succéda, et donna à chacun de ses frères un commandement dans le pays [4]. Il mourut en rebi'-el-ooual, après avoir gouverné pendant huit ans. L'émir 'Ali-Moh'ammed-ben-Edris lui succéda. Il n'était âgé que de neuf ans. Il n'en fut pas moins élevé au trône, son père, qui connaissait sa sagesse, l'ayant

---

[1] Il avait quitté l'Orient pour échapper à la proscription que les Abbassides avaient prononcée contre sa famille, qui leur était suspecte, parce que, descendant d'Ali et de Fat'ma, fille du prophète, elle avait des prétentions au khalifat.

[2] Edris fut empoisonné par un médecin nommé Selîmân Chemma.

[3] Fès fut fondé l'an 185 de l'hégire.

[4] Il les dépouilla plus tard sous divers prétextes.

désigné avant de mourir. Ce jeune émir suivit dans le gouvernement les exemples que lui avaient transmis son père et ses aïeux. Il mourut en 234, après treize ans de règne. Il avait promis à son frère Iah'ia de lui laisser la couronne. Celui-ci lui succéda en effet, et suivit dans l'administration la marche tracée par ses aïeux. Sous son règne, la ville de Fês fut agrandie et embellie. On s'y rendait des provinces les plus éloignées. La mosquée dite El-K'aïrouin fut construite à cette époque. Iah'ia mourut par suite du chagrin que lui causa une affaire qu'il serait trop long de rapporter. 'Ali-ben-'Omar-ben-Edris, son cousin, lui succéda [1]. Un rebelle appelé 'Abd-er-Rezak'-el-K'ardj prit les armes contre celui-ci, le vainquit, le força à prendre la fuite et se rendit maître de Fês. Mais ce ne fut que pour un temps, car les habitants de cette ville s'étant donnés à Iah'ia-ben-el-K'âcem-ben-Edris, ce prince tua 'Abd-er-Rezak' et s'empara de l'autorité. Il mourut dans une expédition, et laissa la couronne à son cousin Iah'ia-ben-Edris-ben-'Omar-ben-Edris.

Iah'ia fut le meilleur et le plus puissant prince de sa dynastie. Il était excellent guerrier, clément, généreux et très-attaché à la religion. Quant à son successeur, appelé comme lui Iah'ia, il fut forcé de payer un tribut à 'Obeïd-Allah-ech-Chii et à reconnaître sa

---

[1] Ce prince était entièrement adonné à l'étude des lettres et des sciences, ce qui lui fit, dit-on, négliger les affaires, et fut cause de la révolution qui le renversa.

suzeraineté, par Messala le k'aïd, qui marcha contre lui en 305 et l'assiégea dans Fès.

En 309, le k'aïd Messala retourna dans le Mor'reb par suite de rapports qui mettaient en doute la bonne foi d'Iah'ia-ben-Edris. Il se saisit de la personne de ce prince, à qui il fit éprouver de très-mauvais traitements et qu'il exila à Assila, après l'avoir dépouillé de ses richesses. Richan-el-Mek'aas fut nommé gouverneur de Fès. Il jouit de ce gouvernement pendant trois ans. Il en fut expulsé par El-Meksen-ben-Goum-ben-Moh'ammed-ben-Edris, qui périt lui-même dans une bataille contre Ben-Abou-el-'Afia, du parti des Beni-Merouan. Ce dernier fut contraint à son tour de fuir devant le k'aïd Missour, du parti des Beni-'Obeïd. Le kaïd le poursuivit, et, après plusieurs événements de guerre, Ben-Abi-el-'Afia succomba. Les Beni-Edris recouvrèrent une grande partie du pays, mais non la ville de Fès. Ils s'appuyèrent sur les Beni-'Obeïd. Celui qui dirigea toute cette affaire fut El-Goum-ben-Moh'ammed-ben-el-Goum-ben-Edris-el-Kemoun, mort en 337. Son fils Ah'med-ben-K'âcem lui succéda. C'était un homme savant, versé dans la connaissance des lois; il abandonna le parti des Beni-'Obeïd pour celui des Beni-Merouan. En 343, il mourut en Espagne, où il était allé pour faire la guerre sainte. Son frère El-Ha'cen lui succéda et fut d'abord, comme lui, du parti des Beni-Merouan. Il les abandonna ensuite pour les Beni-'Obeïd, lorsque Djohar fit son expédition du Mor'reb; mais, lorsque ce général eut quitté le pays, il revint aux Beni-Merouan. Du temps de Balkin, il retourna aux Beni-'Obeïd. Ce fut le dernier acte de sa politique; il perdit son gouvernement et mourut délaissé. En lui finit, dans le Mor'reb, la dynastie des Beni-Edris. Leur empire s'étendit depuis la plus orientale des deux villes de Sous jusqu'à Oran pendant environ un siècle. Fês était leur capitale. Ils se trouvèrent placés entre les Beni-'Ommìa et les H'achem[1], et obligés de ménager tour à tour ces deux puissances. Les Ifren et les Zenata eurent, après eux, le gouvernement du Mor'reb, en reconnaissant la suzeraineté des Beni-'Ommìa, dont le nom était proclamé dans les prières publiques.

Les véritables khalifes du Mor'reb furent les princes de la dynastie des Mrâbt'in ou Meltemin, des Berbères de Lemtouna. Lemtouna est une portion des Senhadja, qui font eux-mêmes parti des Oulâd-'Abdech-Chems-ben-'At'el-ben-Homla, qu'Afrikech[2], lorsqu'il fit la conquête de l'Occident, établit à Ketama. Ces Mrâbt'in ou Meltemin étaient les plus vaillants des Berbères. Quant aux Berbères, ce sont d'innombrables Kabiles, qui demeurent pour la plupart dans le Sah'ra, vers le Sud. Leur pays a six mois de marche en longueur et quatre mois en largeur. Ils ne connaissent ni le

[1] C'est-à-dire entre les Ommiades qui régnaient en Espagne, et les Abbassides qui régnaient en Orient. Ces derniers étaient H'achemites, c'est-à-dire de la famille de H'achem, à laquelle appartenait aussi le prophète. Ils descendaient de son oncle 'Abbas-ben-'Abd-el-Mot'leb-ben-H'achem.

[2] Voir ce qui est dit de cet Afrikech dans le livre II.

labourage, ni le blé, ni les fruits, et se nourrissent de viande et de lait aigre. Il y en a qui n'ont jamais fait usage d'autres aliments. Pour ce qui est de la religion, ils suivent la loi de Mahomet et les préceptes de ses disciples. Je pense que ces peuples sont ceux que l'on désigne aujourd'hui sous le nom de Touâreg, qui font la guerre sainte aux nègres[1].

Le premier qui régna dans le Désert fut Biouloutan-ben-Tiklan. Les nègres lui payaient un tribut de 100,000 nadjib. Il était contemporain d'Abd-er-Rah'-mân-ed-Dakhal[2]. Son règne fut long. Il mourut en 222, à l'âge de quatre-vingts ans, laissant pour successeur El-Atrin-ben-Bout'aïr-ben-Tiboutsan, son neveu, qui mourut lui-même en 287, après avoir régné soixante-cinq ans.

Temin-ben-el-'Atser succéda à ce dernier; mais, en 306, les cheikhs de Senhadja se révoltèrent contre lui et le massacrèrent. Alors le désordre se mit dans le pays, et ce ne fut qu'après cent vingt ans d'anarchie que ces peuples se donnèrent de nouveau un chef suprême, qui fut Abou-'Abd-Allah-Moh'ammed-ben-Tifat-el-Lemtouni. C'était un homme honnête et religieux, capable de faire des choses utiles et grand protecteur des pèlerins qui se rendaient à la Mecque. Il régna trois ans et mourut chahed[3], dans un endroit que l'on

[1] Ce que notre auteur appelle la guerre sainte contre les nègres est tout simplement la traite des esclaves que les Touâreg faisaient et font encore à travers le désert.

[2] 'Abd-er-Rah'mân Ier d'Espagne.

[3] Ce mot signifie proprement *témoin*; mais, par extension, il a la même signification que notre mot *martyr* qui, en grec, a exactement

nomme K'ara, peuplé de nègres juifs. Iah'ia-ben-Brahim-el-Kedali, son beau-frère, lui succéda.

En 427, Iah'ia-ben-Brahim partit pour la Mecque, laissant à Senhadja son fils Ibrahim pour gouverner à sa place et commander les armées, si la guerre venait à s'allumer. En revenant de son pèlerinage, il s'arrêta à K'aïrouân, où il alla écouter les leçons du cheikh El-Ouali-Abou-'Amran-Mouça-Ben-Abou-H'edjadj-el-Fah'si, qui enseignait la philosophie dans cette ville. Le professeur, apercevant un étranger dans son auditoire, lui demanda qui il était et de quel pays. Iah'ia ayant satisfait sa curiosité à cet égard, il lui demanda quelle secte suivaient ces peuples, et Iah'ia fut obligé d'avouer qu'ils étaient encore fort ignorants sur la philosophie. Alors le professeur le questionna sur le K'oran et les préceptes du prophète, et il s'aperçut qu'il n'en avait aucune idée, mais il trouva en lui le plus vif désir de s'instruire. Il lui demanda pourquoi il ne l'avait pas fait jusqu'alors. « C'est, lui répondit Iah'ia, qu'il n'y a personne parmi nous qui soit en état de nous faire sortir de l'ignorance ; un homme capable de nous éclairer qui viendrait dans notre pays nous verrait courir en foule au-devant de lui. Si vous vouliez vous charger de nous trouver parmi vos disciples un pareil homme, vous

le même sens propre que le *chahed* des Arabes. Ainsi dans les deux religions on appelle *témoins* ceux qui souffrent pour la foi. Au temps des croisades, on regardait comme martyrs les croisés morts en guerre ; les musulmans considèrent de même ceux qui sont tués dans la djehad ou guerre sainte.

feriez une œuvre méritoire. » Le cheikh chercha, mais il ne trouva personne. Alors il dit à Iah'ia : « Je connais dans le pays de Nefis un homme qui est originaire de Meçadma. Il est sage, instruit et a suivi mes leçons. Il s'appelle Ouah'adj-ben-Zelou-el-Metbi; je lui écrirai, et il vous donnera un t'âleb. » La lettre fut en effet écrite, et Iah'ia la porta lui-même à son adresse. Ouah'adj choisit parmi ses t'olba, 'Abd-Allah-ben-Iassin-el-Djezouli, le plus instruit de ses disciples. 'Abd-Allah suivit Iah'ia dans son pays. Les Kabiles de Kedala vinrent en foule à leur rencontre et se réjouirent de leur arrivée. Lorsqu'Abd-Allah se fut installé dans le pays et qu'il eut un peu étudié cette contrée, il reconnut qu'elle était plongée dans de graves erreurs. Pour ce qui est du mariage, par exemple, un homme pouvait y prendre autant de femmes qu'il le voulait[1]. 'Abd-Allah chercha à prouver à ces peuples combien cette coutume était illégale. Il leur prêcha le K'oran, leur expliqua les préceptes du prophète et les exhorta à rompre avec leurs habitudes criminelles ou hétérodoxes. Lorsque les Berbères s'aperçurent que sa doctrine les comprimait un peu trop, ils s'éloignèrent de lui, l'invitant à bien veiller sur sa personne, parce qu'ils ne voulaient plus répondre de lui, en cas qu'il lui arrivât quelque malheur. Ces Berbères n'avaient de la religion musulmane que les dehors; leurs connaissances n'allaient pas au delà.

'Abd-Allah, ayant remarqué leur mauvais vouloir

[1] On sait que les musulmans n'en peuvent prendre que quatre.

et le penchant irrésistible qui les entraînait à la satisfaction de toutes leurs passions, voulut quitter le pays. Mais Iah'ia lui dit : « Je ne t'ai fait venir que pour moi seul ; peu m'importe, après tout, que mon peuple reste dans les ténèbres ; or, si tu veux obtenir les avantages que promet l'autre vie, tu n'as qu'à te rendre dans une île qui existe près d'ici ; nous y passerons à pied lorsque la marée sera basse ; nous l'habiterons, notre nourriture se composera de poissons et de fruits sauvages ; car cette île produit des arbres ; là, nous nous livrerons à la dévotion pour le reste de nos jours. » 'Abd-Allah accepta cette proposition ; ils passèrent donc dans l'île, suivis de sept individus de Kedala, y bâtirent une cabane et se livrèrent aux pratiques religieuses. Dès lors ils furent appelés Mrâbt'in, nom dérivé de *rabt'a,* que l'on donne aux cabanes de l'espèce de celle qu'ils bâtirent[1]. Bientôt on parla de ces reclus ; on sut qu'ils ne s'occupaient qu'à prier Dieu de les préserver des feux de l'enfer et de leur accorder le paradis. Ils eurent des visiteurs dont le nombre alla toujours croissant. 'Abd-Allah se mit à leur enseigner le K'oran et à leur expliquer les règles de la justice musulmane, les engageant à faire pénitence. Il fit tant que ses leçons se gravèrent dans leurs cœurs. Lors-

---

[1] Ce mot mrâbt'in (marabouts) est tout simplement le participe du verbe *lier,* et désigne des hommes liés à la religion plus que le vulgaire. L'étymologie de K'aïrouâni nous paraît forcée, tandis que celle que nous venons de donner est admise par tout le monde en Afrique, tant elle se présente naturellement à l'esprit. C'est de ce mot que l'on a fait en Europe *Marabout* et *Almoravides.* On donne ce dernier nom aux princes de la dynastie dont K'aïrouâni raconte ici l'histoire.

qu'il eut réuni mille disciples, il se constitua leur khâteb[1], leur inspirant la crainte de Dieu. Quand il les vit assez instruits, il leur dit : « Il faut actuellement que vous combattiez quiconque repoussera vos préceptes. » — « Nous sommes prêts à le faire, répondirent-ils, donnez vos ordres. » — « Il convient, reprit 'Abd-Allah, que nous visitions d'abord, les unes après les autres, les tribus auxquelles vous appartenez. Nous les engagerons à retourner à Dieu; si elles s'y refusent, nous les combattrons. »

'Abd-Allah et les siens se dirigèrent après cela vers les Kabiles, accordant à chaque peuplade sept jours pour se décider à adopter les préceptes du K'oran. La première tribu ou kabila qui se battit contre eux fut celle de Keddala. Grand nombre de ces Kabiles périrent et les autres se firent musulmans. La seconde kabila fut celle de Lemtouna. Ils passèrent ainsi de tribu en tribu, jusqu'à ce que toutes eussent reçu le K'oran et admis les préceptes du prophète en se soumettant aux obligations qu'ils imposent. Le butin était partagé entre les Mrâbt'in. Iah'ia institua un beït-el-mâl[2] où étaient versées les sommes prélevées d'après ce que prescrit la loi du prophète; sa réputation s'étendit au loin dans le désert et jusque dans le pays des nègres. Quand il mourut, 'Abd-Allah lui donna pour successeur l'émir Iah'ia-ben-'Omar-el-Lemtouni. Il fut chargé de tout ce qui concernait la guerre, mais, dans

---

[1] Leur prêtre, leur prédicateur.
[2] Mot à mot, *une chambre des biens*, c'est-à-dire un trésor public.

le fond, c'était 'Abd-Allah qui était le véritable émir. Iah'ia était un saint homme, un homme de bien. 'Abd-Allah lui ordonna de continuer la guerre contre les ennemis des Mrâbt'in.

Les ouléma de Sedjelmaça et de Karia s'étant adressés à 'Abd-Allah pour se plaindre de leur chef, Iah'ia-ben-'Omar marcha contre lui en 447. Il le trouva sous les armes, lui livra plusieurs combats, et la victoire resta aux Mrâbt'in. Ils firent un grand butin qu'ils se partagèrent et dont 'Abd-Allah eut le cinquième. Iah'ia-ben-'Omar pacifia le pays, nomma de nouveaux chefs, supprima le meks[1], changea enfin l'état des choses, et retourna dans le désert où il mourut. 'Abd-Allah lui donna pour successeur son frère Abou-Bekr-ben-'Omar-el-Lemtouni. C'était également un homme humble et pieux. Il fit la guerre aux Masmouda et aux peuples du Soudan, où il conquit une grande étendue de pays. 'Abd-Allah s'empressa de donner à ces peuples les moyens de s'instruire dans la loi du prophète. Il marcha ensuite contre les Madjous-beni-Zrata, forte tribu de Kabiles qui suivaient la doctrine de Salah'-ben-T'rif, prétendu prophète qui vivait du temps de H'achem-ben-'Abd-el-Mâlek[2], et dont la doctrine était fausse et pleine d'absurdités. Je n'en parlerai pas pour éviter des digressions inutiles. Beaucoup de guerriers périrent dans cette lutte. 'Abd - Allah,

---

[1] On appelle ainsi les impôts de la nature de ceux qui sont connus en France sous la dénomination de contributions indirectes.

[2] Dixième khalife ommiade.

entre autres, y trouva la mort. C'était en 451. 'Abd-Allah était un saint personnage, plein de la crainte de Dieu. Il ne mangea jamais de viande de bœuf ni de mouton, et ne faisait usage que de celle des oiseaux. Sa conduite fut irréprochable en tout point. Que Dieu lui fasse miséricorde! Abou-Bekr-ben-'Omar resta seul chef des Mrâbt'in. Il fit la guerre aux Beni-R'aouata et les battit. Ils se réfugièrent dans le désert; mais il les poursuivit, les atteignit et les força à renouveler leur profession de foi à l'islamisme. Abou-Bekr était un homme juste, craignant Dieu, et qui n'infligeait la peine capitale que lorsqu'elle était méritée. S'étant enfoncé dans le désert pour y combattre les nègres, il n'emmena que la moitié de son armée, et laissa l'autre à son cousin Ioucef-ben-Tachfin, qu'il nomma son lieutenant dans le Mor'reb en 453. Ce dernier conquit et pacifia une grande partie du pays, et augmenta beaucoup son armée. En 480, Abou-Bekr étant mort chahed dans le désert, Ioucef-ben-Tachfin resta seul émir; tout le pays le reconnut, et personne ne se présenta pour lui disputer le pouvoir [1].

Ioucef-ben-Tachfin fut un prince très-religieux, n'aimant point le luxe; il était vêtu d'habits de laine fort simples. Sa nourriture ne se composait que d'orge, de lait de chamelle et d'un peu de viande. Cependant Dieu l'avait rendu maître d'un vaste empire. Il fut souverain de l'Andalousie, du pays des nègres et du

[1] Ceci n'est pas parfaitement exact: Abou-Bekr était encore vivant lorsque son cousin s'empara de la souveraine puissance.

Mor'reb, jusqu'à Djezaïr-beni-Mezr'ana[1]. Il n'établit jamais de meks, et ne commit de sa vie un acte illégal. On faisait la prière pour lui dans mille neuf cents chaires. Il fut le fondateur de la ville de Maroc, où il établit le siége du gouvernement.

Lorsque le bruit de sa puissance se fut étendu au loin, les musulmans de l'Andalousie l'appelèrent à leur secours, parce que les ennemis de la religion les avaient vaincus. El-Met'ammed-ben-'Abbad était leur envoyé. Il rencontra l'êmir dans les environs de Tanger, lui exposa la triste situation des fidèles de la Péninsule, les malheurs qu'ils avaient éprouvés et ceux qu'ils redoutaient encore. Ioucef promit son appui, et expédia aussitôt à tous ses gouverneurs de provinces l'ordre de se tenir prêts pour la guerre sainte. Lorsqu'il eut rassemblé une grande armée, il passa en Andalousie. Il rencontra El-Fench (que Dieu le confonde!) à la tête de forces considérables qui s'élevaient, dit-on, à quatre-vingt mille cavaliers et deux cent mille fantassins. Il le vainquit à la bataille de Zellaka. El-Fench et quatre cents cavaliers couverts de blessures échappèrent seuls au massacre, encore le prince chrétien n'en avait-il plus que cinquante lorsqu'il arriva en Kechtala[2].

La bataille eut lieu le vendredi 12 redjeb 479[3].

---

[1] Alger.

[2] Castille.

[3] D'autres auteurs donnent à la bataille de Zellaka la date du 10 ramad'ân 480. Zellaka est dans les environs de Badajoz.

Ioucef fit publier partout sa victoire. Il existe une pièce de vers qui fut composée à cette occasion; en voici un passage :

Les chrétiens ne savaient donc pas, lorsqu'ils se sont présentés au combat avec tant d'ardeur, que le vendredi est le jour des Arabes? mais les Arabes le savaient.

Les Arabes appelaient alors le vendredi *le jour des Arabes*.

Ioucef retourna dans son pays après sa victoire. Il repassa en Espagne en 481. Ben-'Abbad vint à sa rencontre avec mille bêtes de somme chargées du miri[1] qu'on avait perçu. L'émir entra sur les terres des infidèles et mit tout à feu et à sang. Il retourna ensuite dans le Mor'reb, où il resta jusqu'en 483. En cette même année, il revint encore en Andalousie pour recommencer la guerre sainte; mais cette fois aucun des princes musulmans ne vint à sa rencontre, car ils avaient l'intention de le trahir, bien qu'il leur eût promis, avant son expédition, de leur conserver leurs titres. Lorsque Ioucef fut bien convaincu de leurs mauvais desseins, il convoqua les ouléma, leur exposa l'affaire, et leur demanda quel châtiment leur paraissaient mériter les princes de l'Andalousie. Les ouléma répondirent à l'unanimité qu'ils devaient perdre l'autorité, et ils ajoutèrent : « Si vous la leur laissez, nous vous traduirons au tribunal de Dieu; et quand même ils seraient disposés à la soumission, leur soumission ne devrait pas être acceptée,

[1] Impôt sur les terres arables.

à cause des crimes dont ils se sont rendus coupables en perdant le pays et en déshonorant les femmes. »

En conséquence l'êmir Ioucef anéantit le pouvoir de tous ces petits princes. Ben-'Abbad fut arrêté et envoyé en prison à 'Adjimat, où il mourut. On dit qu'avant d'expirer il dit aux assistants : « Venez prier pour un pauvre étranger. » On assure que ses filles furent réduites, pour vivre, à filer à la journée comme des servantes, et que son fils allumait la forge d'un orfèvre. Tel fut l'état de misère de celui qui avait été roi d'Achbilia et de Kartaba, et dont la famille avait exercé le pouvoir souverain pendant environ quatre-vingts ans. Gloire à celui dont le règne ne finit pas, qui fait tout ce qu'il veut, et qui ne doit à personne compte de ses actions !

Lorsque tout le Mor'reb et l'Andalousie furent soumis à Ioucef-ben-Tachfin, ce prince prit le titre d'êmir-el-moumenin, et fit battre monnaie en son nom.

Le dinar portait d'un côté les mots suivants, « Il n'y a de Dieu que Dieu, et Moh'ammed est l'envoyé de Dieu »; et plus bas : « Êmir-el-moumenin Ioucef-ben-Tachfin. » De l'autre côté du dinar on lisait : « Celui qui prêchera une autre religion que l'islamisme ne devra pas être écouté ; il sera au nombre des réprouvés au jour du jugement. » Et ensuite : « El-êmir 'Abd-Allah, êmir-el-moumenin-el-'Abbâci[1]. »

Ioucef continua d'envoyer des troupes en Andalousie, et ne cessa de s'occuper de cette contrée qu'à sa

[1] Nom du khalife de Bagdad.

mort, arrivée en l'an 500. Il était âgé de cent ans[1].

Son fils 'Ali-ben-Ioucef-ben-Tachfin lui succéda. Il fut reconnu le jour de la mort de son père, 1ᵉʳ de moh'arrem 500. Il prit le titre d'êmir-el-moumenin. Son empire s'étendait depuis Bougie jusqu'à Sous, la plus occidentale. Il possédait de plus l'Andalousie, et, dans le Sud, toute la contrée qui s'étend de Sedjelmaça à Djebel-ed-Deheb[2], dans le pays des nègres. Cet empire était plus vaste que celui qu'avait possédé son père. On faisait la prière pour ce prince dans deux mille trois cents chaires. Il fut clément, fit la guerre sainte et se conforma en tout à l'exemple de son prédécesseur. Il confia l'administration des villes aux k'âd'i.

En 503, il passa en Andalousie et tint Talitla assiégée pendant un mois. Il avait une armée de cent mille hommes, avec laquelle il fit beaucoup de mal aux chrétiens et leur enleva plusieurs places fortes. Il y eut, dans les rangs ennemis, un grand nombre de morts ou de prisonniers. 'Ali-ben-Ioucef rentra dans le Mor'reb en 514.

Ce fut à cette époque que parut l'imam El-Mohdi, Moh'ammed-ben-Toumart, qui s'avança sur Maroc, après avoir battu les troupes d'Ali-ben-Ioucef. Ce fut

---

[1] Ce prince, à ses derniers moments, rappela aux assistants que dans le cours d'une si longue vie il n'avait pas prononcé une seule condamnation capitale. En effet, il avait aboli la peine de mort dans ses états.

[2] La Montagne d'or.

le commencement de la décadence des Mràbt'in. L'èmir 'Ali eut à combattre les armées d'El-Mohdi jusqu'à sa mort, qui arriva dans l'année 530. Son fils Tachfin-ben-'Ali-ben-Ioucef-ben-Tachfin lui succéda.

Ce nouvel émir commença son règne par mettre son armée sur le meilleur pied possible, afin de combattre 'Abd-el-Moumen. Il eut à lutter contre de rudes et terribles événements; la fortune ne lui fut pas favorable. Son pouvoir s'abaissait, tandis que celui d'Abd-el-Moumen s'élevait. On désigne par trois noms différents le gouvernement de sa dynastie, savoir : gouvernement de Lemtouna, gouvernement des Mràbt'in et gouvernement des Meltemin. En résumé, ce fut l'époque la plus brillante de l'histoire du Mor'reb. Outre les pays dont j'ai fait mention, les émirs de cette dynastie en gouvernaient d'autres, dont je n'ai pas parlé dans la crainte d'être trop long. Ils mirent fin à des gouvernements qui existaient avant eux, tels que celui de Medjiaoua, celui des Beni-Ifren, qui régnèrent à Fès, enfin celui de tous ces petits princes remuants de l'Andalousie, au nombre desquels était Ben-'Abbad. La période la plus glorieuse de cette dynastie fut le règne de Ben-Tachfin. Aussi le savant le plus accompli et le plus illustre de cette époque, le cheikh Abou-Ah'-med-el-R'azali [1], qui avait quitté l'Occident, voulut-il y

---

[1] Abou-Ah'med-Moh'ammed-ben-Moh'ammed-et-T'ouci-el-R'azali, un des plus célèbres philosophes arabes, naquit l'an 448 de l'hégire, et mourut en 505. Outre le livre dont parle El-K'aïrouâni, il composa une foule d'autres ouvrages. Voici l'indication des principaux : le Livre

revenir sous l'administration de ce prince. Mais, ayant appris sa mort à son passage à Alexandrie, il retourna en Orient, car ce n'était qu'à cause de lui qu'il voulait rentrer dans sa patrie. On a dit, du reste, que la dynastie de Lemtouna ne s'écroula que par suite des vœux que ce cheikh adressa au ciel pour sa destruction, sous le gouvernement d'Ali-ben-Ioucef, dont nous venons de parler; voici à quelle occasion. El-R'azali avait publié un ouvrage, intitulé *H'aia-'Aloum-ed-Dín*[1], qui contenait des préceptes très-sévères. Le livre déplut aux ouléma de Lemtouna, qui ignoraient l'Flm-el-Ouçoul[2]. Ils lancèrent un fetoua qui le condamnait à être mis en pièces et brûlé. On mit tant d'acharnement à en rechercher les exemplaires qui existaient dans le pays, qu'on obligeait aux plus terribles serments, tels que le t'alak'[3], ceux que l'on soupçonnait d'en avoir en leur possession.

El-R'azali, ayant eu connaissance de tout cela, demanda à Dieu que le pays où se passaient de telles choses fût déchiré comme son livre. L'imam El-Mohdi était présent lorsque le cheikh prononça cette impré-

qui délivre l'esprit de l'erreur; des Erreurs des philosophes; l'Écueil des philosophes; Traité de statique; de la Nature et du Mouvement des astres; de l'Existence et des Attributs de Dieu; de la vraie Religion; de la Morale; de l'État de l'âme avant et après la mort; du Droit canonique.

[1] C'est-à-dire *vie*, ou plutôt *esprit des sciences de la religion*.

[2] Voir sur ce mot une note de la page 188.

[3] C'est celui par lequel un musulman jure sur ses femmes, avec lesquelles il déclare consentir à ne plus avoir de commerce, si ce qu'il dit n'est pas vrai.

cation. Il lui demanda : « Sera-ce par mon fait qu'il sera déchiré ? — Oui, dit le cheikh, par vous. » C'est en effet ce qui arriva; les Mrâbt'in succombèrent. Mais telles sont les œuvres du temps ; il n'élève que pour renverser, et tout revient à Dieu.

L'imam El-Mohdi fut le fondateur de ce gouvernement appelé El-Mohdïa, puis khalifat El-Mimounia, dont le premier khalife fut 'Abd-el-Moumen-ben-'Ali, et à la décadence duquel s'élevèrent les Beni-H'afez. Je donnerai l'abrégé de son histoire.

Les historiens disent qu'El-Mohdi se nommait Moh'ammed-ben-'Abd-Allah-ben-'Abd-er-Rah'mân-ben-H'od-ben-Khâled-ben-Temmam-ben-'Adouan-ben-Safouan-ben-Djâber-ben-Iah'ia-ben-'Ata-ben-Rebah'-ben Isser-ben-el-'Abbas-ben-Moh'ammed-ben-el-H'acen-ben-'Ali-ben-Abou-T'aleb. C'est Ben-Matrouch qui a établi cette généalogie. Il dit de plus que El-Mohdi était de Masmouda. Dieu sait ce qui en est.

El-Mohdi aimait l'étude. En voyageant dans l'Orient, il connut le cheikh El-R'azali, et suivit pendant trois ans ses leçons. Lorsque le professeur le voyait venir, il disait souvent : « Ce Berbère fera un jour du bruit dans le monde. » Ce propos fut répété à El-Mohdi. On lui dit même que le cheikh avait trouvé cette prophétie dans un de ses livres. El-Mohdi se rapprocha alors encore plus du cheikh, et, s'étant assuré de la chose, il retourna dans le Mor'reb.

Partout où il passait, il prêchait contre les abus, affectant dans sa conduite le plus grand détachement des choses d'ici-bas. Il traversa ainsi l'Afrique et arriva dans le Mor'reb, tantôt prêchant, tantôt enseignant les sciences. Personne, du reste, ne l'égalait en éloquence. Il fit connaissance, à Bougie ou à Tlemsên, avec 'Abd-el-Moumen-ben-'Ali, qui se mit à son service. El-Mohdi lui confia ses plus secrets desseins, et lui promit de l'avoir toujours pour son second dans la bonne comme dans la mauvaise fortune. Arrivé à Fès, il se mit à y professer, ce qui dura jusqu'en 514. Il se rendit alors à Maroc, où il demeura dans le mesdjed qui porte son nom. A Maroc, il continua de prêcher contre les abus, parcourant les rues, et brisant les instruments de musique qu'il apercevait.

L'êmir 'Ali-ben-Ioucef, ayant eu connaissance de ses actes, le fit comparaître en sa présence; il lui demanda pourquoi il en agissait ainsi: « Je suis un pauvre homme, lui répondit El-Mohdi, et cependant il est vrai que je m'arroge vos droits; car ce serait à vous, chef du pays, à extirper les vices. »

L'êmir assembla les savants et les cheikhs de Lemtouna, pour qu'ils conférassent avec cet homme; mais il les réduisit tous au silence. Ils étaient savants sans doute, mais moins que lui[1]. Honteux de leur défaite, les ouléma finirent par l'accabler d'injures, et allèrent

---

[1] Le texte porte : « Ces savants connaissaient 'Elm-el-H'adit, mais ils ignoraient 'Elm-el-Ouçoul. Les h'adit sont des traditions respectées par les musulmans, mais moins authentiques que la sunna. Le mot *ouçoul* signifie les principes, les fondements d'une science. Il existe dans la théologie musulmane un livre célèbre intitulé, *Ouçoul-ed-Dîn*, c'est-à-dire fondements de la religion par l'imam Fakher-ed-Dîn.

jusqu'à le traiter de khâredj[1]; l'êmir lui ayant ensuite ordonné d'évacuer la ville, il alla habiter un cimetière, où il dressa une tente au milieu des tombeaux.

Les étudiants se rendaient auprès de lui, et il les instruisait. Il confia même ses projets à ceux qui lui inspiraient le plus de confiance. Alors, il commença à dire du mal des Mrâbt'in, les traitant d'ignorants et d'infidèles, et se donnant pour le véritable Mohdi, dont la venue est attendue par les musulmans. Quinze cents personnes le reconnurent aussitôt comme tel. Lorsque l'êmir en eut reçu l'avis, il manda El-Mohdi, et lui dit : « Pour Dieu, fais attention à toi; n'ai-je pas déjà défendu ces sortes de rassemblements? » — « Êmir, répondit El-Mohdi, j'ai obéi à vos ordres, j'ai fixé ma demeure au milieu des tombeaux; n'écoutez pas les propos des méchants. » L'êmir ajouta encore quelques paroles sévères à ce qu'il avait dit, et le renvoya.

Quand il fut sorti, le vizir dit à l'êmir : « Cet homme est fort dangereux, il faut l'enfermer ou le tuer. Si vous êtes trop bon avec lui, il parlera bientôt un langage que tout le monde comprendra. Je pense même que c'est lui dont il est dit *qu'il battra une monnaie carrée.* » L'êmir goûta ces réflexions et donna l'ordre d'arrêter El-Mohdi. Mais un de ses disciples, qui en eut connaissance, courut l'en avertir par ces paroles du K'oran : « Mouça, on veut vous tuer. » El-Mohdi comprit le sens de ces paroles, et se retira à Tinmâl, où il arriva en choual 514. Dix de ses amis allèrent l'y rejoindre;

[1] Hérétique, dissident.

c'était 'Abd-el-Moumen-ben-'Ali, Abou-Moh'ammed-el-Bechir, Abou-H'afez-'Omar-ben-Iah'ia-el-Hentati, dont les descendants ont régné à Tunis, Abou-H'afez-'Omar ben-'Ali, Sliman-ben-Khlouf, Brahim-ben-Isma'ïl-el-Khardji, Abou-Moh'ammed-'Abd-el-Ouah'ed, Mouça-ben-Timar, et Abou-Iah'ia-ben-Ichif. Ce furent là les dix premiers qui s'associèrent ouvertement à El-Mohdi. Ils s'engagèrent à partager son sort bon ou mauvais. Ils restèrent à Tinmâl jusqu'au mois de redjeb 515. Alors une foule considérable s'étant jointe à eux, El-Mohdi n'usa plus de ménagements, et se fit proclamer émir. Ses dix compagnons furent les premiers à le reconnaître en cette qualité, du plus profond de leur cœur. Les gens de Tinmâl suivirent leur exemple, ainsi que tous les Kabiles.

El-Mohdi envoya ensuite au loin des agents fidèles. Ceux-ci travaillèrent si bien les esprits en sa faveur, que de tous côtés on accourait à lui et que les peuples se rangeaient sous son obéissance. El-Mohdi ne manquait pas de leur dire qu'il était l'imam attendu par les fidèles. Il composa, de plus, en langue berbère un traité de doctrine religieuse sur Dieu et sur les devoirs qu'il impose aux hommes. Il donna le nom de Mouah'eddin à ceux qui embrassèrent sa cause, et ne cessa de mettre en œuvre mille moyens adroits pour se rendre entièrement maître de leur esprit. Il réunit ainsi plus de vingt mille hommes, dont il dirigeait les prières et à qui il prêcha la guerre sainte contre les Lemtouna. Tous s'y engagèrent jusqu'à la mort. Dix mille d'entre eux furent alors dirigés sur Ar'mat. L'êmir 'Ali, l'ayant appris, envoya des troupes sur ce point; mais elles furent battues et poursuivies jusqu'à Maroc le sabre dans les reins. Les Mouah'eddin retournèrent ensuite sur leurs pas et se partagèrent les dépouilles des vaincus. La gloire d'El-Mohdi se répandit bientôt dans tout le Mor'reb et même jusqu'en Espagne. Il continua à combattre ceux qui ne reconnaissaient pas son autorité. Ses troupes tinrent Maroc assiégé pendant trois ans, de 516 à 519. Le siége fut enfin levé et l'armée rentra à Tinmâl, où elle se reposa de ses fatigues. El-Mohdi se porta ensuite vers Ar'mat et combattit tous ceux qui ne le reconnaissaient pas, jusqu'à ce qu'il les eut réduits à l'obéissance. Une autre armée fut dirigée sur Maroc; 'Abd-el-Moumen et Abou-Moh'ammed-el-Bechir la commandaient; le premier était chargé, en outre, du service religieux. Cette armée rencontra celle de l'êmir 'Ali, la battit et la repoussa jusqu'à Maroc, où elle entra et dont elle ferma les portes aux Mouah'eddin. Ceux-ci, après avoir vainement attaqué la place pendant trois jours, revinrent à Tinmâl. El-Mohdi alla au-devant de ses généraux, se montra satisfait de les revoir, leur prédit des triomphes et des prises de villes pour l'avenir, et promit une longue durée à leur empire. Il leur annonça ensuite qu'il mourrait dans l'année 524; il fut en effet atteint d'une maladie qui mit fin à ses jours dans le mois de ramad'ân de cette année. 'Abd-el-Moumen prononça sur son corps les prières d'usage.

Voilà ce que j'ai recueilli sur El-Mohdi. Si j'avais donné plus de détails, j'aurais trop allongé mon récit; d'ailleurs, mon but principal, en parlant de lui, a été de lier les événements à l'histoire des Beni-H'afez. Plusieurs auteurs ont, du reste, écrit sa vie, soit en abrégé, soit en détail.

El-Mohdi éleva le khalifat pour ceux qui lui succédèrent, et doit être responsable de ce que ceux-ci ont fait.

Il était mal conformé. Ses jambes étaient presque soudées l'une à l'autre et ne se séparaient qu'aux genoux, de sorte qu'il ne pouvait se tenir à cheval qu'assis. Dieu sait ce qui en est. Après lui, 'Abd-el-Moumen fut reconnu khalife.

GOUVERNEMENT D'ABD-EL-MOUMEN.

Abou-Moh'ammed-el-Moumen-Ben-'Ali-el-K'oumi-ez-Zenâti avait eu pour père un ouvrier qui fabriquait des soufflets de forge. Quant à lui, il se montra de bonne heure porté vers l'étude des sciences et fréquenta les écoles dès son jeune âge; il fit ainsi la connaissance d'El-Mohdi, qui se l'attacha. Il fut d'abord accepté êmir par les compagnons d'El-Mohdi, qui connaissaient sa capacité; d'ailleurs El-Mohdi lui-même l'avait désigné pour son successeur. Il fut ensuite proclamé par tout le peuple et sans opposition aucune. Devant lui s'écroula la puissance des Beni-Tachfin dans le Mor'reb. Il partit d'abord de Tinmâl, à la tête de trente mille Mouah'eddin, et s'empara de la ville de Tedla', dont il fit les habitants prisonniers. Il attaqua ensuite le pays de Dra'a et s'en rendit maître. Il conquit aussi le Fezzân et R'iata. C'est ainsi qu'il s'avança de peuple en peuple, de ville en ville. Il combattit 'Ali-ben-Ioucef jusqu'à la mort de cet émir, et continua à faire la guerre à Tachfin-ben-'Ali, son successeur. Après plusieurs combats, ce dernier gagna Tlemsên, où il arriva avant 'Abd-el-Moumen, qui s'était mis à sa poursuite. 'Abd-el-Moumen laissa quelques troupes devant cette ville et se porta sur Oran. Tachfin y courut, de son côté, pour défendre cette place, où il mourut[1]. 'Abd-el-Moumen se rendit maître d'Oran et de Tlemsên en 540. Il envoya ensuite en Andalousie une armée qui prit plusieurs villes. Le pays reconnut son autorité. Il prit Fês en 541, Tanger et Maroc en 542.

Les habitants d'Achbilia lui envoyèrent une députation pour lui présenter leur soumission. Abou-Bekr-ben-el-'Arbi en faisait partie. 'Abd-el-Moumen lui demanda s'il avait eu occasion de voir El-Mohdi chez le cheikh R'azali. Il répondit qu'il ne l'avait pas vu, mais qu'il en avait entendu parler au cheikh. « Et qu'en disait-il? » demanda 'Abd-el-Moumen. « Il disait, reprit Abou-Bekr, que ce Berbère ferait un jour du bruit dans le monde. »

En 543, 'Abd-el-Moumen entra à Sedjelmâça. Il pacifia le pays et retourna à Maroc. Il attaqua ensuite

[1] Tachfin se rendant d'Oran à Mers-el-Kebir, où il voulait s'embarquer pour l'Espagne, fut précipité d'un rocher sur lequel passait la route, par son cheval effrayé du bruit des flots.

les Beni-R'ouat'a, qui le mirent d'abord en fuite; mais il finit par triompher d'eux, et les passa tous au fil de l'épée, à l'exception des enfants.

Les habitants de Sebta reconnurent son autorité, se révoltèrent ensuite à l'instigation de leur k'âd'i 'Aïad, et se donnèrent pour chef Ben-R'aneba. 'Abd-el-Moumen marcha contre ce rebelle et dispersa son armée. Alors les gens de Sebta lui demandèrent l'aman, qu'il leur accorda; mais cependant il obligea 'Aïad à aller habiter le Maroc. Dans cette même année, les troupes d'Abd-el-Moumen prirent Mek'nês[1] de vive force, après un siége de sept ans. Il arracha aussi Kartaba et Djian[2] aux Lemtouna.

En 544, il se rendit maître de Miliana et de Bougie, où régnaient les Beni-H'ammad. Cette dernière ville ne fut prise qu'après un siége. Iah'ia-ben-el-'Azîz, qui l'occupait, se rendit après avoir obtenu l'aman. Il fut envoyé à Maroc avec sa famille. Le premier qui régna à Bougie fut H'ammad-ben-Ioucef-Balkin, dont j'ai déjà parlé dans l'histoire des princes de Senhadja. Il s'était révolté contre son neveu Badis, et la guerre fut longue entre eux. Quoique beaucoup d'autres villes lui fussent soumises, il choisit Bougie pour sa capitale, et ses descendants y régnèrent jusqu'au temps d'Abd-el-Moumen. Voici la succession de ces princes: d'abord H'ammad, comme je viens de le dire; puis son fils El-K'aïd-ben-H'ammad; ensuite son second fils Moh'am-

---

[1] Mequinez en Espagne.
[2] Cordoue et Jaen.

med, puis Balkin-ben-Moh'ammed; après lui, En-Nâc'er-ben-'Ala-en-Nas-ben-Moh'ammed; puis El-Mans'our, fils du précédent; puis En-Nâc'er, ensuite Badis-ben-el-Mans'our-ben-en-Nâc'er; puis El-'Azîz-ben-el-Mans'our, frère du précédent; puis enfin le fils de celui-ci, Iah'ia-ben el-'Azîz, qui fut le dernier des Beni-H'ammad. 'Abd-el-Moumen s'empara de tous leurs états, tels que Bône, Beni-Mezr'ana, qui est l'Alger d'aujourd'hui, Constantine et autres villes. Après cela, il retourna à Maroc. En 551, les habitants de Grenade le reconnurent. En 553, il partit de Maroc et se dirigea vers l'Afrique, à la tête de forces si considérables qu'il est impossible de les évaluer. Il arriva au Zâb et aux terres d'Afrique, massacrant ceux qui lui résistaient et donnant l'aman à ceux qui se soumettaient. Il parvint devant Tunis, en commença le siége, et, trois jours après, ayant laissé assez de troupes pour le continuer, il se porta sur K'aïrouân et sur Sfax, dont il s'empara. De là il marcha sur Mohdïa. Le siége de cette ville dura sept mois, pendant lesquels il la serra étroitement par terre et par mer, l'attaquant avec ses machines, et ne lui laissant de repos ni jour ni nuit, jusqu'à ce qu'enfin il s'en rendit maître. Il y fit un grand massacre des chrétiens qui l'occupaient et y réinstalla son ancien gouverneur El-H'acen-ben-'Ali-ben-Iah'ia-ben-Temin-es-Senhadji, qui l'avait perdue.

El-H'acen, lorsque les chrétiens eurent pris sa ville, s'était retiré auprès de son parent Ben-H'ammad; mais, s'étant ensuite aperçu qu'au lieu des secours qu'il en attendait, celui-ci se disposait à lui faire un mauvais parti, il se réfugia à Alger, où il resta jusqu'au temps d'Abd-el-Moumen. Lorsqu'il eut appris que ce prince se disposait à marcher vers l'Est, il se rendit dans son armée, le reconnut pour son souverain et le suivit au siége de Mohdïa, où 'Abd-el-Moumen le rétablit, et où, dès lors, les prières publiques furent faites au nom de l'èmir, de même qu'à Tunis, dont il s'empara ensuite. En un mot, 'Abd-el-Moumen conquit toute l'Afrique, de Tlemsèn à Bark'a, y installa ses agents et ses k'âd'i, et personne ne lui en disputa plus la possession. On dit que Mohdïa fut prise en 555; Dieu le sait.

Dans le cours de la même année, il fit arpenter l'Afrique depuis Bark'a jusqu'à Sous la plus occidentale. Toute cette superficie fut évaluée au farsekh et en milles carrés. On déduisit du total un tiers pour les montagnes, les lacs, les rivières, et le reste fut imposé, chaque kabila devant payer sa contribution en nature. 'Abd-el-Moumen fut le premier qui adopta ce système d'impôts.

L'èmir retourna ensuite dans le Mor'reb, emmenant avec lui mille familles de chaque kabila. En 556, désirant visiter l'Andalousie, il y passa et retourna ensuite à Maroc. En 557, il donna des ordres pour que l'on construisît des navires, afin de pouvoir faire la guerre aux chrétiens par mer aussi bien que par terre. Il parvint à avoir une marine militaire de près de sept cents voiles. Il fit aussi confectionner des fers de flèche dans tous les pays; on en fabriquait dix quintaux par jour. Il rassembla ensuite toutes ses forces, qui se composaient de troupes régulières et des contingents des tribus, et leur annonça la guerre sainte. Aucun de ses prédécesseurs n'avait eu une armée aussi nombreuse que celle que formait cette immense réunion d'Arabes et de Kabiles de l'Est et de l'Ouest et de Mouah'eddin. Il y avait en tout trois cent mille cavaliers, dont quatre-vingt mille Metoua. Le nombre des fantassins était de cent mille.

Lorsque ces masses furent réunies, on aurait dit que la terre était trop étroite pour les contenir. Mais l'émir fut atteint, à cette époque, de la maladie dont il mourut au mois de djoumad-el-akher de l'année 558. Il était âgé de soixante-trois ans, d'autres disent soixante-quatre. La durée de son règne fut de trente-trois ans et cinq mois. Gloire à celui qui ne meurt pas! 'Abd-el-Moumen fut inhumé à Tinmâl, à côté d'El-Mohdi.

Ce prince était un savant du premier ordre et un grand orateur; il était versé dans la théologie, n'ignorait rien de ce qu'a dit le prophète et possédait, en un mot, toutes les sciences, tant sacrées que profanes, telles que l'astronomie, la rhétorique et l'histoire. Aussi propre à l'action qu'au conseil, il brillait par son courage. Dieu favorisait toutes ses entreprises. Former le projet de prendre une ville et s'en rendre maître étaient la même chose pour lui. Il était doux dans le commandement, généreux et affable. Il estimait les savants et s'en entourait; il était aussi poëte.

Un versificateur, que je crois être de Benzert, lui présenta un jour un poëme à sa louange, qui commençait ainsi : « Aucun de ceux qui agitent les épaules, soit parmi les blancs, soit parmi les noirs, n'a un courage égal au vôtre. » Lorsque le poëte en fut là, le prince l'arrêta, lui fit donner 1000 dinars et le renvoya. Mais notre homme, chaque fois qu'il se trouvait chez l'êmir, reprenait son récit, et chaque fois l'êmir le faisait taire, toujours en lui donnant 1000 dinars, tellement qu'il en reçut 40,000 en tout. Un de ses confrères lui dit alors : « Jusqu'à quand importuneras-tu le khalife ? Ne crains-tu pas qu'à la fin il ne se fâche ? car enfin il t'a déjà enrichi. » Le poëte eut peur et partit. 'Abd-el-Moumen demanda un jour de ses nouvelles, et on lui apprit son départ. « Dieu me pardonne, dit le prince, cet homme se sera imaginé des choses qui ne sont pas dans ma pensée. »—« Pourquoi, lui dit-on alors, n'avez-vous jamais voulu entendre le reste de son discours? » — « Eh! que voulez-vous, reprit l'êmir, qu'on puisse dire après un pareil début? »

Que Dieu accorde miséricorde à ces créatures d'élite. Elles périssent, mais leur mémoire ne périt pas.

GOUVERNEMENT DE IOUCEF-BEN-'ABD-EL-MOUMEN.

L'êmir-el-moumenin Ioucef-ben-'Abd-el-Moumen-ben-'Ali-ez-Zenâti-el-K'oumi fut salué khalife le onze de djoumad-el-akher de l'année 558, après la mort d'Abd-el-Moumen. Ce fut un bon et sage prince qui marcha sur les traces de son père. Il entretint une armée nombreuse, agrandit ses états et y fit régner le bon ordre. Son empire s'étendait de l'extrémité de l'Afrique à Sous la plus occidentale, et s'avançait bien avant dans le Sud. Il recevait des revenus de l'Andalousie, et, sans avoir jamais eu recours au meks ni aux avanies, il amassa de grandes richesses. Il s'occupait lui-même des détails de l'administration, et ne s'en reposait sur aucun de ses ministres. La plus grande sécurité ne cessa de régner sur les routes de son empire.

Voulant connaître l'Andalousie, il s'y rendit en 566 et y passa quatre ans et dix mois. Il retourna ensuite à Maroc.

En 575, il se porta sur l'Afrique et marcha contre Ben-Ziri, qui s'était révolté à K'assa. Il se rendit maître de cette ville, fit mettre en croix Ben-Ziri, et revint à Maroc. En 579, il retourna en Andalousie et assiégea Mensetir[1], ville située à l'Ouest de cette contrée. Il mourut chahed à ce siége en 580. Son corps fut transporté à Tinmâl et enseveli près de celui de son père. Son fils lui succéda. Il avait régné vingt et un ans et quelques mois.

GOUVERNEMENT D'IAK'OUB.

L'êmir-el-moumenin Iak'oub-el-Mans'our-Billah, fils de l'êmir-el-moumenin Ioucef-ben-'Abd-el-Mou-

---

[1] Nous croyons qu'il faut lire *Santarin*; car, d'après tous les autres historiens, ce fut au siége de cette place qu'Ioucef fut tué.

men-ben-'Ali, fut le meilleur prince de la dynastie des Mouah'eddin. C'était un homme pieux, qui protégeait les savants de leur vivant, et qui, après leur mort, honorait leurs funérailles de sa présence. Il avait beaucoup de foi dans les santons, était fort instruit, et très-zélé pour la guerre sainte. Il fit régner un si bon ordre dans ses états, que la moindre caravane pouvait se rendre de Bark'a aux extrémités de l'Occident, sans éprouver le moindre accident sur sa route. Il fit bâtir des mesdjed dans toutes les villes de sa domination, et des hôpitaux auxquels il affecta des rentes.

K'assa s'étant révoltée de nouveau, il s'y porta en 583, et la réduisit. Il combattit les Arabes d'Afrique, les dispersa, s'empara de leurs biens qu'il vendit et dont il transporta le produit à Maroc, sa capitale, où il retourna après cette expédition.

En 585, il passa en Andalousie, et se porta vers Santarin et Chebouna. Il fit beaucoup de mal à l'ennemi dans ces contrées, d'où il ramena treize mille captifs, femmes ou enfants. Il retourna ensuite dans le Mor'reb, et descendit à Fês. Il était dans cette ville lorsqu'il apprit qu'El-Miorki avait levé l'étendard de la révolte en Afrique. Il marcha aussitôt contre lui, et arriva à Tunis; mais il trouva le pays parfaitement tranquille. El-Miorki s'était enfui dans le désert, en apprenant qu'il approchait.

Ben-ech-Chemma parle d'El-Miorki, mais il ne complète pas son histoire. Je vais la faire pour le bien de la chose.

Miorka, Minorka et Jabça sont trois îles[1] de la Méditerranée; elles étaient gouvernées par le père d'El-Miorki[2], qui mourut en 586. Il laissa plusieurs enfants, savoir : Iah'ia, 'Ali, qui est celui dont il est question plus haut et qui passa en Afrique où il fut cause des plus grands désordres; Moh'ammed, qui servit les Mouah'eddin, et 'Abd-Allah, qui fut gouverneur de Miorka, et se révolta contre En-Nâc'er-ben-el-Mans'our. Cet êmir marcha contre lui en 602, et l'assiégea dans Miorka. Il périt dans cette guerre. Sa tête fut portée à Maroc, et son corps pendu aux murs de la ville, dont l'êmir s'empara. Miorka resta au pouvoir des musulmans jusqu'en 627. Les ennemis de la religion s'en rendirent alors les maîtres, ainsi que d'autres points. Que Dieu la rende un jour aux musulmans!

'Ali-ben-Ish'ak-el-Miorki fit beaucoup de mal en Afrique pendant que Iak'oub-el-Mans'our était occupé en Andalousie. Ce prince marcha contre lui; mais 'Ali prit la fuite à son approche. Il reparut ensuite en Afrique, lorsqu'il sut que l'êmir était retourné dans l'Ouest. Il s'empara alors de Mohdïa et de Tunis. Ses troupes s'établirent à Tunis. Il frappa cette ville d'une contribution de 100,000 dinars, et commit une foule d'exactions, jusqu'à ce qu'En-Nâc'er-ben-el-Mans'our marcha contre lui. Je parlerai plus loin de cette guerre, lorsque je serai arrivé au règne d'En-Nâc'er.

'Ali-el-Miorki était un homme de courage et d'un

[1] Les îles Baléares.
[2] Il s'appelait Khania.

esprit entreprenant. Il mourut en 633, du temps des Beni-H'afez. Ben-ech-Chemma n'en a pas dit assez sur son compte.

Lorsqu'El-Miorki se fut enfui dans le désert, Iak'oub-el-Mans'our retourna vers l'Ouest après avoir rétabli l'ordre en Afrique. Il tomba malade à Tlemsên, et se fit de là transporter à Fês, où il resta jusqu'à sa guérison. Il alla ensuite à Maroc, et il y resta jusqu'en 591. Vers cette époque, il apprit qu'El-Fench causait de grands maux aux musulmans de l'Espagne, et que personne n'était en état de lui résister. L'êmir fit en conséquence ses dispositions pour passer en Espagne, choisissant parmi ses troupes ce qu'il avait de meilleurs soldats. Ces troupes se composaient des Mouah'eddin, des 'Azaz, des Mertazaka et Metoua. Sur ces entrefaites, il reçut du chef des chrétiens une lettre ainsi conçue :

Le roi des chrétiens à l'êmir des H'anafia.

Si tu n'es plus en état de marcher contre nous, si te mettre en campagne te paraît chose trop fatigante, envoie-moi des bâtiments et j'irai te trouver avec mon armée. En cas que je sois vaincu, eh bien! ce sera une proie qui sera venue s'offrir à toi, et tu seras alors véritablement êmir-el-moumenin. Si, au contraire, je suis vainqueur, je serai le souverain des peuples. Salut.

L'êmir fut vivement choqué de cette lettre; il la passa à son fils qui devait hériter du trône. Celui-ci en prit connaissance, et il écrivit au dos :

Lettre, retourne vers eux; bientôt j'irai les trouver moi-même. Je les chasserai de leurs terres, je plongerai dans un abîme de maux ces hommes qui, à mes yeux, valent si peu.

Iak'oub fut satisfait de cette réponse. Il entra en Andalousie en 591, fut victorieux, et massacra tant de chrétiens, qu'on ne saurait en déterminer le nombre. El-Fench (que Dieu le maudisse!) avait, dit-on, réuni trois cent mille hommes, tant de cavalerie que d'infanterie. Ils furent mis en fuite, et les musulmans vainqueurs entrèrent à H'acen-el-Arak', dont cette bataille porta le nom[1]. On fit sur les chrétiens vingt-quatre mille prisonniers. Mais l'êmir en eut pitié et leur rendit la liberté. Quant aux musulmans qui succombèrent dans cette bataille, on peut dire qu'une fin aussi glorieuse fut la récompense de leurs bonnes œuvres et l'effet d'une heureuse prédestination. Le cheikh Abou-Iah'ia-ben-Abou-H'afez, un des ancêtres des Beni-H'afez, y trouva la mort. C'était le plus grand k'aïd et le plus intrépide guerrier de l'êmir, dont il avait épousé la sœur.

La bataille eut lieu le 9 cha'ban 591. Ce fut la plus importante que livrèrent les Mouah'eddin. Le butin fut partagé entre les troupes. L'êmir fit publier partout sa victoire. Il resta à Achbilia[2] jusqu'en 592. Il fit alors une seconde expédition qui le rendit maître du fort de Riah', d'Ouad-el-H'adjra[3], et de beaucoup d'autres

---

[1] Les chrétiens l'appelaient bataille d'Alarcor; elle fut livrée le 14 août 1195.

[2] Séville.

[3] Guadalaxara.

petites places. Il mit aussi le siège devant Talitla[1], dressa ses machines, brûla les jardins de la ville, mais ne put la prendre. Il se porta ensuite à T'emnaka, qu'il emporta de vive force et dont les habitants furent passés au fil de l'épée. Après cela, il retourna à Maroc, fit proclamer êmir son fils Moh'ammed, surnommé En-Nâc'er, à qui il remit le khalifat, et, lorsqu'il le vit bien assis sur le trône, il rentra volontairement dans la vie privée; mais il fut bientôt atteint d'une maladie qui le conduisit au tombeau. Il mourut dans la k'as'ba de Maroc, le 22 de rebi'-el-oouel de l'année 595. Quelques personnes prétendent que cet êmir, renonçant entièrement au monde et à toutes ses pompes, s'était retiré en Orient, et que ce fut là qu'il mourut. Les Orientaux ajoutent foi à cette version. Dieu sait ce qui en est. Ce prince fut le meilleur de sa race, personne ne peut lui être comparé; sa vue seule inspirait le respect. Il était sage, pieux et excellent administrateur. On dit qu'un jour un des siens, qu'il avait chargé de lui trouver un précepteur pour ses enfants, lui envoya deux hommes, avec ces mots: « Je vous envoie deux hommes, l'un est une mer de science, et l'autre une terre de religion. » L'êmir écrivit au dos de la lettre, qu'il renvoya: « Mais le mal aujourd'hui se trouve sur la mer et sur la terre. »

Que Dieu lui fasse miséricorde! L'éternité appartient à Dieu; il n'y a de Dieu que lui.

[1] Tolède.

GOUVERNEMENT DE MOH'AMMED-EN-NÂC'ER.

L'èmir-el-moumenin Moh'ammed-en-Nâc'er-ben-Iak'oub-el-Mans'our-ben-Ioucef-ben-'Abd-el-Moumen-ben-'Ali, avait été reconnu khalife du vivant de son père. Il fut cependant proclamé de nouveau le vendredi qui suivit la mort d'Iak'oub.

Il gouverna par lui-même, et fit construire les remparts et la k'as'ba de Fês. Il apprit bientôt qu'El-Miorki avait reparu en Afrique, qu'il avait pris plusieurs villes, qu'il était maître de Mohdïa, et qu'il avait forcé Tunis à lui payer 100,000 dinars de contribution, comme je l'ai déjà dit. A cette nouvelle, il quitta Maroc et se rendit à Alger, où il avait réuni une flotte. Il y embarqua ses troupes, alla s'emparer de Miorka, et tua 'Abd-Allah-ben-Ish'ak, comme il a été dit. Iah'ia, frère d'Abd-Allah, se réfugia dans le Sahara. Cette première opération terminée, En-Nâc'er se porta sur l'Afrique. Toutes les villes de cette province lui ouvrirent leurs portes, à l'exception de Mohdïa, dont le commandant était à la dévotion d'El-Miorki. C'était un homme plein d'énergie et de ruse. Il se défendit d'abord ; mais, voyant que l'êmir avait établi ses machines, il sentit qu'il ne pouvait résister davantage, demanda et obtint son pardon, et capitula en 601. En 602, En-Nâc'er, voulant retourner dans l'Ouest, donna le gouvernement de l'Afrique à Abou-Moh'ammed-'Abd-el-Ouah'ed-ben-Abou-Bekr-ben-Abou-H'afez, qui choisit Tunis pour siége de son administration. Elle est encore aujourd'hui la capitale de cette contrée. Que Dieu la conserve aux fidèles jusqu'au jour du jugement!

Nous allons bientôt commencer l'histoire des Beni-H'afez; car tout ce qui précède n'est qu'un chemin pour y arriver. On verra alors quelle a été la gloire de Tunis. Mais, pour le plus grand avantage du lecteur, il est bon que nous lui fassions connaître le reste de l'histoire des khalifes. Nous allons donc reprendre notre récit.

Lorsque le cheikh 'Abd-el-Ouah'ed se fut bien installé dans son gouvernement, En-Nâc'er partit pour l'Ouest, et arriva à Maroc en 605. L'année d'après, il lui parvint la nouvelle qu'El-Fench s'était emparé de Biona[1], en Andalousie, et qu'il était partout vainqueur. Il donna aussitôt des ordres pour qu'on se disposât à la guerre sainte, quitta Maroc en 607, et arriva à Achbilia. Les chrétiens s'émurent à son approche; la crainte entra dans le cœur de l'ennemi de la religion, qui demanda la paix. Il envoya des ambassadeurs à l'êmir-el-moumenin pour lui dire qu'il irait lui-même mettre à sa merci sa personne et ses biens. L'êmir lui fit dire qu'il lui permettait de venir. Il écrivit en même temps à tous les gouverneurs des villes où le prince chrétien devait s'arrêter dans son voyage, pour que chacun d'eux le traitât magnifiquement pendant trois jours, et retînt cependant mille cavaliers de sa suite.

[1] Baena.

El-Fench, s'étant mis en route, arriva à Karmona, avec dix-huit cents cavaliers qui y furent retenus. Il demanda au gouverneur de cette ville comment il ferait pour continuer sa route sans escorte; mais celui-ci lui répondit qu'il serait sous la sauve-garde de l'émir-el-moumenin. Il continua donc sa route avec ses domestiques et sa femme. Il portait avec lui un riche présent, et la lettre écrite par le prophète (que la prière soit sur lui!) aux Beni-el-Asfar[1]. El-Fench avait toujours conservé cette lettre, et je pense qu'elle existe encore aujourd'hui. Un des ambassadeurs des Beni-H'afez assura l'avoir vue et l'avoir eue de son temps. Il la regardait comme authentique.

L'êmir reçut El-Fench honorablement, lui accorda une paix entière, et, par écrit, il lui promit qu'elle durerait autant que la dynastie des Mouah'eddin. Il le renvoya ensuite à son pays. Après cela, l'êmir alla faire le siége de Kachtilia. Il resta six mois devant cette place; de sorte que l'hiver arriva, les approvisionnements diminuèrent et la disette se mit dans le camp. L'ennemi de la religion profita de ces circonstances pour réunir ses forces et surprendre l'armée musulmane. Les troupes andalouses furent mises en déroute par les chrétiens, et entraînèrent les autres dans leur fuite. La défaite fut complète. L'ennemi de

---

[1] C'est-à-dire les enfants du blond. Les Arabes désignent quelquefois ainsi les chrétiens, parce qu'ils disent que les Romains descendaient d'Ésaü, qu'ils appellent aussi *el-asfar,* le blond, ce qui est la traduction du nom hébreu *Edom* que porte aussi Ésaü.

Dieu poursuivit les musulmans en criant aux siens : « Point de quartier... la mort à tous! » Il ne se sauva que très-peu de musulmans. En-Nâc'er faillit tomber entre les mains de l'ennemi, mais Dieu le protégea. Depuis ce jour le drapeau musulman resta abaissé. Il ne se releva que du temps de Iak'oub-el-Merini. Cette affaire est appelée bataille d'El-Ekab par les historiens [1]. Lorsqu'En-Nâc'er fut de retour à Maroc, il fit proclamer êmir son fils Mostans'er, et ne songea plus qu'à s'abandonner aux voluptés jusqu'à sa mort, qui arriva dans l'année 610. Son fils lui succéda. Depuis son règne la puissance des Mouah'eddin ne fit plus que décroître.

GOUVERNEMENT D'EL-MOSTANS'ER-BEN-MOH'AMMED.

L'êmir-el-moumenin Ioucef-ben-Moh'ammed-en-Nâc'er-ben-Iak'oub-el-Mans'our-ben-Ioucef-ben-'Abd-el-Moumen-ben-'Ali régna après son père. Il éloigna de sa personne les cheikhs des Mouah'eddin, et s'entoura d'hommes de rien qui firent rétrograder le gouvernement. Les Beni-Merin commencèrent à s'élever sous ce règne. En 613, El-Mostans'er fit marcher contre eux des troupes qui furent battues.

El-Mostans'er était un prince faible, ami du repos, et qui ne savait pas se faire obéir. Ce prince aimait à élever des taureaux. Il entra un jour dans le lieu où on les enfermait, et un de ces animaux le tua d'un

---

[1] C'est la célèbre bataille que les Espagnols appellent *bataille de las navas de Tolosa*, livrée le 16 juillet 1210.

coup de corne. A sa mort les cheikhs des Mouah'eddin lui donnèrent pour successeur Abou-Moh'ammed-'Abd-el-Ouah'ed.

GOUVERNEMENT D'ABOU-MOH'AMMED-'ABD-EL-OUAH'ED.

L'êmir-el-moumenin Abou-Moh'ammed-'Abd-el-Ouah'ed-ben-Ioucef-ben-'Abd-el-Moumen-ben-'Ali fut élu le 13 zil-h'adja 620. Il était déjà avancé en âge. C'était un homme pieux, plein de la crainte de Dieu. Il conserva la tranquillité pendant deux mois; mais le désordre finit par prendre le dessus. Abou-Moh'ammed-el-'Adel, qui commandait à Mersia[1], se révolta contre lui et usurpa le titre d'êmir. Son frère Abou-el-'Ala, qui gouvernait Achbilia et avec lequel il s'était entendu pour cette révolte, contribua puissamment à la faire réussir. Il corrompit, à force d'argent et de promesses, les cheikhs des Mouah'eddin, et les détermina à se prononcer pour El-'Adel. Ces cheikhs entrèrent un jour chez le khalife 'Abd-el-Ouah'ed et lui donnèrent le choix de la mort ou de l'abdication. Il préféra ce dernier parti. Aussitôt on fit entrer le k'âd'i et des témoins, et il signa, en leur présence, l'acte par lequel il abdiquait en faveur d'El-'Adel. Mais, peu de jours après, il fut étranglé dans sa chambre. Son palais fut pillé. Il fut le premier émir des Beni-'Abd-el-Moumen qui eut une pareille fin. La guerre s'alluma ensuite entre les Mouah'eddin, qui devinrent semblables aux

[1] Murcie.

Turcs de l'Irak[1]. 'Abd-el-Ouah'ed régna huit mois et dix jours.

GOUVERNEMENT D'EL-'ADEL.

L'êmir-el-moumenin 'Abd-Allah-ben-Iak'oub-el-Mans'our-ben-Ioucef-ben-'Abd-el-Moumen-ben-'Ali, surnommé El-'Adel, fut d'abord proclamé êmir à Mersïa, en safar 621. Il entra en fonctions en cha'ban après l'abdication d'Abd-el-Ouah'ed. Il quitta l'Andalousie pour se rendre à Maroc, laissant le gouvernement de cette contrée à son frère Abou-el-'Ala, surnommé depuis El-Ma'moun. Celui-ci resta dans la dépendance jusqu'en 624, puis il leva l'étendard de la révolte, se fit proclamer êmir et prit le surnom que je viens de dire. Les cheikhs des Mouah'eddin de Maroc, gagnés par lui, étranglèrent El-'Adel avec son turban en 624. Il avait régné trois ans et deux mois.

Les Mouah'eddin, après ce crime, envoyèrent à El-Ma'moun l'acte de leur soumission. Mais ils se repentirent bientôt de leur conduite. Ils craignirent la cruauté connue d'El-Ma'moun, et, changeant encore une fois de parti, ils portèrent au pouvoir Iah'ia-ben-en-Nâc'er.

---

[1] C'est-à-dire que cette milice annihila l'autorité des émirs, comme les Turcs avaient annihilé celle des khalifes de Bagdad.

GOUVERNEMENT DE IAH'IA-BEN-EN-NÂC'ER.

L'êmir-el-moumenin Ben-Moh'ammed-ben-en-Nâc'er-ben-el-Mans'our-Iak'oub-ben-Ioucef-ben-'Abd-el-Moumen-ben-'Ali, surnommé El-Metecem-Billah, fut proclamé êmir le 22 choual 624. Beaucoup de Mouah'eddin refusèrent de le reconnaître, à cause de l'acte de soumission qui avait été envoyé à El-Ma'moun. Il en résulta un état de troubles, de crainte et de confusion, dont la conséquence fut la disette. On apprit bientôt qu'El-Ma'moun avait quitté l'Andalousie et qu'il ne tarderait pas à débarquer à Sebta. A cette nouvelle, Iah'ia, déjà découragé par le désaccord des Mouah'eddin, prit la fuite et se réfugia dans la montagne de Darek. Il en sortit bientôt, revint à Maroc, où il ne s'arrêta que sept jours, quitta une seconde fois cette ville, et eut diverses rencontres avec les troupes d'El-Ma'moun. En définitive, il fut vaincu et réduit à une vie errante, jusqu'à sa mort, qui arriva sous le règne d'Er-Rachid, en 633.

Les Mouah'eddin renouvelèrent leur soumission à El-Ma'moun vers la fin de djoumâd-el-akher 626.

GOUVERNEMENT D'ABOU-EL-'ALA-EDRIS.

Abou-el-'Ala-Edris-ben-Iak'oub-el-Mans'our-ben-Ioucef-ben-'Abd-el-Moumen-ben-'Ali, surnommé El-Ma'moun, avait reçu une éducation distinguée. Il était savant en logique et en rhétorique, brave et éloquent. C'est lui qui, le premier, introduisit des chrétiens à Maroc, empruntant leur secours pour triompher de ses ennemis. Il en prit douze mille à son service.

Après son entrée à Maroc, il harangua le peuple du haut de la chaire. Il se répandit, dans son discours, en invectives contre El-Mohdi, dont il accusa la doctrine d'imposture. Son nom fut effacé des monnaies, et il fut défendu de le prononcer dans les prières. Il serait trop long de rapporter tout ce que fit le nouvel èmir à ce sujet, et les instructions qu'il envoya à ses agents. Son but était de se défaire des Mouah'eddin, et il en vint à bout. Il fit massacrer tous les chefs. Après quoi, il recommanda à ses officiers d'être cléments pour les autres. Le nombre de ses victimes fut de quatre mille six cents. Son frère se révolta en Espagne; il en eut d'autant plus de chagrin qu'il ne put le punir. Il régna trois ans et demi.

Sous le règne de ce prince, les chrétiens s'emparèrent de l'île de Miorka. Il eut pour successeur son fils 'Abd-el-Ouah'ed, surnommé Er-Rachid.

GOUVERNEMENT D'ER-RACHID.

L'êmir-el-moumenin Ben-Edris-ben-Iak'oub-el-Mans'our-ben-Ioucef-ben-'Abd-el-Moumen-ben-'Ali, surnommé Er-Rachid, fut salué khalife le 1er de moh'arrem de l'année 630, à l'âge de quatorze ans. Il resta à Maroc jusqu'en 633. Cette année-là, l'exécution de divers cheikhs ayant fait naître une insurrection, il fut contraint de fuir de sa capitale, où son palais fut pillé. A la fin, les insurgés furent battus, et il put y revenir. Son règne fut, du reste, toujours agité. Le 9 de djoumâd-el-akher 640, on le trouva noyé dans une pièce d'eau. La durée de son règne fut de cinq ans, cinq mois et quelques jours. Abou-el-H'acen-es-Saïd lui succéda.

La peste et la famine signalèrent ce règne. La mesure de blé se vendit jusqu'à quatre-vingts dinars. Dans l'Est, Abou-Zakaria, sans prendre le titre d'êmir-el-moumenin, usurpa à Tunis celui d'êmir. Dans le Mor'reb, les Beni-Merin s'emparèrent de plusieurs villes.

GOUVERNEMENT D'ABOU-EL-H'ACEN-ES-SAÏD.

L'êmir-el-moumenin Abou-el-H'acen-es-Saïd-ben-Edris-el-Ma'moun-ben-Iak'oub-el-Mans'our-ben-Ioucef-ben-'Abd-el-Moumen, surnommé El-Merted'a-Bil lah, fut proclamé khalife le jour de la mort de son frère Er-Rachid, à Maroc, le 9 de djoumâd-el-akher 640. Les Beni-Merin faisant des progrès alarmants, Es-Saïd envoya contre eux quelques troupes qui furent battues. En 643, il en réunit de plus considérables et marcha lui-même à l'ennemi. Cette fois Abou-Iah'ia-'Abd-el-H'ak-el-Merini reconnut sa souveraineté. Dans la même année, Es-Saïd apprit que El-Mest'amer s'était fait proclamer êmir-el-moumenin, à Tunis, au mépris de son autorité. Il marcha contre lui avec les Beni-Merin et lui livra plusieurs combats.

Es-Saïd marcha aussi contre Ben-Zïan qui commandait à Tlemsên. Ce chef prit la fuite et alla s'enfermer à K'ala', où l'êmir le poursuivit et dont il fit le siége. Il trouva la mort devant cette place. Il fut tué, vers le milieu du jour, avec son vizir, au moment où il faisait lui-même une reconnaissance des abords de cette ville, par trois hommes qui s'étaient embusqués à cet effet; c'était vers la fin de safar 646. Ben-Zïan se rendit maître du matériel de l'armée et même du corps de l'êmir, qu'il fit transporter à Tlemsên, où il fut inhumé hors de la ville.

GOUVERNEMENT D'ABOU-H'AFEZ-'OMAR.

Abou-H'afez-'Omar-ben-el-êmir-Ish'ak'-ben-el-êmir-Ioucef-ben-'Abd-el-Moumen-ben-'Ali fut proclamé khalife à Rebât-el-Fet'a. Il se rendit de là à Maroc, où il fut reconnu. Ce prince craignait Dieu et méprisait le monde. Il aimait à entendre le récit des faits de ses prédécesseurs. Le Mor'reb n'a jamais été plus heureux que sous son règne. Les denrées nécessaires à la vie ne furent jamais à un prix aussi peu élevé. Aussi depuis Sala jusqu'à Sous le pays se rangea sous son obéissance. En 653 il réunit une armée de quatre-vingt mille hommes et se porta sur Fês, qui était au pouvoir des Beni-Merin. Il ne fut pas heureux dans cette expédition. Ses soldats avaient une telle frayeur des Beni-Merin, qu'ayant aperçu un homme de l'armée ennemie qui courait après un cheval échappé, ils crurent qu'ils étaient chargés et prirent la fuite. L'êmir Iah'ia-ben-Merin, informé de ce bizarre incident, acheva leur déroute et s'empara du camp. El-Merted'a regagna Maroc avec les débris de son armée. Il fut tué, à la fin de moh'arrem 656, par Abou-Dabbous. Son règne fut de dix-neuf ans environ. Edris-Dabbous lui succéda.

GOUVERNEMENT D'EDRIS-BEN-ES-SAÏD.

L'êmir-el-moumenin Edris-ben-es-Saïd-Abou-H'afez-ben-êmir-el-moumenin-'Abd-el-Moumen-ben-'Ali était un prince courageux. Abou-H'afez-'Omar l'avait contraint, à force de l'inquiéter, de se réfugier chez l'êmir-el-moumenin Iak'oub-ben-'Abd-el-H'ak-el-Merini. Ce prince, qui était alors à Fès, le reçut bien, lui accorda sa protection, et lui fournit des hommes et de l'argent pour se venger d'Abou-H'afez, à la condition que, s'il réussissait dans son entreprise, il lui donnerait la moitié des pays conquis. Edris-ben-es-Saïd, s'étant présenté devant Maroc à l'improviste, s'en empara et tua Abou-H'afez-'Omar, comme on l'a vu plus haut. L'êmir Iak'oub, instruit des événements de Maroc, réclama aussitôt l'exécution de la convention; mais Ben-es-Saïd répondit à son envoyé : « Allez dire à Iak'oub qu'il se contente de ce qu'il a, sans quoi j'irai à lui avec une armée qui le mettra à la raison. »

Dès que cette réponse insolente fut parvenue à Iak'oub, ce prince courut aux armes. Il s'avança à la tête d'une armée nombreuse en 667. La bataille eut lieu dans la province de Dekala. Elle fut sanglante. Abou-Dabbous y trouva la mort. Sa tête fut portée à l'émir Iak'oub, qui l'envoya à Fès, où elle fut promenée dans les rues. En lui finit la dynastie des Beni-'Abd-el-Moumen, à laquelle El-Mohdi-ben-Toumart donna la puissance en 515. Il y eut quatorze khalifes de cette famille.

Le Mor'reb devint le partage exclusif des Beni-Merin. L'Espagne fut partagée entre plusieurs princes; les Beni-H'afez gouvernèrent l'Afrique.

Dieu dispense les empires comme il lui plaît. Gloire à lui!

DEUXIÈME PARTIE.

Je vais passer maintenant à la deuxième partie du livre VI, et donner la série des princes de la dynastie des Beni-H'afez qui ont gouverné l'Afrique, en entrant dans les détails de leurs actes les plus importants. Je prendrai habituellement pour guide Ben-ech-Chemma; j'en fais l'aveu pour que le lecteur n'aille pas croire que je veux me parer de ses dépouilles. Au reste, je l'abrégerai quelquefois, sans rien diminuer cependant de l'intérêt du récit, auquel il m'arrivera aussi quelquefois d'ajouter ce que j'aurai trouvé dans d'autres auteurs, que je me ferai toujours un devoir de nommer.

Le premier prince de la dynastie des Beni-H'afez fut El-Moula-Abou-Moh'ammed-'Abd-el-Ouah'ed-ben-Abou-Bekr-ben-ech-Cheikh-Abou-H'afez-'Omar-ben-Iah'ia-ben-Moh'ammed-ben-Ouanoua-ben-'Alïa-ben-Ah'med-ben-Ouallah-ben-Edris-ben-Khâled-ben-'Aïça-ben-Elias-ben-'Omar-ben-Ouaften-ben-Moh'ammed-ben-H'adjïa-ben-K'âab-ben-Moh'ammed-ben-Sâlem-ben-'Abd-Allah-ben-'Omar-el-Khettâb. C'est ainsi que Ben-ech-Chemma le nomme. C'est là sans doute une longue et noble généalogie qui ne contribua pas peu à son élévation. Néanmoins j'ai quelques raisons de croire que sa famille s'était alliée aux Berbères, bien que, en général, les Arabes, surtout ceux de K'oreïch, aient de la répugnance pour ces sortes d'alliances. Au surplus, il faut bien prendre la généalogie de chaque famille telle qu'elle la donne; mais enfin il est certain que le cheikh Abou-H'afez était originaire de la tribu de Hentata des Kabiles de Mouçamida qui, la première, se déclara pour El-Mohdi-ben-Toumart, et qu'il fut un des dix premiers qui le reconnurent.

En-Nâc'er-ben-el-Mans'our, à son avénement à l'autorité souveraine en Afrique, alarmé des progrès de ben-Khania[1], qui commandait en vainqueur dans une partie du pays, tourna ses armes contre lui. Il lui reprit la ville de Mohdïa et le chassa de la contrée. Il alla ensuite à Tunis; mais il n'y resta qu'un mois et retourna vers l'Ouest. Avant de partir, voulant donner un gouverneur à cette partie de ses vastes états, il fit choix

[1] El-Miorki, dont il a été parlé dans la première partie de ce livre.

d'Abd-el-Ouah'ed. Celui-ci refusa longtemps cet honneur, et ne l'accepta qu'à des conditions très-avantageuses. Cela fait, En-Nâc'er déploya ses étendards et reprit la route de l'Ouest. 'Abd-el-Ouah'ed l'accompagna jusqu'à Bêdja, et retourna ensuite à son poste. Ce fut un samedi 10 de choual 603 qu'il l'installa à la k'as'ba en qualité d'êmir[1].

'Abd-el-Ouah'ed était un homme de bien, de savoir et de courage, qui se plaisait aux bonnes actions. Ce fut lui qui fit construire la demeure des étrangers. Le samedi de chaque semaine il recevait en audience publique tous ceux qui avaient des réclamations à lui adresser. Un écrivain célèbre lui avait fait un panégyrique, dont je ne citerai que le passage suivant :

Qui aurait la voix assez puissante pour chanter dignement tes louanges? Tes jours sont consacrés à rendre la justice; tes nuits sont partagées entre la prière et les actes de dévotion.

Un jour l'imam Abou-Moh'ammed-ben-'Abd-es-Sâlem-el-Berdjini, disciple chéri de l'imam El-Maziri, entra chez lui. «Comment vas-tu? lui dit 'Abd-el-Ouah'ed. —Je vais, lui répondit le saint homme, sur la voie de la dévotion. —Ta dévotion et ta patience te vaudront les récompenses de Dieu, et tu lui en rendras des actions de grâces, » reprit 'Abd-el-Ouah'ed. Ben-Rekhis, son secrétaire, n'ayant pas compris ce que l'imam avait dit, le demanda à son maître. « Il veut, répondit celui-

[1] Son père avait été gouverneur de Tunis.

ci, ce que le prophète a désiré : que la délivrance soit le fruit de la patience. »

Après un règne de quatorze ans et quatre mois, il mourut, et fut enterré dans la k'as'ba le 1ᵉʳ de moh'arrem 618. On voit près de son tombeau, souvent visité par les fidèles, une grotte où, de son vivant, il faisait ses prières. Il laissa le gouvernement entre les mains d'El-Moula-Abou-Zid; mais celui-ci partit peu de temps après pour l'Ouest, accompagné de ses frères. El-'Adel-ben-el-Mans'our envoya alors à Tunis, dans le courant de la même année 618, Abou-Moh'ammed-'Abd-Allah-ben-el-Moula-'Abd-el-Ouah'ed[1], qui y arriva avec son frère Abou-Zakaria.

Abou-Moh'ammed-'Abd-Allah donna à son frère le gouvernement de la ville de K'âbes; mais bientôt la désunion se mit entre eux, et ils prirent les armes l'un contre l'autre. Zakaria s'empara de Tunis, exila son frère en Espagne dans la ville d'Achbilia, et resta maître du pouvoir.

GOUVERNEMENT D'EL-MOULA-ABOU-ZAKARIA.

El-Moula-Abou-Zakaria-Iah'ia-ben-el-Moula-Abou-Moh'ammed-'Abd-el-Ouah'ed-ben-Abou-Bekr-ben-el-Moula-Abou-H'afez-'Omar-ben-el-Hentati était né à Maroc en 599. Il fut d'abord proclamé dans la ville de K'aïrouân en redjeb 625. Il fit renouveler cette cérémonie à Tunis en redjeb 634, puis une troisième fois.

[1] Un des frères d'Abou-Zid.

Quoique son nom fût prononcé dans les prières publiques, il ne prit jamais le titre d'émir-el-moumenin. En vain les flatteurs l'engagèrent à s'en décorer, lui disant qu'il en était digne plus que personne; non-seulement il ne les écouta point, mais il les fit même chasser de sa présence.

Au moment de son avénement au pouvoir, le Mor'reb était agité d'horribles secousses politiques. C'était au temps de Rachid-ben-el-Ma'moun-ben-Iak'oub-el-Mans'our. En 635, Zian-ben-Merdichan, qui commandait à Chateba[1], reconnut son autorité. Abou-'Abd-Allah-Moh'ammed-el-'Abbas, envoyé de ce prince, lui adressa, à cette occasion, sur les affaires du Mor'reb, une pièce de vers, dont je ne citerai que le passage suivant :

A cheval, car les serviteurs de Dieu sont en danger; préservez-les de leur ruine totale, et vous aurez accompli un acte méritoire et glorieux [2].

En 639, il se mit à la tête de soixante-quatre mille hommes de cavalerie, et se rendit maître de Tlemsên[3]. En 640, les habitants de Sebta et d'Almeria se sou-

---

[1] Xativa, dans le royaume de Valence.

[2] Loin de chercher à pacifier le Mor'reb, Abou-Zakaria profita de l'affaiblissement du gouvernement central pour se rendre indépendant. El-K'aïrouâni a ici le tort de ne pas faire ressortir cette circonstance capitale de la vie de ce prince.

[3] Iagnoun-ben-Zian régnait alors dans cette ville, qu'il avait enlevée aux Mouah'eddin. Il s'enfuit dans les montagnes des Beni-Ournid; mais bientôt il fit la paix avec Abou-Zakaria, qui lui rendit sa ville.

mirent à lui. En 643, il reçut à Tunis une députation, qui déposa à ses pieds les actes de soumission des villes d'Achbilia, R'ernata et Almeira. El-Moula-Abou-Zakaria était un homme saint et un sav. distingué. Il étudia, sous la direction du cheikh El-R'aïni-es-Souci, plusieurs ouvrages précieux, entre autres le Mestasfa d'El-R'azali. Il consulta souvent sur la rhétorique 'Ali-ben-Asfour. Il fit une étude approfondie des lois. Enfin il était tout à la fois savant et poëte. Son costume était toujours sans ornements, et ne consistait qu'en un simple vêtement de laine. La même simplicité régnait dans le harnachement de ses chevaux. Ben-el-K'essar nous raconte de lui l'anecdote suivante :

Un jour, El-Moula-Abou-Zakaria envoya chercher son ministre, et lui fit donner l'ordre d'entrer au palais par la porte de sortie. D'après l'usage établi, les personnes qui, appelées chez le prince, étaient introduites par cette porte, devaient s'attendre au moins à une sévère correction.

« J'entrai, raconta lui-même le ministre, et, d'appartement en appartement, j'arrivai sous la coupole où se tenait le prince. Je le trouvai assis sur une chaise de bois, ayant en main du fil et une aiguille, et occupé à raccommoder son vêtement. Je le saluai ; il m'ordonna de m'asseoir. Peu après, je vis entrer une négresse portant une table couverte d'une serviette ; sur cette table était un plat unique et du pain noir. Le prince mangea et m'invita à en faire autant. Lorsque j'eus fini, il me fit signe de me retirer, et je sortis. Mon esprit était plein d'inquiétude. Je ne savais ce que signifiait la conduite du prince à mon égard. J'en parlai à un de mes amis, qui m'adressa aussitôt cette question : « Que t'a-t-il dit ? — Rien, lui répondis-je, il m'a regardé, voilà tout. Je l'ai trouvé mettant une pièce à son vêtement, et j'ai partagé son mauvais repas. — Et y es-tu allé dans ce costume ? — Oui, tel que tu me vois. — En ce cas, c'est une leçon qu'il a voulu te donner. Sois moins somptueux à l'avenir, ou crains pour ta tête. »

Que Dieu fasse miséricorde à Abou-Zakaria ! C'est lui qui fit bâtir la mosquée de la k'as'ba et son étonnant minaret. Son nom y demeura longtemps gravé sur la pierre. Autrefois rien ne masquait cette inscription, et le passant pouvait la lire en entier. Aujourd'hui la moitié seulement en est visible ; le reste est caché. La mosquée de la k'as'ba fut construite en 629.

Abou-Zakaria est aussi le fondateur de la mosquée dite Djâma'-es-Solt'ân située dans le Mark'ad. C'est là que l'on célèbre ordinairement les deux fêtes. On lui attribue aussi la fondation de l'école publique située dans la rue des Chema'ïn[1], qui est maintenant celle des cordonniers. La rue des 'At't'ârîn[2] lui doit aussi sa fondation.

On ne vit jamais une réunion aussi complète de saints personnages, de savants et de poëtes que celle qui ornait la cour d'Abou-Zakaria. Sa justice et sa

---

[1] Marchands de cire.
[2] Droguistes.

bonne administration furent, en outre, une abondante source de richesses pour l'état. A sa mort, le trésor était réparti en dix-sept chambres contenant chacune un million. Il laissa une bibliothèque de trente-six mille volumes [1].

En 647, Abou-Zakaria mourut dans un voyage qu'il entreprit dans l'Ouest de son gouvernement. Il fut d'abord enterré à 'Annâba [2], et ensuite transporté à Constantine. Il mourut dans le mois de djoumâd, à l'âge de quarante-neuf ans, après une administration de vingt-deux ans. Les enfants mâles qu'il laissa furent Moh'ammed-el-Mestamer, Abou-Ish'ak', Abou-Bekr et Abou-H'afez-'Omar. On dit que l'année de sa mort vit périr aussi plusieurs puissants de la terre, savoir : le saint roi Ben-Aïoub [3], l'empereur de Sakalia, chef des chrétiens [4]; Alphonse le Louche [5], autre chef des chrétiens, et, enfin, le fils de l'ambassadeur du gouvernement de l'Iémen.

[1] Les Arabes, à l'époque où ils étaient à la tête de la civilisation, réunirent dans plusieurs villes de magnifiques bibliothèques. On dit que celle de Tripoli de Syrie, qui fut brûlée par les croisés, contenait trois millions de volumes. Le catalogue de celle de Cordoue se composait à lui seul de quarante-quatre mille volumes au rapport d'Ebn-Khaldoun. M. E. Quatremère a fait paraître en 1838, dans le Journal asiatique, un Mémoire intéressant sur la bibliographie orientale.

[2] Bône.

[3] Sultan d'Égypte.

[4] Frédéric II, roi de Sicile et empereur.

[5] Alphonse X, roi de Castille.

GOUVERNEMENT D'ABD-ALLAH-MOH'AMMED-EL-MESTAMER.

El-Moula-Abou-'Abd-Allah-Moh'ammed-ben-el-Moula-Abou-Zakaria-ben-el-Moula-Abou-Moh'ammed-'Abd-el-Ouah'ed-ben-Abou-Bekr-ben-el-Moula-Abou-H'afez-'Omar fut proclamé dans la soirée où mourut son père, c'est-à-dire le 29 djoumâd-el-akher 647. Il était alors âgé de vingt-deux ans. Sa mère s'appelait H'atef. Elle avait été esclave de son père. Elle fit construire la mosquée et l'école publique de Touafik. Il ne reste plus de vestiges de l'école qui était en face de la zaouia du cheikh Ez-Zalidj.

En 648, 'Abd-Allah fit construire une tribune dans la mosquée des Mouah'eddin. Dans la même année, on construisit un aqueduc à l'Est de la mosquée de l'Olivier. En 651, le dôme du djelous, ainsi que le chemin qui conduit à Râs-et-Tâbia, furent achevés. Sous ce règne les Juifs eurent beaucoup à souffrir. On leur fit éprouver des avanies sans nombre.

En 652, les Beni-Merin de Fês reconnurent la suzeraineté du prince de Tunis, et ordonnèrent que les prières publiques seraient faites en son nom. En 657, les chefs de la Mecque lui envoyèrent également leur soumission, dont fut porteur 'Abd-el-H'ak-ben-Sebouaïn. Elle fut lue en public à Tunis[1]. Il prit dès

[1] Le khalifat de Bagdad ayant été détruit par les Tartares, les chérifs de la Mecque crurent devoir reconnaître pour khalife le prince de Tunis, qui leur parut être le souverain orthodoxe le plus puissant de l'époque. On trouvera dans l'épilogue de nouveaux détails à ce sujet.

lors le titre d'êmir-el-moumenin et le surnom de Mestamer-Billah. Auparavant il ne prenait que celui d'êmir simplement.

Abou-'Abd-Allah-ben-Brahim el-Medaoui fut nommé par lui k'âd'i de Tunis. C'était un savant illustre. El-Mestamer disait à propos de cette nomination : « Dieu ne me fera pas rendre compte de mon administration, puisque j'ai donné à mes sujets un tel k'âd'i. »

En 666, El-Mestamer fit achever les aqueducs qui, anciennement, conduisaient l'eau à Carthage. La prise d'eau était aux sources de Zar'ouân. Une portion fut dirigée vers la mosquée de l'Olivier, et le reste vers le jardin d'Abou-Fah'r, connu de nos jours sous le nom de Battem. Mais cet ouvrage est détruit maintenant; il n'en reste plus aucune trace. Dans la même année, El-Mestamer marcha contre les Beni-Riah'. Il fit saisir et mettre à mort plusieurs de leurs chefs, dont les têtes furent portées à Tunis, au bout des lances des soldats.

Dans le mois de zil-k'ada, les Français débarquèrent une armée considérable composée d'infanterie et de cavalerie sur les côtes de Tunis[1]. Il y eut, entre les musulmans et eux, plusieurs combats qui coûtèrent la vie à beaucoup de monde de part et d'autre. Ils restèrent quatre mois et dix jours sur le territoire tunisien. Le 10 moh'arrem 669, leur chef mourut de mort naturelle, dit-on. La peste et les autres maladies éclaircirent

[1] Il est peut-être inutile de dire qu'il s'agit ici de l'expédition de saint Louis.

leurs rangs. Ils négocièrent alors pour la paix. El-Mestamer consentit à leur accorder une trêve de quinze ans et à leur payer une contribution de onze cents quintaux d'argent, à condition qu'ils ne débarqueraient leurs troupes sur aucun autre point du territoire musulman, mais qu'ils retourneraient dans leur pays. Le khalife ne combattit pas ses ennemis en personne; il se contenta de diriger sans cesse de nouvelles troupes contre eux.

Voici ce qu'on raconte des causes qui conduisirent les Français en Afrique. Un jour on parlait d'eux devant El-Mestamer. Ce prince affecta de les dédaigner, et dit en montrant les Turcs qui étaient à son service : « Voilà ceux qui ont fait leurs guerriers prisonniers, et qui ne les ont relâchés que moyennant rançon ; ainsi qu'ai-je à craindre d'eux ? » Ces paroles étant arrivées aux oreilles des Français, ils en furent indignés et se préparèrent à la guerre. El-Mestamer, ayant été informé que la chose avait été prise au sérieux, voulut s'excuser; mais les Français n'écoutèrent pas, et maltraitèrent même son envoyé[1]. Ils se portèrent ensuite sur Tunis, où il leur arriva ce que je viens de raconter.

[1] El-Mak'rizi dit de plus que le roi de Tunis envoya au roi de France quatre-vingt mille pièces d'or pour détourner la guerre; que celui-ci les prit, et n'en marcha pas moins sur Tunis. C'est une assertion calomnieuse que dément le caractère bien connu de saint Louis. Il n'y eut d'autre argent donné que celui qui était destiné à payer les frais de la guerre, d'après le traité de paix conclu après la mort du roi.

Une circonstance assez remarquable de cette expédition mérite d'être rapportée. Lorsque les Français se présentèrent devant Tunis, un poëte adressa à leur chef les vers suivants :

Français, cette ville est la sœur de l'Égypte;
Prépare-toi à tout ce qui peut t'y arriver de malheureux.
Cette fois la maison de Lok'man sera un tombeau [1],
Et tes gardiens seront Menk'or et Menakir [2].

Cette prophétie s'accomplit. Le chef des Français mourut et fut enterré à Ma'lk'a.

Un autre poëte, dans une pièce de vers dont celle-ci n'est qu'une imitation, fait allusion à ce que les Français avaient précédemment éprouvé dans leur campagne d'Égypte. Je vais en rapporter un passage plus bas; mais, pour en bien faire comprendre le sens, il convient de remonter à l'année 647.

A cette époque, les Français firent une descente à Damiette. Ils s'en emparèrent et y restèrent neuf mois. C'était du temps du sultan Aïoub. Dieu permit ensuite que leur chef et plusieurs de ses officiers tombassent au pouvoir des musulmans. Ce chef fut placé sur un chameau, la tête tournée vers le dos de l'animal, et on le promena ainsi au milieu des assistants. Après qu'on lui eut fait subir cette humiliation, on l'enferma dans la maison de Lok'man, et on lui donna pour geôlier un eunuque appelé Sbiah'. Il se racheta

[1] Voir ce qui est dit ci-après de ce Lok'man.
[2] Les anges de la mort.

ensuite au prix de quinze quintaux d'or, et jura qu'il ne ferait plus la guerre aux musulmans. Mais, à peine rentré chez lui, il oublia ses serments, rassembla de nouvelles troupes et se dirigea une seconde fois sur l'Égypte. Le souverain de ce pays lui adressa une lettre que composa K'amar-ed-Din-ben-Matrouch, et qui contenait la pièce de vers dont je viens de parler.

Lorsque le messager chargé de cette lettre fut en présence du chef ennemi, celui-ci l'invita à s'asseoir; mais il n'en fit rien. « Voici, lui dit-il, ce que mon maître m'a chargé de vous communiquer. Je vous rapporterai ses propres paroles; il m'a dit :

Dis au chef des Français que, s'il porte ses pas vers moi,
J'aurai de fort raisonnables choses à lui dire en belle poésie :
Il veut s'emparer de l'Égypte ;
Il croit donc que nous sommes sans cœur.
Il vient ici pour venger sa défaite et ravager notre pays.
Eh bien ! qu'il sache que la maison de Lok'man existe encore,
Que les fers sont tout prêts, et que le geôlier est toujours l'eunuque Sbiah'.

Cette pièce de vers est très-longue, El-Mak'rizi[1] nous l'a conservée en entier. Ben-ech-Chemma en a

---

[1] Nous avons déjà parlé de cet auteur dans une note du livre II. Nous ajouterons ici que M. Langlès a publié un résumé de son ouvrage sur l'Égypte dans le tome IV des Extraits et Notices des manuscrits de la Bibliothèque royale.

transcrit quelques stances. Elle se trouve aussi dans d'autres ouvrages.

Lorsque le chef des chrétiens l'eut entendue, il renonça à son projet. En s'en retournant il voulut décharger sa mauvaise humeur sur Tunis, mais il échoua dans cette entreprise. Il avait aussi pour but de s'emparer des richesses accumulées par Moula-Abou-Zakaria, et augmentées par son fils. Au reste, elles furent toutes absorbées par les besoins de cette guerre.

El-Mestamer-Billah mourut le 11 zil-h'adja 675 à l'âge de cinquante ans, après un règne de vingt-huit ans, cinq mois et onze jours. Son fils El-Moula-Abou-Zakaria-Iah'ia lui succéda et se démit du pouvoir suprême comme nous allons le voir.

GOUVERNEMENT D'EL-MOULA-ABOU-ZAKARIA.

El-Moula-Abou-Zakaria-Iah'ia-ben-el-Mestamer-Billah-êmir-el-moumenin-ben-el-Moula-Abou-Zakaria-Iah'ia-ben-'Abd-el-Ouah'ed-ben-Abou-Bekr-ben-'Omar fut salué êmir-el-moumenin le jour où mourut son père. A son avénement au trône, il fit mettre en liberté tous les détenus, défendit les arrestations arbitraires et ordonna que tout se fît d'après les lois. Il fit réparer la mosquée de l'Olivier, ainsi que d'autres lieux saints. Il montra beaucoup de bienveillance pour l'armée. Néanmoins il n'était pas de force à soutenir le fardeau du gouvernement. Il avait mis sa confiance entière dans un certain Ben-el-R'afiki, personnage vaniteux, livré au luxe et aux plaisirs, et n'entendant absolument rien à l'administration. Cette ignorance de ce qui constitue le bien-être des peuples mit le pays à deux doigts de sa perte.

Sur ces entrefaites, arriva à Tunis un oncle de l'émir. Son nom était Abou-Ish'ak'-Ibrahim. Sous le règne précédent, il s'était retiré en Espagne par la crainte que lui inspirait son frère à qui, de son côté, il était suspect. Il y resta longtemps parce que chaque année El-Mestamer envoyait des présents au souverain de ce pays pour qu'il l'y retînt. El-Moula-Abou-Zakaria abdiqua en faveur de cet oncle, après un règne de deux ans, trois mois et vingt jours. Il quitta la k'as'ba pour aller s'établir dans le palais que l'on nomme Dar-el-Gouri, au milieu de la rue Ketbiin. Mais il n'y resta pas longtemps. Son oncle le fit arrêter et jeter dans une prison, où il mourut dans le mois de safar 679.

GOUVERNEMENT D'ABOU-ISH'AK'-IBRAHIM.

Abou-Ish'ak'-Ibrahim-ben-el-Moula-'Abd-el-Ouah'ed-ben-Abou-H'afez-'Omar fut salué êmir-el-moumenin au commencement de rebi'-el-akher 678. C'était un homme de courage, d'un extérieur imposant, mais si fort adonné à l'amour des femmes, qu'il quittait souvent le conseil pour aller les trouver. En 680, il chargea son fils El-Moula-'Abd-el-Ouah'ed d'aller lever l'impôt chez les Houara. Celui-ci, arrivé à K'aïrouân, apprit qu'un imposteur appelé El-Fâd'el s'était emparé de l'esprit du cheikh Merguem-ben-Sâber-er-Rïah'i, en se faisant passer pour le fils d'El-Moula-Abou-Zakaria, mort en prison. Il en écrivit à son père, et, comme cet aventurier ne tarda pas à prendre de la consistance, que K'afs'a et d'autres villes lui avaient ouvert leurs portes, il reçut, en 681, l'ordre de marcher contre lui. Cette expédition ne fut pas heureuse; sur le territoire même de K'aïrouân, les soldats d'Abd-el-Ouah'ed passèrent presque tous dans les rangs de l'armée d'El-Fâd'el, campée à K'ammouda. Le prince, ainsi abandonné, fut obligé de retourner à Tunis avec ceux des siens qui lui étaient restés fidèles. Abou-Ish'ak' rassembla alors une forte armée, et se mit en marche dans le mois de choual de la même année, pour se mesurer lui-même avec le prétendant. Il avait, outre l'armement ordinaire des troupes, quatre-vingt-dix mulets chargés d'armes et de cuirasses de réserve. Il arriva ainsi à Moh'amdïa [1]; mais tous ses préparatifs ne lui servirent de rien; car ses soldats, comme les premiers, passèrent presque tous à l'ennemi, qui pilla son camp. Abou-Ish'ak' put gagner Tunis. Il y prit ses femmes et ses enfants, et il se retira à Bougie, commandée alors par son fils Abou-Fârez. Là il abdiqua en faveur de ce fils, qui prit le titre d'el-met'ammed et se mit en campagne pour aller combattre El-Fâd'el, après avoir laissé son père à Bougie. La bataille se livra dans les plaines

[1] Lieu situé à quelques myriamètres de Tunis.

voisines de K'al'at-es-Senân. Abou-Fârez, trahi par les siens, fut vaincu, pris et tué. Ses bagages furent pillés. A cette nouvelle, son père Abou-Ish'ak' voulut quitter Bougie, où il ne se sentait pas en sûreté. Mais les habitants l'arrêtèrent et le livrèrent à El-Fâd'el, qui le fit périr le 19 de rebi'-el-ooucl 682. Il avait régné trois ans, six mois et vingt-quatre jours. Son fils El-Moula-Abou-Zakaria sauva sa vie en s'enfonçant dans les provinces de l'Ouest.

Le nom véritable d'El-Fâd'el était Ah'med-ben-Marzouk'-ben-Abou-'Omara. Il était né à Msîla et avait été élevé à Bougie. C'était un méchant tailleur, d'un esprit léger, fréquentant les gens qui s'adonnent à la magie, et prétendant avoir trouvé l'art de changer en or tous les métaux. Courant de pays en pays pour chercher de l'ouvrage, il était arrivé à Tripoli, et y avait fait la connaissance d'un nègre, ancien serviteur de cet Abou-Zakaria dont il a été parlé, qui était mort en prison après avoir abdiqué. Cette connaissance s'était faite parce que le nègre, trouvant que El-Fâd'el avait quelque ressemblance avec son maître, s'était jeté à ses pieds, les avait embrassés et lui avait ensuite raconté toute l'histoire du malheureux Moula-Abou-Zakaria. El-Fâd'el l'avait écouté avec attention, et avait promis au nègre de venger la mort de son maître. Dès lors, ces deux hommes se répandirent dans les tribus, El-Fâd'el se faisant passer pour le fils de l'émir défunt, et le nègre confirmant le fait de son témoignage. Les Arabes, trompés, se soumirent à l'imposteur et mirent son nom dans les prières publiques. Dans ses jours de grandeur, El-Fâd'el se montra cruel, dissolu, injuste et sanguinaire. Il fit cependant bâtir une mosquée en dehors de la porte dite Bâb-el-Bah'ar. Ses actes tyranniques firent bientôt murmurer le peuple et l'armée. Alors on vit paraître El-Moula-Abou-H'afez-ben-el-Moula-Abou-Ish'ak', qui s'était caché jusque-là au dehors. Il rallia à lui les mécontents et alla mettre le siége devant Tunis. El-Fâd'el, se sentant perdu, courut se cacher dans un four chez un Espagnol. Trahi par une femme, qui découvrit sa cachette, il fut contraint, sous les coups dont on l'accabla, de confesser son imposture et de décliner ses véritables noms. Le k'âd'i en prit acte. Cela fait, on le fit monter sur un âne, et, après lui avoir fait endurer mille outrages, on lui coupa la tête vers la fin de rebi'-el-akher de l'année 683. Il avait commandé un an, cinq mois et vingt-sept jours.

GOUVERNEMENT D'EL-MOULA-ABOU-H'AFEZ.

El-Moula-Abou-H'afez-ben-el-Moula-Abou-Zakaria-Iah'ia-ben-el-Moula-'Abd-el-Ouah'ed-ben-Abou-Bekr-ben-ech-Cheikh-Abou-H'afez-'Omar fut proclamé le lundi 24 rebi'-el-akher 683. C'était un homme sage et généreux, ayant de la répugnance à sévir contre qui que ce fût. Il professait un grand respect pour les saints hommes, et avait surtout voué une vénération toute particulière au cheikh Abou-Moh'ammed-el-Merdjâni.

Les savants étaient aussi très-bien reçus par lui. Son caractère se soutint jusqu'à sa mort. Le pays ne fut jamais plus heureux ni plus tranquille que sous son règne.

Lorsqu'il fut atteint de la maladie dont il mourut, il promit sa succession à 'Abd-Allah, un de ses fils; mais les cheikhs des Mouah'eddin [1] s'y étant opposés, à cause de la jeunesse de ce prince, le khalife consulta El-Merdjâni, qui lui conseilla de nommer Abou-'Abd-Allah-Moh'ammed-Abou-'Ossaïda, à quoi il consentit. Il mourut vers la fin de zil-h'adja 694, âgé de cinquante-deux ans, après un règne de onze ans et huit mois.

GOUVERNEMENT D'ABOU-'OSSAÏDA.

El-Moula-Abou-'Abd-Allah-Moh'ammed-ben-el-Moula-Abou-Zakaria-Iah'ia-ben-el-Mestamer-Billah-ben-el-Moula-Abou-Zakaria-Iah'ia-ben-el-Moula-'Abd-el-Ouah'ed-ben-Abou-Bekr-ben-ech-Cheikh-Abou-H'afez-'Omar fut salué khalife vers la fin de zil-h'adja de l'année 694. Le surnom d'Abou-'Ossaïda lui fut donné, parce qu'après la mort de son père et de dix de ses sœurs, sa mère, qui était esclave de son père et se trouvait grosse des œuvres de celui-ci, craignant pour sa propre existence, se mit sous la protection du marabout El-Merdjâni. Ce fut chez lui qu'elle accoucha d'Abou-'Abd-Allah-Moh'ammed [2]. Le marabout, voulant faire des

---

[1] Il s'agit ici d'un corps de troupes régulières qui portaient ce nom. Il en est encore question plus loin.

[2] D'autres historiens disent que cet enfant était déjà né à l'époque

largesses aux pauvres à l'occasion de la naissance de cet enfant, leur distribua un mets composé de blé dit *'ossaïda,* dont le nom resta au nouveau-né. Son père adoptif lui donna celui de Moh'ammed, et veilla à son éducation.

Le gouvernement d'Abou-'Ossaïda fut heureux et tranquille. Ses sujets bien administrés et exempts d'inquiétudes, agrandirent les villes et donnèrent un nouveau développement à l'agriculture. C'étaient sans doute les bénédictions d'El-Merdjâni qui portaient leurs fruits.

Abou-'Ossaïda prit le titre de Mestamer-Billah. L'hydropisie l'enleva à l'amour de ses sujets le 10 du mois de rebi''-el-akher 709, après un règne de quatorze ans, trois mois et seize jours. Il ne laissa pas d'enfants, et désigna pour son successeur Abou-Iah'ia.

GOUVERNEMENT D'ABOU-IAH'IA.

El-Moula-Abou-Iah'ia-Abou-Bekr-el-êmir-'Abd-er-Rah'mân-ben-el-êmir-Abou-Bekr-ben-el-Moula-Abou-Zakaria-Iah'ia-ben-el-Moula-'Abd-el-Ouah'ed-ben-Abou-Bekr-ben-ech-Cheikh-Abou-H'afez-'Omar fut salué khalife le jour de la mort d'Abou-'Ossaïda, qui l'avait élevé. Huit jours après son installation à la k'as'ba, il apprit qu'El-Moula-Abou-el-Bak'a-Khâled [1] avait quitté Constantine

des malheurs de sa famille, et que sa mère le sauva en déguisant son sexe.

[1] C'était un prince de la famille royale qui était, comme on va le voir, gouverneur de Constantine et de Bône.

et qu'il marchait contre lui. Il rassembla aussitôt son armée, et se porta à la rencontre de cet ennemi; mais ses troupes s'étant débandées, il fut contraint de rentrer à la k'as'ba. Le lendemain, il se porta près de l'étang, espérant que son armée se rallierait à lui; il attendit vainement pendant une heure. Puis, voyant que personne n'arrivait, il reprit le chemin de la ville; mais ses ennemis l'atteignirent et le mirent à mort. Il avait régné seize jours.

GOUVERNEMENT D'ABOU-EL-BAK'A.

Khâled-ben-el-Moula-Abou-Zakaria-Iah'ia-ben-el-Moula-Abou-Ish'ak'-Ibrahim-ben-el-Moula-Abou-Zakaria-Iah'ia-ben-el-Mestamer-Billah-ben-el-Moula-'Abd-el-Ouah'ed-ben-Abou-Bekr-ben-ech-Cheikh-Abou-H'afez-'Omar fut gouverneur de Bône et de Constantine, après la mort de son père, Abou-Zakaria. Lorsqu'il eut été reconnu khalife à Tunis, il s'abandonna aux plaisirs et négligea les soins de l'administration. Abou-Zakaria-Iah'ia [1] se révolta contre lui et fut soutenu par Djiani, gouverneur de Tripoli, qui fit marcher sur Tunis son conseiller intime le cheikh El-Mezdouri à la tête des Oulâd-Bellîl, tribu qui lui était très-dévouée. El-Mezdouri arriva le 1er de djemâd-el-ooueI 721 sous les murs de Tunis, que la mauvaise administration de Khâled avait remplie de troubles. Malgré les vives exhortations du k'âd'i Ben-'Abd-er-Refia, l'êmir ne prit

[1] Prince de la famille royale.

aucune mesure pour sa défense, déclarant qu'il était malade, et que d'ailleurs il ne voulait pas conserver le commandement, de sorte qu'El-Mezdouri arriva sans obstacles jusqu'à la k'as'ba; 'Abou-el-Bak'a alla même au-devant de lui. Cette étrange résignation ne lui servit de rien; car il fut immédiatement arrêté et mis à mort. Abou-Zakaria fut proclamé khalife. Abou-el-Bak'a avait régné deux ans et demi.

GOUVERNEMENT D'ABOU-ZAKARIA.

El-Moula-Abou-Zakaria-Iah'ia-ben-el-êmir-Abou-el-'Abbas-Ah'med-ben-ech-Cheikh-Abou-'Abd-Allah-Moh'ammed-el-H'iani-ben-el-Moula-'Abd-el-Ouah'ed-ben-Abou-Bekr-ben-ech-Cheikh-Abou-H'afez-'Omar fut salué khalife à Moh'amdïa, le 2 redjeb 721. El-Mezdouri l'avait déjà fait proclamer à la k'as'ba, comme on l'a dit plus haut. Le nouveau khalife passa ensuite une revue des troupes à Râs-et-Tâbia[1], et fit rayer des contrôles ceux qui y étaient illégalement inscrits.

Abou-Zakaria était un homme lettré, poli et connaissant les affaires. El-Moula-Abou-Iah'ia-Abou-Bekr-ben-et-Teskour[2] ayant pris les armes et s'étant avancé des provinces de l'Ouest vers lui, il sentit qu'il ne pour-

---

[1] Localité située hors de l'enceinte de Tunis, entre cette enceinte et le Bardô.

[2] Autre prince de la famille royale, frère d'Abou-el-Bak'a-Khâled, selon quelques historiens, ce qui est peu d'accord avec la généalogie que lui donne El-K'aïrouâni.

rait lui résister; car il n'était pas sûr des gens du pays. Il rassembla donc ses trésors, vendit tout ce que renfermait le palais, jusqu'aux livres réunis par Abou-Zakaria, et réalisa ainsi une vingtaine de quintaux d'or, non compris l'argent et les pierres précieuses; après quoi il se dirigea vers K'âbes. De là, il se rendit à Tripoli, où il resta jusqu'au moment où son fils Abou-Derba fut salué khalife. Ce fils, surnommé Abou-Derba, était l'êmir Abou-'Abd-Allah-Moh'ammed-el-H'iani. Quelques fautes de jeunesse l'avaient fait mettre en prison chez le k'âd'i, où il se trouvait encore lorsque arrivèrent les événements que nous venons de raconter. Rendu à la liberté par ces mêmes événements, il se disposa à aller au-devant d'El-Moula-Abou-Iah'ia. Sur ces entrefaites, un de ses partisans, nommé Hamza, fit changer la face des affaires. Il avait dans l'armée d'Abou-Iah'ia un parent appelé Ben-Abou-Illil, avec lequel il s'entendit pour jeter la crainte et le découragement dans l'esprit des soldats. Ces deux hommes réussirent si bien, qu'Abou-Iah'ia, voyant ses troupes refuser de s'avancer plus loin, fut contraint de regagner Constantine. Abou-Derba, débarrassé de lui, fut proclamé khalife à Tunis dans le milieu de cha'ban 717; mais le sort ne lui fut pas longtemps favorable; car Abou-Iah'ia, ayant repris les armes, le vainquit et le contraignit de se retirer à Mohdïa, où il se fortifia. Son père ayant appris ces événements à Tripoli, lui envoya des navires où il s'embarqua avec sa famille et ses trésors. Il se retira en Égypte, où Mâlek-Moh'ammed-ben-

K'alaoun[1] l'accueillit fort bien. Il avait régné huit mois et trois jours. El-Moula-Abou-Iah'ia prit les rênes de l'état.

GOUVERNEMENT D'ABOU-IAH'IA.

El-Moula-Abou-Iah'ia-Abou-Bekr-ben-el-Moula-Abou-Zakaria-ben-el-Moula-Abou-Ish'ak-Brahim-ben-el-Moula-Abou-Zakaria-ben-el-Moula-Abou-'Abd-Allah-Moh'ammed-el-Mestamer-ben-el-Moula-Abou-Zakaria-ben-el-Moula-'Abd-el-Ouah'ed-ben-Abou-Bekr-ben-ech-Cheikh-Abou-H'afez-'Omar fut proclamé le 18 de rebi'-el-oouel 718. C'était un homme d'un beau physique, plein de courage et généralement aimé. Il ne donna les emplois judiciaires qu'à ceux que l'opinion publique lui désigna comme dignes de les occuper. Son k'âd'i était Ben-'Abd-es-Sâlem. Ce magistrat, irrité de quelques conflits qui s'étaient élevés entre lui et le k'aïd Ben-el-H'akim, avait un jour fermé sa porte, résolu de cesser ses fonctions; mais le khalife l'ayant appris, le fit venir en sa présence, et lui ordonna de les reprendre. Il lui dit ensuite : « Je te citerais au tribunal de Dieu, si tu hésitais jamais à poursuivre un coupable, serait-ce mon propre fils. » Ce prince aimait et honorait les chérifs, que son grand-père Abou-Ish'ak' avait aussi constamment favorisés. Il leur abandonna le quart des revenus des immeubles affectés à divers services publics.

Abou-Iah'ia eut souvent la guerre avec les Beni-'Abd-el-Moumen. Les révoltes des Arabes l'obligèrent

[1] Souverain de ce pays.

aussi très-souvent de sortir de Tunis pour marcher contre eux. Il parvint à les soumettre, à sauver la tête de leurs cheikhs, et à pacifier le pays. Il fut surnommé El-Metouakkel-'Ala-Allah. Son k'aïd Ben-el-H'akim le rendit maître de Mohdïa, soumise alors à El-Djiani [1] et à son fils.

En 743, les Arabes, s'étant soulevés de nouveau, assiégèrent Tunis pendant sept jours. Ils furent repoussés, et le khalife les poursuivit jusqu'à Rekkâda. Il rentra ensuite à Tunis. Il prit pour ministre Ben-Tafradjin, qui fit arrêter le k'aïd Ben-el-H'akim, l'accabla de mauvais traitements, et confisqua ses biens. On dit qu'on trouva chez lui une cinquantaine de quintaux d'or, sans compter l'argent et les pierreries. Ben-el-H'akim possédait, en outre, plus de cent quarante immeubles. Il fut mis à mort.

On comptait à Tunis, sous le règne d'Abou-Iah'ia, plus de sept cents boutiques d'épiciers, et l'on y pétrissait plus de quatre mille kefiz de farine par jour. Quatre mille personnes y étaient employées aux diverses manipulations qu'exige la confection du pain.

L'Afrique prospéra sous son gouvernement. Il l'administra jusqu'en 747. Cette année-là, lorsque le k'âd'i le fit avertir qu'on entrait dans le mois de redjeb, il était à Abou-Fah'r. Il s'écria en recevant cet avis: « Quoi, déjà! » Puis il se leva, fit ses ablutions, se repentit de ses fautes, et annonça à ses parents et à ses amis qu'il devait mourir dans ce mois. Il monta ensuite à cheval,

[1] Ce Djiani commandait à Tripoli, ainsi qu'on l'a vu plus haut.

parcourut toute la ville, et rentra à la k'as'ba pour ne plus en sortir. S'étant gratté à l'épaule, il y fit venir un bouton qui lui occasionna une forte fièvre dont il mourut le 2 de redjeb [1], après avoir désigné son fils Abou-el-'Abbas pour son successeur. Ce prince était alors dans le Belad-el-Djerîd. Ses frères occupaient aussi divers emplois au dehors, à l'exception d'Abou-H'afez-'Omar qui était à Tunis, et qui s'empara du commandement.

GOUVERNEMENT D'ABOU-H'AFEZ-'OMAR.

El-Moula-Abou-H'afez-'Omar-ben-el-Moula-Abou-Iah'ia-Abou-Bekr-ben-el-Moula-Abou-Zakaria-ben-el-Moula-Abou-Ish'ak'-Brahim-ben-el-Moula-Abou-Zakaria-ben-el-Moula-Abou-'Abd-Allah-Moh'ammed-el-Mostans'er-ben-el-Moula-Abou-Zakaria-ben-el-Moula-'Abd-el-Ouah'ed-ben-Abou-Bekr-ben-ech-Cheikh-Abou-H'afez-'Omar-el-Hentati fut salué khalife le 2 redjeb, après la mort de son père. Tafradjin, dont on a parlé plus haut, fut celui qui le poussa à s'emparer du trône, sans tenir compte des dispositions de son père en faveur d'Abou-el-'Abbas. Ce dernier, informé de cette perfidie, rassembla les Arabes et marcha sur Tunis. Abou-H'afez-'Omar, toujours guidé par les conseils de Tafradjin, se mit à la tête de son armée, avec laquelle marchèrent les Mouah'eddin,

---

[1] El-K'aïrouâni ne dit pas que ce prince enleva à la famille Loria l'île de Djerba, dont Roger de Loria, le plus illustre personnage de cette famille, avait fait une principauté chrétienne en 1284 de J. C.

et il se porta à la rencontre de son frère. Lorsque les deux partis furent en présence, Tafradjin, craignant l'issue du combat, s'enfuit à Tunis, rassembla toutes ses richesses, et se dirigea vers l'Ouest. Abou-H'afez s'enfuit après lui, rentra à Tunis, et ensuite se retira à Bêdja. Abou-el-'Abbas, n'ayant plus d'ennemis devant lui, poursuivit sans obstacles sa marche jusqu'à Tunis. Il y entra, mais n'y resta que sept jours. Le huitième, au point du jour, Abou-H'afez pénétra dans la ville avec les siens. Abou-el-'Abbas, surpris, eut cependant le temps de prendre la fuite. Quant à ses Arabes, ils furent tous massacrés, soit par les troupes du khalife, soit par les habitants de la ville.

Abou-H'afez-'Omar régna jusqu'au moment où Abou-el-H'acen-el-Merini s'arma contre lui. Forcé alors de quitter Tunis, il se réfugia à K'âbes, où les partisans des Merini s'emparèrent de lui et le tuèrent. Son règne fut de dix mois et treize jours.

On doit à ce khalife l'édification de la septième mosquée khottaba [1], appelée Sidi-Iah'ia-es-Solimâni. On s'accordait à dire, à cette époque, que lorsque Tunis aurait sept mosquées de cet ordre, elle ne tarderait pas à être détruite de fond en comble. Aujourd'hui elle en a treize, et la sinistre prédiction ne s'accomplit pas.

---

[1] On appelle ainsi les mosquées principales, où l'on fait le vendredi la khotba, qui est la prière pour le souverain. Ces mosquées sont, pour les musulmans, ce que sont pour nous les églises paroissiales.

Abou-H'afez périt en 748, et le pays tomba au pouvoir des Beni-Merin.

GOUVERNEMENT D'ABOU-H'ACEN-'ALI-BEN-SAÏD-EL-MERINI.

Je dirai d'abord un mot de la famille de ce prince. Cet éclaircissement est nécessaire.

Les Beni-Merin sont des Zenata. Néanmoins tous les historiens ne sont pas d'accord sur ce point ; mais il est certain qu'ils tirent leur origine de Kis-R'rilan[1], et qu'ils étaient alliés aux Berbères. Les Kabiles berbères n'ont jamais vécu en fort bonne intelligence avec les Arabes, dont ils n'aiment pas le voisinage. Ce fut lorsque le prophète Daoud tua leur chef Djalout qu'ils se dispersèrent. Ils occupaient alors le pays de Saba[2]. Ils se dirigèrent vers l'Occident et s'établirent, les uns dans les montagnes et les autres dans les plaines. Quelques-uns adoptèrent, jusqu'à un certain point, les mœurs des Arabes, vivant avec eux dans les plaines, mais

---

[1] Selon 'Abd-el-Bar, auteur du Vᵉ siècle de l'hégire, ce Kis-R'rilan était un des premiers rois de l'Égypte, peuplée par les descendants de Kibt, fils de Cham, fils de Noé. Kis-R'rilan eut un fils appelé Ber, qui se sépara de lui et alla habiter le Nord occidental de l'Afrique. C'est de lui, toujours d'après le même auteur, que les Berbères tirent leur nom. On peut consulter à ce sujet, dans le tome II des Extraits et Notices des manuscrits de la Bibliothèque royale, un Mémoire de M. de Sacy, sur l'ouvrage intitulé : *Livre des Perles* de Cheab-ed-Din-el-Mokri.

[2] La Palestine, et non pas le pays de Saba, qui est l'Iemen. El-K'aïrouâni confond ici l'émigration des Sabéens d'Afrik'i avec celle des Chananéens.

conservant cependant des traces de leur état primitif.

Les Beni-Merin habitaient le Sud du Zâb d'Afrique, et, comme les Arabes, ils campaient tantôt ici et tantôt là, selon leurs besoins et leurs commodités. Leurs troupeaux consistaient principalement en chameaux, et ils se nourrissaient de dattes et de lait. En 610, ils pénétrèrent dans le Mor'reb, comme l'avaient fait les Lemtouna. Ils trouvèrent le pays presque désert, et les Mouah'eddin divisés entre eux. Leur présence ne s'annonça d'abord que par des actes de brigandage; ils interceptaient les routes et faisaient des courses de tous côtés. El-Mostans'er fit marcher contre eux des troupes qui furent battues. Peu à peu ils prirent de la consistance, se rendirent maîtres du Mor'reb, et passèrent même en Espagne. Le siége de leur gouvernement était à Tlemsên[1]. Le premier qui l'occupa fut l'êmir Abou-Moh'ammed-'Abd-el-H'ak'-Khâled-ben-Iah'ia-ben-Abou-Bekr-ben-Djimala-ben-Moh'ammed-ez-Zenati-el-Merini, puis vint Iah'ia-ben-Khâled. Cet êmir fit la guerre d'Arak' sous Iak'oub-ben-Mans'our, et fut tué dans cette guerre[2]. Vint ensuite l'êmir 'Abd-el-H'ak'. C'était un homme pieux, priant et jeûnant beaucoup. Il avait pour principe de n'user que de la viande de son propre troupeau. Les Beni-Merin le choisirent pour

---

[1] Nous pensons qu'il faut lire Têza et non Tlemsên. Têza est une ville du royaume de Fês, aux environs de laquelle les Beni-Merin s'étaient établis. Abou-Moh'ammed-'Abd-el-H'ak', leur premier êmir, y naquit.

[2] Voir la première partie de ce livre sur cette guerre.

chef à cause de ses vertus, et Dieu le favorisa. Ses quatre fils eurent le commandement après lui. On les nommait Abou-Saïd-'Otman, Abou-Ma'rouf-Moh'ammed, Abou-Bekr et Iak'oub. Ce dernier fit beaucoup de mal aux chrétiens de l'Espagne, où il passa plus de dix fois, portant à ces infidèles, qui donnent des ennemis à Dieu, le fléau de la guerre sainte, si méritoire aux croyants. Son histoire est très-étendue, et je ne puis m'en occuper ici.

Les êmirs Beni-Merin prirent le titre d'êmir-el-mouslemin, comme l'avaient fait ceux des Lemtouna. Ils détruisirent la dynastie des Beni-'Abd-el-Moumen. Dans le commencement de leur domination, les êmirs Beni-H'afez étaient nommés dans leurs prières. Peu à peu les Beni-Merin virent leur force et leur puissance décroître. Leur dynastie fit place à celle des chérifs, et aujourd'hui il ne reste plus personne de cette famille.

Ben-Tafradjin, dont j'ai déjà parlé plusieurs fois, fut la cause de la conquête de Tunis par Abou-H'acen. Ce personnage, en fuyant Abou-el-'Abbas, s'était retiré, comme nous l'avons vu, vers l'Ouest. Il se rendit auprès d'Abou-H'acen, et lui peignit cette conquête comme si facile, que ce prince, guidé par ses conseils, se détermina à l'entreprendre. Il s'empara de Constantine et de Bougie sans que personne osât lui résister; et il arriva à Tunis à la tête d'une armée si nombreuse que la ville n'était pas assez grande pour la loger; c'est pourquoi on en construisit, au-dessus de Sedjoun, une nouvelle qu'on appela Mans'oura. On assure qu'il reçut en un seul jour cinquante soumissions venues de l'Espagne, des Beni-'Abd-el-Ouah'ed, etc. Lorsqu'il se crut solidement établi, il se montra ingrat envers les Arabes, et ne tint pas les diverses promesses qu'il leur avait faites pour les attirer dans son parti. Ceux-ci prirent les armes, battirent les troupes qu'il fit marcher contre eux, et l'assiégèrent dans K'aïrouân, où il s'était retiré après sa défaite avec Tafradjin. Ceci eut lieu en 749. Au bout de quelques jours, ils firent demander ce dernier pour traiter de la paix, dirent-ils; mais lorsqu'il fut arrivé dans leur camp, ils le proclamèrent vizir du sultan qu'ils s'étaient donné et qui était Ah'med-ben-'Otman-ben-Abou-Dabbous, de la famille des Beni-'Abd-el-Moumen. Cet Abou-Dabbous était retiré à Tôzer lorsque le choix des Arabes tomba sur lui. Quand il eut son vizir, il alla s'établir à Tunis, se fit proclamer khalife et assiégea la k'as'ba où étaient enfermés le fils, les partisans et les trésors d'Abou-H'acen. On fit usage à ce siége d'un mendjenik'[1] confectionné par le maître Sa'ad.

Cependant Abou-H'acen, toujours renfermé dans K'aïrouân, gagna à prix d'argent les Oulad-Meh'elh'el, qui lui procurèrent les moyens de sortir de la ville et de se rendre à Souça. Il s'y embarqua aussitôt, et se dirigea sur Tunis. Lorsque la nouvelle de son évasion arriva dans cette ville, Tafradjin, craignant un retour de fortune, s'embarqua en rebi'-el-ooouel 749, et se sauva à Alexandrie. Cette fuite ayant jeté le découragement dans le parti, chacun abandonna Tunis et s'es-

[1] Machine de guerre.

quiva comme il put, de sorte que lorsque Abou-H'acen s'y présenta, il ressaisit sans peine le pouvoir; mais il trouva la ville dans un triste état. La peste y exerçait de si grands ravages qu'il y mourait jusqu'à mille personnes par jour. Le blé y était si cher, que le k'afiz se vendait huit dinars, disent les historiens de l'époque, qui trouvent ce prix exorbitant; mais s'ils avaient été témoins de ce que j'ai vu de mon temps, ils auraient pensé que c'était là de l'abondance. Le k'âd'i Ben-'Abd-es-Sâlem et le fak'ir Sidi-Iah'ia moururent cette année de la peste. Abou-H'acen reçut bientôt deux fâcheuses nouvelles; il apprit d'un côté qu'Abou-el-'Abbas marchait sur Tunis, et de l'autre que son propre fils 'Anan-el-Merini s'était emparé du souverain pouvoir dans le Mor'reb. Ce dernier ne s'était d'abord mis sur le trône que parce qu'on lui avait annoncé que son père était mort à K'aïrouân; mais lorsqu'il fut détrompé, il n'en persévéra pas moins dans son usurpation, et il écrivit à tous les chefs de tribu de s'opposer à la marche d'Abou-H'acen, s'il tentait de rentrer dans le pays.

Abou-H'acen, en apprenant ces nouvelles, se décida à s'embarquer pour le Mor'reb. Il laissa son fils El-Fâd'el à Tunis pour y commander en son nom; mais ce dernier en fut bientôt chassé par Abou-el-'Abbas, et se retira à son tour dans le Mor'reb. Toute cette histoire est fort longue, et j'ai été obligé de me restreindre pour ne pas entrer dans des détails qui m'auraient conduit trop loin.

Abou-H'acen et son fils gouvernèrent pendant deux

ans, six mois et quinze jours. Après eux, l'autorité souveraine revint à la famille des Beni-H'afez, dans la personne d'Abou-el-'Abbas [1].

GOUVERNEMENT D'ABOU-EL-'ABBAS.

El-Moula-Abou-el-'Abbas-el-Fâd'el-ben-el-Moula-Abou-Iah'ia-Abou-Bekr-ben-el-Moula-Abou-Zakaria-Iah'ia-ben-'Abd-el-Ouah'ed-ben-Abou-Bekr-ben-ech-Cheikh-Abou-H'afez-'Omar-el-Hentati fut salué khalife le 1er de zil-h'adja 750. Lorsqu'il se sentit bien assis sur le trône, il se livra sans réserve aux plaisirs. Les Arabes eurent sous ce règne beaucoup d'influence dans les affaires du gouvernement. Ils étaient soutenus par un des ministres, Ah'med-ben-'Alloun. C'était un homme vénal, qui vendait même la justice. Abou-el-'Abbas donna sa fille en mariage à un certain Arabe appelé Abou-Hamza, espérant consolider son autorité par cette alliance. Quelque temps après, Tafradjin arriva de l'Ouest, accompagné du cheikh 'Omar-ben-Hamza, frère de cet homme. Ce cheikh voulut employer le crédit de son frère pour faire obtenir à Tafradjin l'autorisation de rentrer à Tunis; mais le khalife ne voulut pas l'accorder. Il consentit cependant à avoir une entrevue avec lui hors de la ville; mais lorsqu'il fut arrivé avec sa suite au lieu désigné, des hommes apostés s'emparèrent de sa personne et le dépouillèrent des

---

[1] Frère d'Ali-H'afez-'Omar, qui s'était emparé du trône à son détriment après la mort d'Abou-Iah'ia.

insignes de sa dignité. Tafradjin entra ensuite à Tunis, fit proclamer khalife Abou-Ish'ak'-Ibrahim, et mettre à mort Abou-el-'Abbas, qui ne régna que cinq mois et quatorze jours. Ces événements eurent lieu vers la fin de djemâd-el-oouel 751.

GOUVERNEMENT D'ABOU-ISH'AK'-IBRAHIM.

El-Moula-Abou-Ish'ak'-Ibrahim-ben-el-Moula-Abou-Iah'ia-Abou-Bekr-ben-Abou-er-Rah'mân-ben-Abou-Iah'ia-Zakaria-ben-Moh'ammed-el-Mestamer-ben-Abou-Zakaria-Iah'ia-ben-'Abd-el-Ouah'ed-ben-Abou-Bekr-ben-Abou-H'afez-'Omar, qui succéda à son frère dans le khalifat, prit Tafradjin pour vizir. Cet ambitieux affecta même le pouvoir souverain, et, dans le fait, c'était lui qui était le véritable monarque. Il se fit rendre les honneurs qui ne sont dus qu'aux rois; mais il mécontenta les Arabes en les privant des emplois qu'ils occupaient à Carthagène, à K'aïrouân, à Souça, à Bêdja, à Tebresk, à El-Orbes, et qu'il donna à ses créatures.

En 755, Abou-'Anan-el-Merini s'empara de Bougie et en chassa les Mouah'eddin. En 756, les chrétiens se rendirent maîtres de Tripoli; ils y restèrent cinq mois, puis ils en enlevèrent tout ce qu'ils purent et partirent[1]. En 758, Abou-'Anan prit Constantine. Vers

---

[1] Cet événement eut lieu en 1343 de l'ère chrétienne. Ce fut un acte véritable de piraterie commis par Philippe Doria, amiral de la république de Gênes, sans l'autorisation de son gouvernement, qui le désavoua.

la fin de cha'ban, son avant-garde se présenta devant Tunis. Tafradjin voulut d'abord défendre cette ville; mais ayant appris qu'Abou-'Anan allait s'avancer avec le reste de son armée, il prit la fuite et courut s'enfermer à Mohdïa. L'avant-garde s'empara alors de la ville, où Abou-'Azan fut proclamé khalife, quoiqu'il n'eût pas encore quitté Constantine. Tout le pays le reconnut, à l'exception de Mohdïa, Souça et Tanger. Cet état de choses dura deux mois, puis Abou-'Anan s'étant mis en marche pour se rendre à Tunis, ses troupes se révoltèrent en chemin, et il fut obligé de s'enfuir dans le Mor'reb. La garnison de Tunis, soit crainte, soit tout autre motif, abandonnait en même temps la ville et s'embarquait précipitamment, sans même enlever ses bagages. Tafradjin quitta alors Mohdïa, retourna à Tunis, et y fit de nouveau proclamer Moula-Abou-Ish'ak-Ibrahim en zil-h'adja 758.

En 760, les chrétiens s'emparèrent de H'amâmat. En 761, le khalife reprit Bougie sur les Beni-Merin. En 766, il épousa la fille de Tafradjin. Le contrat de mariage fut rédigé par Ben-Marzouk', et le cheikh Ben 'Arafat en fit lecture au khalife. Sa dot fut de douze mille dinars et trente esclaves. Tafradjin mourut peu de jours après la célébration de ce mariage. En 767, on remit à neuf les sentences inscrites sur le dôme de la mosquée de l'Olivier, du côté du Sud. En 770, le khalife mourut de maladie. La durée de son règne fut de dix-huit ans, onze mois et quinze jours. Son fils, quoique bien jeune, lui succéda.

GOUVERNEMENT D'ABOU-EL-BAK'A-KHÂLED.

L'êmir Abou-el-Bak'a-Khâled-ben-Abou-Ish'ak'-Ibrahim-ben-Abou-Iah'ia-ben-Abou-Bekr-ben-Abou-Zakaria-Iah'ia-ben-el-Moula-Ibrahim-ben-Abou-Zakaria-Iah'ia-ben-el-Mestamer-ben-Iah'ia-ben-'Abd-el-Ouah'ed-ben-Abou-Bekr-ben-ech-Cheikh-Abou-H'afez-'Omar étant fort jeune, son vizir Ah'med-el-Belagui gouverna en son nom. Ce ministre commit une foule de concussions et d'injustices dont le pays eut beaucoup à souffrir, et qui excitèrent de vifs mécontentements. Alors Mestamer-ben-Hamza alla trouver El-Moula-Abou-el-'Abbas, qui était à Constantine, et l'engagea à saisir la couronne. Ce prince se laissa tenter, et se mit en marche pour Tunis. Tous les hommes importants allèrent au-devant de lui, et se rangèrent de son parti. Le jeune khalife, assiégé dans la k'as'ba, prit la fuite par la porte d'El-Djezira avec les siens ; mais il fut poursuivi et arrêté. Quelques jours après on l'embarqua avec son frère pour les envoyer en exil ; mais une tempête les fit périr en pleine mer.

Le règne d'Abou-el-Bak'a ne fut que d'un an et neuf mois.

GOUVERNEMENT D'ABOU-EL-'ABBAS-AH'MED.

El-Moula-Abou-el-'Abbas-Ah'med-ben-el-êmir-Abou-'Abd-Allah-Moh'ammed-ben-Abou-Iah'ia-ben-Abou-Bekr-ben-Abou-Zakaria-Iah'ia-ben-el-Moula-Ibrahim-ben-el-Moula-Iah'ia-el-Mostans'er-ben-Iah'ia-ben-'Abd-el-

Ouah'ed-ben-Abou-Bekr-ben-Abou-H'afez-'Omar fut proclamé khalife à Tunis le 12 rebi' 772. C'était un homme bon, sage et courageux. Il avait fait longtemps la guerre en Occident. Se trouvant à Tlemsên avec le sultan Abou-Sâlem-el-Merini, il alla demander la bénédiction du saint cheikh Abou-Mehedin[1], et promit devant lui de rendre toujours le bien pour le mal. Lorsqu'il se fut emparé du pouvoir, il chercha à détruire les abus, et surtout à empêcher les Arabes de tenir les villes sous leur dépendance. Ayant appris que le fils de Tafradjin leur donnait des conseils pernicieux, il le fit arrêter et l'envoya à Constantine, où il mourut en prison. Il ne se départit de sa sévérité avec les Arabes que lorsqu'ils n'eurent plus parmi eux de chefs dangereux et remuants. Il se rendit maître de K'afs'a et de Tôzer, arrêta les cheikhs qui y commandaient, et confisqua leurs biens.

On compte parmi ses bonnes actions l'établissement de lecteurs publics à la mek's'oura[2], située à l'Ouest de la mosquée de l'Olivier, et la construction d'une fontaine près de la porte de Carthage. Il assura l'existence de ces deux créations par des h'abous[3] dont les revenus leur furent affectés.

Il fit construire un fort à l'Est de Carthage, et un hôtel dans la rue d'Abd-es-Sâlem, près de la grande

[1] On voit encore le tombeau de ce marabout, souvent visité par les musulmans, dans un joli village qui porte son nom, à un quart de lieue de Tlemsên.

[2] Salle d'étude dépendante d'une mosquée.

[3] On appelle ainsi des immeubles engagés à perpétuité à des établissements publics ou à des corporations. La nue-propriété ou h'abous

mosquée. Il y passait ordinairement le temps du ramad'ân. Il abolit la difa, c'est-à-dire les fournitures de vivres imposées aux habitants du pays lorsque la cour était en voyage.

Ce khalife a mérité tout le bien que Ben-ech-Chemma a dit de lui. Le savant Bedr-ed-Din-ed-Domamini[1] composa en son honneur une magnifique pièce de vers, dont Ez-Zarchi, qui l'a commentée, a fait ressortir toutes les beautés. Il la lui envoya d'Alexandrie; mais ce prince ne lui fit pas un présent proportionné à l'ouvrage, car il ne lui paya qu'un dinar la stance. Le poëte s'en plaignit, et celui qui était chargé de lui remettre ce mince cadeau de la part du khalife, lui dit, par une sorte de pudeur, qu'on lui en enverrait autant tous les ans. Autrefois les princes donnaient mille dirhems par stance. Er-Rachid, en rétribuant ainsi Abou-H'afsa, en avait établi l'usage. Les vers sont une marchandise qui a ses temps de hausse et ses temps de baisse. De nos jours, composez vos stances de perles, on vous rendra de la terre.

Bedr-ed-Din avait pris pour sujet de son œuvre la

---

peut être séparée de la jouissance. Par exemple, on peut constituer un immeuble h'abous en faveur d'un établissement, et cependant en conserver la jouissance à ses héritiers du sang. Alors l'établissement n'entre en possession qu'à l'extinction de la famille. C'est un moyen de prévenir les confiscations si fréquentes et si arbitraires dans les états despotiques. L'étude des h'abous, appelés ouak'f en Orient, est une des parties les plus importantes du droit musulman.

[1] Bedr-ed-Din-Abou-'Abd-Allah-Moh'ammed-ben-Abou-Bekr-el-Makhzouni-ed-Domamini, poëte et commentateur.

conquête que fit le khalife de la ville de K'âbes. Cette ville avait d'abord appartenu aux princes de Senhadja. Les Beni-Helal la leur enlevèrent et la possédèrent jusqu'au temps des Beni-'Abd-el-Moumen, qui s'en rendirent maîtres. Elle fut depuis possédée par K'arak'ouch l'Arménien, mamelouk de Mâlek-el-Medser, gouverneur d'Égypte. Les Beni-H'afez s'en étaient emparés au commencement de leur domination. Elle se révolta contre l'êmir Abou-el-'Abbas-Ah'med, qui la reprit après un siége opiniâtre. Voici un des vers de la pièce d'Ed-Domamini :

Sous votre règne, une lumière qui fait pâlir celle du jour a éclairé K'âbes.

L'interprète 'Abd-Allah, ancien prêtre chrétien converti à l'islamisme, a fait un pompeux éloge de ce khalife dans son ouvrage intitulé : *Tenfet-el-adib-fi-rad-'ala-ahel-es-Selib* [1].

Sous le règne d'Abou-el-'Abbas, les Génois et les Français arrivèrent à Mohdïa avec une flotte de quatre-vingts vaisseaux et débarquèrent. Ils y restèrent deux mois. Le khalife fit marcher des troupes contre eux, et, après plusieurs combats, les chrétiens, vaincus, furent obligés de se rembarquer [2].

[1] Le titre de cet ouvrage peut se traduire ainsi : « Réponses victorieuses aux arguments des adorateurs de la Croix. »

[2] Cette expédition est racontée fort au long dans la chronique de Froissart. Les Génois en conçurent le projet, et, mettant à profit une trêve qui venait d'être conclue entre la France et l'Angleterre, et laissait sans occupation les guerriers de ces deux royaumes, ils firent

Abou-el-'Abbas-Ah'med mourut le 3 cha'ban 796, âgé de soixante-sept ans, après un règne de vingt-quatre ans et quatre mois, pendant lequel il releva la gloire de la dynastie des Beni-H'afez et la fit briller d'un nouvel éclat. Son fils, Es-Sa'ïd-Abou-Farez, compléta son œuvre, étouffa tout esprit de révolte chez les Arabes, et fit fleurir les écoles publiques.

GOUVERNEMENT D'ABOU-FAREZ.

L'êmir el-moumenin Abou-Farez-'Abd-el-'Aziz-ben-el-Moula-Abou-el-'Abbas-Ah'med-ben-Abou-'Abd-Allah-Moh'ammed-ben-Abou-Iah'ia-ben-Abou-Zakaria-Iah'ia-ben-Brahim-ben-Abou-Zakaria-ben-el-Mostans'er-ben-Iah'ia-ben-'Abd-el-Ouah'ed-ben-Abou-Bekr-ben-ech-Cheikh-Abou-H'afez-'Omar-el-Hentati prit les rênes de l'état immédiatement après la mort de son père. Ce fut un des meilleurs princes qui aient occupé le trône. Il fit régner le bon ordre dans ses états. Il avait de la fermeté, il respectait les marabouts, honorait les

appel à tous les chevaliers de bonne volonté. Le pays conquis devait rester aux Génois, qui fournirent la flotte et pourvurent à toutes les dépenses. Afin d'intéresser encore plus la France dans cette affaire, ils offrirent le commandement de l'expédition à l'un des princes de la famille royale, au choix du roi Charles VI. On leur envoya le duc de Bourbon, dont l'impéritie fit échouer l'entreprise. Les chrétiens restèrent soixante et un jours devant Mohdia, bloquant plutôt qu'assiégeant la place. Ils se rembarquèrent aux approches de la mauvaise saison. Du reste, il n'y eut aucun combat sérieux. Ainsi il n'est pas exact de dire que les chrétiens furent vaincus par les Arabes ; ils le furent par l'incapacité de leur général.

savants, et recherchait les gens de bien, sur l'exemple desquels il réglait sa conduite. Il aimait à faire des aumônes. Tous les ans, il remettait aux conducteurs des pèlerins une certaine somme pour les temples de la Mecque et de Médine et pour les savants de l'Orient. Les musulmans d'Espagne reçurent souvent de lui des secours en grains et autres subsides, pour les aider dans leurs guerres contre les ennemis de la religion.

Il fit construire une bibliothèque près de la grande mosquée, dans un endroit appelé *Helal;* il y réunit les livres fondamentaux, et permit aux savants d'y entrer à certaines heures, soit pour y lire, soit pour y prendre des notes; des agents spéciaux étaient chargés de mettre à leur disposition tout ce dont ils pourraient avoir besoin. Il s'occupait beaucoup lui-même de la lecture des livres de science.

L'interprète dont il a déjà été question nous apprend, dans son ouvrage, qu'il abolit plusieurs droits qu'il était d'usage de percevoir au profit du trésor. Ils étaient considérables; car le marché dit Rehadena rapportait...................................... 3,000 dinars.

La Rah'ba.......................	5,000
Le marché aux légumes...............	3,000
Les 'Attarîn ou droguistes.............	150
Le marché à l'huile..................	50
Le marché au blé...................	1,000
Le marché au bois..................	1,000
Dar-ech-Cheroul....................	3,000
Le marché El-Kechâchîn..............	200
Es-Safàrîn.........................	200

Il fut clément, sage et juste. Il gouverna toujours suivant la loi de Dieu et les préceptes du prophète. Gardien rigide des bonnes mœurs, il envoya en exil les hommes qui se livraient à des amours infâmes. La sagesse de son administration étant connue au loin, les caravanes arrivaient en foule, dans ses états, de tous les points du monde.

Il fit des courses en Sakalia, et en rapporta un immense butin. Il se rendit maître de K'âbes, Tripoli, El-H'ama, K'afs'a, Tôzer, Neft'a, Biskra, Bougie et Constantine, et pénétra enfin jusqu'au Sah'ra. Il réduisit les Arabes, si souvent redoutables à ses prédécesseurs, et les obligea de payer la zekket et l'achour[1]. En parlant de Fês, l'auteur de K'ertas[2] dit qu'Abou-Farez envoya un superbe présent à Iak'oub-el-Merini, qui était dans cette ville lorsqu'il le reçut, et que la même année il en reçut lui-même un non moins magnifique que lui envoya En-Nâc'er-ben-K'elaoun[3], comme témoignage d'estime et d'affection. Ce prince augmenta l'éclat de la fête du Mouloud. Que Dieu lui fasse miséricorde! Il était digne de porter le beau titre d'êmir-el-moumenin, bien plus digne que ceux qui se sont laissé dominer par les méchants. Ben-H'edja-el-H'amoudi nous

---

[1] La zekket est l'impôt religieux prescrit par le Koran Il est de deux et demi pour cent de la valeur estimative des effets mobiliers et des troupeaux, et de dix pour cent pour les récoltes. Aussi, dans ce cas, l'appelle-t-on 'achour, équivalent de notre mot dîme. On voit que l'achour n'est qu'une forme de la zekket.

[2] C'est une histoire de Fês, écrite par Abou-Zohra.

[3] Sultan d'Égypte de la dynastie des mamelouks baharites.

apprend, dans son ouvrage intitulé *K'ahoua-el-Encha*, qu'il composa en l'honneur de ce prince plusieurs morceaux de poésie, et qu'il fut dignement récompensé.

Ben-ech-Chemma raconte qu'il prit Tlemsên et s'avança jusqu'auprès de Fês[1]. Le cheikh Er-Rechea dit l'avoir vu dans la première de ces deux villes en 840. Il ajoute que le k'âd'i et le mufti de son armée s'appelaient, l'un Abou-'Abd-Allah-Moh'ammed-ech-Chemma, et l'autre Abou-'Abd-Allah-Moh'ammed-el-H'acen. Ce fut le premier qui lut, dans une des mosquées de Tlemsên, l'acte de soumission adressé au khalife par les habitants de cette ville, au milieu d'un nombreux auditoire de savants, parmi lesquels il cite Ben-Marzouk', Abou-el-K'acem-el-Ok'bani, Ben-el-Imam et Ben-en-Nedjâr.

---

[1] Voici, sur la guerre qu'Abou-Farez porta dans le Mor'reb, quelques détails indispensables qu'El-K'aïrouâni ne donne point : Moh'ammed, frère d'Abd-el-Ouah'ed, roi de Tlemsên, voulant s'emparer du trône, parvint à mettre dans ses intérêts Abou-Farez, qui lui fournit des troupes pour exécuter son projet. Le roi de Tlemsên, vaincu, prit la fuite, et, par une étrange résolution, il alla demander asile à celui de Tunis, dont les troupes venaient de le renverser du trône. Ce monarque, touché de cette marque de confiance, l'accueillit avec cordialité, et finit par concevoir pour lui tant d'affection, qu'il alla le rétablir, à main armée, dans ses états, et en chasser celui qui les avait usurpés avec son aide. Abou-Farez étant retourné à Tunis après cette expédition, Moh'ammed, qui s'était retiré dans les montagnes, s'empara de nouveau de Tlemsên, et fit périr son frère. Furieux à cette nouvelle, Abou-Farez marcha une seconde fois vers le Mor'reb, se rendit maître de la personne du fratricide et le fit mettre à mort. Il plaça sur le trône de Tlemsên un fils de celui qu'il venait de venger.

J'ai lu dans l'ouvrage de Barak'at-ech-Cherif[1], qu'Abou-Farez, sur les plaintes que lui adressèrent, contre leur souverain Ah'med-el-Merini, les habitants de Fês, marcha contre ce prince, dont la sœur alla au-devant de lui, et désarma sa colère par un discours qui finissait ainsi :

Prince, tu es mortel, nous le sommes aussi, et tu comparaîtras un jour avec nous devant Dieu.

Abou-Farez voulut bien ne pas passer outre; mais il recommanda à El-Merini de traiter à l'avenir ses sujets avec plus de douceur.

En 835, selon Ben-ech-Chemma, les chrétiens firent une descente dans l'île de Djerba. Le khalife, qui se trouvait alors au Belad-el-Djerîd, se porta aussitôt de leur côté; mais ils se retirèrent à son approche[2].

On doit compter au nombre des bonnes œuvres d'Abou-Farez la destination qu'il donna à El-K'obala en dehors de la porte dite Bâb-el-Bah'ar, où il fit une chapelle consacrée à la prière et à l'étude. Selon l'interprète dont j'ai déjà parlé, c'était auparavant une taverne où se réunissaient les débauchés, et qui rapportait dix mille dinars à l'état.

Abou-'Abd-Allah-Moh'ammed, fils d'Abou-Farez, devait lui succéder. C'était un prince renommé par sa

[1] Il est encore question de cet auteur un peu plus loin au sujet de l'expédition de Charles-Quint à Alger, expédition dont il a écrit le récit.

[2] Cette expédition fut commandée par Alphonse, roi d'Aragon, en personne. Les historiens espagnols disent qu'Abou-Farez fut battu; mais ce qu'il y a de certain, c'est que les Aragonais ne restèrent pas maîtres de l'île.

douceur, sa bonté et sa piété. Ce fut lui qui fit bâtir la chapelle de Sedjoun. Il fit aussi élever une mosquée khettâba. Il fit construire également un bâtiment pour les t'olba; tous les savants, soit qu'ils fussent de passage, soit qu'ils habitassent la ville, pouvaient y lire, dormir et manger. Ce prince mourut en 833, et fut enterré dans la maison du cheikh Sidi-Mah'rez. S'il eût vécu, il aurait été le plus grand khalife de sa dynastie après son père.

Abou-Farez mourut de maladie en 837. Lorsqu'il sentit approcher sa fin, il fit les ablutions et s'habilla; il mourut peu après. Il fut enseveli dans le même tombeau que son fils. Il régna quarante et un ans, quatre mois et sept jours. Je me suis un peu étendu sur ce qu'il a fait, parce qu'il a été le meilleur et le plus glorieux roi des Beni-H'afez, dont l'histoire aurait été incomplète sans les détails où je suis entré. Dieu le récompense de ses bonnes œuvres, et l'élève dans l'autre monde comme il l'a élevé dans celui-ci!

GOUVERNEMENT D'ABOU-'ABD-ALLAH.

El-Moula-Abou-'Abd-Allah-ben-el-Moula-Abou-'Abd-Allah-Moh'ammed-ben-êmir-el-moumenin-'Abd-el-Farez-'Abd-el-'Azîz, dont la généalogie est connue, fut salué khalife dans la matinée de l'Aïd-el-kebir (la grande fête), le jour de la mort de son grand-père. Il fit son entrée à Tunis le 10 moh'arrem 838. Il fut vaillant, doux, affable et généreux. A son avénement, il ouvrit les trésors de l'état, et distribua de l'argent aux directeurs des écoles publiques, aux pauvres, aux veuves et aux orphelins. Il n'oublia pas les musulmans d'Espagne, à qui il envoya des subsides pour les aider dans leurs guerres contre l'infidèle. Il fit édifier la zaouia de Sidi-Ah'med-ben-'Arous, ainsi que la fontaine de la porte d'Abou-Sa'doun, et affecta des h'abous à leur entretien. Il commença la construction d'un bâtiment destiné aux savants dans la rue Falka, mais il n'eut pas le temps de l'achever. Obligé de marcher contre les Arabes, il s'avança jusqu'à K'afs'a, les faisant fuir dans toutes les directions. Là, il fut atteint de la maladie qui le conduisit au tombeau. Il rentra à Tunis, où il fut continuellement malade jusqu'à sa mort, arrivée dans la nuit du vendredi 22 safar 839. Il régna un an, deux mois et onze jours. Il fut enseveli auprès de son père.

GOUVERNEMENT D'ABOU-'OMAR.

El-Moula-êmir-el-moumenin-Abou-'Omar-'Otman-ben-el-Moula-Abou-'Abd-Allah-Moh'ammed-ben-el-Moula-Abou-Farez-'Abd-el-'Azîz fut salué khalife le jour de la mort de son frère. Tout le pays s'empressa de le reconnaître. Ce fut un des meilleurs khalifes de la dynastie des Beni-H'afez. Ce prince vécut de longues années et fit beaucoup de bien. Ses œuvres sont certainement inscrites chez le Tout-Puissant. Il fit construire une superbe école dans la rue de Sidi-Mah'rez-ben-el-Khalf, et une chapelle pouvant servir à la prière et à l'étude.

Des chambres y furent construites pour les t'olba [1], et des cuisiniers y préparaient des repas pour les pauvres. Il y avait aussi une fontaine pour l'utilité publique. Des h'abous furent affectés à l'entretien de ces établissements. Une partie du bâtiment de l'école existe encore, mais l'école elle-même a disparu. Une autre zaouia [2], avec chapelle pour la prière, salle d'étude et chambres pour les étudiants, fut construite à 'Aïn-ez-Zemit. On y faisait aussi des distributions de vivres aux nécessiteux de la ville et aux voyageurs. Des h'abous furent affectés à cet établissement, dont il ne reste plus de traces. La bibliothèque de la Mak'soura, qui est à l'Est de la grande mosquée, fut augmentée en livres fondamentaux; on y établit des gardiens; des rentes furent constituées pour en assurer l'existence. De nos jours, il n'existe plus de livres dans cet établissement. Les h'abous qui y étaient affectés existent encore, mais les revenus ont reçu une autre destination. Les livres disparurent à l'époque où les ennemis de notre foi s'emparèrent de la ville, ainsi qu'on le verra plus tard.

Trois petites écoles, où l'on apprend à lire aux enfants, furent établies sous ce règne : l'une au pied de la hauteur qui est au delà de la grande mosquée, et les deux autres sur la place de Bâb-el-Menâra. Les vastes midât [3], situées au Sud de la grande mosquée, sur le

---

[1] On désigne ainsi en Afrique des hommes instruits en théologie qui vivent dans les établissements religieux.

[2] Hermitage, petit établissement religieux.

[3] On appelle ainsi un local destiné aux purifications des musulmans.

chemin d'Abou-Sâlem, furent construites à cette époque. Des rentes étaient affectées à leur entretien. Aujourd'hui cet utile établissement tombe en ruines, et bientôt il n'existera plus.

Le bâtiment dont 'Abd-el-'Aziz avait jeté les fondements près de la rue Falk'a, qu'il destinait à une grande école, et qu'il n'eut pas le temps d'achever, fut continué. Rien n'y fut épargné, et des rentes lui assurèrent un long avenir. Cette école existe encore; mais les h'abous qui lui furent affectés étant tombés en ruines, on a vu, dans ces derniers temps, les t'olba y prendre des repas proportionnés à l'exiguïté des ressources dont l'établissement disposait encore. En 1090, cet établissement et ses h'abous sortirent de leurs ruines, grâce à son directeur le cheikh Abou-'Abd-Allah-Moh'ammed, qui lui rendit un certain éclat.

Abou-'Omar-'Otman honorait les chérifs, leur faisait du bien et protégeait les voyageurs. Il avait l'habitude de faire chaque année une tournée dans ses états pour maintenir l'ordre et punir les Arabes qui le troublaient; du moins voilà ce qu'en dit Ben-ech-Chemma.

Ez-Zarak'chi[1] a écrit son histoire. Je vais en extraire quelques passages, tout en abrégeant, comme je l'ai fait pour l'ouvrage de Ben-ech-Chemma.

Cet auteur rapporte qu'un jour il marcha contre les

Il renferme des cabinets d'aisances, des fontaines et des bassins pour ablutions.

[1] Cassiri mentionne un auteur de ce nom, mort en Égypte en 794; mais ce ne peut être celui-ci, qui est bien postérieur à cette époque.

Arabes, et parvint, par ruse, à attirer plusieurs de leurs chefs dans son camp. C'étaient Nàc'er-ed-Douâdi, Moh'ammed-ben-Sa'ïd, Isma'ïl-ben-Derrar et quatre autres. Il fit à chacun d'eux un cadeau de mille dinars, puis il les invita à aller passer la nuit chez les k'aid. Le lendemain ils étaient morts. Abou-'Omar punit les Arabes par où ils avaient péché. Les peuples peuvent être comparés aux scorpions, qui ne cessent de piquer que lorsqu'on leur a coupé la queue. Aujourd'hui les Arabes sont pires que par le passé. Que Dieu les extermine!

Le cheikh Er-Reça a parlé des guerres des Arabes dans son ouvrage intitulé *El-Fah'reçat*. Il dit que les Oulâd-Bellîl, les cheikhs les plus puissants de l'Afrique, réunirent leurs forces et vinrent assiéger Tunis. Abou-'Omar les combattit et les mit en fuite. On attribua ce succès aux prières de Sidi-Abou-el-K'âcem-el-Berzeli, qui ne cessait d'adresser des vœux au ciel pour l'extermination des Arabes.

Ce même auteur raconte aussi qu'en 852 ou 854 il y eut à Tunis une fête magnifique à l'occasion du mariage de l'héritier présomptif du trône, l'émir 'Abd-Allah-Moh'ammed-el-Meça'oud. Selon moi, il n'y a pas eu dans la famille des Beni-H'afez, un prince aussi doux et aussi pieux que celui-ci. Il fut le père de deux frères qui furent khalifes, et dont les descendants héritèrent du trône. Le cheikh Ben-el-Khelouf lui adressa un panégyrique qui lui a survécu. Il composa lui-même un ouvrage de piété, qui fut déposé près des tombeaux, à côté du boukhari que son père avait donné à la grande mosquée. Un lecteur rétribué en faisait lecture publiquement chaque jour de la semaine, après la prière du dimanche. On lui attribua plusieurs autres actions; mais je suis obligé de les passer sous silence, pour ne pas trop m'étendre sur le même sujet.

En 873, la peste se déclara à Tunis avec tant de violence, qu'il y mourait, a-t-on dit, quatorze mille personnes par jour, et que les pertes totales s'élevèrent à cinq cent mille, dont quatre cent mille en ville, et cent mille au dehors.

En 875, le puits à roue, nommé El-Mans'oura, situé près du Bordj-es-Sak'ra, au Nord de la montagne de Fatah', fut achevé; il était dans le voisinage de l'emplacement où l'on avait établi la chapelle dite *Es-Sak'ra*, qui roula un jour à la mer avec le rocher sur lequel elle s'élevait.

Abou-'Abd-Allah-Moh'ammed-el-Meç'aoud mourut en 855, dans le mois de djoumâd. Son corps fut déposé dans la sépulture de ses aïeux, auprès du cheikh Mah'rez.

Abou-'Omar-'Otman reçut d'Espagne un exemplaire du livre saint pour lequel il dépensa mille dinars. Il y fit faire un fourreau richement brodé, et le déposa près des tombeaux. Un t'âleb fut chargé d'en faire des lectures publiques trois fois par jour; savoir : avant la prière du matin, avant celle de midi et avant celle de l'ac'er.

Abou-'Omar fut le plus glorieux prince de l'Afrique

et régna plus longtemps qu'aucun de ses prédécesseurs. Il mourut vers la fin de ramad'ân 893. Son petit-fils lui succéda.

GOUVERNEMENT D'ABOU-ZAKARIA-IAH'IA.

El-Moula-êmir-el-moumenin-Abou-Zakaria-Iah'ia-ben-el-Moula-Abou-'Abd-Allah-Moh'ammed-el-Meç'a-oud-ben-el-Moula-Abou-'Omar-'Otman, fut salué khalife après la mort de son grand-père. Selon l'usage, il se mit à la tête de l'armée et sortit de Tunis. Peu de jours après son départ, des fuyards vinrent annoncer que les Arabes avaient battu ses troupes et qu'il avait été tué dans la déroute. Le lendemain de cette nouvelle, on promena en effet dans la ville, au bout d'une lance, une tête qu'on disait être la sienne. Abou-Moh'ammed, son cousin, prit aussitôt la direction des affaires. Il était fils d'Abou-Ish'ak'. Ceci se passa dans le mois de redjeb 893. Dans le courant de zil-h'adja, on apporta en ville le corps de l'êmir Abou-Zakaria-Iah'ia, présumé tué après sa défaite, et on l'inhuma près de Sidi-Ah'med-es-Sak'-ra. Rien ne pouvait donc faire douter de la mort de ce khalife, lorsqu'on le vit revenir vivant. Sa prétendue mort n'avait été qu'un jeu. Il serait trop long de donner les détails de cette intrigue. Il rentra donc à Tunis et fut de nouveau reconnu khalife. Il fut clément envers tout le monde et reçut la soumission de Bône, K'âbes, Sfax, et enfin de tout le pays. Il gouverna jusqu'en 899, époque où il mourut de la peste qui ravageait alors le pays, le 10 du mois de cha'ban. Il régna cinq ans, dix mois et vingt jours.

GOUVERNEMENT DU SULTAN MOH'AMMED.

El-Moula-Abou-'Abd-Allah-Moh'ammed-ben-el-Moula-Abou-Moh'ammed-el-H'acen-ben-el-êmir-Abou-'Abd-Allah-Moh'ammed-el-Meç'aoud-ben-el-êmir-el-moumenin-Abou-'Omar-'Otman fut salué khalife le jour de la mort de son cousin. Il s'installa dans le palais de ses prédécesseurs, et tout le monde s'empressa de lui rendre hommage. Moh'ammed était un prince doué d'une haute intelligence; il était doux, poli, éloquent, aimant le bien et ceux qui le font. Il avait beaucoup de vénération pour les santons. Ce fut lui qui fit bâtir la mek'soura annexée à la grande mosquée du côté de l'Est, et disposée de manière qu'elle a vue sur le Sud. On l'aperçoit de la rue des 'At't'arin et de celle des Cherrâbin. Il la munit de livres choisis et y plaça des gardiens. Cette bibliothèque était ouverte tous les jours, de midi à l'ac'er. Des rentes étaient affectées à son entretien.

A peu de distance, et à l'Est de cette mek'soura, il fit construire une fontaine, là où Moula-el-Mostans'er-Billah avait construit un aqueduc. Il chargea l'imam de la grande mosquée de veiller à sa conservation. Cet imam s'appelait Abou-el-Bark'ak-ben-Asfour; que Dieu leur remette leurs péchés à l'un et à l'autre!

Abou-el-K'âcem-ez-Zellaïdji mourut sous le règne de Moh'ammed en 902. Il fut inhumé dans sa propre chapelle, près de la porte Khâled, à Tunis. Le khalife assista à ses obsèques.

Un autre cheikh, Sidi-el-Mans'our-ben-Djerdan, mourut peu après, dans le mois de djoumâd 904. Il rendit le dernier soupir dans la mek'soura de l'Est, la tête appuyée sur les genoux de l'imam de la grande mosquée, à l'âge de quatre-vingt-cinq ans. L'imam le transporta lui-même dans sa maison, rue 'Abd-es-Salem, lava son corps et l'inhuma dans sa chapelle, au quartier dit *Haoumet-el-Fâr*.

Le khalife Moh'ammed eut de grandes guerres contre les Arabes; mais il ne fut pas heureux et perdit beaucoup de pays. Un jour, il fut battu près de K'aïrouân et rentra à Tunis avec huit cavaliers seulement. Ce fut cependant lui qui facilita au k'aïd Haroudj le Turc la prise d'Alger[1]. Il y avait alors dans cette ville un fort occupé par les chrétiens; Haroudj l'assiégea et s'en empara[2].

Après l'année 984, c'est-à-dire après que se furent passés à Tunis des événements dont je parlerai plus loin, l'empereur[3] arma une flotte pour attaquer Alger.

[1] Le roi de Tunis fut en effet très-utile à Baba-Haroudj, vulgairement appelé Barberousse, au commencement de sa fortune, en lui permettant d'établir ses dépôts à la Goulette et à l'île de Djerba; mais bientôt, craignant l'ambition de cet habile corsaire, il changea complétement à son égard : il lui refusa des munitions à l'époque de son second siége de Bougie, et ne lui fut d'aucun secours dans l'affaire d'Alger.

[2] Ceci est une erreur. Ce fort ne fut pris qu'après la mort d'Haroudj, par son frère Kheir-ed-Dîn, bien que les Turcs fussent maîtres de la ville depuis plusieurs années.

[3] Charles-Quint.

H'acen-Ar'a, lieutenant de Kheir-ed-Dìn-Bacha, se trouvait alors dans cette ville, ainsi que le cheikh des Chorfa. A la vue de cette flotte, H'acen voulut prendre la fuite, mais le chérif l'en empêcha et l'engagea à ne pas perdre courage. Sur ces entrefaites, survint une grande tempête qui fit périr la flotte des chrétiens. Les Algériens triomphèrent grâce à la mer, qui est leur plus grande défense; ils firent un riche butin.

J'ai pris ce que je viens de dire d'Alger dans l'ouvrage de Sidi-ech-Cherif-Bark'at. Le même auteur raconte que Moh'ammed, dans le commencement de son règne, envoya à El-Gouri, sultan d'Égypte, un riche présent où l'on remarquait, entre autres curiosités, des girafes. Ce présent fut offert par un certain Moh'ammed-el-Garibi, que le khalife avait chargé de cette mission. El-Garibi était cheikh à Bab-es-Souek'a; plus tard il causa de l'ombrage à Moh'ammed, qui le fit traîtreusement assassiner. L'auteur que je viens de citer dit encore qu'en 914 Ben-Cheraf enleva la ville de Tripoli à Moh'ammed, et qu'il la céda aux chrétiens. En apprenant cette nouvelle, Moh'ammed s'empressa d'envoyer une armée contre les chrétiens. Elle était commandée par Moh'ammed-Abou-H'addad, le plus vaillant de ses k'aïds. Le chef des chrétiens lui présenta le combat et fut fait prisonnier. Cet Abou-H'addad était k'aïd de Tôzer[1].

---

[1] Ces faits ne sont point exacts. Tripoli fut prise de vive force par les Espagnols, commandés par Pierre Navarre. Ben-Cheraf ne rendit que la citadelle, où il s'était retiré après la prise de la ville, et ne pou-

Le sultan Moh'ammed fut, on peut le dire, le dernier des Beni-H'afez. Ceux qui vinrent après lui n'en eurent que le nom, sans titres pour en soutenir l'éclat. Il mourut le 25 rebi'-el-akher 932. Son fils lui succéda.

GOUVERNEMENT D'EL-H'ACEN-SOLT'AN.

Abou-Moh'ammed-el-H'acen-ben-Moh'ammed-ben-el-Meç'aoud-ben-el-Moula-Abi-'Omar-'Otman fut salué sultan après la mort de son père, le jeudi 25 de rebi'-et-tani 932. Son premier soin fut de supprimer les anciens impôts et d'adopter, dans son administration, la manière de gouverner des osmanlis. Ses premiers actes n'eurent rien que de louable[1].

Ici finit ce que j'ai emprunté d'Ez-Zarak'ch. N'ayant rien trouvé d'écrit pour la période dont il me reste à raconter l'histoire, j'ai été réduit aux renseignements que m'ont fournis les habitants de Tunis. C'est pourquoi je n'entrerai pas dans de grands détails, me bornant à présenter les événements succinctement. Je ne m'assu-

---

vait tenir longtemps; il n'y eut pas de général chrétien pris; mais don Garcia de Tolède, père du fameux duc d'Albe, qui fit à quelque temps de là une descente à Djerba, y fut défait et tué.

[1] El-K'aïrouâni ne dit pas que Moula-H'acen dut le trône aux intrigues de sa mère, qui détermina son père à le désigner pour son successeur, quoiqu'il ne fût point l'aîné de la famille. Cette décision excita des murmures qui l'auraient peut-être fait révoquer, si une mort prompte et due, à ce qu'on croit, au poison administré par l'Agrippine africaine, n'était venu frapper Moh'ammed fort à propos pour Moula-H'acen. Ce dernier, en parvenant au trône, fit périr presque tous ses frères.

jettirai pas non plus à donner beaucoup de dates, dans la crainte d'erreurs. Je n'ai trouvé personne qui ait été porté de cœur à m'aider; mais je me confie en Dieu.

Les habitants de Tunis disent qu'El-H'acen ne tarda pas à changer de conduite, et qu'il se perdit ainsi dans l'esprit de ses sujets, qui, de tous côtés, se révoltèrent contre lui. A Souça, El-K'oleï, son parent, s'empara de l'autorité. Le cheikh 'Arafa se révolta à K'aïrouân : c'était un marabout qui descendait du cheikh Sidi-Mâmoun, lequel descendait lui-même des Chabiin. 'Arafa fit proclamer sultan un homme de Lemtouna, appelé Iah'ia, qu'il fit passer pour un membre de la famille des Beni-H'afez, venant du Mor'reb. Iah'ia portait en effet ce nom, mais il n'y avait pas droit. Le marabout dirigea les affaires en son nom. Plus tard ce Iah'ia, étant entré à Tunis à l'aide d'un travestissement, fut reconnu, arrêté sur le marché aux chevaux et décapité. Sa tête fut promenée dans toute la ville. Moh'ammed-ben-Abi-et-T'aïb, frère du cheikh 'Arafa, prit alors l'autorité à K'aïrouân, et continua la guerre contre le sultan El-H'acen jusqu'à ce que cette ville tombât au pouvoir de Dragut-Pacha. Celui-ci s'était établi à Tripoli. Les habitants de K'aïrouân se donnèrent à lui parce qu'ils étaient fatigués de l'administration de Moh'ammed-et-T'aïb et de ses guerres; mais ceci n'eut lieu que sous le règne d'Ah'med-el-H'afzi. Moh'ammed fut arrêté et pendu; ses partisans, contraints de s'exiler, allèrent vivre au dehors. On les appelait les Chabiin, parce que la famille de leur chef était originaire de

Chabba et de Sabia, villes situées près de Mohdïa, dans un canton appelé K'aboudïa[1]. Les Arabes qu'on nomme Drid dépendaient des Chabiin; ils se subdivisent en plusieurs tribus, qu'il serait trop long de mentionner. Parmi les exilés dont je viens de parler était le cheikh arabe 'Abd-es-Samet, qu'on a encore pu voir de notre temps. Il n'avait alors que quarante jours au plus. J'ignore le nom de son père; mais je pense que ce devait être Moh'ammed-ben-Abi-et-T'aïb. Il devint depuis cheikh des Drid. Il y a là-dessus une longue histoire qu'il est inutile de rapporter. 'Ali, son fils, qui s'appelait aussi Abou-Zagaïa, gouverna après lui. Sous l'administration de son petit-fils Abou-Zïan, beaucoup d'Arabes, soumis jusque-là à cette famille, se déclarèrent pour les Turcs. Ceux-ci s'établirent à K'aïrouân, que le fils d'Abou-Zïan fut obligé d'abandonner. Un Arabe des Chabiin leur en facilita les moyens; il s'appelait El-K'rali. Il serait trop long, et peut-être inutile, d'entrer dans plus de détails sur cette affaire.

Je reviens maintenant au sultan H'acen. Son fils commandait à Bône, et Constantine était au pouvoir des Turcs[2]. Sous ce règne, les Arabes se ruèrent sur un grand nombre de villes. Les Oulâd-Saïd surtout commirent de graves désordres. Ils dominaient presque tout le pays où les Merafa et les Sah'r avaient dominé avant eux. Ils s'en étaient emparés par suite de l'affai-

---

[1] Anciennement *Caput-Vada*. Ce fut là que débarqua Bélisaire.

[2] Depuis plusieurs années cette ville se gouvernait en république; elle se soumit à Kheir-ed-Dîn, lorsque celui-ci se fut emparé de Collo.

blissement de ceux-ci, et, dans leur orgueil, ils ne voulaient point reconnaître de supérieur. Cependant le sultan parvint à les faire tenir tranquilles en leur permettant de prélever quatre-vingt mille dinars sur le pays.

Ce fut sous ce sultan qu'Ibrahim-Pacha envoya une flotte contre Tunis. Ce pacha, enfant de sérail, avait été nommé vizir par le sultan Soliman, fils de Sélim, qui l'envoya en Égypte. Après qu'il se fut établi dans ce pays, il méconnut l'autorité de son maître, et battit monnaie en son propre nom. C'était un personnage superbe et hautain; il mourut en 941. Il entreprit l'expédition de Tunis, dont il donna le commandement à Kheir-ed-Dîn à l'insu du sultan.

A l'approche de la flotte, El-H'acen prit la fuite. Kheir-ed-Dîn entra à Tunis, et s'installa à la k'as'ba. Je ne sais au juste combien de temps il y resta; mais il est certain qu'il y était en 935 ou 936; enfin, avant 940, les habitants de Bab-es-Souek'a se révoltèrent contre lui. Le combat s'étendait de la k'as'ba à Bab-el-Benat et à H'omat-el-Eloudj. Le sang coula à flots. Puis enfin, Kheir-ed-Dîn ayant donné l'aman, la tranquillité se rétablit [1].

---

[1] Tout ceci est inexact et incomplet. Voici comment les choses se passèrent : Rachid, frère d'H'acen, échappé au massacre ordonné par celui-ci, se rendit à Constantinople pour solliciter la protection de Soliman. Kheir-ed-Dîn persuada à ce monarque de se servir du nom de ce prince pour s'emparer lui-même de Tunis. En conséquence on fit courir le bruit qu'on allait le rétablir dans ses états; mais, au moment où il allait s'embarquer sur la flotte qu'il croyait destinée à l'y conduire, il fut arrêté et jeté dans une prison, où il mourut. Kheir-ed-

Au nombre des mesures de sûreté que Kheir-ed-Dîn crut devoir prendre pour prévenir de nouveaux soulèvements, fut l'exil de Maggouch. C'était un savant très-distingué qui était en grand crédit auprès de El-H'acen. Il mit son exil à profit pour faire le pèlerinage de la Mecque. Il se rendit ensuite à Constantinople, où sa réputation de savant l'avait précédé. Il eut une conférence avec le mufti et les oulema. Tous avouèrent sa supériorité. Sa réputation grandit tellement, qu'il fut chargé de faire la prière devant le sultan Soliman-Khan. Il dut cette haute position à ses talents et à la bénédiction du marabout Sidi-Mans'our-ben-Djerdan.

Lorsque Kheir-ed-Dîn se fut consolidé à Tunis, il vit arriver du pays des chrétiens une flotte portant cent mille combattants. C'était El-H'acen qui avait demandé ce secours à l'empereur. Cet empereur (que Dieu le confonde!) commandait en Espagne. Il ne prit ce titre qu'après avoir reconquis ses états en partie révoltés. Il devint alors superbe et orgueilleux. Jamais ses aïeux n'avaient eu ce titre, qui était celui des rois d'Alle-

---

Dîn, poursuivant sa route, se présenta devant Tunis, annonçant qu'il venait mettre Rachid sur le trône. Les Tunisiens chassèrent aussitôt H'acen dont ils étaient las, et ouvrirent leurs portes aux Turcs; mais, une fois maître de la ville, Kheir-ed-Dîn jeta le masque, et déclara qu'il n'y avait plus d'autre souverain à Tunis que Soliman. Les Tunisiens, indignés, coururent aux armes; mais la force acheva ce que la perfidie avait commencé. Il est impossible qu'El-K'aïrouâni ait ignoré des faits aussi notoires. Il est donc à croire qu'il les a dissimulés pour ne point déplaire aux Turcs, sous la domination desquels il écrivait.

magne, lesquels le prenaient à cause de l'antiquité de leur monarchie. Chez ces peuples, le mot empereur a la même signification que khalife chez nous. Je fais cette remarque pour qu'on sache de quel empereur je veux parler [1].

Lorsque les chrétiens eurent débarqué, les Turcs et ceux des habitants du pays qui voulurent se joindre à eux marchèrent à l'ennemi. Kheir-ed-Dîn était à la tête des musulmans, dont les forces s'élevaient à dix-huit mille hommes. Le combat eut lieu à l'Est de Tunis, à Kherba-el-K'elkh [2]; il fut sanglant et terrible. Kheir-ed-Dîn donna en ce jour des preuves d'un grand courage. Il aurait peut-être triomphé, si les euldj [3] n'eussent ouvert les portes de la k'as'ba aux chrétiens, qui s'en emparèrent [4]. Il battit alors en retraite et se dirigea vers l'Ouest. Arrivé à Tabark'a, il fut attaqué par les Arabes, qui le harcelèrent jusqu'à Bône. Là, il s'embarqua avec ses troupes sur vingt navires et partit. Je donnerai plus loin la suite de son histoire.

El-H'acen entra à la k'as'ba. Le calme se rétablit; chacun regagna son domicile, les ouvriers retournèrent à leurs travaux, et les marchands ouvrirent leurs bou-

---

[1] Il est peut-être superflu de dire qu'il s'agit ici de Charles-Quint.
[2] Il est étrange qu'El-K'aïrouâni ne parle pas de la prise de la Goulette, qui a précédé ce combat.
[3] Renégats.
[4] Il y avait à Tunis vingt-cinq mille esclaves chrétiens qui brisèrent leurs fers pendant la bataille, et se rendirent maîtres du château. Kheir-ed-Dîn, qui craignait ce qui arriva, avait conçu l'affreuse pensée de les faire tous égorger; mais les officiers de son armée s'y opposèrent.

tiques. Le désordre avait disparu, lorsque tout à coup, sur les dix heures du matin, les chrétiens s'élancèrent dans les rues ouvertes de toutes parts, et se jetèrent sur les richesses exposées à leurs yeux, tuant ou arrêtant les musulmans qu'ils pouvaient atteindre. Les malheureux à qui cette attaque imprévue laissa le temps de prendre la fuite se réfugièrent en grande partie à Zar'ouân. La rage du chef des chrétiens les y poursuivit, et il fit promettre de grandes récompenses aux Arabes qui les livreraient. Il est à remarquer que les Arabes mirent plus d'acharnement à la poursuite des Tunisiens que les chrétiens eux-mêmes. Ils arrachaient des familles entières des retraites qu'elles s'étaient choisies pour sauver leurs têtes, et les livraient à leurs ennemis moyennant la récompense promise. La rançon était de mille dinars par homme, quelquefois plus, quelquefois moins; mais celui qui ne se rachetait pas des infidèles arabes tombait entre les mains des infidèles chrétiens. Ces terribles événements ont été désignés sous le nom d'*Événement de mercredi*. El-H'acen avait promis trois jours de pillage aux chrétiens; il tint parole.

Ben-Salama, qui aimait Tunis, a composé un poëme sur ce qu'était cette ville avant ces événements et sur ce qu'elle fut depuis. La Providence a des secrets impénétrables. On prétend qu'un tiers des habitants périrent, et que le nombre de ceux qui furent réduits en servitude s'éleva aussi à un tiers de la population; de sorte qu'il ne s'en sauva qu'un tiers. Chaque tiers a été évalué à soixante mille [1]. Les événements que je viens de rapporter sont de l'année 941 de l'hégire.

Je reviens maintenant à Kheir-ed-Dîn. Il partit donc de Bône avec ses vingt voiles, se dirigeant vers la Turquie. Il rencontra sur sa route un vaisseau monté par un envoyé d'Ibrahim. Ayant trouvé sur lui des preuves non équivoques de trahison de la part d'Ibrahim, il le fit prisonnier, et se rendit auprès du sultan Soliman. Ce dernier pardonna à Kheir-ed-Dîn, et tua plus tard, de sa propre main, le traître Ibrahim.

Ce ne fut qu'après l'expédition de Tunis que l'empereur tenta de prendre Alger. On sait ce qui lui en avint. On assure qu'en apprenant la destruction de sa flotte, il jeta sa couronne et jura de ne la reprendre que lorsqu'il aurait vengé sa défaite par une seconde expédition; mais les choses en restèrent là.

Les habitants de Tunis, lorsqu'ils surent qu'El-H'acen était décidément rétabli, quittèrent leurs retraites et revinrent petit à petit dans leurs domiciles. L'amour de la patrie est une affection à laquelle rien ne résiste et qui se lie à la religion. Le cheikh Es-Salem-el-H'aïraoui, homme compatissant, qui fut nommé k'âd'i, s'empressa de rétablir chacun dans son domicile. Il fit beaucoup de bien dans ces circonstances malheureuses. Que Dieu l'en récompense !

Les oulema de Tunis prétendent que dans sa jeu-

---

[1] Les historiens espagnols eux-mêmes disent qu'il périt soixante et dix mille personnes au sac de Tunis, une des plus affreuses boucheries dont l'histoire fasse mention.

nesse ce k'âd'i avait eu la pensée de se faire chrétien, et qu'il y renonça ensuite. Je crois que c'est une calomnie; car, en général, les oulema sont pétris de venin. Est-il présumable, en effet, que des savants attachés à leur religion aient présenté pour candidat, et par conséquent contribué à faire nommer k'âd'i un homme qui aurait eu une pareille faute à se reprocher?

Au commencement de l'année 905, El-H'acen rassembla les Arabes et ses soldats, et tenta de reprendre K'aïrouân des mains des Chabiin. Arrivé près de cette ville, il campa en un endroit nommé Batn-el-K'ern. Les habitants de K'aïrouân, informés de sa venue, firent une sortie pendant la nuit et l'entourèrent. Il ne put se sauver qu'en s'ouvrant un passage à travers leurs rangs, et en abandonnant ses bagages, qui furent la proie de l'ennemi. El-H'acen, indigné de sa défaite, jura de n'en pas rester là, et se promit bien d'employer, pour réduire les gens de K'aïrouân, le secours des chrétiens, comme il avait fait pour ceux de Tunis. A cet effet, il s'embarqua pour le pays des chrétiens, afin de leur demander une armée comme la première; mais personne n'a le pouvoir de changer les décrets de Dieu. Dieu est juste; aussi fit-il tourner contre El-H'acen le mal qu'il voulait faire à K'aïrouân. Son fils commandait à Bône. Connaissant les malheurs arrivés à Tunis, et sachant que son père en préméditait d'autres, il s'alarma pour le sort du pays, et se rendit en secret à Tunis. Là, il se concerta avec les grands et avec ses amis sur la conduite qu'il devait tenir pour faire avorter les projets de son père. Le cheikh 'Omar-el-Djebbali, cheikh de Bab-el-Djezira, et dont les fils se sont succédé dans ce poste, l'encouragea dans cette entreprise. Il s'agissait d'enlever la k'as'ba. Le fils d'El-H'acen, arrivé au lieu où a été depuis la maison de feu Moh'ammed-Pacha, hésitait à aller plus loin. Le cheikh 'Omar le poussa par les épaules, en lui signifiant impérieusement d'avancer. Ainsi excité, il avança, et pénétra dans la k'as'ba sans avoir rencontré personne qui se fût opposé à son passage. Lorsqu'il y fut installé, tout le monde vint à lui et le reconnut sultan. Il dit au peuple qu'il ne s'était jeté dans cette entreprise que parce qu'il compatissait aux maux qu'ils avaient soufferts, et qu'il voulait prévenir ceux dont ils étaient encore menacés. Son discours plut à la multitude. Il commença si bien son règne, qu'il s'attira l'affection de presque tous ses sujets. Cependant quelques partisans d'El-H'acen firent parvenir la nouvelle de ce qui venait de se passer, aux chrétiens établis à H'alk'-el-Ouad; ceux-ci expédièrent aussitôt une frégate à El-H'acen pour l'instruire de la conduite de son fils. El-H'acen entra dans une grande fureur lorsqu'il apprit ce qui s'était passé en son absence. Il prodigua l'argent et revint vers Tunis avec une flotte considérable portant beaucoup de troupes [1].

Lorsque Ah'med, fils d'El-H'acen, et les gens de la ville apprirent que les chrétiens étaient débarqués, ils furent saisis de consternation et craignirent le renou-

[1] Il n'avait que deux mille aventuriers recrutés à Naples.

vellement des scènes sanglantes qui avaient affligé Tunis. Cependant, il fallait défendre ses biens. Grands et petits, jeunes et vieux, tous le comprirent et se préparèrent à la résistance. Ah'med fit publier qu'il donnerait cent dinars à tout musulman qui lui apporterait une tête, ou qui lui conduirait un prisonnier. Il s'assit à la porte de la k'as'ba, ayant auprès de lui des sacs remplis de dinars, excitant tout le monde au combat. Les musulmans marchèrent au combat sans chef. Leurs rangs s'étendaient de Kherba-el-K'elkh à Sania-el-Eunab. Sidi-Abi-el-Mah'djoub était présent à cette affaire. Il se tint debout, pendant l'action, sur une éminence que l'on appelle K'oudiat-el-Firan. Ce marabout, ayant ramassé une poignée de terre, lut le H'ezb-el-Bh'ar du cheikh Ech-Chadli[1], et, lorsqu'il l'eut terminé, il jeta cette terre dans la direction de l'ennemi en disant : « A leur visage, à leur visage, à leur visage ! »

Les deux armées étaient en présence, et s'observaient réciproquement sans en être encore venues aux mains, lorsqu'on vit sortir de la ville une troupe de deux cents hommes portant un drapeau vert. El-Mâlleni-'Omar la commandait; elle se dirigea vers l'armée en suivant les bords de l'étang, près des cabanes de Sidi-Sefian. Son arrivée fut le signal du combat. 'Omar s'élança sur l'ennemi, et tout le monde le suivit. Les musulmans chargèrent avec courage et furent vainqueurs. Le peuple voué au démon prit la fuite. La

[1] Et-Tadj-ed-Dîn-Abou-H'acen-ech-Chadli, auteur, entre autres ouvrages, d'une Biographie des saints musulmans.

vraie foi triompha, et Dieu brisa les membres des infidèles. On en fit un tel carnage, qu'on n'avait jamais vu pareille chose [1]. J'ai entendu dire que le sultan Ah'med donnait d'abord cent dinars par tête d'infidèle, mais que cette rétribution, diminuant à mesure que le nombre des têtes augmentait, se réduisit à dix dinars, puis à un seul.

Le cheikh Sidi-'Abd-Allah-ben-Dâoud prit part à ce combat. Sa main s'attacha pour ainsi dire à la poignée de son sabre, tellement elle s'était roidie et tellement elle était couverte de sang caillé. Que Dieu le récompense !

El-H'acen, en fuyant, s'enfonça dans un bourbier. Personne ne voulut d'abord mettre la main sur lui par un reste de respect pour sa personne. Mais à la fin Abou-el-H'aoul l'arracha de cette fange, dont il était tout souillé. On le couvrit d'un bournous, et on le conduisit vers son fils. Celui-ci l'accabla de reproches, et alla jusqu'à lui dire qu'il était indigne du nom qu'il portait. Il l'envoya ensuite en prison. Ce traitement rigoureux apaisa un peu le ressentiment des Tunisiens ; cependant ils ne tardèrent pas de s'écrier qu'on ne pouvait conserver deux rois dans un pays. Alors Ah'med prit conseil de ses amis pour savoir s'il convenait de faire périr son père, ou de le tenir toujours enfermé.

[1] Le massacre ne pouvait être aussi considérable que le dit El-K'aïrouâni, puisque le nombre des ennemis ne l'était pas. Le fait est cependant que sur les vingt mille chrétiens qui avaient suivi H'acen il ne s'en sauva guère que cinq cents, qui se retirèrent à la Goulette, occupée par les Espagnols. Lofredo, leur chef, se noya dans l'étang.

On lui conseilla de lui crever les yeux, et c'est ce qu'il fit [1].

El-H'acen, aveugle, était obligé, lorsqu'il voulait aller visiter les marabouts, d'en demander l'autorisation à son fils, qui la lui accordait toujours sans difficulté. Cependant un jour qu'il voulait aller visiter le cheikh Sidi-el-K'âcem-ez-Zellaïdji, son fils lui dit qu'il craignait que de là il n'allât chez son parent Selama-el-K'oleï. « Quand cela serait, répondit le malheureux père, que puis-je faire dans l'état où vous m'avez réduit? » Les événements confirmèrent les craintes d'Ah'med. Lorsque El-H'acen fut arrivé chez le cheikh Ez-Zellaïdji, son parent El-K'oleï vint le prendre dans la nuit, et le conduisit à K'aïrouân. Il y occupa pendant quelque temps la zaouïa du cheikh El-Djedidi. Les vieilles femmes de K'aïrouân allaient le visiter, et passaient quelquefois la nuit dans sa demeure. J'ai connu dans le temps une personne qui avait eu occasion de voir une de ces vieilles; elle lui avait raconté qu'un jour les enfants du cheikh 'Arafa, gouverneur de K'aïrouân, se rendirent auprès de lui avec un violon, et le prièrent de chanter avec accompagnement de cet instrument qu'ils lui présentèrent. El-H'acen, vivement affecté de l'insulte qu'on lui faisait, lui qui avait occupé un si haut rang dans le monde, prit cependant le violon et chanta ce couplet si connu :

Nous étions des lions et nous inspirions la terreur aux hommes. Aujourd'hui le temps nous a tellement affaiblis, que les lièvres mêmes nous bravent.

[1] Le sang-froid avec lequel l'auteur raconte ce parricide fait frémir.

Puis il jeta l'instrument loin de lui, et se mit à fondre en larmes. Les enfants d'Arafa se retirèrent tellement émus qu'ils ne savaient où ils posaient les pieds. Louange à Dieu, qui élève ou qui abaisse qui il lui plaît !

J'ai toujours pensé qu'El-H'acen mourut à K'aïrouân, car on y voit son tombeau. Cependant j'ai vu un écrit du cheikh Barkat-ech-Cherif, où il est dit que ce prince, quoique aveugle, retourna chez les chrétiens, qu'il revint de leur pays avec une flotte pour s'emparer de Mohdïa; qu'il mourut en mer; que son corps fut mis à terre et ensuite transporté à K'aïrouân, où il fut inhumé [1]. Il est en effet possible qu'il ait quitté K'aïrouân après y être resté quelque temps.

GOUVERNEMENT D'AH'MED-SOLT'AN.

El-Moula-Abou-el-'Abbas-Ah'med-ben-el-Moula-Abou-Moh'ammed-el-H'acen-ben-el-Moula-Abou-'Abd-Allah-Moh'ammed-ben-el-Moula-Abou-Moh'ammed-el-H'acen-ben-Abou-'Abd-Allah-Moh'ammed-el-Meç'aoud-ben-imam-Abou-'Omar-'Otman, dont le reste de la généalogie est connue, arracha violemment le pouvoir à son père, ainsi que nous l'avons vu. El-H'acen, pendant son règne, avait permis aux chrétiens de s'établir à H'alk'-el-Ouad [2]. On peut dire que ces infidèles com-

---

[1] Cette version est exacte. Moula-H'acen parvint à gagner l'Europe, et suivit ensuite don Juan de Verga, qui s'empara de Mohdïa ou Africa en 1551 de notre ère. Il mourut de la fièvre pendant le siége de cette ville.

[2] La Goulette.

mandaient autant et même plus que lui. Son vizir Moh'ammed-ben-'Abd-el-Mâlek, surnommé le petit sultan, qui du reste n'administra que quarante jours, ne faisait qu'un avec Juan, fils de Giacomo, chef de trois cents soldats chrétiens, qui occupaient une caserne derrière la k'as'ba. El-H'acen les y avait établis, et ils s'y fortifièrent sous l'administration de Ben-'Abd-el-Mâlek. Ce Juan, leur chef, qui était ainsi en grande considération auprès de ceux de H'alk'-el-Ouad, était habillé comme les gens du pays, mais il portait le chapeau. Un jour il tua d'un coup de hache, dans le palais même d'El-H'acen, 'Abd-el-Kerim-ben-Helal. Il cria ensuite à ses gens, qui étaient au dehors, de faire main basse sur les membres de sa famille, dont treize furent ainsi massacrés le même jour. Ces malheureux trouvèrent leurs tombes toutes bâties et prêtes à les recevoir. Voici comment : Le grand-père des Beni-Helal avait eu dans sa jeunesse un précepteur qui lui avait appris l'astrologie et qui lui avait prédit qu'il perdrait ses descendants dans un seul jour, et que les tombeaux leur manqueraient. Ce fut pour détourner l'effet de cette dernière partie de la prédiction qu'il fit construire d'avance les sépulcres qui servirent aux victimes de Juan. Après cette catastrophe, un certain Moh'ammed-ben-H'afida-el-Yamani alla trouver Brahim-ben-Helal, père des morts, pour lui dire qu'il eût à observer sa conduite, sans quoi il périrait par le fer avec les siens. Cet avis l'effraya. Il réunit le reste de sa famille, et se réfugia à Constantine, où il fut très-bien reçu par les Turcs qui occupaient cette ville. Ces réfugiés retournèrent cependant peu de temps après à Tunis, le k'aïd Brahim-ech-Cheikh ayant négocié leur retour. Ils revirent H'afida, qui leur demanda s'ils étaient revenus à d'autres sentiments; ils répondirent que oui. La famille des Beni-Helal avait servi Abou-Farez, et avait toujours occupé, depuis cette époque, des emplois élevés dans le gouvernement.

La révolte d'Ah'med contre son père fut causée par l'indignation qu'éprouvait ce prince de l'influence toujours croissante des chrétiens. Cette influence était telle que, lorsque 'Abd-el-Mâlek, vizir d'El-H'acen, mourut, son fils fut maintenu dans sa charge sous la tutelle de Juan. Ce fut alors qu'Ah'med, accompagné de Moh'ammed-el-'Açaouni, Abou-Djamra, d'El-Berades, de Sah'ah-ben-Djoumi et d'autres, alla trouver le cheikh Salah', le mit dans ses intérêts et s'empara de la ville de Tunis, comme on l'a vu.

Ah'med est le premier souverain de Tunis qui se soit mis en relation avec les Turcs. Au temps de H'acen, fils de Kheir-ed-Dîn, il leur envoya Moh'ammed-el-K'assibi, qui accompagna H'acen à Alger, par suite de l'amitié qui s'établit entre eux [1]. Il leur envoya ensuite Moh'ammed-el-Merich; puis il envoya Abi-

---

[1] H'acen, fils de Kheir-ed-Dîn, fut pacha d'Alger après H'acen-Ar'a, destitué et remplacé par Salah'-Raïs, qui enleva Bougie aux Espagnols. Il fut envoyé à Alger une seconde fois, puis destitué de nouveau en 1568 de l'ère chrétienne, et remplacé par 'Ali-Pacha, dont il est question plus bas.

et-T'aïb-Tadji-el-Hedar à 'Ali, pacha de Tripoli. Cet Abou-et-T'aïb suivit 'Ali à Alger, et vécut avec lui dans une grande intimité. Il fut aussi chargé d'une mission à Constantinople. Lorsque Ah'med fut assis sur le trône, il examina l'état des finances, et il trouva les caisses vides : El-H'acen avait tout dépensé. A la même époque, les Oulâd-Saïd, fidèles à leurs habitudes perverses, recommencèrent leurs brigandages. Ils pénétrèrent jusqu'au Djebel-el-Akhdar, où ils enlevèrent des troupeaux appartenant à Ah'med-Solt'ân. Ah'med était plein de courage et d'activité, et excellent cavalier; on dit qu'il montait à cheval sans le secours des étriers. Il marcha contre les Oulâd-Saïd, les atteignit près de Sedjoun, et leur fit éprouver des pertes considérables.

A'hmed tira de grands services, pour faire respecter son autorité, des cavaliers qu'il appela Zemasmïa; c'était un corps de trois mille hommes appelés auparavant Mouahdïa. Il obtint un fetoua [1] des oulema contre les Oulâd-Saïd, qu'il réduisit. Le cheikh Er-Reça' assure que toutes les fois que l'aïeul de ce sultan était en guerre contre les Oulâd-Saïd, le cheikh Abou-el-K'âcem-el-Berzili ne cessait de faire des imprécations contre eux. J'ai entendu dire qu'il provoqua contre eux et contre les Arabes rebelles un fetoua d'extermination. S'il y a une différence entre cette tribu maudite et les autres, c'est que celle dont je parle est la pire [2].

[1] Décision des jurisconsultes.
[2] El-K'aïrouâni parle souvent de cette tribu dans des termes fort

Ben-Nadj publia un fetoua par lequel il établit que non-seulement c'est un crime de vendre des armes aux Arabes, mais qu'on doit même s'abstenir de leur vendre des temak[1] et des rih'ïa. Le caractère des Arabes, dit ce légiste, est partout le même et ne changera jamais. Ils ne se plaisent qu'à faire le mal. Cependant, les Taïcioun sont les pires de tous. Que Dieu les confonde et les extermine!

El-Moula-Abou-'Omar-'Otman fut le prince qui leur fit le plus de mal. Il les refoula au Sud d'Ouad-Raz, et leur imposa la condition de ne pas dépasser cette limite. Ils reparurent sous El-H'acen; mais Dieu arma contre eux le bras d'Ah'med.

Ah'med était juste et clément. Il ne souffrait pas que rien prévalût contre les décisions des tribunaux; il était le premier à se montrer soumis à la loi : telle est l'opinion qu'on a assez généralement de lui. Cependant quelques personnes en jugent différemment. On m'a raconté qu'un homme de Tunis avait l'habitude de visiter le cheikh Sidi-ben-K'âcem-Zellaïdji, pour lequel il avait la plus grande vénération, et que là, tous les vendredis, il voyait en songe le prophète, sur qui soit le salut! Ah'med, ayant été enterré dans cette zaouïa, cet homme supprima ses visites, et ne revit plus le prophète dans ses songes. Il en fut très-affecté, et pria avec tant de ferveur, qu'enfin le prophète lui

---

injurieux; elle en conserve une assez mauvaise réputation de nos jours. Elle habite entre Souça et K'aïrouân.

[1] Bottes de cavalier.

apparut. « Qui vous a empêché, lui dit-il, de continuer à m'honorer de votre vue, ô prophète? »—«Que ne te rends-tu, comme à ton ordinaire, à la zaouïa du cheikh? » répondit le prophète. — « Je n'y vais plus, reprit l'autre, depuis que ce tyran d'Ah′med a été enterré près du cheikh Zellaïdji. »—« Il se conformait, répliqua le prophète, à la loi que j'ai établie : je t'engage à continuer tes visites au cheikh et à ne pas négliger son voisin. Comprends donc qu'il a pratiqué la justice, et que cela suffit pour que Dieu lui ait fait miséricorde. »

Il existait une étroite amitié entre Ah′med-Solt′ân et Dragut-Pacha [1]. Lorsque ce dernier entreprit la guerre de Djerba, Ah′med lui envoya les subsides nécessaires pour tout le temps du siége.

L'île de Djerba avait été prise par les chrétiens, qui l'occupèrent six mois [2]. Elle fut reconquise par 'Ali-

---

[1] Dragut était un renégat grec, que le métier de corsaire avait élevé comme les Barberousse. Mettant à profit les troubles qui agitaient le royaume de Tunis, il se rendit maître de plusieurs positions maritimes, et même, dans l'intérieur, la ville de K′aïrouân se donna à lui. Il avait fait de Mohdïa ou Africa la capitale de ce qu'on peut appeler sa principauté. Les Espagnols lui enlevèrent cette place en 1551. L'année suivante, il s'établit à Tripoli, que les Turcs venaient de conquérir sur l'ordre de Malte, auquel les Espagnols l'avaient cédée.

[2] Cette expédition fut dirigée par le duc de Medina-Cœli, vice-roi de Sicile. L'armée chrétienne était destinée pour Tripoli; mais son général crut devoir, au préalable, s'emparer de Djerba. Surpris dans les eaux de cette île par la flotte turque, il fut complètement battu et contraint d'abandonner à elle-même la garnison du château. Cette forteresse, commandée par Alvar de Souda, fit une défense héroïque; mais enfin

Pacha, que Dragut y envoya. On doit se souvenir que ce fut à cet 'Ali qu'Ah'med envoya Abou-et-T'aïb, lorsqu'il se trouvait à Tripoli, et que T'aïb alla avec lui à Alger; on verra plus bas quel était le but de cette mission. Ah'med donna beaucoup d'emplois aux Djanouciin, cavaliers qu'il avait pris à son service après une expédition qu'il fit dans le Soudan. On assure qu'il n'en agit ainsi que parce que les astrologues, en qui il avait grande confiance, lui avaient prédit que son pays serait conquis par un peuple qui ne parlerait pas arabe. Il croyait détourner l'effet de cette prédiction en donnant les grandes charges à des étrangers. Une autre fois, les astrologues lui ayant prédit que le gouvernement devait passer entre les mains d'un homme appelé 'Ali, et que cet homme serait la cause de la ruine du pays, il donna le nom d'Ali à un de ses euldj [1], et lui confia la direction de l'administration, toujours dans le même but, ce qui n'empêcha pas l'accomplissement des arrêts divins.

Ah'med eut à soutenir plusieurs guerres contre les Arabes. Il fut heureux plus d'une fois, les battit et les dispersa; il ne laissa pas non plus en repos les chrétiens de H'alk'-el-Ouad, car il ne cessa de les harceler. Un jour, il répandit le bruit qu'il allait faire une incursion dans l'intérieur de l'Afrique; il partit en effet

---

les Turcs en devinrent maîtres. On voit encore à Djerba un monument élevé avec les ossements des chrétiens qui périrent dans ce désastre. Ce trophée funèbre rappelle celui de Morat.

[1] Renégats.

avec mille cavaliers, qui portaient chacun un fantassin en croupe. Lorsqu'il fut arrivé à Mât'er[1], il revint, par un autre chemin, à Ma'lk'a, où il s'embusqua avec sa troupe, après avoir envoyé quelques cavaliers en escarmouche contre H'alk'-el-Ouad. Les chrétiens, instruits par leurs medjarmin[2], de la direction que le sultan avait prise ostensiblement, étaient sans inquiétudes de ce côté. Ils coururent sus à ces cavaliers, qui les attirèrent jusqu'auprès d'El-Kedra. Ah'med, les voyant loin du fort, s'y porta avec ses troupes et arriva si à l'improviste, que ceux qui y étaient restés n'eurent pas même le temps de fermer la porte devant laquelle il se présenta. Ses astrologues lui avaient dit que le salut du pays tenait à la prise de ce fort. Cependant il ne sut pas profiter de la circonstance, et, au lieu de pousser jusqu'au bout ses avantages, il se mit sur les traces des chrétiens qui poursuivaient les cavaliers dont nous avons parlé plus haut, et en tua un assez bon nombre.

Les chrétiens de H'alk'-el-Ouad avaient pris l'habitude de prélever sur les Tunisiens un véritable impôt en laine et en chaux. Lorsqu'on satisfaisait à leurs demandes, tout allait bien; autrement ils harcelaient les Tunisiens par terre et par mer : par terre, guidés par les renseignements que leur fournissaient leurs espions, ils faisaient des incursions dans la campagne de Tunis; par mer, ils envoyaient sur le lac des chaloupes

[1] Ville située au Sud du lac de Bizerte.
[2] Mot à mot, leurs « pécheurs, » c'est-à-dire les Arabes qui s'étaient mis à leur solde, et qui, en cela, péchaient contre leur religion.

canonnières qui foudroyaient la ville. Cet état de choses était intolérable pour les musulmans. D'un autre côté, lorsque le sultan Ah'med voulait tenter quelque attaque contre les chrétiens de H'alk'-el-Ouad, ceux-ci en étaient prévenus par leurs espions et déjouaient ses projets. Les enfants eux-mêmes eurent à souffrir de cet état permanent de guerre, car leurs parents les forçaient, par de mauvais traitements, à apprendre à lancer des pierres, afin de les rendre capables de combattre, au besoin, l'ennemi. Ces guerres et ces fatigues durèrent jusqu'à ce qu'il plut à Dieu de nous envoyer les osmanlis. Faisons des vœux pour que le Tout-Puissant les conserve, et continue à les opposer aux infidèles, qui ont déjà tant fait de mal à Tunis. On verra plus tard comment Dieu exerça sa miséricorde envers ses serviteurs.

Il y aurait encore beaucoup à dire sur l'administration d'Ah'med-Solt'ân, mais je pense que j'en ai dit assez pour le moment. Le règne de ce prince fut long, et marqué par des actes de justice. Ses sujets jouirent des fruits de sa clémence et de sa bonté, jusqu'au moment où les décrets de Dieu s'accomplirent et amenèrent des changements qu'il n'était donné à aucun mortel d'empêcher. On dit qu'Abou-et-T'aïb avait toujours nourri des pensées de trahison contre le sultan, et que celui-ci, qui le soupçonna, finit par éprouver pour lui beaucoup de répugnance. Un jour Et-T'aïb entra chez Ah'med, et le trouva pensif. Il chercha à le distraire, mais le sultan lui dit alors : « Je pense à 'Ali.

S'il quittait l'Ouest dans ce moment, et qu'il marchât contre moi, même avec peu de troupes, je ne pourrais aller à sa rencontre, tant je suis faible. » Et-T'aïb, quoique charmé, au fond du cœur, de connaître les craintes secrètes du sultan, chercha à le tranquilliser ; mais, en le quittant, il se rendit chez lui, et écrivit à 'Ali, pacha d'Alger, pour l'engager à mettre les circonstances à profit et à marcher incontinent sur Tunis.

Il existait entre Ah'med et 'Ali-Pacha une vieille haine qui datait de l'époque où celui-ci s'était établi à Tripoli ; ce fut pour cela qu'Ah'med lui envoya, depuis, Et-T'aïb, afin de tâcher d'opérer un rapprochement entre eux.

Lorsque 'Ali-Pacha eut reçu la lettre de son confident, il ne songea plus qu'à se mettre en campagne. Il réunit bientôt une grande armée, et partit. Sept mille Arabes d'Amraoua, de Guerfa et de Soued se joignirent à lui. A la nouvelle de sa marche, Ah'med sortit de Tunis et se porta en avant. La rencontre eut lieu près de Bêdja. Ah'med avait avec lui les Zemasmia et seize cents Arabes nomades : ces forces étaient insuffisantes ; aussi fut-il battu et poursuivi jusqu'à l'Ouad-Medjerda. Ce fleuve était alors débordé, de sorte qu'Ali ne put le franchir dans le moment. Il fallut qu'il envoyât chercher à Benzert des poutres et des planches pour construire un pont. Lorsqu'il eut traversé le fleuve sur ce pont, il suivit les traces de son ennemi, et l'atteignit près de Sidi-'Ali-el-H'at't'âb. On dit qu'une autre rencontre eut lieu entre eux près de Sidi-'Abd-el-Ouhab. Ah'med, privé de tout moyen de résistance, rentra à Tunis. Une grande partie de ses troupes avait passé à l'ennemi, et le reste le voyait approcher avec indifférence. Une nuit, il quitta sa demeure, se dirigea sur le marché dit *Bâb-es-Souk'*, et de là chez Sidi-'Ali-el-Menni (ce cheikh vivait encore à cette époque). Il pénétra dans la maison et s'assit en face de la porte d'entrée. Le cheikh était absent pour le moment. Lorsqu'il revint, il s'arrêta sur le seuil de la porte en appuyant ses mains sur les deux montants, et s'écria : « Ah'med! — C'est moi, seigneur, dit le sultan. — C'est toi, reprit le cheikh; eh bien, dis : O maître du monde, tu donnes et ôtes le pouvoir à qui il te plaît. »

A ces paroles, Ah'med comprit que ses affaires étaient perdues. Il sortit de chez le cheikh, retourna à la k'as'ba, prit ce qu'il avait de plus précieux, réunit quelques membres de sa famille, et profita de la nuit pour quitter la ville. Des Arabes et quelques habitants de Tunis le poursuivirent et lui enlevèrent une partie de ses richesses, qu'il emportait. Il prit d'abord, avec le peu de monde qui l'accompagnait, le chemin de Râdes, puis il rabattit sur Bridja, traversa la mer et gagna H'alk'-el-Ouad. La mer n'était pas aussi profonde de ce côté qu'elle l'est de nos jours. Arrivé au fort, Ah'med frappa à la porte. Les sentinelles l'entendirent et donnèrent avis de son arrivée à leur chef. Ce dernier, après avoir reconnu les fugitifs du haut du rempart, fit ouvrir la porte. Ah'med entra, et respira plus à l'aise en se sentant en lieu de sûreté.

Sa fuite mettait les Tunisiens dans l'impossibilité de résister à 'Ali-Pacha; ils ouvrirent donc leurs portes, et 'Ali-Pacha entra. Le lendemain il s'installa à la k'as'ba. C'était en 977. Il fit publier une proclamation rassurante pour les habitants, qui se portèrent chez lui et le saluèrent sultan.

Le surlendemain les Zemasmia, tant ceux qui avaient d'abord abandonné Ah'med, que ceux qui ne le firent qu'à la dernière extrémité, se réunirent et délibérèrent sur ce qu'ils avaient à faire dans les circonstances où ils se trouvaient. Les uns voulaient abandonner la ville, les autres pensaient qu'il valait mieux sonder les dispositions des Turcs à leur égard : ce dernier avis l'emporta. Ils se rendirent donc à la k'as'ba et dirent à 'Ali que, pendant tout le règne précédent, ils avaient servi ; qu'ils avaient combattu sous les ordres d'Ah'med autant qu'ils l'avaient pu; que, s'il voulait les conserver, il en était le maître ; qu'autrement il n'avait qu'à les licencier; que la terre était grande, et leur offrirait d'autres ressources. 'Ali prit l'avis de ses Turcs, et il fut convenu qu'on les conserverait. En conséquence, le pacha leur dit : « Oui, vous avez bien servi votre sultan; je n'ai aucun reproche à vous faire ; et, puisque vous avez fait votre devoir, vous serez des nôtres. » Depuis, ce corps porta le nom de Djem'at-et-Turk.

Abou-T'aïb, que le lecteur ne doit pas avoir oublié, mit les Turcs au courant des ressources du pays. Il voulut s'emparer de l'administration, que ceux-ci ne pouvaient connaître aussi bien que lui. Ensuite il pensait qu'on ne pouvait lui refuser un rang élevé dans le nouvel ordre de choses, puisqu'il était la cause première de la venue des Turcs, et qu'il les avait aidés plus que personne. Mais il fut trompé dans ses espérances, car les Turcs s'empressèrent de lui couper la tête.

Lorsque le pays fut remis de la secousse qu'il avait éprouvée, 'Ali-Solt'ân retourna à Alger, après avoir confié le gouvernement de Tunis au k'âïd Ramad'ân, à qui il laissa huit cents Turcs et autant de zouaoua [1].

J'ai omis de dire qu'Ah'med avait sous ses ordres un corps de quatre cents Turcs, lorsqu'il tenta de s'opposer à la marche des conquérants. Il dit à ces soldats que, comme ils étaient de la même nation que ceux d'Ali, son intention n'était pas de les faire battre contre leurs compatriotes. Les Turcs d'Ah'med répondirent qu'ils s'étaient engagés à son service pour combattre qui que ce fût. Mais ce prince fit semblant de ne pas avoir entendu et les envoya à Souça. Ils y restèrent jusqu'à la fin des événements que je viens de raconter, puis ils se rendirent à Tunis.

Les Turcs restèrent trois ans à Tunis, tantôt assiégés par les Arabes du côté de terre, et tantôt bloqués par les chrétiens de H'alk'-el-Ouad du côté de la mer. En 980, parut une flotte envoyée par l'empereur, à la de-

---

[1] C'est le nom que les puissances barbaresques donnent aux Kabiles qui s'enrôlent à leur service, et c'est aussi celui d'une des plus puissantes tribus de ces montagnards. Nous en avons fait le mot *zouaves*, qui désigne un des corps de l'armée d'Afrique.

mande du sultan Ah'med, qui avait prodigué l'or pour l'obtenir. Lorsque cette flotte eut débarqué à H'alk'-el-Ouad les troupes qu'elle portait, le général qui les commandait [1] communiqua à Ah'med une lettre de son souverain, où étaient énumérées les conditions qu'il lui imposait. Celui-ci ne voulut pas y souscrire. « Vous n'avez que faire de la ville, dit-il ; quant à l'argent, je vous en donnerai. » Le général lui fit observer que, s'il n'acceptait pas les conditions dont il venait de lui donner connaissance, il trouverait quelqu'un de plus accommodant. Ah'med tint bon ; et son frère Moh'ammed, s'étant montré plus traitable, souscrivit aux conditions, et fut mis à terre. Ah'med se retira en Sicile et habita Palerme jusqu'à sa mort. Son corps fut transporté à Tunis et enterré dans la zaouïa du cheikh Ez-Zellaïdji, après être resté trois jours étendu sans sépulture, en attendant qu'on en permît l'inhumation, ce qu'on ne s'empressa pas de faire dans la crainte qu'il ne fût pas véritablement mort.

GOUVERNEMENT DU SULTAN MOH'AMMED.

Moh'ammed-ben-es-Solt'ân-el-H'acen avait eu pour mère une esclave. Il fut le dernier prince de la dynas-

---

[1] Ce général était don Juan d'Autriche, fils naturel de Charles-Quint. Son frère Philippe II l'avait envoyé en Afrique, non pour conquérir, mais pour détruire ; il avait même reçu l'ordre d'évacuer la Goulette, et d'en faire sauter les fortifications. En établissant les Espagnols à Tunis, comme on verra qu'il le fit, il agit directement

tie des Beni-H'afez qui s'éteignit en lui. Il arriva, comme nous l'avons vu, avec la flotte chrétienne. Les Tunisiens abandonnèrent la ville à son approche, craignant un second mercredi semblable à celui du règne d'El-H'acen. Ils se retirèrent en grande partie vers le mont Er-Reças[1] et s'établirent dans des cavernes. On était en automne, et il y avait parmi eux beaucoup de nouveaux mariés et de jeunes épouses. La crainte, les fatigues les réduisirent à un misérable état. Les femmes, qui ne pouvaient rester voilées, souffraient dans leur honneur. Quelques familles furent obligées de construire des cabanes de feuillage à côté des tentes des Arabes. Peu de personnes ont eu à supporter tant de tribulations. Le k'âïd 'Abd-Allah et le k'âïd 'Ali-ben-Abou-Zeïd furent chargés de la garde des femmes et des enfants. Le cheikh El-Djedidi les fit prévenir qu'ils n'étaient pas en sûreté et qu'ils eussent à se tenir sur leurs gardes.

Lorsque Moh'ammed fut entré en ville, il envoya des paroles de consolation à ces fugitifs, et les engagea à revenir à Tunis; ce qu'ils firent. Celui qui trouva sa maison libre s'y installa, celui qui trouva la sienne occupée par des chrétiens prit son mal en patience. La ville fut partagée en deux quartiers: l'un pour les infidèles, et l'autre pour les croyants. La grande mos-

---

contre ses instructions; mais ce prince songeait à créer à son profit un royaume chrétien en Afrique. Il était entretenu dans cette idée par le pape et par le grand-maître de Malte.

[1] La montagne de Plomb, ainsi nommée parce qu'il y existe une mine de ce métal.

quée fut violée par les infidèles, qui visitèrent aussi toutes les écoles. La bibliothèque de la grande mosquée, où on avait recueilli tant de divers ouvrages de science, fut saccagée. Les chrétiens enlevèrent les livres des armoires qui les contenaient, et en jonchèrent les rues ; ce fut au point qu'on ne pouvait passer à l'Est de la grande mosquée sans marcher sur des livres éparpillés. On entendait aussi le son des cloches que les chrétiens avaient établies dans le palais des khalifes.

Plusieurs personnes assurent que les chrétiens attachèrent leurs chevaux dans la grande mosquée. Ces infidèles fouillèrent la tombe du cheikh Mah'rez-ben-Khalf ; ils n'y trouvèrent que du sable. Leur conduite fut celle de véritables ennemis. Ils demeuraient parmi les musulmans. Leur chef s'établit à la k'as'ba avec Moh'ammed, et tous deux s'asseyaient ensemble dans le vestibule pour donner des ordres. Ce chef faisait du reste tout ce qu'il pouvait pour se faire aimer du peuple. Il le traitait bien, et empêchait qu'on ne le molestât ; mais cette conduite cachait une pensée perfide.

On doit rendre justice aux habitants de Bâb-es-Souîk'a ; ils ne se mêlèrent pas à la foule et restèrent à part. Ceux de Bâb-el-Djezîra et des autres quartiers, qui se trouvaient sous le canon des chrétiens, se mêlèrent à eux et reçurent leurs ordres. Ceux-ci construisirent un fort hors de Bâb-el-Bah'ar ; ils y firent des rues et des boutiques, et l'habitèrent. Cette invasion d'infidèles fut plus pénible aux Tunisiens qu'aucune autre. Les chrétiens, pour faire des prosélytes, cherchaient à jeter des doutes sur la foi dans l'esprit des musulmans.

Non-seulement les chrétiens habitaient au milieu des musulmans, mais ils se mêlaient à tous les actes de leur vie et les humiliaient de toutes manières.

Il y eut entre les musulmans et les chrétiens une rixe qu'on appela l'affaire du sac. Un musulman et un chrétien se prirent de dispute au sujet de l'achat d'un sac. Le chrétien frappa son adversaire; celui-ci appela au secours ses coreligionnaires, qui massacrèrent le chrétien. Ce meurtre fut commis à Bâb-el-Benat. Les chrétiens, en ayant eu connaissance, accoururent par Bâb-es-Souîk'a, et il s'engagea entre les deux partis un combat qui dura depuis le matin jusqu'au coucher du soleil. Les morts restèrent étendus dans les rues. A la fin, le sultan et le chef des chrétiens se transportèrent sur les lieux pour rétablir l'ordre, et les infidèles ramassèrent leurs morts. Baba-es-Safer, dont on voit encore la maison à Ezafina, fut le principal auteur de cette scène de carnage. J'ai eu occasion de voir un de ses fils, qui m'a dit que son père Es-Safer avait provoqué cette affaire.

Revenons maintenant à la garnison turque qui était à Tunis lorsque les chrétiens s'y présentèrent. Cette troupe, se sentant trop faible pour résister, se mit en retraite vers l'île de Cherik'[1] et descendit vers H'amamet. Les habitants de cette ville fermèrent leurs

[1] La presqu'île du cap Bon.

portes aux Turcs. Ceux-ci leur ayant demandé quelques provisions de bouche, ils hissèrent en haut du fort un chien mort, en leur disant que c'était tout ce qu'ils avaient à leur donner. Ce fort porta depuis le nom de Bordj-es-Slouk'ïa[1]. Les Turcs passèrent la nuit dans les environs de H'amamet, incertains sur le parti qu'ils avaient à prendre. Ils finirent par se décider à aller à K'aïrouân, où commandait H'ider-Pacha. La nouvelle des événements de Tunis était déjà arrivée dans cette ville, et la plus grande inquiétude y régnait. Les Turcs voulurent donc aller à K'aïrouân; mais, avant qu'ils fussent en route, les chrétiens les atteignirent à H'amamet. Que faire dans cette circonstance critique? « Tournez le dos à la mer, leur cria leur chef, et le visage à l'ennemi. Dieu tient la victoire en ses mains. »

J'ai entendu dire que ce chef était Kheir-ed-Dîn; mais c'est une erreur. Kheir-ed-Dîn prit Tunis en 940, et l'affaire dont nous parlons eut lieu en 980. Peut-être était-ce son fils. Quoi qu'il en soit, lorsque les chrétiens furent à portée, les Turcs fondirent sur eux avec l'audace d'hommes de pure race. Les chrétiens vaincus se mirent en retraite, et furent poursuivis jusqu'au K'nak', qui est auprès de H'amamet. Les Turcs coupèrent beaucoup de têtes, qu'ils envoyèrent à K'aïrouân pour rassurer les esprits. On trouva dans les bagages abandonnés par les chrétiens des caisses pleines de plumes destinées à orner la tête de ceux

[1] C'est encore le nom du fort de la ville de H'amamet. Slouk'i signifie, en arabe, un chien levrier ; Slouk'ïa est le féminin.

de leurs combattants qui auraient tué un ennemi. Dieu ne permit pas qu'elles eussent cette destination. Les chrétiens firent ensuite le siége de H'amamet et s'en emparèrent de vive force. Ils tuèrent tout ce qu'ils purent atteindre. La fuite, pour ceux qui pouvaient y avoir recours, était le seul moyen de conserver la vie. Les femmes et les enfants furent faits prisonniers, et toutes les propriétés pillées. Enfin, le cheikh El-Djedidi se rendit à H'amamet, délivra les femmes et les enfants des mains des chrétiens, rappela les fugitifs et les réinstalla en ville.

Pour en revenir aux Turcs, ils arrivèrent à K'aïrouân, et y demeurèrent dix mois, c'est-à-dire pendant tout le règne de Moh'ammed. Cette ville était dans un si triste état que plus d'une fois H'ider-Pacha voulut la quitter. C'est ce H'ider qui frappa la monnaie appelée *h'idri,* connue des gens de K'aïrouân. Dans ses moments de découragement, il allait consulter le cheikh Ah'med-ez-Zennan, qui ne cessa de lui conseiller de rester et d'espérer un meilleur avenir. Ceci dura jusqu'à ce qu'il plut à Dieu de délivrer de toute peine les habitants de K'aïrouân et tout le pays. Alors le deuil cessa, le malheur disparut et les musulmans brillèrent d'un éclat glorieux ; le pavillon turc flotta à Tunis, et la contrée fut purifiée du contact des infidèles et des impurs. Que Dieu conserve le gouvernement turc et son chef le sultan Selim-Khan, fils de Soliman ! Dieu est clément et miséricordieux pour ses serviteurs.

Cependant les grands de K'aïrouân invitèrent leurs collègues de Tripoli et d'Alger à prendre les armes pour la guerre sainte. Ils s'armèrent eux-mêmes, et tous arrivèrent le même jour sous les murs de Tunis. Ils resserrèrent la ville du côté de terre; ils combattirent; mais ils n'obtinrent aucun résultat. Lorsqu'ils se furent aperçus de l'inutilité de leurs efforts, ils voulurent retourner chez eux, et ce désir de retraite devint encore plus vif lorsqu'ils virent à l'horizon une flotte qu'ils crurent d'abord être chrétienne. Ils voulaient partir dans la nuit même; mais cette flotte était envoyée par le sultan Selim. Que Dieu prodigue ses bénédictions à ses enfants jusqu'à la fin des siècles!

L'amiral était 'Ali-Pacha, et le général des troupes Sinân-Pacha. Lorsqu'elle fut arrivée à H'alk'-el-Ouad, et que les musulmans surent ce qu'elle était, plusieurs d'entre eux se rendirent à bord, et on s'empressa de leur demander des nouvelles du pays. Ils dirent que trois armées faisaient le siége de Tunis. Aussitôt Sinân-Pacha écrivit aux chefs de ces armées pour leur annoncer son arrivée et les engager à ne pas partir comme ils en avaient eu l'intention. Ces lettres ranimèrent le courage des chefs et leur rendirent l'espoir d'un prompt succès.

J'ai entendu dire à des habitants de Tunis que le sultan Selim avait vu en songe El-Ouali-Sidi-Mah'rez-ben-Khalf, qui le priait de secourir son pays. « Qui es-tu? lui demanda le sultan. — Je suis Mah'rez, répondit le cheikh. » Le lendemain le sultan s'informa quel était le pays du cheikh Mah'rez ; on lui répondit que c'était Tunis, et il s'empressa d'y envoyer la flotte dont on vient de parler.

D'autres personnes disent que la flotte était destinée pour l'Espagne et devait aller au secours des musulmans de Grenade; mais qu'au moment où elle partait, le sultan, ayant appris que Grenade était tombée au pouvoir des chrétiens [1], donna l'ordre à son amiral de faire voile pour Tunis. La vision du sultan et les affaires d'Espagne ont pu contribuer également à l'envoi de la flotte à Tunis. Elle était composée de dix-huit frégates et de quinze cents autres navires à rames.

Que Dieu préserve de tout revers la puissance des osmanlis ! Qu'elle soit toujours la sauvegarde des fidèles, elle qui est assise sur de si solides bases !

La flotte turque resta devant Tunis jusqu'à ce que cette ville eut été arrachée des mains des infidèles qui y commandaient en maîtres, après avoir anéanti la puissance des Beni-H'afez, rois légitimes du pays. Dieu dispose du monde et de ceux qui l'habitent.

Les Beni-H'afez commencèrent à régner en 603, comme je l'ai déjà dit, et s'éteignirent en 981, après avoir occupé le trône trois cent soixante et dix-huit ans. Dieu leur avait confié le pays à gouverner, comme il l'a confié depuis aux osmanlis. En le confiant à ceux-ci, Dieu le délivra de la présence des peuples qui lui donnent des associés et qui adorent la croix.

[1] Ceci est une erreur grossière. Grenade était au pouvoir des chrétiens depuis plus de quatre-vingts ans.

Jusqu'à présent nous avons rapporté les faits anciens; maintenant nous passerons à ceux qui sont plus récents, avec l'aide de Dieu. Il n'y a de force et d'appui qu'en lui.

LIVRE SEPTIÈME.

GOUVERNEMENT DES OSMANLIS.

Puisse le gouvernement des osmanlis couvrir le monde entier de son ombre protectrice! Puisse-t-il se perpétuer pour le bonheur et le repos des fidèles! Puissent enfin les sultans ottomans être à tout jamais la terreur des ennemis de la foi et les serviteurs de la Mecque et de Médine!

Osman fut le chef de leur dynastie [1], celui d'où ils tirent leur nom et leur origine. Soliman-Chah, son père, vivait à Mah'an, près de Balkh. Il était de la nation des Turcomans, qui comptent tantôt dans un endroit et tantôt dans un autre, et qui font partie des Tartares. Ils descendent de Japhet, fils de Noé. Lorsque Djenghiz-Khan parut il s'empara de la ville de Balkh, et chassa du Khorasan le sultan 'Ala-ed-Dîn et les siens, qui se dispersèrent. Soliman-Chah quitta aussi

---

[1] Ce que dit notre auteur de l'origine des Ottomans, dans ce paragraphe et dans le suivant, est parfaitement exact; mais les manuscrits présentent dans les noms propres une telle confusion, qu'on pourrait croire que selon El-K'aïrouâni, il y aurait eu deux Ertogul et deux Osman. Avec un peu d'attention on s'aperçoit facilement que ce n'est point la pensée de l'historien africain, et que la confusion provient de deux erreurs de copistes que nous avons rectifiées, et qui consistent dans la substitution du nom d'Osman à celui de Soliman.

les environs de Balkh avec cinquante mille familles. Il se dirigea vers le pays de Roum; mais il se noya avec son cheval en voulant traverser l'Euphrate. Les familles qui le suivaient s'établirent pour la plupart auprès de ce fleuve. On y voit encore, de nos jours, leurs descendants qui, comme leurs ancêtres, campent tantôt d'un côté, tantôt d'un autre.

Soliman avait laissé quatre fils. Deux d'entre eux gagnèrent les terres des 'Adjem [1]; les deux autres, dont un était Ertogul [2], se rendirent dans le pays de Roum [3]. Le sultan du Karaman 'Ala-ed-Dîn le Seljouki, dont la capitale était Konia, les accueillit avec bienveillance et leur permit de s'établir sur ses terres. Les deux frères, brûlant du désir de combattre, rassemblèrent leurs Turcomans et demandèrent à 'Ala-ed-Dîn l'autorisation de faire la guerre sainte contre les chrétiens. Les histoires du temps parlent de leurs exploits.

Ertogul en mourant laissa beaucoup d'enfants, dont le plus illustre fut sans contredit Osman-Pacha, qui fit avec succès, comme son grand-père, la guerre sainte contre les chrétiens. 'Ala-ed-Dîn s'apercevant de la noble ardeur de ce jeune homme, le prit en grande affection, et ne lui refusa ni argent ni secours de

[1] La Perse.

[2] Le manuscrit porte Ertoful; nous avons d'autant moins hésité à lui rendre son véritable nom, qu'il suffit, en arabe, d'un point diversement placé pour faire Ertoful d'Ertogul. Celui de ses frères qui se rendit avec lui dans le pays de Roum s'appelait Dundar; les autres, qui s'établirent en Perse, s'appelaient Gountor'di et Sounk'ourtekin.

[3] L'Asie mineure.

toute nature. Il lui déféra même le titre de khan, et attacha à sa personne un corps de musique avec fifres et tambours. Lorsque cette musique vint à jouer devant Osman, il se leva pour faire honneur à celui qui la lui envoyait; de là vient l'usage où sont encore les osmanlis de se lever lorsqu'ils entendent jouer la musique [1].

En 699, on n'appelait plus Osman que le sultan. A cette époque, il s'empara de K'ara-H'açar[2], où il fit faire des prières en son nom. Il prit ensuite plusieurs autres villes et fut heureux jusqu'à sa mort, qui arriva en 705. Il eut pour successeur son fils Orkan, qui, de son vivant, s'était emparé de la ville de Borsa, laquelle devint la capitale des osmanlis.

Orkan fit aux chrétiens une guerre encore plus active que celle que leur avait faite son père. Leurs princes se liguèrent contre lui pour le combattre dans l'Anatolie[3]; mais Orkan fit partir son fils Soliman-Bey,

---

[1] M. de Hammer, dans sa savante Histoire de l'Empire ottoman, dit, livre II, que cet usage fut aboli par le sultan Moh'ammed II, après avoir duré deux cent dix ans. Il cite à ce sujet les Tables chronologiques de H'adj-Khalfa.

[2] C'est la place qui est appelée K'aradjah'issar par M. de Hammer, d'après les historiens turcs. 'Ala-ed-Dîn en concéda la souveraineté à Osman. Elle fut prise en 688 de l'hégire et non en 699. La date de la mort d'Osman n'est pas exacte non plus; ce prince mourut en 726.

[3] Il n'y eut, à cette époque, aucune ligue de cette nature. Cantacuzène, qui gouvernait alors le triste empire de Constantinople, était allié des Turcs, et ceux-ci violèrent brutalement son territoire. Ce fut l'époque de leur premier établissement en Europe.

qui les surprit en Roumélie, les vainquit et les dispersa avec l'aide de Dieu. Soliman prit ensuite plusieurs villes, et rentra victorieux chez son père. Orkan vécut jusqu'en 747. Son fils Mourad lui succéda.

Mourad fut un prince plein de gloire. Il se rendit maître d'Ardana[1] et institua la milice des ienitcheri, mot qui signifie nouveaux soldats[2]. Cette troupe por-

---

[1] Andrinople.

[2] Ce sont les soldats connus en Europe sous le nom de janissaires. Cette milice fut instituée par Orkan et non par Mourad. Ertogul et Osman, ces deux fondateurs de la puissance ottomane, n'avaient fait la guerre qu'avec des cavaliers appelés *akindji* (coureurs), qui étaient pris dans les populations au moment de la guerre, et qui y rentraient après. Orkan, successeur d'Osman, eut le premier des troupes permanentes : c'étaient des fantassins, appelés *yaya* ou *piadé*; ils étaient divisés en corps de mille hommes, subdivisés en fractions de cent et de dix; mais cette milice inspira bientôt des craintes à son fondateur, qui, d'après les conseils de K'ara-Khelil-Tchendereli, connu depuis, comme grand vizir, sous le nom de Kheir-ed-Dîn-Pacha, institua les janissaires. Ceux-ci étaient pris parmi les jeunes esclaves chrétiens convertis à l'islamisme, de sorte qu'étant sans famille, sans liens avec la population musulmane, ils devaient être de merveilleux instruments de despotisme. Il n'y en eut d'abord que mille ; mais tous les ans on forçait mille autres prisonniers chrétiens à embrasser l'islamisme et à entrer dans les rangs des janissaires. Lorsque le nombre des prisonniers n'était pas suffisant, on complétait les enrôlements par des chrétiens sujets du sultan. Cet usage se maintint jusqu'au règne de Moh'ammed IV. Depuis cette époque, ce corps d'élite se recruta exclusivement parmi les enfants des janissaires et parmi les indigènes. Tous les janissaires étaient de la confrérie religieuse fondée par le derviche H'adj-Begtach, qui, à l'époque de leur institution, avait prédit leurs hautes destinées. Ainsi cette milice était tout à la fois religieuse et militaire, comme les templiers et les chevaliers de Saint-Jean de Jérusalem. On sait comment elle a fini de nos jours.

tait des coiffures de feutre blanc retombant sur le dos. Les rois des chrétiens se liguèrent contre lui ; mais il les battit, tua le plus considérable d'entre eux et obligea leur armée de prendre la fuite. Cette victoire lui coûta cependant la vie, car un de ces rois, faisant mine de se rendre, s'approcha de lui comme pour lui baiser la main et le poignarda[1]. C'est depuis cette époque que personne ne peut se présenter en armes devant le sultan des osmanlis. Ceux qui sont admis en sa présence sont rigoureusement fouillés, et deux officiers du palais sont sans cesse à leurs côtés. Mourad mourut en 772 ; son fils Ba-Iezîd lui succéda.

Ba-Iezid-Khan, surnommé Il-Derim, était âgé de quarante-deux ans lorsqu'il monta sur le trône, qu'il occupa seize ans. Il conquit beaucoup de villes et vainquit les rois des nations qui l'avoisinaient. Il mit en prison le fils de Kerman, qui était tombé en son pouvoir, ainsi que Ben-Sfender, qui se disait de la famille de Khalendri. Ces deux princes et plusieurs autres captifs parvinrent à s'évader. Ben-Sfender, pour ne pas être reconnu, s'était rasé la barbe et les sourcils. Ils allèrent trouver Timour, prince des Tartares, se mirent sous sa protection, et l'engagèrent à entreprendre la conquête du pays de Roum. Timour était le plus féroce des potentats. Il conquit les deux tiers

---

[1] Mourad périt à la bataille de Kossova, qu'il gagna sur les princes de Bosnie, d'Albanie, d'Herzegovine et de Servie. Il fut tué, comme le raconte notre auteur, non par un roi, mais par un noble servien, appelé Milosch-Kabilovitsch.

de l'univers, dont il fit périr les deux tiers des habitants. Il commença ses conquêtes derrière le Khorasan, et soumit tous les pays qui sont au delà du fleuve, le Sind, les Indes, le Sin et l'Irak'; il traversa les contrées d'Alep et de Damas. L'Égypte et l'Occident furent les seuls pays où il ne pénétra pas. Dieu sait tout le sang qu'il répandit. Son histoire est longue, et d'ailleurs inutile au plan que je me suis tracé. Il fit périr beaucoup de savants[1]; aussi ceux de nos jours répondent-ils encore, quand on leur demande en quelle année a paru Timour : « Il a paru dans l'année des souffrances. »

Timour étant arrivé au pays de Roum, Ba-Iezîd marcha à sa rencontre; mais les Tartares et les étrangers qu'il avait dans son armée, et que leurs affections rapprochaient de son ennemi, l'abandonnèrent; cependant, quoique réduit à une faible troupe, il combattit même de sa personne. A la fin, les ennemis jetèrent sur lui un tapis qui l'empêcha de faire usage de ses armes, et il fut pris. Il mourut captif de Timour, en 797[2].

'Aïça, Mouça, K'âcem, Soliman et Moh'ammed, ses fils, se disputèrent sa succession à main armée, pendant douze ans. Ce dernier fut enfin reconnu sultan

[1] Il accueillit cependant avec beaucoup de distinction, à Damas, le fameux historien.

[2] La bataille où Timour vainquit Ba-Iezîd fut livrée près d'Angora, l'an 804 de l'hégire. Ainsi El-K'aïrouâni se trompe sur la date de la mort de Ba-Iezîd. Cette erreur s'étend sur les dates suivantes, jusqu'à celle de Moh'ammed Ier, qui eut lieu en 824 et non en 822.

en 805. Il était alors âgé de dix-huit ans. Il fut brave et libéral, fit régner le bon ordre dans ses états, et consacra des biens à la Mecque et à Médine. Après avoir fait beaucoup de conquêtes, il mourut en 822; il avait régné dix-sept ans.

Mourad lui succéda, fit fleurir la justice, et, comme ses ancêtres, entreprit la guerre sainte, qui lui valut de nombreuses conquêtes. Lorsque son fils Moh'ammed eut l'âge convenable, Mourad le plaça lui-même sur le trône et lui abandonna le soin du gouvernement.

Moh'ammed commença à régner, avec l'autorisation de son père, en 882[1]. Il était alors âgé de vingt ans; il fut le plus grand sultan des osmanlis. Sa plus glorieuse conquête fut Constantinople, où il établit le siége de l'empire.

Le règne de Moh'ammed fut brillant en tout point. Ses libéralités attirèrent à sa cour les savants les plus renommés de tous les pays. Il fit tant de bonnes œuvres qu'il serait impossible de les énumérer. Il mourut

[1] Il y a ici une double erreur : 1° Mourad, qui en effet abdiqua, et même abdiqua deux fois, fut forcé par les circonstances de reprendre deux fois le pouvoir, dont sa mort seule investit définitivement son fils ; 2° Mourad mourut en 855, et c'est de cette époque que doit dater le règne de Moh'ammed II. Au surplus, il est clair que la date de 822 que l'on lit dans le texte et que nous avons conservée dans la traduction ne peut être qu'une faute de copiste, puisque notre auteur dit que Moh'ammed parvint au trône à l'âge de vingt ans, que son fils Ba-Iezîd en avait trente lorsqu'il lui succéda, et qu'il mourut en 884 (date exacte). Or, en admettant celle de 882 pour son avénement, il résulterait que Moh'ammed serait mort à vingt-quatre ans, laissant un fils plus âgé que lui.

en 886 [1]; Ba-Iezîd, son fils, lui succéda à l'âge de trente ans.

Ce sultan régna trente-deux ans. Il enleva un grand nombre de places fortes aux infidèles. Son frère lui disputa l'autorité. Il y eut entre eux beaucoup de combats. En résumé, Ba-Iezîd fut vainqueur, et força son frère à se réfugier en Égypte. C'était au temps de Kaïtal-Bey, qui l'accueillit bien. Il vint une seconde fois combattre Ba-Iezîd et fut encore vaincu. Cette fois il fut obligé d'aller chercher un refuge chez les chrétiens. Ba-Iezîd parvint à l'y faire périr de la main d'un de ses serviteurs, qui le rasa avec un rasoir empoisonné [2].

Ce fut sous le règne de Ba-Iezîd qu'Ismaël, chef des

---

[1] Cette date est exacte.

[2] Il s'agit ici du prince Djem, connu en Europe sous le nom de Zizim. Après le mauvais succès de sa seconde prise d'armes, il se réfugia à Rhodes. Les chevaliers de Saint-Jean, qui avaient promis de lui fournir les moyens de passer dans les provinces européennes de l'empire turc, où il croyait trouver des partisans, en firent une honteuse spéculation. Ils le gardèrent sept ans captif dans leurs commanderies de France, moyennant une pension annuelle de Ba-Iezîd. Ensuite ils le cédèrent au pape Innocent VIII. Alexandre Borgia, successeur de ce pontife, fut obligé de le céder à son tour au roi de France Charles VIII, à l'époque de l'expédition que fit en Italie ce monarque, qui, rêvant la conquête de Constantinople, désira de l'avoir entre ses mains; mais Borgia, gagné par l'or de Ba-Iezîd, ne le livra qu'empoisonné, et il mourut à Naples. Les uns disent que le poison que lui fit administrer le pape était cette poudre blanche qui servait à Borgia pour commettre tant de crimes; d'autres parlent, comme K'aïrouâni, d'un rasoir empoisonné. Le barbier était un certain Moustafa, alors esclave de Borgia, et qui fut depuis grand vizir à Constantinople.

'Adjem¹, propagea la secte d'Er-Rafed. Le sultan porta la guerre dans son pays.

Ba-Iezîd avait beaucoup de zèle pour la guerre sainte, car il était fort bon musulman. Il maintint l'éclat du diadème des osmanlis; il avait beaucoup de respect pour les marabouts, et il fit bâtir un grand nombre d'écoles publiques et d'hôpitaux. Il avait réuni à sa cour une foule d'hommes distingués. Chelab-ed-Dîn-ben-el-'Atif, poëte de la Mecque, ayant chanté les louanges de ce sultan, reçut de lui pour récompense un présent de mille dinars et une pension annuelle de cent dinars, que ses descendants touchent encore aujourd'hui.

Ba-Iezîd avait beaucoup d'enfants, qui avaient tous des gouvernements, et qui presque tous moururent avant lui. Il fut attaqué lui-même de la goutte, maladie commune dans sa famille, et fut hors d'état de continuer à faire la guerre. L'armée l'abandonna pour un de ses fils, à qui il résista d'abord, mais en faveur de qui il finit par abdiquer. Il se retira à Adarna, où il mourut en 917.

Selim, son fils, parvint au trône à l'âge de quarante-six ans, et l'occupa neuf ans. C'était un homme d'une vigoureuse constitution, et d'un caractère superbe et sanguinaire. Il fit une expédition chez les 'Adjem, et se rendit maître d'Alep, de Damas, de Cherak'sa, de

---

¹ Isma'îl-Sofi, fondateur de la dynastie des Sofi de Perse, passait pour être de la descendance d'Ali; aussi suivait-il la doctrine des Chiites, que l'on appelle aussi Rafedi.

l'Égypte et de tout le pays qui en dépend. Il joignit à tous les titres de ses prédécesseurs celui de serviteur des villes saintes, la Mecque et Médine, et mourut en 929 [1].

Son successeur fut Soliman. Ce sultan, dans un règne de quarante-sept ans, enleva plusieurs villes à l'ennemi. Il fit des expéditions en Hongrie; il assiégea l'île de Rhodes. Cette place, quoique la plus forte du monde, fut obligée de capituler. Le sultan permit aux chrétiens qui l'occupaient de se retirer en Occident. Ils allèrent s'établir à Malte. Que Dieu les extermine, car ils font là ce qu'ils faisaient à Rhodes! Que Dieu les anéantisse le plus promptement possible!

Rhodes fut prise le 11 safar 929; une inscription, portant cette date et rappelant cette glorieuse conquête, a été placée dans la ville, afin qu'en la lisant tout musulman sentît son cœur réjoui.

Lorsque les chrétiens de Rhodes se furent fortifiés dans leur nouvelle possession, ils recommencèrent leurs brigandages avec plus d'ardeur encore qu'auparavant. Soliman se disposait à les y attaquer [2], mais il en fut empêché par la mort. Au nombre de ses conquêtes on compte Astankoui, Bouderam et la forteresse

[1] 926, selon tous les historiens. Il y a probablement encore ici une faute de copiste; car El-K'aïrouâni met en 929 la prise de Rhodes, ce qui est exact, et cet événement eut lieu la troisième année du règne de Soliman.

[2] Il y eut autre chose que des dispositions; car les Turcs attaquèrent Malte sous ce règne, et furent repoussés. C'est un des faits les plus connus de l'histoire du XVI° siècle.

d'Idious. Il se porta en personne dans le pays des
'Adjem, mit le chah en fuite, ruina la ville de Tebris,
prit Bagdad et l'Irak' des Arabes. Le chah demanda
la paix; le sultan la lui accorda et retourna à sa capitale. On dit qu'il fit treize expéditions contre la race
dévouée aux tourments éternels ou contre les révoltés.
Ce fut dans le cours de la treizième qu'il mourut au
fort de Sketouan[1]. Son vizir tint sa mort secrète, envoya chercher en toute hâte son fils Selim, et, lorsque
ce prince fut arrivé sur les lieux, la mort de Soliman
fut déclarée. Son corps, placé dans un cercueil, fut
transporté à Constantinople.

Soliman régna quarante-huit ans. Que Dieu verse
sur lui sa miséricorde! Il fut célébré par l'illustre Moula-Abou-es-Seoud, qui lui adressa ce magnifique poëme
où le talent de l'auteur ne brille pas moins que la
gloire du sultan. Je n'en citerai que les vers suivants :

Sa voix est la foudre; c'est le souffle de la trompette du
dernier jour.

La terre a gémi sous son poids et sous ses coups.

Selim, fils de Soliman, fut proclamé sultan le 9 de
rebi'-et-tani 979. Il était né en 929 et régna neuf ans.
Ce fut lui, ce sultan béni, qui jeta les yeux sur Tunis.
Que Dieu protége cette ville, et protége ceux qui la
délivrèrent du joug infâme des chrétiens! Dès lors le
nom sacré du sultan fut prononcé dans les prières publi-

[1] Szigeth, en Hongrie. Soliman mourut en 974, quoique K'aïrouâni
mette à l'année 929 l'avénement de son fils Selim.

ques; Tunis entrevit le retour du repos et de la prospérité, car la gloire des osmanlis rejaillit sur elle.

Selim, bien assis sur le trône, suivit la politique de ses aïeux touchant la guerre sainte. Sa plus belle conquête fut celle de l'île de Chypre. Il reconquit aussi l'Iémen, qui s'était révolté. Son père Soliman avait soumis ce pays; mais, après sa mort, Met'ar-ben-Cherif-Sidi-Iah'ia s'y était emparé de l'autorité. Selim envoya contre lui une armée commandée par le vizir Sinân-Pacha, qui eut raison des révoltés.

Sinân-Pacha[1] ne pouvait être comparé à aucun des vizirs qui l'avaient précédé, et depuis aucun ne l'a égalé. Il ne traversait pas de contrées qu'il n'y laissât des marques de sa bienfaisance. Combien n'a-t-il pas fait construire de chapelles, d'écoles et d'hôtelleries pour les voyageurs! Tous les peuples qui l'ont connu l'ont béni. Partout il créait des établissements de bienfaisance; bien des personnes ont pu les voir encore. Le nombre en est si considérable que, dans certaines contrées, les revenus ne suffisent pas à leur entretien. Quelques personnes se sont expliqué la possibilité où fut Sinân de pourvoir à tant de dépenses, en disant qu'il possédait la pierre philosophale.

Sinân fut jusqu'à sa mort l'ami des gens de bien.

---

[1] On n'est point d'accord sur l'origine de Sinân-Pacha, qui était renégat : les uns le font Albanais, les autres Florentin, et quelques-uns Milanais, de la famille des Visconti. Il fut cinq fois grand vizir, et mourut, fort âgé, dans son cinquième vizirat. M. de Hammer l'appelle le Marius turc. Au reste, les historiens turcs sont loin généralement d'en dire autant de bien que notre auteur.

Que la miséricorde de Dieu soit sur lui! Ce fut par lui que Tunis fut arrachée des mains de l'ennemi. Dieu est compatissant pour ses créatures.

Nous avons parlé des sultans de la dynastie des Beni-H'afez. Tous ne méritèrent pas ce titre royal. Parmi ceux qui ne le méritèrent pas, il en est cependant à qui on peut le tolérer; mais d'autres en furent complétement indignes. Parmi ces princes, quelques-uns imposèrent leur domination aux Arabes; d'autres ne régnèrent que sous leur bon plaisir, par eux et pour eux. Il en est dont le gouvernement fut mêlé de bien et de mal. Enfin il leur arriva ce qui était arrivé à tant d'autres : le pouvoir échappa de leurs mains, et ils furent un sujet de dédain et de moquerie. Dieu les condamna. Dès lors leur jugement s'obscurcit; ils devinrent faibles et indécis, jusqu'à ce qu'enfin le plus mauvais d'entre eux vint détruire, par sa perversité, les mérites des bonnes actions des meilleurs. Sous lui, les chrétiens s'emparèrent de H'alk'-el-Ouad, et y construisirent une forteresse trop bien connue et plus formidable que celle qu'éleva Cheddad-ben-Ad à Armadet-el-'Amad[1].

[1] Cheddad-ben-Ad est un personnage fabuleux de la tradition arabique. Il vivait en Arabie dans la province d'Armadet, et était arrière-petit-fils de Cham, fils de Noé; il appartenait à cette tribu des Adites, dont le K'oran parle dans la soura intitulée *El-Fedjer*, et qui périrent pour n'avoir pas voulu écouter le prophète H'ous qui lui prêchait l'unité de Dieu. La ville qu'il bâtit, ou qu'il embellit, était quelque chose de prodigieux, par les dimensions des constructions et les richesses des matériaux : tout était or et pierres précieuses. Dieu la con-

Les chrétiens, dans le but de se procurer des matériaux pour cette construction, détruisirent les aqueducs de Carthage. Ils forcèrent les Tunisiens à leur fournir la chaux et le plâtre nécessaires. Cette forteresse fut entourée d'un fossé alimenté par l'eau de la mer, comme la bague entoure le doigt. Elle fut pourvue d'hommes, d'instruments de guerre et de munitions de toute nature. Enfin, ce fut une place redoutable que celle qui fut élevée à H'alk'-el-Ouad. Les chrétiens y mirent à l'abri des bâtiments à rames et autres navires de guerre qui inquiétaient fort les musulmans et écumaient la mer. Leur prince demeurait à Achbilia. Que Dieu rende un jour cette ville aux musulmans! El-H'acen s'était adressé à lui pour obtenir des secours, ainsi que je l'ai déjà dit. Son fils Ah'med suivit son exemple, voulant sans doute, lui aussi, être compris au nombre des honnêtes gens, et le maudit chrétien les assista l'un et l'autre, cachant dans son cœur la pensée de les trahir plus tard. Il réussit ainsi à s'emparer des richesses des Tunisiens, dont la ruine fut commencée dans la déplorable journée de mercredi, et complétée par les événements postérieurs.

Lorsque le chef des chrétiens fut installé à Tunis,

serva, mais il la rendit invisible, se réservant cependant la faculté de la montrer de temps à autre à qui bon lui semblerait. Ce fut ainsi que sous le règne du khalife Moawïa, le premier des Ommiades, un Arabe qui cherchait un chameau perdu la vit dans le désert. Ceux qui voudront avoir, sans beaucoup de peine, plus de détails sur cette fable, n'ont qu'à consulter la Bibliothèque orientale de d'Herbelot, au mot *Cheddad-el-Ad*.

sous le sultan Moh'ammed, il se mit sur le même rang que ce prince, et gouverna avec lui. Le roi d'Espagne put compter Tunis au nombre des villes de son royaume. La joie qu'il en ressentit ~ manifestait à tout propos et de la manière la pl~ inconvenante. C'était au point qu'en apercevant l'un ou l'autre de ses officiers, il lui criait à un mille de distance : « Tunis est à moi; j'en suis maître comme de ma maison[1]. » Il voulut même y introduire une administration toute chrétienne, comme il l'avait fait sur d'autres points. Il en était là, lorsque Dieu suscita contre lui le sultan Selim. Les événements dont Tunis avait été le théâtre étant parvenus aux oreilles de ce sultan, ce puissant prince (Que Dieu conserve la victoire et la puissance à ses descendants jusqu'au dernier jour!) forma le projet d'arracher cette ville aux infidèles, de s'en rendre maître et d'y placer des autorités qui craignissent Dieu. J'ai déjà dit que le cheikh Sidi-Mah'rez avait apparu au sultan, pendant son sommeil, pour l'engager à délivrer Tunis. Cette vision était réelle; ce n'était point une illusion du démon. On a dit aussi que la flotte envoyée par Selim avait eu d'abord pour but de porter du secours aux gens de Guernat'a, et que ce fut que seulement en apprenant que les réprouvés s'étaient

[1] Nous avons déjà dit, dans une note du livre précédent, que ce fut contrairement à ses instructions formelles que don Juan occupa Tunis. Le roi Philippe II, dont il est question ici, en éprouva de la colère, et non cette joie d'enfant dont parle notre auteur. Ce prince, qui, un instant, avait voulu abandonner même Oran, avait coutume de dire qu'en Barbarie il fallait détruire et non édifier.

emparés de cette ville, qu'elle changea sa destination et se dirigea sur Tunis[1]. Que ce fait soit réel ou qu'il ne le soit pas, qu'il y ait eu une vision ou qu'il n'y en ait pas eu, les décrets de Dieu ne s'en accomplirent pas moins.

Sinân-Pacha fut nommé commandant supérieur de l'expédition. Selim mit sous ses ordres le commandant de la flotte Kaldj-Pacha, qu'il n'avait nommé à ce poste qu'après s'être assuré de sa capacité. Que Dieu lui accorde une place distinguée dans le Paradis! Selim-Solt'ân pourvut largement la flotte et l'armée de tout ce qui leur était nécessaire, en armes, en munitions et en argent. L'expédition quitta le port de Constantinople le 1er rebi'-el-oouel 981. Le jour de son départ fut un jour mémorable; il y avait deux cents galères, dix-huit maounas et d'autres bâtiments grands et petits; en tout, quinze cents voiles. Cette superbe flotte, qui avait été à l'étroit dans le port de Constantinople, se déploya comme un déluge quand elle fut en pleine mer. On aurait dit des oiseaux à deux, à trois ou à quatre ailes qui prennent leur essor.

Les cœurs des partants étaient froids comme la confiance et la sécurité; la mer refroidissait leurs membres; mais ils avaient des canons chauds pour l'ennemi.

La flotte se rallia sur la rade d'Aourin, et de là, comptant sur la protection de Dieu, elle se dirigea

---

[1] Notre auteur commet encore ici l'erreur que nous avons relevée au livre précédent.

vers l'Ouest. Elle passa devant une place forte du pays des infidèles nommée Tidja. Les troupes mirent pied à terre ; on se battit pendant une heure, et l'ennemi prit la fuite. Ce fut un heureux présage. Quelques beys moururent chahed dans cette affaire. Chemin faisant, l'armée s'empara d'autres places fortes ; elle captura aussi un bâtiment chargé de blé.

Le 12, la flotte arriva à K'libia. La troupe alla à terre pour se reposer. Le 24, on atteignit H'alk'-el-Ouad, et l'armée débarqua hors de la portée du canon de l'ennemi. La tente du général en chef Sinân-Pacha fut débarquée le même jour [1]. Par un décret de la Providence divine, la veille de l'arrivée de la flotte à H'alk'-el-Ouad, H'ider-Pacha, parti de K'aïrouân, était arrivé devant Tunis, ainsi que je l'ai déjà dit. Il quitta K'aïrouân, où il commandait, je crois, et se porta sur Tunis pour combattre l'ennemi ; Moustafa, pacha de Tripoli, en fit autant de son côté. Ils s'établirent à Sedjoum pour faire le siége de Tunis. Le lendemain soir parut la flotte turque. Ces deux chefs crurent d'abord que c'était un secours que l'on envoyait aux chrétiens, et, dans cette persuasion, ils se déterminèrent à lever leur camp dans la nuit ; mais, avant qu'ils eussent eu le temps d'exécuter leur dessein,

---

[1] Le récit que l'on va lire de l'expédition de Sinân-Pacha à Tunis a été traduit, comme le reste de l'ouvrage, avec toute l'exactitude possible ; mais nous avons cru devoir en supprimer les redites, et y faire quelques transpositions qui ont donné à la traduction plus de clarté que n'en a le texte.

Sinân-Pacha leur fit connaître la vérité par un homme du port, qui était venu à son bord et qui lui avait appris ce qui se passait dans le pays. H'ider et Moustafa, accompagnés d'une nombreuse suite, se rendirent aussitôt auprès de Sinân, et, après l'avoir salué, le prièrent de débarquer avec eux. Le vizir mit à leur disposition mille hommes avec du canon de gros calibre et des pièces de campagne; il les fit appuyer par un corps de deux mille hommes, ayant pour agha H'abib-Bey, et avec lequel marchèrent Ibrahim, bey du sendjak' d'Égypte, Moh'ammed, bey du sendjak' de K'orsa, et le beglerbey, gouverneur de K'ara-H'açar. Ces troupes se dirigèrent sur Tunis, l'entourèrent comme le bracelet entoure le bras, et commencèrent l'attaque sur tous les points à la fois. Moh'ammed-el-H'afzi et ses alliés s'aperçurent bientôt que le nombre des assaillants était augmenté. Ils reconnurent qu'ils ne pourraient résister à tant d'ennemis, ce qui était d'autant plus vrai que la k'as'ba était presque tombée en ruines, par suite des événements qui s'y étaient passés; que personne n'avait songé à la réparer, et qu'enfin la ville elle-même était dépeuplée et presque ouverte. Désespérant donc de la mettre à l'abri même d'un coup de main, ils allèrent s'établir au lieu nommé K'ara-Soudak', qui signifie mer de sable[1]. Voilà ce que je lis dans un auteur que j'ai sous les yeux. Quant à moi, je ne connais auprès de Tunis aucun lieu qui porte ce

---

[1] K'ara-Soudak' veut plutôt dire l'eau noire, l'eau bourbeuse.

nom[1]. C'est probablement la localité[2] que les Tunisiens appellent le Bastion, qui est située hors de la porte de la Mer, à l'Est de Tunis. Toutes les indications de l'auteur dont nous parlons s'y rapportent parfaitement, et celui-ci, qui n'était point de Tunis, a pu se tromper sur les noms, en les écrivant comme il les entendait prononcer. Quoi qu'il en soit, sept mille combattants, tant chrétiens que mertaddin[3], s'établirent dans ce fort, le garnirent de canons de gros calibre, de mortiers, de munitions et crurent qu'ils pourraient y braver les décrets de Dieu. Les osmanlis prirent possession de la ville, et se hâtèrent d'en réparer les remparts avec des poutres, des planches, de la terre, etc. Ils demandèrent ensuite des renforts pour attaquer les réprouvés dans leur fort. Sinân-Pacha envoya alors à Tunis Kaldj-'Ali-Pacha avec des troupes turques. Arrivé à Tunis, ce général fit une reconnaissance du Bastion, et s'assura que, vu sa force et le grand nombre de chrétiens et d'Arabes mertaddin qui le défendaient, il faudrait beaucoup de troupes pour l'enlever. En conséquence, il en demanda de nouvelles, ainsi qu'un renfort d'artillerie. Le vizir lui envoya mille ienitcheri, avec lesquels marcha 'Ali-Agha, selh'adar de la Sublime

[1] C'est cependant ainsi que les Turcs appellent la localité nommée le Bastion par les Tunisiens.

[2] Don Juan avait prescrit de construire en cet endroit un fort, qui n'était pas complétement achevé lorsque Sinân-Pacha arriva à Tunis. Il était commandé par Gabriel Cervellon, chevalier de Malte.

[3] *Souillés*. L'auteur désigne ainsi les musulmans qui servaient les chrétiens.

Porte. Il lui envoya aussi huit canons et six pierriers. Il fut décidé qu'avec toutes les forces réunies on investirait le Bastion de toutes parts; mais cette opération ne fut pas facile, les chrétiens et les mertaddin étaient nombreux, et recevaient du secours des Arabes du dehors. Il y eut plusieurs combats où, de part et d'autre, il périt beaucoup de monde. Parmi les morts, les uns allèrent dans le séjour céleste; l'enfer fut le partage des autres.

Sinân-Pacha, voyant que les choses ne marchaient pas du côté du Bastion, s'y porta de sa personne, quoiqu'on se battît aussi à H'alk'-el-Ouad. Il ordonna diverses dispositions propres à compléter l'investissement du Bastion, et assigna à chacun son poste. Il releva le courage des chefs et des soldats, et leur inspira à tous une juste confiance dans ses talents militaires. Il regagna ensuite son dutak'[1], qui était du côté de H'alk'-el-Ouad. Il veillait de là sur la réserve, soin non moins important et non moins méritoire que celui des attaques.

Je vais raconter maintenant, et en détail, depuis le commencement jusqu'à la fin, tout ce qui se passa à H'alk'-el-Ouad. Les troupes avaient été débarquées, comme je l'ai déjà dit, le 24 de rebi'-el-oouel, hors de la portée du canon de cette forteresse. On débarqua ensuite l'artillerie et l'on établit le camp. Cela fait, le vizir fit avancer, dans l'ordre ordinaire de marche, les troupes destinées à l'attaque de la place, en les exhor-

[1] Grande tente, tente de général.

tant à ne pas s'épargner et à déployer tout leur courage. Les unes furent destinées au combat, les autres aux travaux de sape, dans lesquels les osmanlis excellent. Les travailleurs se mirent à l'ouvrage avec ardeur, jetant du côté de l'ennemi les terres qu'ils enlevaient pour leur servir d'abri, et poursuivant leur tâche jusqu'à ce que la tranchée entourât la place. Alors on établit des batteries de canons et de machines qui lancèrent leurs projectiles sur le fort, et l'on fit un feu bien soutenu des arquebuses.

Il n'y avait ni en Orient ni en Occident un fort comparable à celui de H'alk'-el-Ouad. Les chrétiens n'y avaient rien épargné. Ils l'avaient entouré d'un fossé navigable de soixante dra' de largeur, qui débouchait dans l'étang et qui recevait l'eau de la mer. Ses remparts étaient hauts, bien garnis d'artillerie et d'une épaisseur telle que sept cavaliers pouvaient y marcher de front et à l'aise. L'intérieur était bien pourvu de logements et de magasins. Il y avait autour du fort deux cents maisons occupées par les indigènes à la solde des chrétiens. On voit encore des traces de ces maisons. Le reste a été rasé par les musulmans, et il n'y a plus rien des ouvrages de ceux qui donnent des associés à Dieu.

Il existait, sur les bords du fossé, du côté opposé à la place, une tour très-forte qui en défendait les approches. Cette tour pouvait au besoin communiquer avec la campagne par un chemin souterrain qui débouchait près du lieu où était campé le vizir. On découvrit cette ouverture. Le vizir y pénétra en personne avec quelques troupes et ce fut par là qu'il se rendit maître de la tour, dont la garnison fut massacrée ; mais, pour arriver au corps de la place, restait toujours le fossé. On résolut de le combler ; les soldats se mirent donc à y jeter de la terre qu'ils transportaient même dans leurs vêtements.

J'ai eu sous les yeux une relation de ce siége envoyée à un haut personnage de Constantinople par un témoin oculaire. C'est un document qui m'a été fort utile, et je n'ai eu que fort peu d'autres renseignements. L'auteur de cette pièce assure qu'on jeta, en outre, dans le fossé soixante et dix mille charges de chameau de laine, et que chaque charge contenait un quintal de plomb pour qu'elle ne surnageât pas. C'est avec cette grandeur que doivent agir les rois dans leurs entreprises ; mais s'il est vrai que l'on ait réuni cette quantité de laine, que d'argent pour ce seul objet, et à quelles sommes énormes a dû s'élever la dépense totale de l'expédition ! Si l'on racontait un pareil fait de quelque monarque antérieur à la venue du prophète, on croirait qu'il s'agit de Soliman-ben-Daoud[1]. Au reste, Selim était fils d'un Soliman.

D'après ce qui m'a été dit par quelques habitants de Tunis, la plus grande partie de cette laine fut apportée de chez les Drîd. Les autres tribus en apportèrent fort peu. Sur cette laine on jeta des fascines et des planches, puis de la terre. Toute l'armée se porta avec zèle à ce travail. Les fidèles avaient vendu leur

[1] Salomon, fils de David.

vie pour le Paradis, et certes ils n'avaient pas fait un mauvais marché.

Un homme qui avait assisté à cette guerre racontait souvent le fait suivant, qui, de bouche en bouche, est venu jusqu'à moi. « Un jour, je rencontrai un soldat qui portait sur son dos une fascine destinée à être jetée dans le fossé. Comme il était grièvement blessé, je voulus le décharger de son fardeau; mais il s'y refusa, continua sa marche, jeta la fascine dans le fossé et expira. » Que Dieu traite ce soldat d'après le mérite de son action!

Lorsque le fossé fut comblé, on y éleva un grand ouvrage qui domina la place. Il fut terminé le 14 de rebi'-et-tani. Le vizir y fit placer une batterie dont les canons envoyaient les chrétiens aux feux éternels.

Sur ces entrefaites arriva d'Alger Ramad'ân-Pacha à la tête de trois mille hommes. Il se mit à la disposition du vizir, qui l'envoya à Tunis. Ramad'ân s'y rendit, et se réunit aux beys et aux émirs qui s'y trouvaient.

Cependant Sinân-Pacha ne cessait d'exhorter ses troupes à bien faire, et à ne pas se lasser qu'elles n'eussent pris H'alk'-el-Ouad. Moh'ammed-'Arab se trouvait en ce moment avec sa troupe près de Râdes. Les chrétiens de H'alk'-el-Ouad, espérant le surprendre, firent une sortie contre lui, pour effrayer par sa défaite les autres musulmans. Ils arrivèrent sur ses quartiers au point du jour; mais il était sur ses gardes; de sorte qu'au lieu d'être surpris, il reçut si vigoureusement les chrétiens qu'il les mit en fuite et les poursuivit jusqu'à leur fort. De son côté, le vizir venait de lancer contre le fort un détachement d'élite composé des plus vaillants soldats des diverses nations de son armée. Il les avait exhortés à se jeter tête baissée audevant de la mort pour obtenir les grâces célestes; il avait promis mille dinars à ceux qui arriveraient les premiers, et des récompenses moindres à ceux qui les suivraient immédiatement. Ce détachement rencontra les troupes de Moh'ammed-'Arab, et ces braves soldats réunis se mirent sur les traces des chrétiens; ceux-ci n'eurent pas même le temps de fermer les portes du fort, que les musulmans enlevèrent à la pointe de l'épée. Tous les guerriers qui s'y trouvèrent furent massacrés. Dieu en sait le nombre. Cette éclatante victoire, qui remplit de joie le cœur des fidèles jusque dans les contrées les plus éloignées, fut remportée le 6 de djoumâd-el-ooueI 981.

Le butin fut immense, car ce fort regorgeait de richesses. Le vizir assura qu'on ne peut évaluer tout ce que prirent les soldats. Il fit faire des recherches sur les hommes et dans les tentes; ces recherches produisirent beaucoup, mais néanmoins tout ne fut pas retrouvé.

Une personne de ma connaissance m'a raconté le fait suivant : Son grand-père, qui avait assisté à cette affaire et qui y avait été blessé, fut couché dans une tente sur un matelas, où un de ses camarades avait caché une somme d'argent provenant du pillage. On visita la tente, mais on ne toucha pas au lit du blessé, qui y trouva plus de trois mille dinars.

Le chef des chrétiens fut fait prisonnier[1]; tous les autres chrétiens, ainsi que les mortaddin, qui habitaient dans le fort ou en dehors, furent massacrés.

La nouvelle de cette victoire se répandit bientôt en tous lieux; les vœux des fidèles furent exaucés. Que Dieu n'exauce jamais ceux de leurs ennemis! Les troupes du sultan Selim prirent possession de H'alk'-el-Ouad. On sut bientôt que sa volonté était qu'il fût démoli; il le fut, en effet, et de fond en comble. Il n'en resta que ce que nous voyons aujourd'hui, c'est-à-dire, le logement du commandant; le reste sert de demeure aux hiboux. Le vizir craignit quelque retour des chrétiens; les musulmans, qui avaient conquis ce fort, pouvaient le perdre; ce fut ce qui en détermina la destruction.

Les chrétiens avaient commencé les fortifications de H'alk'-el-Ouad en 937, et, pendant l'espace de quarante-trois ans, ils ne cessèrent d'y travailler. Or, ce qu'il y a de remarquable, c'est que, lorsque Dieu voulut arracher cette place de leurs mains, elle fut prise en quarante-trois jours, un jour pour un an. Maintenant, si l'on considère les iniquités de ses anciens possesseurs, on reconnaîtra qu'ils en ont plus commis que quarante-trois ans ne le comportent. Que Dieu protége le gouvernement des osmanlis; que leurs sabres soient

[1] Il s'appelait Pedro Porto-Carrero. Jérôme de Torrès, qui a écrit l'histoire de cette guerre, fut également au nombre des prisonniers.

toujours tranchants et toujours prêts à frapper les rebelles et ceux qui donnent des associés à Dieu!

J'ai entendu dire que le roi des chrétiens, en apprenant le grand armement que les Turcs avaient fait contre Tunis, voulut secourir les siens et leur envoyer une flotte formidable [1]. Il croyait que la chose était facile, car il ne savait pas que le trou était devenu plus grand que la pierre [2]. Il fit d'abord partir des agents fidèles chargés d'examiner le véritable état des choses. Ceux-ci s'acquittèrent de leur mission avec une incroyable promptitude, et revinrent auprès de leur maître. Ils lui rapportèrent que ce qu'ils avaient vu avait confondu leur esprit, et était fait pour glacer le courage des plus résolus. « Les musulmans, lui dirent-ils, sont si nombreux que leur armée n'a ni commencement, ni fin. Les uns combattent avec une ardeur qui leur fait outrepasser leur devoir; les autres sont occupés des travaux du camp et des soins intérieurs. Ce camp est dans l'abondance de toutes choses. On ne voit partout que marchés bien fournis, cuisiniers qui préparent de bons repas, marchands de comestibles et ouvriers de toutes professions. Tout se fait avec ordre et sans confusion. L'argent roule partout. Toutes les forces de la chrétienté seraient insuffisantes contre une armée si nombreuse et si bien pourvue. »

[1] Don Juan voulut en effet aller au secours des chrétiens de Tunis; mais il fut retenu à Trepani par les vents contraires.

[2] Proverbe plein de justesse et de naïveté, et qui veut dire que le mal était sans remède.

En entendant ces paroles, le roi des chrétiens se résigna à son malheur ; mais il regretta que Dieu eût attendu qu'il se fût habitué à la possession de sa conquête pour la lui enlever.

Après la prise de H'alk'-el-Ouad, Sinân-Pacha se porta, avec toutes ses troupes, contre le bastion des beglerbeys, et les émirs se sentirent plus forts par sa présence. La forteresse fut enveloppée de toutes parts ; les musulmans s'élancèrent à l'assaut comme des lions furieux. Des deux côtés l'artillerie et le sabre répandirent la mort, et beaucoup de combattants périrent. Enfin, les musulmans pénétrèrent de vive force dans la forteresse, où ils massacrèrent plus de trois mille hommes ; cinq mille se jetèrent du haut des remparts, et essayèrent de se retrancher dans un poste qui était à une portée de trait de là, pendant que les vainqueurs étaient occupés au pillage du butin ; mais ils n'en eurent pas le temps ; le vizir courut les attaquer ; ils se défendirent avec acharnement. Les chrétiens, comprenant qu'il ne leur restait d'autre chance d'éviter la mort que de la braver[1], se jetèrent, tête baissée, en masse compacte et le poignard à la main, sur les Turcs, portant des coups terribles jusqu'à ce que, avec l'aide de Dieu, ils furent tous massacrés, à l'exception de quelques-uns qui purent atteindre Chekli[2]. Nul ne put

---

[1] On dirait que ceci est une traduction de ce vers si connu :
Una salus victis nullam sperare salutem.

[2] Les Turcs firent quelques prisonniers, au nombre desquels fut Cervellon.

se soustraire à sa destinée. Les musulmans trouvèrent au Bastion une grande quantité de marchandises de toute nature, d'abondantes munitions de bouche et de guerre, une nombreuse artillerie, et beaucoup de planches et de poutres qu'on y tenait en réserve pour le besoin. Les infidèles avaient formé le projet de construire là une ville dont ils avaient déjà tracé les rues et les places. Sans l'arrivée des osmanlis, ils auraient exécuté leur projet ; mais Dieu fit arriver à temps les troupes du sultan. S'ils eussent pu terminer leur ville, qu'il aurait été bien difficile de leur prendre, ils se seraient étendus sur toute l'Afrique jusqu'à Alger et à Tripoli, qui n'auraient pu leur résister. Ils auraient été favorisés par l'état permanent de rébellion des Arabes africains, dont la plus grande partie n'a ni religion, ni conscience. Les chrétiens sont encore moins éloignés de la foi qu'eux. Que Dieu récompense donc les osmanlis, et qu'il attache la victoire à leurs pas jusqu'au jour du jugement!

Lorsque l'on eut pris le Bastion, on trouva dans la mosquée qui est hors de la porte de la Mer une grande quantité de chaînes. Peut-être étaient-elles réservées pour persécuter les musulmans dans leur religion, ou pour tout autre acte tyrannique.

On s'empara du Bastion sept jours après la prise de H'alk'-el-Ouad; d'autres disent quinze jours après ; enfin, il en est qui indiquent une date encore plus éloignée [1]. Le commandant de ce fort fut fait prison-

[1] Il fut pris le 3 septembre 1574, d'après les historiens espagnols.

nier. Il offrit une rançon; mais on lui coupa la tête, parce qu'il fut reconnu qu'il avait été aux affaires de Rhodes et de Djerba, lorsque Dragut se rendit maître de cette dernière île. Enfin, cette fois les musulmans en furent délivrés.

Ceux de la nation maudite qui s'étaient fortifiés à Chekli ne tardèrent pas à capituler[1]. Sinân-Pacha vit un avantage à les recevoir à composition; il y avait parmi eux deux cent cinq ouvriers fondeurs de canons en bronze et en fer. Sinân les prit au service de la Sublime Porte, leur assigna une solde et les fit habiller. Cependant il exigea qu'ils eussent les fers aux pieds et qu'ils se rendissent caution les uns des autres. C'est depuis cette époque que la profession de fondeur s'est introduite à Tunis.

La prise de Chekli eut lieu le 25 de djoumâd-el-ooueI 981. Il mourut, dans ces divers siéges, dix mille chrétiens et autant de musulmans[2]. Que Dieu récompense ceux-ci! Voici les noms des morts les plus illustres. Parmi les beys, Safar, bey du sendjak' d'Alexandrie; Ba-Iezîd, bey du sendjak' de Terkhala; Ah'med, bey du sendjak' d'Aoulina; Moustafa, bey du sendjak' d'Ar-

---

[1] Ils n'étaient plus que cinquante, disent les historiens espagnols. Leur chef était le capitaine Zamoguerra, qu'un bâtiment français conduisit en Sicile, où il porta la première nouvelle du désastre. Mais, outre les cinquante hommes de la garnison, placés primitivement sous les ordres de cet officier, il y avait des fugitifs du fort Cervellon, que Sinân ne voulut pas comprendre dans la capitulation.

[2] Des historiens espagnols portent à trente et un mille hommes les pertes des Turcs.

sis ; parmi les émirs, Kurdes-Khadar-Bey ; Ferh'ad, le plus vaillant des ienitcheri, le chef du génie ; enfin beaucoup d'autres guerriers des plus distingués.

Sinân-Pacha trouva dans les trois places tombées en son pouvoir deux cent cinq pièces de grosse artillerie, et une grande quantité de petites. Il laissa trente-cinq pièces pour la défense de Tunis, et en envoya cent quatre-vingts à la Sublime Porte. Il expédia la nouvelle de sa victoire aux villes saintes. Que Dieu les conserve et propage leur gloire en tout lieu !

Qu'on n'aille pas croire, lorsqu'on entendra parler du siége de H'alk'-el-Ouad, que ce fut un siége ordinaire, car il n'y en a pas eu de plus mémorable en Occident. Les chrétiens avaient dépensé des sommes énormes pour élever et conserver cette forteresse. Ils détruisirent pour sa construction des aqueducs que nos architectes ne sauraient abattre et encore moins édifier. Ils y employèrent des pierres qui avaient été taillées au temps de Nemrod. Enfin, les dépenses qu'ils y firent s'élevèrent si haut, qu'on aurait dit, en voyant cette forteresse, qu'elle avait été construite par le prophète Daoud.

On a dit que H'alk'-el-Ouad était une forteresse ; mais c'était plutôt une ville entourée par la mer. La forme en était carrée, et elle avait aux quatre angles des ouvrages en saillie. Elle avait devant elle la mer et derrière elle l'étang, qui se joignaient par un canal. A ce point de jonction était la tour que nous nommons aujourd'hui Bridja. Ce canal allait du Sud à l'Est. Un second canal entourait la ville comme le bracelet entoure le bras. Celui-ci débouchait à l'Ouest. C'était par là qu'entraient les bâtiments pour arriver au port situé en face de la courtine bâtie sur la ligne Nord-Est. Les gros vaisseaux mouillaient dans l'autre canal. A l'Ouest de la ville était un faubourg formé de plus de deux cents maisons occupées par les renégats et les infidèles, qui ne valent pas mieux. Un mur entourait ce faubourg.

Les remparts de la ville étaient formés de deux murs de revêtement en pierres de taille, dans l'intervalle desquelles on avait coulé, comme on coule du plomb, des pierres brisées, du sable et de la chaux, ce qui faisait un ensemble si dur, que la pioche et les autres instruments ne pouvaient y mordre[1]. La poudre même, cette terrible invention, y était souvent impuissante. Ce qui le prouve, c'est qu'en examinant ces lieux on voit des traces de mine qui n'ont produit aucun effet. Dans l'intérieur du fort on avait élevé une église dont on voit encore les ruines.

Les chrétiens avaient construit un grand nombre de citernes voûtées pour recevoir l'eau de la pluie. Elles existent encore de nos jours. En face de chaque courtine était un fort bâti sur des voûtes, et aussi solide du haut que du bas.

Tout ce que je viens de dire de H'alk'-el-Ouad est au reste peu de chose, relativement à tout ce qu'on pourrait en dire encore. Nous ne l'avons vu qu'après

[1] C'est ce que nous appelons du beton.

sa ruine. Il n'en reste plus que la face Sud-Ouest; c'est là qu'est le fort actuel. La porte existe encore et a été peu détériorée.

L'endroit où fut prise la terre que les Turcs jetèrent dans le fossé est maintenant plein d'eau et réuni à l'étang. On le nomme R'ediret-el-Khala[1], à cause de sa profondeur; on y trouve beaucoup de poissons. Les emplacements qui servaient de port sont devenus des salines exploitées par les gardes-côtes que l'on a établis sur ce point. Les traces de toutes ces constructions sont visibles. La destruction est tombée sur les maisons qui étaient en dehors du fort, dans les endroits plus élevés. Celui qui examine les restes de ces belles constructions peut encore se faire une idée exacte de ce qu'elles ont été.

Quant au Bastion, il n'en reste d'autres traces que celles que l'on a retrouvées vers l'année 1050, lorsque Mourad-Dey obligea les habitants de la ville de transporter dans un bas-fond les immondices accumulées sur ce point. On y trouva une grande quantité de boulets, preuve matérielle des combats sanglants qui s'y étaient livrés. Il y avait eu là, en effet, quatre corps d'armée et quatre pachas, savoir: H'ider-Pacha, Moustafa-Pacha, gouverneur de Tripoli; Ah'med-Pacha, gouverneur d'Alger, mais qui en fut rappelé, et, enfin, Ramad'ân-Pacha, qui le remplaça dans cette ville. Joignez à ces chefs ceux qui étaient venus avec le vizir, savoir: Ibrahim, bey du sendjak' d'Égypte; Moh'am-

[1] Le gouffre.

med, bey du sendjak' de K'orsa, et, enfin, le chef du sendjak' de K'ara-H'açar. Tous ces chefs avaient leurs troupes. Il y avait, de plus, deux mille hommes des troupes du sultan, mille canonniers, mille ienitcheri, et, enfin, 'Ali-Agha, selh'adar de la Sublime Porte et les siens. J'ai déjà parlé de tout cela; mais je le répète ici pour qu'on sache bien que ce siége ne fut pas une bagatelle.

Pour ce qui est des fortifications de Chekli, on en voit encore des restes, ainsi que je l'ai dit au commencement de cet ouvrage[1].

Sinân-Pacha récompensa, selon leur mérite, les guerriers qui l'avaient suivi, et rétablit l'ordre dans le pays. Il laissa à Tunis la 101ᵉ chambrée des ienitcheri, et partit pour Constantinople, conduisant, enchaînés sur son navire, le général des chrétiens et le sultan Moh'ammed, le dernier des Beni-H'afez. Il ne resta de cette famille que des veuves, des femmes et des filles, « comme s'il n'existait plus personne entre Safa et H'adjoun[2]. »

[1] Suit ici dans le texte une page d'éloges pour les Turcs en général, et pour Sinân-Pacha en particulier. Elle est au nombre des redites que nous avons cru devoir supprimer.

[2] La tribu de Djourhoum, qui occupait le pays de la Mecque au temps d'Abraham, et dans laquelle son fils Ismaël prit femme, fut chassée de cette contrée par la tribu de Khouça. Moudad, roi ou chef des Djourhoumites, chanta, ou plutôt est censé avoir chanté les malheurs des siens dans une élégie qui commence par les deux vers que cite ici notre auteur. Ce morceau de poésie se trouve dans le *Ketab-el-Ar'ani*, ou recueil de chansons d'Abou-el-Faradj-el-Isfah'ani, écrivain du ivᵉ siècle de l'hégire. Cet ouvrage, sous un titre futile, renferme une foule de documents précieux sur l'histoire des Arabes avant l'isla-

« Comme si personne n'avait veillé à la Mecque au clair de la lune. »

Sinân ne se mit en route pour Constantinople qu'après avoir fixé les règles du gouvernement qu'il établissait à Tunis, et s'être assuré qu'elles étaient comprises et suivies. Après son départ, les chefs des ienitcheri consolidèrent ses institutions. Ils relevèrent les parties du château qui étaient tombées en ruine, et en firent la demeure des pachas, d'où lui vient son nom de Dar-el-Pacha. Ils établirent un divan. La forme du gouvernement était celle qui avait déjà été adoptée pour Alger. Le pacha avait la direction suprême des affaires, et l'agha l'inspection des troupes. L'autorité des osmanlis s'étendit dans le pays. Des agents chargés de percevoir les contributions furent établis. Les prières publiques étaient faites pour le sultan des osmanlis, et son nom inscrit sur la monnaie. Enfin, l'Afrique fut une province de l'empire de ce monarque, gouvernée par des chefs osmanlis.

Les boulkbachias composaient le divan ; mais ils devinrent bientôt injustes envers ceux qui étaient au-dessous d'eux. La troupe fut tellement opprimée qu'elle eut à supporter même l'insolence des sebian [1] des boulkbachias. Ces domestiques levaient la main sur les ioldach [2], et, à plus forte raison, sur ceux qui n'ap-

---

misme. M. Quatremère et M. Fulgence Fresnel en ont tiré la matière d'excellents articles, publiés dans le Journal asiatique.

[1] Valets d'armée.

[2] Nom que se donnent les soldats turcs.

partenaient pas à la milice. Cette conduite aigrit les ioldach, qui méditèrent leur vengeance et choisirent un vendredi pour exécution de leur projet. Le jour arrivé, et le divan s'étant assemblé à l'ordinaire, les ienitcheri envahirent la salle et massacrèrent à coups de sabre tous ceux qu'ils y trouvèrent. Les membres du divan qui ne s'étaient pas rendus à la séance furent égorgés dans leurs maisons. Cependant quelques-uns eurent le temps de prendre la fuite. Cet événement eut lieu à la fin du mois de zil-h'adja 999.

L'oukil-el-'ardj[1] du divan, T'obal-Radjeb, dont la postérité existe encore parmi nous, était entré dans la conspiration. Le jour où elle éclata, il emporta la clef de la chambre où étaient les armes, de sorte que les membres du divan furent privés de tout moyen de défense.

Le cheikh El-Kechach avait indiqué aux ienitcheri, qui avaient imploré son appui contre la tyrannie du divan, ce qu'ils devaient faire pour s'y soustraire. Ce cheikh aimait beaucoup les pauvres, à qui il donnait comme s'il ne craignait pas de devenir pauvre lui-même. Ses aumônes étaient partagées entre les zaouïa de la ville et celles de la campagne. Il donnait à manger, rachetait les captifs; enfin, il faisait tant de charités qu'on croyait généralement que Dieu avait mis à sa disposition un trésor pour les pauvres. Les ienitcheri étant donc venus implorer son appui, et voulant même le contraindre à le leur accorder, il envoya quelques-

---

[1] Sorte d'intendant.

uns de ses pauvres à l'abattoir et les chargea de lui en rapporter des têtes de moutons. Ils en rapportèrent en effet une grande quantité. Le massacre du divan eut lieu immédiatement après, et on l'attribue à cet avis muet du cheikh.

Après ce massacre, les ienitcheri se partagèrent en diverses fractions, dont les chefs prirent le titre de dey, mot qui, en langue turque, signifie proprement oncle maternel. Ils en firent un titre de dignité. Il y eut près de trois cents de ces deys. Ils se réunissaient à la k'as'ba pour traiter en commun des affaires publiques. Mais, à cause de leur multitude, ils étaient rarement d'accord, et aucune affaire ne se terminait. Le plus puissant d'entre eux, par son courage et le nombre de ses partisans, était Ibrahim-Dey, qui exerça pendant trois ans une influence souvent contestée. A la fin, las de cet état de choses, il demanda aux autres deys l'autorisation d'aller à la Mecque. Cette autorisation lui ayant été accordée, il partit de Tunis, où il ne revint plus; car, au lieu d'aller à la Mecque, il se rendit en Roumélie, où il s'établit. Il vécut jusqu'au delà de l'année 1060.

Il fut remplacé par Mouça-Dey, qui voulut commander seul. Fatigué bientôt des obstacles qu'il rencontra, il demanda, comme l'autre, l'autorisation d'aller à la Mecque, et l'obtint. A peine eut-il quitté les deys, que ceux-ci lui firent dire qu'il eût à ne plus revenir à Tunis; et il se conforma à cette injonction. Après son départ, K'ara-Safar-Dey et 'Otman-Dey se disputèrent le pouvoir. Ce dernier était le moindre des deys, tant du côté de la réputation que par le petit nombre de ses partisans ; mais la fortune le favorisa. Les deux compétiteurs s'étant armés, 'Otman arriva à la k'as'ba avant son antagoniste, s'assit dans le vestibule, et ses quelques partisans se groupèrent autour de lui. Dès qu'il vit venir Safar-Dey, il lui envoya l'ordre de se retirer et de quitter Tunis sur-le-champ. Safar obéit, et s'embarqua à l'instant même pour Alger. Il y resta jusqu'au temps de Ioucef-Dey, qui le fit revenir à Tunis, où il se maria et où il vécut dans l'obscurité jusque vers l'année 1050. Il eut un fils que j'ai vu et connu.

Lorsque 'Otman eut frappé ce coup heureux d'autorité, tous les autres deys eurent peur. Il se débarrassa des plus influents, et les autres cherchèrent à se faire oublier en se logeant aux extrémités de la ville. Ceci arriva en 1007. 'Otman fut le premier dey qui gouverna seul. Il fit asseoir la terreur à côté de lui. Du reste c'était un homme capable et courageux, qui faisait tout par lui-même. Lorsqu'il entendait dire qu'il se commettait des brigandages dans les jardins de Tunis, il s'y portait en personne avec les siens; il n'en revenait pas qu'il n'eût saisi les coupables. Avant qu'il fût au pouvoir, les jardiniers étaient dans l'usage, au temps des récoltes, de demander au divan une garde qu'ils payaient, pour les protéger contre les soldats et les voleurs. 'Otman supprima cet usage. Il voulut que sa seule autorité les protégeât, et cette autorité fut respectée. La rétribution pour la garde fut convertie en une taxe de deux fels[1] sur les marchands de fruits. Depuis lors les déprédations cessèrent dans les jardins.

Toute l'administration d'Otman fut remarquable. Ses ordres étaient partout ponctuellement exécutés. Il y eut bien des conspirations contre lui, mais elles échouèrent toutes. Il renvoya de Tunis les gens de Djerba qui y demeuraient, parce que le pays dépendait du gouvernement de Tripoli, et non du sien. Les courses sur mer furent très-productives de son temps. C'est au point qu'on ne saurait faire le compte de ce qu'elles rapportèrent. Ce fut à cette époque que s'établit la réputation du fameux marin Moh'ammed-Bey-ben-H'ussein-Pacha, qui fit tant de prises sur nos ennemis. Lorsqu'une prise arrivait, 'Otman-Dey se rendait à H'alk'-el-Ouad, où il la faisait vendre; ce qui répandait de grandes richesses dans le pays. 'Otman s'empara par ruse du corsaire Dali-Captan, qui, en revenant du pays des chrétiens, s'était mis à bloquer H'alk'-el-Ouad. Il l'envoya prisonnier à la k'as'ba, où il mourut.

En 1013 ou 1014, et toujours sous l'administration d'Otman, il y eut à Tunis une grande mortalité causée par la peste. Une disette et une variation dans la valeur des monnaies augmentèrent à un tel point la détresse publique, que les Tunisiens parlent encore de ces évé-

---

[1] Le fels est une très-petite monnaie appelée aussi bourb. Il en faut six pour faire une kharrouba, qui est la seizième partie d'une piastre ou réal.

nements comme des trois plus terribles fléaux qui les aient frappés. Le kafiz de blé se vendait trente dinars. On trouvait alors ce prix excessif; mais si les personnes qui en jugeaient ainsi avaient vu ce dont nous avons été témoins de notre temps, elles auraient eu une autre opinion. J'ai vu une disette à laquelle aucune autre ne peut être comparée : le prix du kafiz de blé monta bien plus haut, car le sa'a se vendit un demi-réal; et, à ce taux, le kafiz reviendrait à cent réaux. Ceci se passa pendant le plus terrible siége que Tunis ait soutenu, celui où ses portes furent brûlées. J'en parlerai plus loin, ainsi que d'autres événements.

Les courses sur mer furent si heureuses sous 'Otman, parce que les chrétiens n'étaient pas sur leurs gardes, et n'avaient pas armé de grands bâtiments. Les expéditions s'étaient faites jusqu'alors avec des *bragat*. Les bâtiments appelés *betachat* et *chitiat* commencèrent à être en usage sous 'Otman. Il en fut de même à Alger.

'Otman-Dey marcha deux fois avec l'armée. La première, il alla dans le Sahara, et fit la conquête du pays de Sedada; la seconde, il partit avec l'armée d'été pour rétablir la tranquillité dans le pays. Il fit des règlements sur les raïas, et veilla à leur exécution. On les appela K'ouanin-'Otman-Dey. Aujourd'hui ces règlements sont changés.

En 1017, 'Otman-Dey fit mettre à mort Moh'ammed-Bey-ben-el-H'ussein-Pacha, qui avait conspiré contre lui. Cette conspiration, où était entré beaucoup de monde, fut découverte au dey par Sak'esli-Radjeb.

Il est vrai que quelques personnes prétendent que Sak'esli fit un faux rapport. On n'est point d'accord là-dessus. Quoi qu'il en soit, Moh'ammed ayant été averti de prendre garde à lui, ses amis se dispersèrent, et il s'enfuit chez les Arabes. Ceux-ci l'arrêtèrent, et se disposaient à le conduire à Tunis, lorsque 'Otman, craignant quelque émeute s'il entrait en ville, envoya un homme qui le tua. Il était âgé de vingt-huit ans, et s'était rendu célèbre par ses courses contre les chrétiens, à qui il fit beaucoup de mal. Il avait acquis d'immenses richesses. Que Dieu lui accorde sa miséricorde!

Cette même année et la suivante, les Andalous arrivèrent du pays des chrétiens, chassés par le roi d'Espagne; ils étaient nombreux. 'Otman-Dey leur fit place en ville et distribua les plus nécessiteux aux familles de Tunis pour qu'elles en eussent soin. Il leur permit ensuite de s'établir où bon leur semblerait. Quelques-uns achetèrent El-Hanacher, y bâtirent des maisons, et ce lieu fut peuplé par eux. Les autres s'établirent en beaucoup d'autres endroits, tels que Soliman, Belli, Nianou, Krombalia, Turki, El-Djedid, Zar'ouàn, Toburba, Grîch-el-Ouad, Mzêz-el-Bâb, Slouguia, Tasstour, El-'Alia, El-K'ala, etc. en tout plus de vingt villes, qui devinrent superbes entre les mains des Andalous. Ils plantèrent partout des vignes, firent des jardins et ouvrirent des routes propres aux voitures pour la commodité des voyageurs. Ils furent compris au nombre des indigènes [1].

[1] Les Maures, chassés d'Espagne et réfugiés en Afrique, y ap-

'Otman-Dey, après être parvenu au comble de la prospérité, alla où va tout le monde; il parut devant Dieu en 1019. On trouve encore de ses descendants aujourd'hui.

Ioucef-Dey prit, après lui, la direction des affaires. Il fut le premier qui arriva au pouvoir sans peine et sans fatigues. 'Otman-Dey l'avait fiancé à sa fille; mais ce mariage ne fut jamais consommé. On avait demandé à celui-ci, pendant sa maladie, qui il désignait pour lui succéder; il répondit: « 'Adjem-Dey; il est digne de commander; mais c'est un homme sévère. Si vous cherchez le repos, prenez Ioucef, dont le caractère est plus conciliant. » Il le désignait ainsi parce qu'il était son gendre.

Lorsque 'Otman eut expiré, on expédia un courrier à 'Adjem, qui était alors à Bêdja; et l'on voulut attendre sa réponse. On se rassembla ensuite dans la maison du défunt, où était Ioucef. 'Ali-T'abet, son ami intime, y entra et alla sur-le-champ le saluer comme successeur d'Otman. Toute l'assemblée en fit autant, entraînée par cet exemple. Les chefs de l'armée firent comme

---

portèrent, outre des capitaux considérables, des habitudes d'industrie et de travail presque perdues dans cette contrée. Malheureusement ces germes de prospérité furent étouffés entre les mains des Turcs, qui eurent rarement des chefs aussi sensés qu'Otman-Dey. C'est à un des plus recommandables de ces réfugiés, Moustafa de Cardonas, que l'on doit les belles plantations d'oliviers de Bône. Nous renvoyons le lecteur à ce qu'a écrit à ce sujet, il y a environ un siècle, notre compatriote le docteur Peyssonnel, dans les lettres publiées par M. Dureau de la Malle.

les autres, montèrent avec lui à la k'as'ba et le firent asseoir sur le siége, selon l'usage. Tout le peuple vint le saluer, et dès lors il fut chef suprême sans opposition. 'Adjem arriva le lendemain de Bêdja : voyant que tout était terminé, il alla, à son tour, saluer le nouveau dey, qui le traita toujours avec beaucoup de distinction.

GOUVERNEMENT DE IOUCEF.

Le nouveau dey prit pour ministre son ami 'Ali-T'abet. Celui-ci le détermina à renoncer à la fille d'Otman et à épouser celle d'un renégat, parce qu'il craignait de trouver dans la famille de la première des rivaux dangereux.

Le règne de Ioucef-Dey fut plus prospère et plus glorieux qu'aucun de ceux de ses successeurs, comme on pourra en juger par la suite. La ville fut embellie et agrandie; il favorisa la course maritime, qui fut très-active sous son administration. Le nombre des gros bâtiments s'éleva à quinze; aussi la marine de Tunis acquit-elle une grande réputation. Les raïs les plus célèbres furent Samson et le capitaine Ouardia. Ils étaient chrétiens[1] tous les deux; ils firent longtemps la course sans changer de religion; mais à la fin ils se firent musulmans.

Les courses rapportèrent beaucoup à Ioucef, dont

---

[1] Savary de Brèves parle des pirates chrétiens de Tunis. Le capitaine Foucque, dans un rapport adressé à notre roi Louis XIII, entre à cet égard dans des détails fort curieux.

le règne fut très-heureux. Il triomphait sur mer, et la terre lui était soumise. Il s'occupa avec zèle de travaux utiles dans la ville de Tunis. La rue des Turcs fut mise en bon état et devint ce qu'elle est aujourd'hui, la plus belle de la ville. Il fonda la mosquée qui porte son nom, et affecta des rentes à l'entretien de ceux qui la desservent. Il fit construire près de son palais une medressa pour ceux qui suivent le rite de l'imam H'anifa; cet établissement reçut lui-même une dotation qui porte aussi son nom. L'imam, les crieurs et les t'olba y avaient droit à un pain par jour. Depuis, cette institution a été dénaturée en grande partie. Ioucef fit construire aussi les midat qui sont au-dessous du café, et ce café lui-même, gratifié d'une subvention annuelle, devint bientôt le plus beau de la ville. Ioucef créa encore le marché des négociants de Djerba, qui est très-beau, et les bains qui sont auprès; un grand nombre de fondouk' pour les Taïfat-el-Louned [2]; le superbe marché où l'on vend les esclaves du soudan et que l'on nomme El-Barakat; les midat qui sont sous le minaret de la grande mosquée; le marché où l'on vend tout ce qui est filé. Ce marché avait existé autrefois; mais depuis longtemps il ne formait plus qu'un amas de ruines où il n'était pas sûr de s'aventurer; Ioucef le releva et les marchands de la rue H'ammoud vinrent l'habiter; ils s'étendirent jusqu'à Bâb-el-Benat (la porte des filles). Le dey fit rétablir cette issue, qui était restée long-

[1] C'est-à-dire par la réunion des Louned, Arabes des environs de Tunis.

temps murée. Il fit bâtir beaucoup de boutiques dans ce quartier, qui devint un des plus beaux de la ville.

Ioucef-Dey fit plusieurs autres œuvres méritoires dont la postérité s'entretiendra ; mais la première de toutes est la construction de l'aqueduc de son nom, qui conduisait l'eau à Tunis dans le haut de la rue des Turcs et dans d'autres endroits. Ces quartiers en jouirent longtemps ; mais, de nos jours, cet utile monument est tombé en ruines, par la faute de l'administration, qui ne s'est pas occupée de son entretien. Il n'y a de force et de refuge qu'en Dieu.

Le pont qui existe sur le Medjerda, du côté de T'oburba, est aussi une construction de Ioucef. Il est situé dans une localité que les Tunisiens regardent avec raison comme un lieu de plaisance et qui jouit d'une grande réputation parmi eux. Il y existait une maison de campagne que Nâc'er-Agha embellit sous le règne de Ioucef. Ah'med-Djalbi, fils de cet agha, qui l'habitait souvent, y fit de nombreuses améliorations. Elle s'accrut encore par les soins d'Abou-el-H'ussein-'Ali-Bey, son parent, qui la posséda après lui, tellement que la beauté en devint proverbiale ; j'en parlerai plus tard avec plus de détails.

Ioucef, pour acquérir du mérite devant Dieu, fit bien d'autres constructions dont je ne puis parler ; il fit creuser des citernes dans les lieux arides et y fit arriver l'eau de points fort éloignés, pour le soulagement des voyageurs.

El-H'adj-'Ali-T'abet, dont la participation aux affaires publiques fut un des bienfaits de Ioucef-Dey, fit aussi beaucoup de bien. Sa mémoire est en si grande vénération à Tunis qu'il est inutile que nous nous étendions beaucoup sur ce sujet. Il eut un soin tout particulier de la mesdjed qui était près de sa maison, vers la porte d'El-Djezira, et lui affecta les ouak'ef; il fit réparer la mosquée qui est en dehors de cette même porte, et bâtir les midat de la rue des Turcs, qui étaient les plus belles de Tunis et fort utiles à tout ce quartier; il leur affecta des rentes. Depuis, cet établissement dépérit, quoique sa famille en eût gardé la surveillance.

Il faudrait un livre entier pour raconter tout ce qu'Ali-T'abet a fait de bien; il mourut en 1041. Il fut, dans les affaires de l'intérieur, le conseiller le plus intime de Ioucef. Quant à celui-ci, si je voulais rapporter toutes ses bonnes œuvres, je n'en finirais pas. Il y eut, sous son règne, une grande mortalité, que les Tunisiens appellent la peste de Sidi-Belkris, parce que ce cheikh y mourut : c'était en 1030 ou 1031.

En 1034, on prit deux navires de Malte; ce qui fut cause d'une grande fête à Tunis.

En 1037, il y eut une grande bataille entre l'armée d'Alger et celle de Tunis. Déjà, en 1022, ces deux armées s'étaient trouvées en présence; mais il n'y avait pas eu de combat. Cette fois, on se battit avec acharnement, et les pertes furent considérables de part et d'autre. Cette affaire eut lieu dans le mois de ramad'ân. C'était le cheikh T'abet-ben-Chenouf qui avait attiré les Algériens sur les terres de Tunis, avec l'espoir d'en faire la conquête. Ils eurent d'abord le dessous, et ils demandaient déjà l'aman, lorsque les Arabes, dont les principaux étaient les Oulâd-Saïd, trahirent et ramenèrent la victoire dans leurs rangs. L'armée tunisienne fut battue, et les tribus arabes se soulevèrent dans le pays. Une partie des cheikhs qui résidaient à Tunis quittèrent alors cette ville : parmi eux étaient le cheikh Tadj-el-Arefin-el-'Otmâni, le cheikh Ibrahim-el-R'amani et le cheikh des Andalous Moustafa. Cependant la paix fut rétablie entre Alger et Tunis.

L'année suivante, l'armée d'El-Kêf fut envoyée pour réprimer la révolte des Beni-Chenouf; elle était commandée par Mourad-Bey, guerrier habile et redouté [1].

En 1041, mourut 'Ali-T'abet, comme on l'a déjà dit. Mourad-Bey reçut dans le courant de cette année, de Constantinople, sa nomination à la dignité de pacha. Une partie des Oulâd-Saïd furent pris dans le courant de l'année suivante, et empalés sur le marché aux bestiaux. Moh'ammed-Bey donna, dans cette circonstance, des preuves de son courage. El-H'ama fut prise après sept années de révolte.

---

[1] Les beys, dont quelques-uns furent élevés à la dignité de pacha, comme celui dont il s'agit ici, commandaient les armées. Peu à peu ils s'emparèrent de toute l'autorité au dehors, ne laissant aux deys que l'administration de la ville, que ceux-ci finirent même par ne plus avoir que de nom. L'auteur a séparé leur histoire de celle des deys. Elle forme le sujet du livre suivant. Il est résulté de cette méthode des longueurs et des répétitions que nous aurions voulu éviter; mais il aurait fallu pour cela dépasser les bornes de la latitude permise à des traducteurs.

Ioucef-Dey suivit le même plan de conduite jusqu'à sa mort, qui eut lieu à une époque bien heureuse, car il expira dans la nuit du vendredi 27 de redjeb de l'année 1047 [1]. Pendant ses funérailles, son éloge était dans toutes les bouches. Il fut inhumé dans son mesdjed, où son fils lui fit élever un magnifique tombeau. Que Dieu accorde sa miséricorde à cette bonne âme !

Ioucef aimait beaucoup la chasse, et y passait des journées entières avec les officiers de sa suite.

GOUVERNEMENT D'OSTAD-MOURAD.

'Ostad-Mourad-ben-'Abd-Allah-el-Euldj fut reconnu dans la matinée qui suivit la mort d'Ioucef-Dey. Un parti nombreux s'était formé pour le porter au pouvoir, à l'instigation de Mani, principal mamelouk de Ioucef. Ce Mani aspirait lui-même au rang suprême, dont il se croyait plus digne que tout autre; mais, comme il était euldj, c'est-à-dire renégat, il craignait que la troupe ne lui donnât pas son suffrage, et il avait mis en avant 'Ostad-Mourad, espérant pouvoir s'en défaire, s'il voyait ensuite que la milice, ayant déjà nommé un euldj, fût disposée à s'accommoder de lui. Mais 'Ostad-Mourad, qui le devina, se hâta de l'envoyer à Zar'ouân, où il fut assassiné.

---

[1] Les musulmans appellent cette nuit *Lilet-el-miradj* (la nuit de l'ascension), parce qu'ils croient que ce fut dans cette nuit que Mahomet fit son fameux voyage au ciel.

'Ostad-Mourad gouverna avec rigidité. Il commença par faire fermer les tavernes, qui étaient en très-grand nombre; il défendit de vendre du blé, de la farine et de la semoule au Bastion [1]; il veilla à la vente des denrées qui servent à l'alimentation du peuple. Sous son règne le pain de trente-six onces valait un nâs'ri [2]; en hiver, la livre de viande ne coûtait pas davantage. Il était impossible de vivre à meilleur marché. Il fit enlever les immondices qui étaient accumulées en monceaux hors de la porte de la Mer [3]; il employa à ce travail, qu'il surveillait lui-même, des corvées composées de gens de la ville et des faubourgs.

Sous son règne, huit galères de Tunis, réunies à huit galères d'Alger, partirent pour la course; mais elles furent toutes capturées à Oualin. Les équipages et les chiourmes, qui avaient gagné la terre, arrivèrent à Constantinople. Le sultan traita les raïs avec beaucoup de générosité, et les renvoya chez eux avec d'autres galères. Cet événement arriva en 1048.

Vers cette époque, on apprit que le sultan s'était

---

[1] Sans doute parce que, ce lieu étant en dehors de la ville, la police du marché y était moins facile.

[2] Petite monnaie, frappée pour la première fois en Égypte, sous le règne du fameux Saladin, qui était surnommé En-Nâc'er.

[3] Tous ceux qui ont voyagé dans l'intérieur de la Barbarie ont pu remarquer les amas d'immondices qui forment des montagnes aux portes de certaines villes. Il en était ainsi à Paris même, dans le moyen âge; car plusieurs inégalités de terrains qui, dans son enceinte, ont conservé le nom de *buttes* ou de *monceaux*, et qui alors étaient en dehors, n'ont pas d'autre origine.

emparé de Bagdad, ce qui donna lieu à une fête qui dura sept jours et qui fut la plus brillante qu'on eût encore vue à Tunis. On apprit aussi, dans le cours de la même année, la mort du sultan Mourad et l'avénement de son frère Ibrahim.

Le gouvernement d'Ostad-Mourad était le meilleur qu'on pût désirer; cependant une conspiration se forma contre lui; mais elle fut découverte, et les conspirateurs furent punis de mort, à l'exception de quelques-uns qui eurent le temps de prendre la fuite. 'Ostad-Mourad était craint et respecté; il fut le premier qui obligea les k'aïds de se présenter tous les soirs à sa porte. On construisit de son temps le fort de R'âr-el-Melah'[1], sous la direction du maître Mouça. 'Ostad ordonna d'élever une ville sur ce point, et y attira des habitants en faisant des avances à ceux qui voulaient s'y établir. Il s'y rendit beaucoup d'Andalous. 'Ostad fut ainsi le créateur du meilleur port du pays. Auparavant les bâtiments des chrétiens s'y abritaient; il fit cesser tous les maux qui résultaient de cet état de choses, et ce fut là un de ses bienfaits. Le blé s'est vendu, de son temps, quatre dinars-nâs'ri, et l'huile deux dinars. Il défendit l'exportation du blé pour le pays des chrétiens. Il sut se faire craindre des soldats; c'était au point que, sous son règne, les juifs mêmes

---

[1] Porto-Farina. R'âr-el-Melah' signifie en arabe la caverne du sel. Il y a près de cette localité une ancienne mine de sel, d'où lui vient son nom. Le port de Porto-Farina s'est considérablement ensablé dans ces derniers temps, et ne vaut plus ce qu'il valait autrefois.

n'étaient pas inquiétés et n'éprouvaient aucune injustice [1]. Personne, même son fils, n'aurait osé enfreindre ses ordres. Il était, de plus, marin consommé, car il avait été raïs, et la course lui avait rapporté plus qu'à tout autre. On regarda généralement le bonheur qu'il eut dans le gouvernement comme une continuation de celui qu'il avait eu dans la marine. Enfin son jour arriva, et Dieu l'appela à lui; il mourut en 1050. J'en parlerai encore.

GOUVERNEMENT D'AH'MED-KHODJA.

Ah'med-Khodja, dit 'Azen-Khodja, fut élevé au pouvoir par les suffrages de la milice, qui fut unanime en sa faveur. Il dut ce triomphe à la manière pleine de douceur et de bienveillance dont il avait traité les soldats dans sa charge de khodja du divan. Il se montrait surtout plein de tendresse pour les orphelins des soldats, dont il défendait les intérêts avec un soin tout paternel; c'est ainsi qu'il gagna les cœurs. Il commença à gouverner avec bonté et avec justice; mais il aimait à thésauriser.

Sous son règne, les galères de Malte forcèrent l'entrée de H'alk'-el-Ouad, brûlèrent plusieurs bâtiments et en prirent plusieurs autres, dont un appartenait à

---

[1] El-K'aïrouâni a raison de citer cette circonstance comme la meilleure preuve de l'excellence de la police que faisait régner le dey dont il fait l'éloge; car il est difficile d'avoir une idée, quand on n'en a pas été témoin, de l'état d'abjection dans lequel sont plongés les juifs en Barbarie.

K'ara-Khodja, un à Zemirli, un à Bouchachia. L'ennemi porta un rude coup; le dey, voyant que le fort qui est sur ce point n'avait pu empêcher ce malheur, en fit construire un second pour la protection du port.

Il y eut, dans la première année du règne d'Ah'med-Khodja, une disette considérable. Moustafa-Pacha et Ah'med-Djalibi firent beaucoup de bien dans cette circonstance. Ils faisaient des distributions de pain aux pauvres, près de la zaouïa du cheikh El-Zellaïdji. La foule y était si grande que plusieurs personnes y furent écrasées. Le blé et l'orge montèrent à des prix sans limite. Mais cet état de choses dura peu. Dieu eut pitié de ses créatures. La prospérité revint avec l'abondance des récoltes. Dans le commencement du règne d'Ah'med-Khodja, il y eut règlement de compte entre Moh'ammed-Pacha et Selîmân-Bey. Il en résulta que Selîmân-Bey fut reconnu débiteur. Moustafa-Pacha prit en payement un bâtiment, des magasins et la sania[2] qui est à Ras-et-Tabia. Il donna le tout à Ah'med-Khodja, ce qui prouve sa grande générosité.

En 1053 commença à Tunis une peste qui dura sept ans.

En 1055 arrivèrent de Constantinople des ordres pour qu'on envoyât de Tunis des vaisseaux et des troupes à Candie. Ah'med-Khodja fit aussitôt les dispositions nécessaires. Il fixa à trente couronnes environ la solde des troupes qui devaient faire partie de cette expédition. Il mit pour cet objet un impôt sur les habitants

---

[1] Puits à roue, appelé *noria* en Espagne.

de la ville et des faubourgs. Il réunit, en outre, une grande quantité de pelles, de pioches et de couffins qu'il envoya à bord des bâtiments. L'année suivante fut encore employée à ces préparatifs, puis il n'en fut plus question.

Sous Ah'med-Khodja, Moh'ammed-Pacha organisa les zmala[1], et commença à mettre les Arabes sous le joug. Après la mort de Selîmân-Bey, il n'eut plus de concurrent dans les affaires du dehors, et s'en occupa seul. Des intrigants étaient parvenus à brouiller Selîmân avec Ah'med-Khodja, qui le fit périr dans les supplices. Ce Selîmân s'appelait aussi H'amida-'Achour.

L'armée obéissait ponctuellement aux ordres d'Ah'-med-Khodja. Un jour, il prescrivit aux troupes de se rendre à R'âr-el-Melah', pour une affaire dont les détails seraient trop longs. Une heure après, il ne restait pas un seul soldat dans la ville, ce qui prouve combien sa volonté était respectée. Il mourut de maladie en 1057.

GOUVERNEMENT D'EL-H'ADJ-MOH'AMMED.

El-H'adj-Moh'ammed-Faz fut proclamé dey par les chefs de l'armée, dans le vestibule d'Ah'med-Khodja, immédiatement après la mort de celui-ci. On le conduisit ensuite à la k'as'ba, à la porte de laquelle il s'assit et où il fut solennellement reconnu. Il habita quelque temps la k'as'ba, puis retourna dans sa maison, qui était située près de la zaouïa du cheikh Ben-

[1] On parlera amplement de cette organisation dans le livre suivant.

Kherasan. Il y eut, au commencement de son règne, des fêtes magnifiques à l'occasion du mariage de Mourad-Bey, fils de Moh'ammed-Pacha, avec la fille de Ioucef-Dey. Moh'ammed-Pacha déploya, dans cette circonstance, le faste d'un sultan. Il dépensa des sommes qu'on ne saurait énumérer. Les fêtes durèrent quarante jours; on y vit et on y entendit des choses qu'on n'avait jamais vues ni entendues. Pendant ces quarante jours, les tables furent toujours dressées et couvertes de mets exquis; tout le monde pouvait venir s'y asseoir, et personne n'en était repoussé. On accourut à cette fête de tous côtés. Les chanteurs y étaient sans nombre. Il y avait réception toutes les nuits, et les lampes et les bougies y étaient en si grande quantité, qu'il semblait que des rois seuls avaient pu faire une pareille illumination. On envoya, de tous les pays, complimenter le marié. Les poëtes le célébrèrent dans leurs vers, et furent récompensés selon le mérite de leurs œuvres. Les Tunisiens avouèrent qu'on n'avait jamais vu pareille chose dans leur ville, même au temps des Beni-H'afez.

Sous le gouvernement d'El-H'adj-Moh'ammed, Ben-K'âcem-el-Menestiri commença à s'agiter pour arriver au pouvoir. Il était aveuglé par son ambition, et poussé par K'outchouk'-Mourad, mamelouk d'El-H'adj-Moh'ammed, qui ne faisait rien sans le consulter.

Moh'ammed-Pacha confisqua les biens d'Abd-Allah-Ben-Khoran, qu'il avait élevé au poste éminent de k'âïd des kâïds, et qui fut ensuite réduit au néant. Moh'ammed-el-H'afzi-ben-Bel-K'àcem eut également ses biens confisqués. Il fut enfermé dans la zaouïa du cheikh El-Khelfaoui. On lui pardonna ensuite, et ses biens lui furent rendus. Moh'ammed-Pacha confisqua aussi, à l'instigation de son secrétaire Ah'med-el-Menari, les biens des Beni-Sandal, qu'il réduisit à la misère. 'Ali-Haoua, qui jouissait de la plus grande faveur auprès du pacha, enivré de sa fortune, rêva des choses auxquelles il ne pouvait prétendre. Le pacha, qui le soupçonna, eut l'intention de s'en défaire; mais 'Ali-Haoua lui en évita la peine et s'empoisonna, avouant par là sa culpabilité. Le pacha triompha de tous ses ennemis, dont il découvrit les projets.

Dans le commencement de son règne, El-H'adj-Moh'ammed prévint une émeute par sa prudence et sa générosité. On avait remis au k'âïd Daoud le juif, qui était changeur, l'argent destiné à la solde de la milice: il y eut un déficit, que le dey combla aussitôt de ses propres deniers, en envoyant au divan, à dos d'hommes, la somme qui manquait, et qui était considérable. Il étouffa probablement par là une révolution.

Le dey jouit, durant tout son règne, d'un bonheur continuel. Il mourut en choual 1063, après une longue maladie. Il fut inhumé près de la porte de la k'as'ba, et se présenta à Dieu avec ses actes, soit pour l'enfer, soit pour le paradis[1].

[1] Ces derniers mots sont, dans l'un des deux manuscrits arabes, d'une autre main que le texte.

GOUVERNEMENT D'EL-H'ADJ-MOUSTAFA-FAZ.

El-H'adj-Moustafa-Faz fut salué dey immédiatement après la mort d'El-H'adj-Moh'ammed-Faz, d'après l'avis de Moh'ammed-Pacha qui commandait l'armée, et qui, consulté sur cette nomination, le désigna au choix du divan. Il alla s'asseoir à la porte de la k'as'ba, où les soldats vinrent le saluer. Moh'ammed-Pacha quitta l'armée et vint à Tunis, à la grande satisfaction du nouveau dey, qui avait des rivaux que la présence du pacha réduisit au silence. Lorsqu'il fut bien installé, le pacha lui donna en mariage une esclave blanche qu'il avait élevée comme sa propre fille. Il la dota richement, et lui affecta une des meilleures maisons de la ville; enfin, il agit très-grandement dans cette affaire.

Sous le règne d'El-H'adj-Moustafa, le pacha fit arrêter Ben-K'âcem-el-Menestiri et Moustafa, cheikh des Andalous, dont il avait à se plaindre. Ce dernier parvint à s'évader et se réfugia à Alger, où il mourut. Leurs biens furent confisqués. Le cheikh Salah' fut également arrêté. On le traita comme les deux autres. Des bâtiments anglais se présentèrent à R'âr-el-Melah', et brûlèrent un navire qui venait de sortir de ce port. Ils tirèrent aussi sur le fort. Les troupes se portèrent sur ce point, où il y eut une affaire mémorable[1].

---

[1] Les Anglais étaient commandés par l'amiral Blake. Cette affaire eut lieu en 1655. Lediard en donne les détails dans le chapitre xxx de son histoire navale d'Angleterre.

L'année suivante, une magnifique fête fut célébrée à Tunis pour le mariage du fils de Moh'ammed-Pacha avec la fille d'Abd-er-Rah'mân-Pacha. Ce fut une des plus belles fêtes de l'époque.

Moh'ammed-Pacha envoya dans ce temps-là un superbe présent à Constantinople. Il chargea Ben-K'elman de le présenter. On n'en avait jamais vu de plus magnifique arriver des pays de l'Ouest. Ce fut à cette occasion que Moh'ammed obtint la dignité de pacha qu'il briguait. Sa nomination arriva en 1068. On le désignait, dans les prières publiques, sous la qualification de pacha, fils de pacha.

Il y eut une fête à Tunis à l'occasion des conquêtes faites sur l'Autriche par le sultan. Elle fut si belle qu'elle passa en proverbe.

L'époque d'El-H'adj-Moustafa fut tranquille et heureuse, parce que le pacha dirigea lui-même les affaires. El-H'adj-Moustafa était ensuite un homme doux, qui n'aimait pas le sang et qui ne le répandait que d'après les décisions de la justice ordinaire, à qui il renvoyait presque toutes les causes. Il y eut, sous son règne, une superbe fête, à laquelle trois pachas assistèrent. Elle eut lieu en 1069, à l'occasion du mariage d'Ah'-med-Pacha avec la fille d'Otmân-Pacha, gouverneur de Tripoli.

El-H'adj-Moustafa-Faz gouverna jusqu'à sa mort, qui arriva dans la nuit du vendredi 19 de zil-h'adja 1075.

GOUVERNEMENT DE K'ARA-KOUS.

El-H'adj-Moustafa-K'ara-Kous s'assit à la porte de la k'as'ba après la mort de El-H'adj-Moustafa-Faz. Il n'attendit pas les suffrages de la milice, et s'empara violemment du pouvoir. Comme c'était un homme résolu et dont l'aspect seul inspirait l'effroi, personne n'osa lui faire opposition.

Son premier soin fut de purger le pays des malfaiteurs. Il était inexorable pour les personnes accusées de vol. En général, il examinait très-peu leur cause et ne savait dire que ce seul mot, *la corde*. Aussi tous les gens suspects qui ne furent pas pendus quittèrent la ville et n'y revinrent qu'après sa mort. Jaloux du pouvoir, et d'un caractère difficile, il annihila toutes les autorités. Le divan ne fut rien sous lui ; la justice même fut entravée dans la régularité de sa marche. Il destitua le mufti Moustafa-ben-'Abd-el-Kerim ; mais il le remplaça par Abou-el-Moh'acen-Ioucef, dit Dragut, dont la nomination fut un véritable bienfait, car ce magistrat sut toujours allier la fermeté, la douceur et la justice. Il mourut chahed, ainsi que je le dirai plus loin.

Sous l'administration de K'ara-Kous, fut célébré le mariage de Moh'ammed-Bey avec la fille d'Ah'med-Djalab. Le pacha y assista, selon son usage.

K'ara-Kous ne se départit pas un seul instant de sa sévérité. Il répandit le sang à flots ; on le craignit de loin comme de près. La sécurité régna partout, mais toutes les relations furent interrompues[1]. Son administration ne fut pas longue : Dieu lui suscita deux ennemis, Ah'med-Senabli et H'adj-H'acen. Il était vieux et malade. Ces deux hommes lui administrèrent un amalgame de toutes sortes de drogues, et même du poison, pour en finir plus tôt. Mais cela n'eut d'autre effet que d'empirer son état et de lui aigrir encore plus le caractère, en sorte qu'il voyait du mal partout. Dans une soirée du ramad'ân, il fit pendre l'interprète El-H'adj-el-Flari et cinq autres personnes, sans qu'il se fût élevé la moindre accusation. Sur ces entrefaites mourut Moh'ammed-Pacha, ce qui relâcha un peu les liens de la discipline. Alors les grands, déjà fatigués des caprices sanguinaires de K'ara-Kous, se soulevèrent contre lui et le forcèrent d'abdiquer. C'était vers le milieu de zil-k'ada de l'année 1077. On le fit sortir de la k'as'ba, et on le conduisit dans sa maison. Il survécut peu à son abdication, car il mourut dans les dix premiers jours de zil-h'adja de la même année. Les grands s'étaient appuyés, dans cette affaire, d'une lettre du vizir. Il eut pour successeur El-H'adj-Moh'ammed-Djadjagli. Le jour de son abdication, El-H'adj-H'acen et Ah'med-es-Senabli furent exilés. Ils n'eurent pas ce qu'ils désiraient. Dieu a le secret des événements.

[1] Cette manière de faire régner l'ordre n'a été que trop souvent celle des Turcs.

GOUVERNEMENT D'EL-H'ADJ-MOH'AMMED.

El-H'adj-Moh'ammed-Djadjagli s'assit à la porte de la k'as'ba le jour de l'abdication de K'ara-Kous, puis s'y installa, car c'est la demeure de ceux qui arrivent au pouvoir. Il avait été marin; il dut sa nomination à son extérieur imposant, qui semblait promettre un administrateur sage; mais ce fut tout le contraire. Moh'ammed était une tête faible; il ne donnait des ordres presque sur rien, et ceux qu'il donnait étaient à l'instant détruits par d'autres. Sa mémoire était tellement affaiblie qu'il oubliait en un instant ce qu'il venait de faire.

Un jour il envoya en exil plusieurs grands personnages; puis, ne les voyant plus paraître, il demanda où ils étaient. Lorsqu'on lui eut rappelé l'ordre qu'il avait donné à leur égard, il protesta qu'il n'avait jamais rien fait de semblable. Chacun, dans le palais, se mit alors à commander en son nom, et il en résulta une perturbation fâcheuse dans la marche de l'administration. Les deux secrétaires du divan, Ch'abân-Khodja et El-H'adj-Moh'ammed-Bichara, furent ceux qui prirent la plus forte part d'autorité.

Ce fut à cette époque qu'on fit enlever les immondices qui s'étaient accumulées à Sidi-Cherif. Les habitants de la ville et des faubourgs y travaillèrent par corvée. El-H'adj-Moh'ammed assistait aux travaux avec sa suite.

El-H'adj-Moh'ammed conserva le titre de dey jusqu'au commencement de 1080. A cette époque, on le contraignit d'abdiquer. Il fut conduit dans sa maison située près du lieu où le divan tient ses séances. Quelques jours après, il reçut la défense d'en sortir, défense qu'il observa jusqu'à sa mort. On assura qu'il était devenu tout à fait fou. El-H'adj-Ch'abân, un des secrétaires du divan, lui succéda.

GOUVERNEMENT D'EL-H'ADJ-CH'ABÂN.

El-H'adj-Ch'abân s'établit à la k'as'ba. Il commença à gouverner avec douceur, tout en sachant se faire craindre. Il veilla avec le plus grand soin sur les denrées qui servent à la nourriture du peuple. Il parcourait lui-même les rues, pour s'assurer du poids du pain mis en vente.

Il y eut sous son règne deux fêtes superbes : l'une à l'occasion de la prise de Candie, qui eut lieu dans le mois de zil-k'ada de l'année 1081, l'autre donnée par Mourad-Bey à son frère H'acen-Bey et son fils 'Ali-Bey. 'Ali-Bey marcha sur les traces de son père, et donna dans sa vie d'incroyables preuves de bravoure. Mourad-Bey fit présent à El-H'adj-Ch'abân d'une maison que celui-ci habita, et qu'il rendit l'une des plus belles de la ville.

Deux intrigants, Ben-el-K'aïd-Djaffar et Moh'ammed-Ben-Ah'med-Khodja, s'étaient emparés de l'esprit d'El-H'adj-Ch'abân. Ils parvinrent à lui faire voir en beau plusieurs mauvaises choses, et surtout à lui inspirer contre les beys des sentiments de haine qui ne tardèrent pas à se produire à l'extérieur. Les beys, instruits de ce qui se passait, se préparèrent, de leur côté, à rendre le mal pour le mal. En 1083, Mourad-Bey, de retour du camp d'hiver, ne voulut pas entrer en ville, car il méditait dans son cœur de sinistres projets contre El-H'adj-Ch'abân. Il avait écrit au divan pour se plaindre de lui, et le divan avait été d'autant plus disposé à ajouter foi à ses paroles, que le dey avait déjà donné plusieurs preuves de ses mauvaises intentions contre le bey. El-H'adj-Ch'abân, effrayé des suites de tout ceci, envoya une députation de ses amis à Mourad-Bey pour s'excuser. Celui-ci attendit pour faire éclater toute sa colère, d'être maître de Ben-Djaffar et de Ben-Ah'med-Khodja; puis, lorsque les députés furent en sa présence, il leur déclara qu'il lui fallait l'abdication d'El-H'adj-Ch'abân, qui fut contraint de la signer vers la fin de zil-h'adja 1083. El-H'adj-Moh'ammed-Mentechli fut proclamé dey à sa place.

Lorsque la députation fut de retour à Tunis, elle se dirigea vers la k'as'ba, et en fit sortir El-H'adj-Ch'abân, qui fut envoyé à la campagne à Ras-et-T'abïa. Quelques jours après, il fut conduit prisonnier à Zar'ouân, où il mourut au commencement de l'année 1085. On transporta son corps à Tunis, où il fut inhumé. Chacun connaît son tombeau.

GOUVERNEMENT D'EL-H'ADJ-MOHAMMED-MENTECHLI.

El-H'adj-Moh'ammed fut proclamé dey, d'abord dans le camp et ensuite à Tunis. Il s'établit à la k'as'ba. C'était un homme impropre aux affaires, et qui, du reste, ne fit guère qu'exécuter les ordres des beys. Ceux-ci gouvernaient véritablement. Quant à lui, il se contentait du titre de dey et des avantages personnels de la position. Cela dura pendant un an, après quoi, quelques méchantes personnes, n'écoutant que les inspirations du démon, entrèrent à l'improviste à la k'as'ba, en firent sortir Mentechli, et proclamèrent El-H'adj-'Ali-Faz.

Mentechli fut envoyé à Zar'ouân, où il resta jusqu'à sa mort. Son corps fut transporté et inhumé à Tunis. Son tombeau est connu.

GOUVERNEMENT D'EL-H'ADJ-'ALI-FAZ.

El-H'adj-'Ali-Faz fut proclamé dans le milieu de zil-k'ada 1085, le mardi premier jour des hessoum[1]. On regarda cette date comme de mauvais augure. Il avait été porté au pouvoir par une poignée d'intrigants qui lui avaient présenté comme possibles des choses qui ne l'étaient point. Le jour de son avénement Moh'ammed-Bey quitta Tunis et alla rejoindre son frère Mourad-Bey. L'armée d'hiver rentra bientôt, mais les beys ne

[1] Époque de l'équinoxe du printemps.

rentrèrent pas et se portèrent vers Ez-Zouarin. Pendant quelque temps il y eut des pourparlers entre les deux partis; mais bientôt les haines s'envenimèrent, et la guerre éclata. Les partisans de Faz, encouragés par l'éloignement de Mourad-Bey, prononcèrent sa destitution et nommèrent à sa place Moh'ammed-Ar'a. Ils le revêtirent du kaftan et le promenèrent à cheval dans la ville précédé d'un héraut qui annonçait au peuple son élévation. Moha'mmed prodigua l'argent pour se faire des partisans; mais il se méprenait sur le véritable état des choses.

Mourad-Bey fit prévenir les gens de la ville et les partisans de Faz de bien faire attention à ce qu'ils faisaient, et d'en craindre les conséquences. On ne tint nul compte de cet avis. Il fit alors marcher contre eux un parti de cavalerie, avec lequel ils escarmouchèrent pendant quelques jours. Ensuite, les Oulâd-Saïd et d'autres Arabes leur ayant envoyé du secours, ils sortirent en corps d'armée et se portèrent contre les beys, dont ils avaient, au préalable, pillé les maisons à Tunis, et contre lesquels le k'âd'i, à leur instigation, avait lancé un fetoua que quelques oulema approuvèrent. Les beys et les révoltés furent bientôt en présence. Au bout d'une heure au plus de combat, Moh'ammed-Ar'a prit la fuite et abandonna son armée, qui fut enveloppée et taillée en pièces. Il ne s'échappa de ce massacre que ceux dont la destinée n'était pas de mourir ce jour-là. On appela cette affaire combat de Melacin. Les Arabes pillèrent les environs de la ville.

El-H'adj-'Ali-Faz, en apprenant cette défaite, se retrancha à la k'as'ba et en fit fermer les portes. La ville passa une bien triste nuit. Le lendemain le bey envoya l'aman aux débris de l'armée des rebelles, et leur prescrivit de reconnaître pour dey El-H'adj-Mami, que le divan s'empressa de proclamer. On envoya aussi l'aman à El-H'adj-'Ali-Faz, qui quitta la k'as'ba avec les siens. Ils se réfugièrent dans la zaouïa du cheikh Sidi-Mah'rez; mais ni l'aman ni cet asile ne les sauvèrent. Ils furent assiégés dans la zaouïa, et périrent presque tous. On s'empara d'El-H'adj-'Ali-Faz, qui fut envoyé à H'amamet, où il fut mis à mort.

Les beys poursuivirent sans relâche les perturbateurs, dont les maisons furent pillées. Pendant un mois les exécutions ne cessèrent point. Mourad envoya à Constantinople un rapport sur ces événements; sa conduite fut approuvée par la Sublime Porte.

Je n'ai donné qu'un aperçu de cette affaire, qui eut lieu vers le milieu du mois de safar.

GOUVERNEMENT D'EL-H'ADJ-MAMI-DJAMAL.

El-H'adj-Mami-Djamal fut proclamé vers le milieu du mois de safar 1084. Il fit d'abord comme Mentechli à l'égard des beys. C'était un homme d'un petit esprit; il affectait la bonhomie et l'amour des pauvres; mais tout cela était feint. Il était avare et se disait faussement sans fortune. Son gouvernement n'eut quelque éclat que parce que les beys gouvernèrent plus que lui.

Vers la fin, il changea de conduite envers eux. Sous son règne eut lieu la révolte de Bel-K'âcem-ech-Chouk' à Ouslat. Mourad-Bey vainquit et tua ce rebelle, dont la tête fut envoyée à Tunis. A peu près vers le même temps, les chrétiens s'emparèrent de la galère de Moh'ammed-Bey.

Mourad-Bey mourut en 1086. La mésintelligence se mit alors entre les deux frères Moh'ammed-Bey et 'Ali-Bey. C'était principalement El-H'adj-Mami qui les aigrissait l'un contre l'autre, poussé à cela par ses amis, qui le faisaient croire à la possibilité de certaines choses qui ne pouvaient être [1].

Sous El-H'adj-Mami, la peste ravagea Tunis de 1086 à 1087. H'uceïn-Pacha fut une des victimes de ce fléau. Il fut enseveli près du cheikh Mah'rez. Ses fils ont été inhumés auprès de lui, et on a élevé à cette famille un fort beau monument.

En 1087, Moh'ammed-Bey-el-H'afzi, qui était allé à Constantinople dans le mois de ramad'ân de l'année précédente, en revint sans avoir réussi dans ses projets. Cette même année, 'Ali-Bey se porta vers l'Ouest, et il y eut à Ouslat, entre lui et Moh'ammed-Bey, une bataille qui coûta la vie à bien du monde, et dont je dirai quelques mots plus tard.

El-H'adj-Mami continua à gouverner d'une manière assez peu remarquable jusqu'à la fin de zil-h'adja 1088, époque où il abdiqua. Il se retira à la zaouïa El-H'e-

[1] C'est-à-dire à la possibilité de rétablir l'autorité des deys, complétement ruinée par celle des beys.

chachin, où il resta jusqu'à ce qu'il lui arriva ce que je vais bientôt raconter. El-H'adj-Moh'ammed-Bichara le remplaça.

GOUVERNEMENT D'EL-H'ADJ-MOH'AMMED-BICHARA.

Ce fut Abi-el-H'acen-Ali-Bey qui fit proclamer ce dey, dans le camp d'abord, et ensuite à Tunis, où il le conduisit vers la fin de zil-k'ada 1088. On fit sortir El-H'adj-Mami de la k'as'ba, sans lui faire aucun mal. Bichara s'y installa à sa place. 'Ali-Bey partit ensuite pour Kef, où le dey lui envoya de l'artillerie.

Bichara administra contre toutes les règles de la raison. Il avait été, comme nous l'avons déjà dit, secrétaire du divan. C'était pour cela qu'Ali-Bey l'avait choisi, pensant qu'il n'avait pu arriver à ce poste sans quelque talent; mais l'expérience prouva qu'il était tout à fait incapable. 'Ali lui prodigua les conseils les plus salutaires : ce fut en vain.

Sous ce dey, les troupes ne reçurent leur solde qu'une seule fois. On envoya la sienne à El-H'adj-Mami dans la zaouïa.

Lorsque Moh'ammed-Bey se fut emparé du commandement de l'armée de Kef, et qu'Ali-Bey fut parti pour le Djerid, événements que je raconterai plus tard, Bichara fut contraint d'abdiquer, et un ordre de Moh'ammed-Bey rappela Mami au pouvoir. C'était au mois de safar. Bichara fut d'abord exilé à Ras-el-Djebel et mis à mort quelques jours après. On voit qu'on ne lui rendit pas les bons procédés qu'il avait eus pour Mami.

DEUXIÈME GOUVERNEMENT D'EL-H'ADJ-MAMI.

Dès que Mami fut rentré au pouvoir, il envoya de ses amis à Kef, pour être au courant de ce qui se passait sur ce point. Il établit en même temps des postes aux portes de la ville et obligea les habitants de Tunis à monter la garde durant la nuit; car tout le pays était en fermentation. Peu après éclata la révolte de K'aïrouân, et pendant quarante jours il fallut faire à Tunis un service de surveillance très-pénible.

Voici un trait du caractère de Mami. Les députés qu'il avait envoyés à Kef rencontrèrent en chemin deux hommes qui venaient d'être dépouillés. Ils leur demandèrent qui les avait ainsi traités, et ils répondirent que c'étaient les gens de Moustafa-Espagnol[1], qui avait levé l'étendard de la révolte de ces côtés. Les députés changèrent alors de route et rentrèrent à Tunis par un autre chemin, pour ne pas tomber entre les mains de ce Moustafa. Ils firent leur rapport au dey, qui ne voulut pas croire ce qu'ils lui dirent. Ils produisirent alors les deux hommes dépouillés. Mami les interrogea;

[1] C'était un Tunisien, que les circonstances de sa vie avaient conduit à embrasser le christianisme en Espagne, où il vécut longtemps. D'autres circonstances l'ayant ramené en Afrique, il revint à l'islamisme. On l'appelait vulgairement don Philippe, nom qu'il portait étant chrétien. Il est beaucoup question de lui dans un petit ouvrage de Galand, intitulé : *Relation de la captivité d'un marchand de Tunis*.

et, quoique leurs déclarations fussent conformes à la vérité et au rapport des députés, il leur fit administrer la bastonnade. Dieu nous préserve d'un pareil juge!

Mami, toujours à l'affût des nouvelles, apprit enfin qu'Ali-Bey était revenu du Djerid, qu'un combat avait eu lieu entre les deux frères dans le Fah's et que Moh'ammed avait été vaincu. Aussitôt Abou-Ark'is-ben-'Otman et d'autres personnes s'enfuirent de Tunis. Quelques jours après, un boulouk-bachi et H'uceïn-Mami apportèrent la nouvelle fficielle de la victoire d'Ali-Bey. El-H'adj-Mami courut alors se réfugier dans sa zaouïa, et la ville resta sans gouverneur.

La milice se réunit pour nommer un autre dey. C'était le 27 de rebi'-el-akher 1088. Son choix tomba sur 'Azen-Ah'med, qui s'enfuit dès le lendemain. On courut après et on le ramena. Il fut proclamé dey, après toutefois qu'il eut fait ses conditions, que la troupe accepta.

GOUVERNEMENT D'AZEN-AH'MED.

'Azen-Ah'med avait d'abord refusé le pouvoir, comme nous venons de le dire; cependant 'Ali-Bey avait envoyé l'ordre de le reconnaître. Lorsqu'il se fut décidé à l'accepter, il fut proclamé vers le milieu de la journée et se coucha dey; mais, le lendemain, il ne se coucha qu'après avoir cessé de l'être; aussi n'aurait-on pas dû le compter au nombre des deys.

Lorsque le bey apprit qu'Azen-Ah'med n'acceptait

pas, il fit proclamer dans le camp Moh'ammed-Raïs-T'abak'; mais, dans le même moment, 'Azen-Ah'med se décidait à accepter à Tunis. Il envoya aussitôt quelques oulema à l'armée pour faire connaître sa nouvelle décision, ainsi que les conditions qu'il imposait à la troupe. Ceux-ci apprirent, en arrivant au camp, ce qui venait de se passer. Dès lors leur mission n'ayant plus de but, ils reconnurent Moh'ammed-T'abak' comme les autres, et retournèrent à Tunis, où ils firent connaître à 'Azen-Ah'med l'état des choses. Celui-ci se réfugia aussitôt à la zaouïa et y resta jusqu'à ce qu'il lui arriva ce que nous dirons plus loin. Les oulema avaient rencontré Moh'ammed-T'abak' à Djebel-el-Akhdar, où se trouvait Moustafa-Espagnol, qui avait été envoyé, dans les premiers moments, pour assiéger Tunis. Il interceptait de là toutes les communications entre la ville et la campagne. Les denrées n'arrivaient plus à Tunis; car il forçait les paysans et les bouchers qui avaient l'habitude de s'y rendre de vendre leurs marchandises à Djebel-el-Akhdar.

Les devins qui s'étaient occupés de la série des princes de Tunis avaient établi, par leurs calculs, qu'à partir du sixième dey tous les autres seraient ou tués ou contraints d'abdiquer; et, chose singulière, ils rencontrèrent juste, parce que le gouvernement de Tunis fut constitué d'une manière qui ne le faisait ressembler à aucun autre. Les six premiers deys qui parvinrent au pouvoir, 'Otman, Ioucef, Mourad, Ah'med, Moh'ammed et Moustafa moururent de mort naturelle dans l'exercice de leurs fonctions. Ceux qui les suivirent furent tous contraints d'abdiquer, savoir : K'ara-Kous, Djadjagli, El-H'adj-Ch'abân, Mentechli, El-H'adj-'Ali-Faz, El-H'adj-Mami, Bichara et 'Azen-Ah'med, en tout huit. On peut dire que les premiers étaient huit aussi, en comptant Ibrahim et Mouça; de sorte que les deux catégories seraient de huit. Ibrahim et Mouça doivent compter dans la première, parce qu'ils abandonnèrent volontairement le pouvoir. Cet accord entre la prédiction et les événements est fort remarquable : Dieu est le maître de l'avenir.

GOUVERNEMENT ACTUEL.

Moh'ammed, dit T'abak', est le plus grand des deys, le plus honoré de tous ceux qui sont parvenus au pouvoir, celui qui mérite le plus de louanges. Il est le dernier en date et le premier par la gloire. Il a été marin et a acquis une grande réputation dans cette profession. Mais je ne dois pas m'occuper des événements de sa vie antérieurs à l'époque où il parvint au gouvernement par l'amitié d'Ali-Bey.

T'abak' fut d'abord proclamé au camp du Fah's, à la fin de rebi'-el-ooouel 1088. Il se dirigea ensuite sur Tunis. Il s'arrêta à Djebel-el-Akhdar. Il envoya de là un détachement à Tunis pour arrêter El-H'adj-Mami-Djamal et les siens. On les lui amena : ce fut leur dernier jour.

Le jeudi fin du mois, le divan vint à sa rencontre

et il fit son entrée en ville. Quelques personnes trouvèrent à redire à sa nomination; d'autres l'approuvèrent. Il alla s'asseoir à la porte de la k'as'ba, où le peuple vint le saluer. Il parla avec douceur et de manière à plaire à la multitude; mais personne ne put lire au fond de son cœur. Il rentra ensuite à la k'as'ba. Le lendemain il en fit sortir tous ceux qui l'habitaient, voulant y rester seul avec les siens.

Il préluda dans son gouvernement avec une extrême sévérité. Plusieurs grands furent envoyés en exil; il fut sans pitié pour les rebelles et prit chaudement les intérêts d'Ali-Bey.

La valeur des denrées augmenta, malgré tous ses efforts pour maintenir les tarifs existants.

Au mois de cha'ban, le khalife du pacha arriva de Turquie. Il fut reçu à Tunis comme l'aurait été le pacha lui-même. Il s'occupa assidûment des affaires publiques; il rétablit la monnaie, dont tout le monde se plaignait depuis quelque temps. Le public applaudit à cette mesure.

K'aïrouân, Sfax et Monestir étaient en état de rébellion; le dey envoya des messagers à ces trois villes pour les engager à la soumission; mais il ne fut pas écouté.

En zil-k'ada, le trouble et la confusion furent à leur comble dans tout le pays de Tunis. L'absence d'Ali-Bey se prolongeait; on ne savait ce qu'il était devenu; Moh'ammed-Bey reprenait le dessus. En zil-h'adja, eut lieu l'affaire dans laquelle les portes de

Tunis furent brûlées; le désordre fut tel que la prière de la fête ne put se faire dans la mosquée. Les troupes de Moh'ammed-Bey entrèrent en ville et y commirent tous les excès qu'elles voulurent; la plus grande partie de celles de la ville refusa de combattre, malgré les vives exhortations du dey. Celui-ci s'enferma alors avec les siens à la k'as'ba, qu'il avait bien pourvue de munitions de toute espèce : il y fut assiégé.

Les assiégeants avaient nommé dey Sak'esli-Huceïn. On se battit avec acharnement: le canon, la mousqueterie, les mines retentissaient de toutes parts. Comme les arrivages avaient cessé, la famine était dans la ville. Le prix de la mesure de blé s'éleva à un demi-réal, soit six réaux l'ouiba[1], le kafiz à quatre-vingt-seize réaux; on n'avait jamais vu pareille chose à Tunis.

Cet horrible état de choses dura vingt-quatre jours : les riches habitants furent rançonnés; on arrêta les deux muftis, le cheikh Mohammed-Fetata et le cheikh Ioucef-Dragut; le premier s'évada et le second fut tué. Enfin Moh'ammed-Bey rappela ses troupes de Tunis. Elles en sortirent bien affaiblies, et il leur arriva ce que nous dirons plus loin. La k'as'ba rouvrit ses portes le 4 ou le 6 de moh'arrem. Les habitants de Bâb-es-Souek'a s'étaient armés contre les gens de la ville, et, malgré le départ des troupes, ils continuèrent à se

---

[1] La mesure de blé, ou sa'a, est la douzième partie de l'ouiba. Il faut seize ouiba pour faire un kafiz, qui vaut trois charges et un tiers de Marseille. Le réal, ou piastre de Tunis, a une valeur très-mobile, qui varie de 1 franc à 75 centimes.

battre. La porte de ce quartier, qui avait été murée, séparait les deux partis. Le bruit se répandit que les troupes qui étaient sorties avaient pris la fuite; mais rien de positif ne venait le confirmer. Les hommes de garde à H'alk'-el-Ouad avaient, à l'exception de deux, abandonné leur poste. Il fallut les remplacer par d'autres, qui n'étaient pas tous du même parti[1]. Au reste, la désunion régnait partout, et elle dura jusqu'à ce que les têtes des vaincus eussent été exposées devant la k'as'ba. Ces troubles coûtèrent la vie à bien du monde. Parmi les hommes de marque qui périrent, fut Sak'esli, qui avait été nommé dey.

Vers la même époque, 'Ali-Bey fit une maladie qui le mit aux portes du tombeau ; mais il se rétablit. Les troubles s'apaisèrent; néanmoins la disette durait toujours. Enfin des navires chargés de blé arrivèrent, et les prix baissèrent.

T'abak'-Dey fut inébranlable pendant toute la durée de ce siége, ne se décourageant jamais et veillant à tout avec un sang-froid admirable. Il donna cinq nâs'ris à chacun de ceux qui s'étaient enfermés avec lui dans la k'as'ba et pardonna aux autres. Il savait bien qu'il n'avait rien à espérer de Moh'ammed-Bey et qu'il lui fallait attendre qu'Ali-Bey eût repris l'avantage. Sa conduite, dans cette circonstance, augmenta la considération dont il jouissait : il fut craint; ses ennemis apprirent à le redouter.

Vers la fin de cha'ban, Moh'ammed-Pacha arriva de

---

[1] Il s'agissait ici d'un service d'intérêt général.

Constantinople. Il fut reçu en sultan dans la ville de Tunis; les membres du divan marchèrent des deux côtés du cheval d'Ali-Bey; tel était l'ordre de la Sublime Porte.

Le 3 de choual 1089, commença à Tunis une fête qui dura sept jours et sept nuits. Le huitième jour, la mésintelligence éclata entre le dey et le pacha. Le dernier quitta la ville tout courroucé et alla habiter Kremsalïa. 'Ali-Bey assiégeait alors El-Monestir, qu'il ne put prendre. On apprit, à la même époque, que Moh'ammed-Bey s'était embarqué.

En 1090, et dans le mois de rebi, le pacha retourna à Ras-et-Tabïa, mais aucun rapprochement n'eut lieu entre lui et le dey.

Vers la même époque, 'Ali-Bey se rendit à l'armée du printemps. L'armée d'été, partant plutôt qu'à l'ordinaire, alla le rejoindre. Il l'envoya dans le Djerid, contre la ville de Tôzer, qui s'était révoltée et qui fut prise en 1091. 'Ali-Bey envoya aussi des troupes à Kef. La solde ne fut pas payée à cette troupe. En rebi'-et-tani 1091, 'Ali-Bey envoya des troupes aux habitants de Selîmân. En djoumâd, il arriva des députés d'Alger, pour traiter de la paix; ils furent bien reçus. En redjeb, le pacha alla à K'aïrouân. Je dirai plus tard ce qu'il y fit.

Sfax se soumit en choual. Dans le même mois, il arriva des députés d'Alger. L'armée algérienne était campée sur les limites des deux états. Le 21 de choual, on apprit que Kef avait offert sa soumission, et, en zil-k'ada, que le bey l'avait accueillie. Le dey en eut beaucoup de joie.

Vers le même temps, les Oulâd-Saïd furent battus. La troupe, qui n'avait pas reçu de solde depuis longtemps, se révolta le 1ᵉʳ de rebi'-el-oouel 1092. Les soldats réclamaient ce qui leur était dû. Le dey leur parla avec douceur; mais il ne put les apaiser. Craignant alors pour lui-même les suites de cette émeute, il s'enferma dans la k'as'ba pendant trois jours, inspira 'Ali-Bey, qui étouffa l'émeute en punissant les chefs, et en faisant des promesses aux autres.

Le 7 de rebi'-et-tani, le dey imposa extraordinairement les habitants de la ville et ceux des faubourgs. On murmura d'abord, et on paya ensuite. La campagne paya aussi.

Le 2 de djoumâd-et-tani, le pacha partit pour Constantinople, la mésintelligence existant toujours entre lui et le dey. Il y eut grande abondance dans le pays. Le kafiz de blé descendit à quatre réaux et même au-dessous.

Que Dieu continue à diriger vers le bien les actes de notre dey, et qu'il récompense ceux qui ont été cause de son élévation! Notre dey ne pouvait être qu'excellent, puisqu'il a été choisi par 'Ali-Bey. Que Dieu l'assiste et comble ses vœux et ses désirs!

LIVRE HUITIÈME.

SUITE DU GOUVERNEMENT DES OSMANLIS.

J'ai donné l'histoire des deys qui ont gouverné Tunis. Il convient maintenant que je fasse celle des beys. Rien n'a encore été écrit sur ce sujet. Je ne compose que d'après mes souvenirs et les renseignements conservés par la tradition.

Au temps des Beni-H'afez, les sultans prélevaient les contributions en marchant à la tête de leurs troupes; mais, du temps des osmanlis, l'administration du pays fut confiée à des k'aïds. Les principaux marchaient à la tête des armées, et, quoique les Arabes fussent redoutables, ils avaient soumis, par ruse et par adresse, beaucoup de tribus telles que les Oulâd-Belil, les Oulâd-H'amza, les Beni-Chenouf de Kef, les Oulâd-Medafeh, les Oulâd-Saïd et autres. Les montagnards étaient presque tous insoumis. Les autorités de la ville, quoique nombreuses, avaient trop peu de forces à leur disposition, pour arriver à ces résultats, qui n'auraient pas été obtenus sans ce mode d'administration. Le premier qui l'introduisit fut le k'aïd Ramd'ân, d'une famille d'euldj, et dont le nom fut redouté des Arabes. Il était d'Alger et avait eu des emplois dans ce pays. Il se rendit ensuite à Tunis, où ses talents lui valurent la haute position qu'il occupa. Il avait des mamelouks, dont quelques-uns furent des hommes distingués et obtinrent des charges du vivant de leur maître. Les plus renommés étaient Mourad, Ramd'ân et H'uceïn; mais Mourad l'emportait sur les deux autres par son intelligence. Il comprenait bien l'administration des raïas, et savait ce qu'on pouvait exiger de chacun. K'âïd-Ramd'ân le nomma son khalifa, et le préféra même à son frère Radjeb.

Mourad avait étudié le caractère et l'esprit de ses camarades les mamelouks, et savait ce dont ils étaient capables. Une personne qui l'a connu m'a rapporté qu'il disait d'H'uceïn qu'il mourrait pauvre et aveugle, et que Ramd'ân serait un jour la misère personnifiée. Il en fut comme il l'avait prédit.

Mourad tirait vanité de sa fortune, qu'il disait plus considérable qu'elle ne l'était en effet. Il répétait souvent : « Il faut que je serve mon maître avec dévouement, quoique je sois riche. »

Mourad continua à prospérer jusqu'à ce qu'enfin il arriva au même rang que son maître. A la mort de celui-ci, Radjeb, son frère, désira le remplacer. Il se rendit chez Ioucef-Dey, pour lui exposer ses prétentions. Le dey lui répondit que celui à la porte duquel se trouverait le lendemain Es-Ser'ir-ben-Sandal serait bey commandant l'armée. Le dey connaissait le bon esprit de Sandal, qui était alors retiré dans une zaouïa. Le lendemain il fut trouvé à la porte de Mourad, qui le prit auprès de lui[1]. Radjeb eut le commandement des

[1] L'auteur ne s'explique pas plus clairement; mais cela veut dire

Oulâd-R'emar'em; mais ses services ne peuvent être comparés à ceux que rendit Ben-Sandal. Lorsque Mourad sortait à la tête d'une armée, il remplissait toutes les fonctions de général bien mieux que Radjeb. Quelquefois les deux chefs agissaient de concert.

A la bataille contre les Algériens, Mourad et Radjeb commandaient chacun un corps d'armée; mais tous les mamelouks de celui-ci l'abandonnèrent pour aller joindre son rival. Après la défaite, il se rendit à l'armée de Kef, où sa sagesse rétablit les affaires. La multitude des chefs nuit au commandement.

Mourad prenait souvent H'uceïn pour son khalifa [1]. Il continua à s'élever au-dessus des autres, et ambitionna enfin le plus haut grade de l'armée. Il exposa sa demande à la Sublime Porte, et il eut la satisfaction de la voir accueillie. Le sultan lui conféra en 1041 la dignité de pacha.

Mourad possédait dans les manières une affabilité remarquable, qui fut la principale cause de sa fortune. En guerre, il était actif et résolu, et ne reculait jamais devant les déterminations les plus hardies. Il en voulait beaucoup aux Oulâd-Saïd, qu'il cherchait à anéantir. Il fut heureux dans ses expéditions contre ces Arabes, quoiqu'il eût alors des associés dans le commandement. Dans sa dernière campagne, il leur fit un mal affreux et les força à sortir du pays de Tripoli. Ce fut alors qu'il fut

probablement que le dey confia à Sandal le soin de désigner le nouveau bey.

[1] Lieutenant.

nommé pacha. Il reçut sa nomination dans la ville de Sfax. Il échangea, dès lors, le titre de bey pour celui de pacha, et donna celui de bey à son fils. Il ne jouit pas longtemps de sa nouvelle dignité, car il mourut dans l'année même où il l'obtint. Il fut inhumé auprès du cheikh Sidi-Ah'med-ben-'Arous. Ce ne fut que longtemps après, que son fils El-'Assad-Moh'ammed-Pacha fit transporter ses restes dans le tombeau qu'il avait consacré à la famille dans le mesdjed qui porte son nom, et qui devint le plus beau de Tunis. J'en parlerai plus tard.

COMMANDEMENT DE MOH'AMMED.

Abou-'Abd-Allah-Moh'ammed-Pacha, fils d'Abou-et-Tefer-Mourad, éleva très-haut la puissance et la gloire des beys. Dans le gouvernement de Tunis, il s'acquit une renommée impérissable, et fit des choses que ni les Beni-H'afez, ni personne autre n'avaient pu faire.

Son père lui avait donné le titre de bey de son vivant, lorsqu'il fut élevé lui-même à la dignité de pacha. Après la mort de Mourad, il le remplaça et se conduisit en tout avec énergie. Il traita ses subordonnés avec bienveillance, s'entoura d'hommes d'une fidélité éprouvée, et éloigna les perturbateurs.

Moh'ammed était à la fleur de l'âge lorsqu'il parvint au pouvoir. Il était d'une taille moyenne, mais d'une beauté remarquable ; personne ne pouvait lui être comparé à cet égard. Ses avantages physiques étaient relevés par les qualités les plus brillantes du cœur et de l'esprit.

Ben-Sandal, qui avait été le secrétaire de son père, fut son conseiller intime. Les lieutenants en campagne, étaient Ramd'ân-Bey, H'uceïn-Bey, Djaffar-Bey, et Moustafa-Bey. Celui-ci ne le fut qu'en dernier lieu. Chacun de ces beys jouissait d'une grande considération parmi les grands du pays. Ils étaient, du reste, les plus distingués des mamelouks. Ces quatre beys formèrent une grande quantité d'officiers capables, qui parvinrent à de hauts emplois, et qui faisaient rentrer les contributions. Les bornes de cet ouvrage ne me permettent pas de les nommer. Je me contenterai de parler de Moh'ammed.

Il n'est personne dans le pays qui n'ait entendu célébrer ses louanges. Il était doux et affectueux dans ses manières, doué d'un esprit sain, pénétrant et à vues élevées. Toujours maître de lui, il comprimait les mouvements de la colère, et ne laissait libre cours qu'aux sentiments généreux. Plein de prudence et de circonspection, il ne divulguait jamais intempestivement ses projets. Libéral jusqu'à la prodigalité, il donnait sans crainte de s'appauvrir; ses amis et ses ennemis lui ont également rendu justice à cet égard. Il recherchait la société des hommes instruits et des gens de bien, protégeait les étrangers, et aimait que l'on sût ce qu'on avait à gagner à être au nombre de ses amis. Les savants étaient en grand crédit auprès de lui, et il prenait souvent part à leurs conversations. Il faisait des pensions à ses créatures, selon la nature et l'importance de leurs services, et devançait souvent les époques fixées pour les payements. Outre ces pensions, il leur faisait des coutumes qui consistaient en blé, bétail, dattes et objets d'habillement. Il allait souvent au delà de ce qu'il avait promis. Ce qu'a dit de lui Abou-'Abd-Allah-Moh'ammed-ben-Moustafa-el-Azh'ari, suffit pour prouver sa générosité. Abou-'Abd-Allah disait : « Si l'on me posait trois questions, je répondrais non, dût-on me couper la tête. » J'ai fait connaître les deux premières[1] ; voici la troisième, que j'avais réservée : « Si l'on me disait : Avez-vous jamais connu un homme plus généreux que Moh'ammed-Pacha? je répondrais non. » Cet éloge du savant suffit à la gloire du pacha.

Si quelqu'un venait me dire que le cheikh a parlé ainsi parce qu'il s'était ressenti lui-même de la générosité du pacha, et que le cœur se laisse gagner par les bienfaits, je répondrais que je conviens de cela, mais qu'ici la reconnaissance n'a pu prendre d'autre langage que celui de la vérité, car la vérité était au-dessus de toute exagération possible. Les traces de la générosité de ce pacha sont partout visibles. Il n'est personne qui n'ait des amis et des ennemis; il en a toujours été ainsi. Les amis louent, les ennemis blâment; mais, quant au pacha Moh'ammed, amis et ennemis ont été d'accord pour reconnaître ses vertus. C'est là, certes, la meilleure preuve de leur réalité.

Moh'ammed eut d'abord pour collègues, dans le

---

[1] Dans le premier livre.

commandement de l'armée, Radjeb-Bey et Selimân-Bey, qui étaient, en mérite et en réputation, bien au-dessous de lui. Après leur mort, il fut seul en possession du commandement. Pendant qu'il le partageait encore avec ses deux collègues, la plupart des Arabes se soulevèrent. Les Oulâd-Saïd, race maudite, donnèrent l'exemple. Que Dieu, qui n'aime pas les pervers, refuse toute félicité à cette tribu exécrable, qui a été cause de tant de maux, de la perte de tant d'hommes, de la ruine de tant de familles ! Depuis bien des années ces Arabes maudits causaient des troubles qui avaient enfin abouti à cette fatale bataille de 1037, entre les Tunisiens et les Algériens. J'en ai déjà parlé. Depuis lors ils ne cessèrent de s'agiter. Ils s'habituèrent à la guerre contre les Turcs, attaquant ou battant en retraite à propos. Mourad-Pacha les avait longtemps combattus. Il méditait leur extermination; mais il mourut sans avoir pu atteindre le but qu'il se proposait. La ville de H'amma, qui depuis sept ans était en révolte, était leur refuge et leur point d'appui.

Tous les Arabes d'Afrique sont mauvais; mais les Oulâd-Saïd sont les pires. Les Beni-Chenouf, de leur côté, commandaient en vainqueurs dans les out'ans de Kef. Cet état de choses dura jusqu'à ce que Dieu arma contre eux Moh'ammed-Pacha, qui fit périr leurs chefs, et réduisit les riches au niveau des pauvres.

Moh'ammed-Pacha se mit à la tête de l'armée d'hiver[1] en 1041, et rétablit la tranquillité dans le pays

[1] C'est cette armée qui va tous les ans dans le Belad-el-Djerid.

de K'aïrouân, que les Oulâd-Saïd avaient ruiné. Il y installa pour k'âïd 'Ali-el-H'ennachi, guerrier habile. Il entra ensuite dans le Djerid, où il leva les contributions. Radjeb était, dit-on, avec lui dans cette expédition. C'était un homme fort commun que ce Radjeb; il n'aurait rien été sans son frère Ramd'ân. Les Tunisiens parlent de trois hommes supérieurs qui avaient occupé un haut rang dans le pays, et qui avaient laissé après eux des frères tout à fait incapables de les remplacer. Un de ces trois hommes était Ramd'ân, qui s'était acquis une grande réputation. Ce ne fut pas Radjeb, son frère, qui put remplir le vide qu'il avait laissé; mais il profita de ses restes. Radjeb, à sa mort, laissa un fils qui, lui aussi, eut des prétentions ambitieuses; mais il ne fit rien qui les justifiât.

Dès que Moh'ammed eut le commandement à lui seul, il ne s'occupa que de rétablir l'ordre dans le pays et de châtier ceux qui le troublaient. Sa politique adroite arma les Beni-Chenouf les uns contre les autres, et parvint à effacer leur nom de la terre. Il se dirigea sur H'amma, qui était en état de rébellion depuis sept ans, et servait de point d'appui et de refuge aux Oulâd-Saïd. Il réunit, pour cette expédition, des troupes de tous côtés. Il arriva devant la ville rebelle le[1]   1044 ou 1045. Il tenta d'abord les voies de négociation par l'entremise des marabouts, promettant l'oubli du passé et un pardon général. Mais ses propositions généreuses ayant été repoussées, il jura qu'il ne s'éloignerait pas

---

[1] La date est restée en blanc dans le texte.

avant que Dieu eût décidé entre les révoltés et lui. Les travaux du siége furent poussés avec activité; l'artillerie prit position; les dattiers des environs de la place furent coupés; les troupes se relevaient aux attaques, de manière que le feu ne cessait pas, et beaucoup de monde périt de part et d'autre. Les assiégés reçurent des secours de l'extérieur; mais ils ne leur servirent à rien.

Moh'ammed-Pacha, malgré leur obstination, ne cessa pas de leur envoyer des messages pour les exhorter à écouter la voix de la raison, afin qu'une fois vaincus ils n'eussent aucune excuse à alléguer; mais, loin de l'écouter, ils ne se défendaient qu'avec plus d'énergie. Chacun d'eux paraissait être sous l'inspiration d'un démon. H'amma était bien fortifiée et peuplée d'hommes habitués à la guerre. Les remparts étaient entourés d'un bon fossé et d'une forêt de dattiers. Les révoltés se disaient que, quand même Moh'ammed resterait des années entières sous leurs murs, ses efforts seraient impuissants. Ils furent vaincus cependant, et tous les malheurs les accablèrent. L'homme ne peut connaître les arrêts divins : ce que Dieu ordonne doit s'accomplir. Les combats ne cessaient ni jour ni nuit. Moh'ammed n'épargnait ni hommes ni argent. Enfin le succès couronna ses efforts. La ville, exténuée, fut enlevée de vive force, et fut livrée à la discrétion du pacha. Les hommes furent tués et les femmes réduites en captivité. Les richesses des vaincus devinrent la proie des vainqueurs; les rochers furent teints de leur sang, et leurs demeures furent détruites. On parla au loin de ce sac terrible.

Lorsque Moh'ammed-Pacha eut accompli ce qu'il voulait faire, il envoya l'aman à ceux des habitants que la fuite avait soustraits au carnage. Il leur ordonna de s'établir au dehors de la ville, et, après avoir frappé du tranchant du sabre, il frappa du sabre de la clémence. Ces Arabes s'engagèrent à payer le kharadj. Les soumissions furent nombreuses.

H'amma fut prise à la fin du mois de h'adja 1045. Lorsque la nouvelle s'en fut répandue parmi les autres révoltés, ils craignirent le sort de cette ville. Les habitants de la montagne de Ouslat, qui avaient montré beaucoup d'insolence jusque-là, commencèrent à changer de ton.

Après sa victoire, Moh'ammed retourna à Tunis. La crainte se glissa dans le cœur des raïas, qui virent que la fortune du pacha s'élevait sur les ruines de celle des rebelles. Moh'ammed combattit ensuite les Beni-Chenouf de la manière que nous avons dite, et ne se reposa pas qu'ils ne fussent tous anéantis. Ceux, en petit nombre, qui parvinrent à se sauver, trouvant la terre trop étroite pour qu'ils pussent se soustraire à ses recherches, finirent par implorer sa clémence. Les Beni-Chenouf s'étaient rendus maîtres de tout le pays de Kef, et avaient été la principale cause de la bataille de 1037, entre les Tunisiens et les Algériens. Il était réservé à Moh'ammed-Pacha de les réduire. Il s'enrichit de leurs dépouilles, les chassa de leurs demeures, et ne laissa d'eux aucune trace. Ils avaient acquis une funeste célébrité et de grandes richesses pendant qu'ils dominaient le pays de Kef. Ils les conservèrent jusqu'à ce que Moh'ammed les eût réduits au comble de la misère. Alors tous les Arabes se soumirent, ruinés par les armes de Moh'ammed. Les Oulâd-Faïs [2], qui n'avaient d'autres guides que les démons, furent harcelés par lui jusqu'à ce qu'il les eût réduits au néant.

Que Dieu récompense Moh'ammed dans l'autre monde pour avoir puni les Oulâd-Saïd dans celui-ci ! car il les poursuivit sans relâche, leur arracha les richesses qu'ils avaient injustement acquises, et les força à payer l'impôt. Ils furent réduits à nier leur origine ; car, lorsqu'on demandait à l'un d'eux de quelle tribu il était, il se serait dit juif plutôt que d'avouer la vérité. Ils cessèrent d'être réunis ; on les dispersa de tous côtés ; ils furent misérables, et placés sous la dépendance de ceux qui les retenaient chez eux.

Le pacha remplit dignement sa tâche. Il fut l'instrument dont Dieu se servit pour frapper les oppresseurs et rendre la tranquillité aux peuples. Il rendit les routes si sûres, que la moindre petite troupe de voyageurs pouvait les parcourir sans danger. N'aurait-il fait dans sa vie que cette bonne action de détruire la race des pervers, que la plus haute récompense lui serait due dans l'autre monde pour prix de cette œuvre

---

[1] L'auteur désigne ainsi les Oulâd-Saïd par un misérable jeu de mots qu'il a déjà employé. Oulâd-Saïd signifie enfants de bonheur, et Oulâd-Faïs, enfants de malheur, de perdition.

méritoire. Les Oulâd-Saïd ne purent se relever de son vivant du coup qu'il leur porta. Ils ne sortirent qu'après sa mort du tombeau d'ignominie où il les avait plongés. Que Dieu frappe de nouveau leurs guides pernicieux, qu'il les extermine depuis le premier jusqu'au dernier!

Il faut compter parmi les actes utiles de Moh'ammed-Pacha l'organisation qu'il sut donner à des Arabes djouad[1] qui se rangèrent sous ses ordres, et qui, depuis, furent employés à la rentrée des contributions. Je ne ferai pas leur histoire, qui serait fort longue.

Parmi les principales actions de guerre de Moh'ammed-Pacha, on doit compter la réduction de la montagne de Mat'mat'a[2], qui était en état permanent de révolte. Il entreprit cette campagne en 1048. Il fit le siége de la montagne comme il l'aurait pu faire d'une ville, la resserrant de toutes parts, jusqu'à ce que les habitants se fussent soumis à payer le kharadj par tête. Alors il leur accorda l'aman pour eux et pour leurs familles. Auparavant, ces rebelles, confiants dans la hauteur de leur montagne, se croyaient invincibles. C'étaient de ces Berbères dont l'origine remonte à Djalout. Dieu leur envoya le pacha comme il avait envoyé Daoud contre leurs ancêtres. Il fit construire un fort dans leur montagne, et leur imposa le kharadj qu'il jugea convenable. Après cela il passa à d'autres tribus.

Une de ses expéditions fut dirigée contre les gens

---

[1] Arabes nobles, distingués, de pure race.
[2] Au Sud de K'âbes.

d'Amdoun, à qui il fit éprouver tous les maux de la guerre. Quoiqu'ils fussent défendus par leurs montagnes, il les réduisit. Avant lui, ils ne payaient que ce qu'ils voulaient; car leurs montagnes sont d'un accès difficile, et leur offrent de nombreux lieux de refuge et de défense. Le pacha marcha contre eux avec sa cavalerie et son infanterie. Il leur livra un combat où beaucoup d'entre eux périrent, pénétra de vive force dans leurs montagnes, et leur enleva leurs femmes et leurs enfants. Il abattit leur orgueil et leur esprit de révolte. Il pardonna à ceux qui survécurent et les obligea à payer l'impôt, ainsi qu'il l'avait fait pour les autres tribus.

Les Arabes furent abattus sous ce chef redoutable. Les plus puissants furent, devant lui, comme des enfants sans force. Les Oulâd-Abi-el-Lil, qui avaient tant de puissance sous les Beni-H'afez, les Oulâd-H'amza, les Oulâd-Soula, furent mis sous le joug. Ces Arabes sont ceux dont Ben-en-Nâdj a dit que c'était un crime que de leur vendre des armes. El-Barzali a dit aussi que les Arabes d'Afrique doivent être traités comme les ennemis de la religion [1]. El-Fek'ani n'a pas plus d'estime pour eux. Il les considère comme des pervers sans foi ni loi, capables de toute sorte de crimes. Ceux qui les connaissent savent les juger. Dieu les réduisit sous

---

[1] K'âcem-ben-Moh'ammed-el-Barzali, un des continuateurs de la grande histoire de Damas, commencée, dans le vi° siècle de l'hégire, par Ben-'Asseker. El-Barzali l'a continuée jusqu'en 738. Cette histoire, à propos de Damas, traite de toute sorte de sujets.

l'administration de Moh'ammed-Pacha. C'était au point que les marchands pouvaient partout circuler sans armes avec leurs marchandises, tant la terreur qu'inspirait ce pacha était grande. Ce ne fut pas une époque favorable pour ces peuplades perverses, qui furent réduites aux emprunts pour acquitter les contributions énormes dont on les accabla. Lorsque Moh'ammed les eut réduites sous le joug de l'obéissance, il fit disparaître petit à petit les cheikhs influents qui auraient pu les entraîner à la révolte, tels que 'Ali-ben-'Ali-'Abd-es-Samed et son fils Abou-Zïan; il en purgea le pays.

La tribu des Drîd lui fut très-dévouée; un grand nombre de cavaliers de cette tribu faisaient partie de ses troupes. Avec les cavaliers des tribus soumises, il forma les zmala, qui lui servaient à combattre les rebelles. Il répartit ses zmala sur les points les plus importants du pays; chacune d'elles était commandée par un des siens, tel, par exemple, que K'âïd-H'acen-el-Menteceb-Bey. Celui-ci était le plus brave de ses guerriers; ses enfants et ses neveux existent encore, et comptent parmi les cavaliers arabes. Je parlerai d'eux plus loin. Le k'âïd 'Ali-el-H'ennachi et le k'âïd Ah'med-er-Resgui commandaient aussi les zmala; ils étaient des plus considérables. Il y en avait plusieurs autres d'un moindre rang. Il mit à cheval des soldats zouaoua, qu'on nomma *sbah'ïa*[1], et qui l'accompagnaient dans toutes ses courses. Il créa d'autres sbah'ïa, qu'il établit

---

Ce que nous appelons spahis.

à K'aïrouán, à Kef, à Badja; ils furent chargés de la police du pays, et ils la firent fort bien.

Un des événements les plus remarquables de l'époque fut la défaite des rebelles que commandait le cheikh Khâled-ben-Nâc'er-el-H'ennachi. Ce Khâled était le plus puissant des cheikhs des Arabes kabiles qui s'étaient érigés en *protecteurs* [1]; c'était un homme avancé en âge; il avait eu souvent affaire aux troupes algériennes, et souvent aussi il avait fait des courses sur les terres de Tunis, car il était sur la frontière des deux états. Comme il avait assez de forces pour gêner les armées tunisiennes dans leurs opérations, on l'avait longtemps ménagé, et même on avait quelquefois acheté sa neutralité. Dieu suscita enfin contre lui Moh'ammed-Pacha, ce guerrier intrépide, qui le vainquit en 1054, et l'obligea à se réfugier dans le pays de Serat. Khâled avait pris position entre l'armée tunisienne et une rivière. Le k'âïd H'acen le chargea à la tête de ses vaillants cavaliers; ce fut lui qui porta les premiers coups, et décida la victoire en se mettant entre l'ennemi et la rivière. Depuis cette affaire, Khâled ne fut plus rien; il eut bientôt recours à la clémence de Moh'ammed, qui, avant sa mort, put voir tous les Oulâd-Khâled à sa porte au nombre de ses serviteurs.

---

[1] Manah'. Littéralement, ce mot veut dire *gens qui empêchent*. Dans la langue administrative de la Barbarie, il signifie des indigènes qui, sans aller attaquer le gouvernement, veulent rester libres chez eux, et protégent, même contre lui, les mécontents qui se réfugient sur leur territoire.

Lorsque la nouvelle de la défaite de Khâled arriva aux autres Arabes kabiles, ils redoutèrent encore plus le pacha, et se rangèrent à l'obéissance. Alors le commerce fut florissant ; alors les caravanes affluèrent à Tunis de toutes parts. Moh'ammed avait atteint le but de ses efforts ; sa gloire se répandit en tous lieux. Les poëtes de la ville et ceux des Arabes chantèrent à l'envi ses louanges, et furent noblement récompensés. Les révoltes cessèrent ; tous les cheikhs des Arabes désirèrent être compris au nombre de ses serviteurs. Ben-'Ali, le cheikh des cheikhs des Arabes de l'Ouest, se rangea à l'obéissance. Ce chef redoutable avait plus d'une fois mis en fuite les troupes algériennes ; mais il céda à l'ascendant de Moh'ammed, et se soumit à lui. Lorsqu'il mourut, il lui recommanda ses enfants, qui ne furent cheikhs qu'avec l'autorisation du pacha. Quand ils étaient pressés par leurs ennemis, ils avaient recours à sa protection.

Lorsque Moh'ammed-Pacha eut soumis tout l'intérieur du pays, il s'occupa des ennemis qu'il avait personnellement à Tunis même. Plusieurs grands et plusieurs k'âïds enviaient sa position et cherchaient à ternir sa gloire ; mais lui, qui entendait le sort lui dire, « Tu es maître du pays ; fais ce qui te conviendra, car je suis pour toi, » résolut d'écraser ses adversaires de la ville. Il commença par le plus puissant de tous, 'Abd-Allah-ben-H'oran, qui était k'âïd des k'âïds : il le fit arrêter et confisqua ses biens. Le k'âïd des k'âïds fut alors contraint de reconnaître son autorité. Le cheikh

Moustafa-el-Andalous [1] affectait de le braver en tout; depuis plusieurs années il n'avait pas daigné paraître chez lui; il confisqua ses biens et l'envoya mourir loin de sa patrie. Il traita de la même manière Salah', cheikh des Arabes de T'eroud. Quand il eut fait disparaître ses ennemis déclarés, il sévit contre ceux de ses serviteurs qui se montrèrent ingrats envers lui; les senadra, ses secrétaires, savoir, Abou-el-K'âcem-el-H'afzi et 'Ali-Haoun, se virent dépouiller des richesses dont il les avait comblés. Enfin tout le pays, la ville comme le dehors, n'eut plus autre chose à faire qu'à lui obéir. Il fut plus réellement sultan que les princes de la dynastie des Beni-H'afez. Alors il se tourna vers les hommes de son siècle et s'écria : « Ai-je encore quelqu'un à combattre? » mais personne ne répondit. Dieu donne l'empire à qui il veut.

Dès lors les courses de ses armées furent plutôt des promenades pacifiques que des expéditions de guerre; les contributions rentraient d'elles-mêmes; les armées étaient au plus cinquante jours dehors. Il attacha un k'âd'i à chacune d'elles, comme la chose avait eu lieu sous les Beni-H'afez. Lorsqu'il marchait lui-même, il prenait un carrosse, afin de voyager plus commodément.

Moh'ammed renvoyait presque tous les procès à la

[1] Moustafa de Cardonas, dont nous avons parlé ci-dessus dans la note de la page 344. Il habitait Krombalïa, où il avait une magnifique propriété. Il n'eut aucun tort envers le pacha, qui ne fut mû, dans cette affaire, que par le désir de s'emparer de sa terre. Il se retira à Bône, où, comme nous l'avons vu, il fit beaucoup de bien à l'agriculture.

justice ordinaire, ne se réservant la connaissance directe que des faits graves qui intéressaient la sûreté du pays. Ses mamelouks étaient nombreux et aussi magnifiques que des rois. Les présents qu'il envoyait à la Sublime Porte étaient somptueux. On lui en envoyait à lui-même de l'Irâk', de Cham et de l'Égypte. Des savants accouraient auprès de lui pour avoir part à ses bienfaits; il en arriva même de l'H'edjâz [3].

Lorsqu'il fut parvenu au comble de la puissance, il voulut avoir un titre qui le mît à la hauteur des premiers dignitaires de l'empire, et demanda à la Sublime Porte celui de pacha : c'était en 1065. Il envoya à Constantinople, à cette occasion, un présent magnifique, tel qu'il n'en était jamais venu des contrées de l'Ouest. Ce présent fut offert au sultan des osmanlis, au nom de Moh'ammed, par Ben-K'elman. Le sultan en fut très-satisfait. Moh'ammed reçut, en 1068, sa nomination à la dignité de pacha; il fit, en cette qualité, une entrée solennelle à Tunis, et déploya la magnificence d'un sultan dans cette cérémonie. Le jour où elle eut lieu fut regardé par tout le monde comme un jour heureux. Dès cet instant, Moh'ammed-Pacha, jouissant d'une autorité supérieure et incontestée, n'eut plus qu'à suivre les inspirations de son cœur bon et généreux. Cette époque fut, pour le pays de Tunis, la plus paisible et la plus heureuse du siècle. Il était le lieutenant du sultan, qui avait pour lui une vive affection, et le rendait l'intermédiaire de ses grâces; mais,

[1] Parties de l'Arabie où sont la Mecque et Médine.

en 1073, il désira le repos et la tranquillité pour lui-même. Il donna sa démission et se retira des affaires après avoir assuré la position de ses fils et de ses petits-fils. Mourad-Bey, son fils aîné, eut le commandement suprême de l'armée; Abou-'Abd-Allah-Moh'ammed-Bey, le second, eut le sendjak' de K'aïrouân, Souça et Monestir; il est pacha au moment où j'écris, et j'en parlerai plus tard. Son fils, H'acen, eut le sendjak' d'Afrique avec le titre de bey.

Moh'ammed-Pacha mourut dans la retraite, plein de gloire et d'années, après avoir vu ce qui pouvait le plus satisfaire son cœur, puisque ses fils et ses petits-fils eurent tous le titre de bey, et furent dignes de leur fortune. Dans sa retraite, il ne cessa de faire du bien, et d'attirer chez lui les savants et les hommes distingués; il était le refuge et la consolation des pauvres. Les Tunisiens que frappait l'adversité s'adressaient à lui avec confiance, et sa bonté compatissante lui faisait fermer les yeux sur les subterfuges qu'employaient souvent des familles nécessiteuses pour l'intéresser. Sa mort fut une calamité publique. Que Dieu le récompense!

Je vais maintenant rappeler en peu de mots les constructions d'utilité publique qu'on lui doit. Il fit solidement réédifier le minaret de la grande mosquée, et fit établir au sommet une guérite où les mouaddenin [1] étaient à l'abri des rigueurs de l'hiver et des chaleurs

[1] Les crieurs qui appellent le peuple à la prière du haut des minarets (au singulier, mueddin).

de l'été; il y fit placer, sur une plaque de marbre, une inscription en vers du chérif Es-Souci, inscription qui porte son nom et la date de la construction. Il fit réparer en bonne maçonnerie un ancien aqueduc qui amenait de très-loin, de Kessa, de l'eau à Tunis, et affecta des ouak'f à son entretien. On travailla pendant un an à cette construction, qui coûta des sommes énormes. De nos jours, une partie de cet aqueduc a été détériorée dans les guerres intestines dont notre pays a été le théâtre.

Moh'ammed-Pacha fit aussi construire, dans le quartier des Azafin, un hôpital pour les malades et les vieillards, qui y trouvaient en soins, médicaments, nourriture et vêtements, tout ce qu'exigeait leur état. Cet établissement, auquel des ouak'f ont été affectés, est encore dans un état très-prospère. Que Dieu agrée cette bonne œuvre de Moh'ammed! C'est aussi à lui que l'on doit la mosquée qui est à côté de la zaouïa du cheikh Ben-'Arous. L'emplacement qu'elle occupe était autrefois couvert de maisons qu'il acheta de gré à gré à leurs propriétaires; il lui en coûta beaucoup pour cela. La mosquée est une des plus élégantes de l'Occident; elle est en tout digne de son fondateur; des ouak'f sont affectés à l'entretien de ceux qui la desservent. Il y a à côté une medressa pour l'enseignement de la science sacrée. Son imam est de la secte H'anefia. Moh'ammed fit construire dans cette mosquée la tombe commune de sa famille, dont tous les compartiments ne sont point encore terminés. Il y fit transporter les restes de son père, et y fut lui-même enseveli.

Sa bienfaisance s'étendait à tous les malheureux; il racheta des chrétiens un grand nombre de captifs, et même des navires, qu'il rendit à leurs propriétaires; il envoya chaque année à K'aïrouân des aumônes pour les pauvres de cette ville.

Sa générosité avait été bien constatée lorsqu'il donna à Ah'med-Khodja, alors sandar de ses troupes, le navire, les magasins et la sanïa de Ras-et-T'abïa, qui lui avaient été adjugés par suite du règlement de compte qui eut lieu entre lui et Selîmân-Bey : c'était un présent de cent mille dinars. La sanïa avait appartenu aux Beni-H'afez.

Il fit restaurer et embellir le Bardo, qui devint plus magnifique qu'il ne l'avait été sous les Beni-H'afez. En voyant ce château, on peut se faire une idée de la magnificence du pacha.

En voyage, comme chez lui, il avait toujours une nombreuse suite de savants, de poëtes, de musiciens, enfin d'hommes distingués dans toutes les branches des connaissances humaines. Ils occupaient, dans sa cour, des rangs plus ou moins élevés, selon leur mérite. Les pensions qu'il leur faisait dépassaient cinquante mille dinars, non compris les présents en objets d'habillement et autres. Je ne parle pas des dépenses qu'il faisait pour lui-même, pour sa maison, ses domestiques hommes et femmes, enfin pour les troupes; jamais on ne vit en Occident une pareille magnificence.

Il envoyait d'abondantes aumônes à la Mecque et à Médine. Quelques habitants de ces deux villes vinrent le trouver, et il les combla de biens. Lorsqu'il était à Tunis, tous les honnêtes gens de la ville pouvaient se présenter chez lui, et étaient sûrs d'être bien reçus. Il avait une prédilection assez marquée pour les habitants de K'aïrouân et pour ceux de Souça. Les hommes le plus en crédit auprès de lui étaient les deux muftis, savoir, le cheikh Abou-el-'Abbas-Ah'med, dit El-'Abli, et le cheikh Abou-'Abd-Allah-Moh'ammed, connu sous le nom d'El-'Aroui. Ce dernier était son poëte, son ami de cœur, celui qu'il traitait avec le plus de distinction, et l'homme le plus lettré de l'époque. Il a composé bien des poëmes à sa louange et à celle de ses enfants. Il avait un fils également fort distingué.

Dans les derniers jours de son existence, Moh'ammed-Pacha, déjà atteint de la maladie dont il mourut, écoutait assidûment ce jeune homme expliquant le Boukhari devant son père, occupation sainte, qui sanctifia ses derniers jours, et le prépara à recevoir les récompenses célestes.

Moh'ammed-Pacha mourut dans le mois de choual 1076. Il y eut une foule immense à ses funérailles. Son corps fut porté sur les épaules des fidèles, et inhumé à côté de celui de son père, dans sa mosquée. Je parlerai peut-être plus tard d'autres actes utiles de Moh'ammed, lorsque je reviendrai sur les beautés de Tunis, dans l'épilogue de mon ouvrage.

COMMANDEMENT D'ABOU-EN-NÂC'ER-MOURAD-BEY.

Abou-en-Nâc'er-Mourad-Bey fut, comme son père, un prince accompli, le bouclier des honnêtes gens et la terreur des pervers. Moh'ammed-Pacha, lorsqu'il se retira des affaires, lui avait remis le commandement de l'armée. Il avait un physique très-avantageux; sa poitrine et ses épaules larges annonçaient la force de sa constitution; son aspect inspirait le respect et la crainte; toute sa personne avait quelque chose de plus majestueux et de plus royal encore que celle de son père. Actif et intelligent, il faisait tout par lui-même; sévère, mais juste, il maintint les Arabes sous le joug de la subordination, et respecta les usages établis. Il aimait beaucoup la chasse ; pour lui, le hennissement des chevaux était préférable au plus riche butin.

Mourad-Bey ne s'occupa d'abord que des affaires du dehors; le dey réglait, comme par le passé, celles de la ville. Son administration fut paisible jusqu'à l'époque de l'abdication de Ch'abân-Khodja. Dieu suspendit alors ses grâces, et l'on vit commencer cette série de malheurs qui affligea si longtemps Tunis. Quelques ennemis du dey, jaloux de sa haute fortune, persuadèrent à El-H'adj-Ch'abân qu'il devait faire cesser ce partage du pouvoir entre le dey et le bey, et réunir toute l'autorité dans ses mains. On lui fit voir de grandes facilités à l'exécution de cette mesure, qui était, au contraire, très-épineuse. Les amis que Mourad avait à Tunis ne tardèrent pas à lui faire connaître par leurs lettres les mauvaises dispositions du dey, et ils lui en administrèrent les preuves, qui portèrent la conviction dans son esprit. Mourad, cachant ce secret ou ne le communiquant qu'à quelques confidents intimes, marcha vers Tunis avec l'armée. Lorsqu'il fut arrivé à une journée de cette ville, les notables vinrent au-devant de lui. Parmi eux étaient deux de ses mamelouks, Ben-Ah'med-Khodja et 'Ali-ben-el-K'âïd-Dja'far. Mourad savait que ces deux hommes étaient précisément ceux qui avaient poussé le dey à entreprendre contre lui. En conséquence, il les fit arrêter, et rentra avec eux à son camp. Lorsque la nouvelle de cette arrestation fut parvenue au dey, celui-ci comprit que ses projets étaient découverts : il envoya aussitôt une députation à Mourad-Bey pour s'excuser et protester avec serment de son innocence ; mais sa mauvaise foi était trop manifeste. Mourad en fournit les preuves aux députés, qui reconnurent avec lui qu'El-H'adj-Ch'abân n'avait d'autre parti à prendre que d'abdiquer. L'acte d'abdication fut dressé en présence du bey, et Moh'ammed-Mentechli fut proclamé dey de Tunis. La députation retourna avec lui à Tunis accompagnée du nouveau dey. El-H'adj-Ch'abân, après avoir signé l'acte de son abdication, quitta la k'as'ba, où Mentechli prit sa place. Ainsi les méchants desseins d'El-H'adj-Ch'abân tournèrent contre lui. Mourad-Bey fit ensuite son entrée en ville. Il fut craint et obéi partout ; ce qui avait été difficile pour son père fut facile pour lui. Il envoya Ben-Ah'med-Khodja prisonnier à

Tasstour, d'où il parvint à s'évader. Ben-el-K'âïd-Dja'far fut dirigé sur le Djerid; ce fut son dernier voyage. Cette affaire eut lieu en 1083. Pendant le séjour qu'il fit à Tunis, le dey augmenta par ses largesses le nombre de ses partisans, et sema la crainte dans le cœur de ses ennemis. Dans cette même année, il fit l'expédition ordinaire du Djerid pour la rentrée des contributions. Ayant ensuite appris que la garnison et les habitants de Tripoli s'étaient révoltés contre leur pacha, qui avait été contraint de s'enfermer dans la citadelle, où il était mort en lui recommandant ses enfants, il marcha contre les rebelles. A son approche, les troupes révoltées sortirent de la ville et se portèrent à sa rencontre; il les exhorta paternellement à rentrer dans le devoir; puis, voyant que ses paroles de conciliation n'étaient pas écoutées par eux, il leur livra bataille, en tua un grand nombre, et pardonna aux autres après qu'ils se furent soumis. Les cheikhs du pays vinrent ensuite auprès de lui, le priant de ménager leurs tribus et de ne pas rester plus longtemps dans un gouvernement qui n'était pas le sien. Il accueillit leur demande et retourna sur ses terres.

Pendant que Mourad était à Tripoli, une conspiration contre son pouvoir s'était formée à Tunis. Quelques chefs de la milice, qui voyaient d'un œil jaloux les biens dont Dieu le comblait, entrèrent à l'improviste à la k'as'ba, forcèrent le dey d'abdiquer, et mirent à sa place El-H'adj-'Ali-Faz, dont nous avons déjà parlé. Ils résolurent en même temps de ruiner la puissance des beys. Ce fut le premier jour des h'essoum, un mardi, jour de sang, que ce complot éclata. Les gens sages eurent le pressentiment des maux qui devaient en résulter. Moh'ammed-Bey quitta la ville en toute hâte et alla rejoindre son frère; tous deux se rendirent dans le pays d'Ez-Zouarin, du côté de Kef. El-H'adj-'Ali-Faz leur adressa des propositions insidieuses qui furent rejetées. Il fit alors piller leurs maisons en ville. La grande majorité des habitants ne prit aucune part à ces excès, dont elle prévit les conséquences; beaucoup de gens quittèrent même Tunis, et allèrent rejoindre les beys.

Les révoltés, après s'être mis ainsi en guerre ouverte contre les beys, portèrent au commandement de l'armée Moh'ammed-Ar'a, qu'ils promenèrent dans toutes les rues de la ville. Celui-ci demanda du secours à quelques tribus arabes, réunit quelques troupes et alla camper à El-Melacin, sur la route de Sedjoum. Mourad fit faire aux rebelles les plus sages représentations. Entraînés par des chefs passionnés et par des amis du désordre, ils n'écoutèrent rien. Les cheikhs arabes à qui Moh'ammed-Ar'a s'était adressé le trompèrent : ils lui promirent tout ce qu'il voulut, et, après lui avoir arraché de riches présents, ils l'abandonnèrent indignement. Mourad-Bey marcha contre lui avec ses troupes et ses zmala, et prit position à Sidi-'Ali-el-H'eltab. Les révoltés, qui s'étaient établis à El-Melacin, comme je l'ai déjà dit, se portèrent à Chabet-el-Djezar, traînant avec eux de l'artillerie. Dans ce mouvement, les avant-gardes des deux armées se rencontrèrent. Le bey n'aurait voulu livrer bataille que le lendemain, mais il ne put maîtriser l'ardeur de ses troupes; on en vint aux mains à l'instant même. Le combat dura une heure au plus; El-Ar'a prit la fuite, abandonnant aux vainqueurs ses bagages et son artillerie. On fit un grand massacre de ses soldats; ceux qui purent se sauver coururent s'enfermer dans la k'as'ba de Tunis. Cette affaire eut lieu un vendredi, 15 safar 1085. Le lendemain, les portes de la k'as'ba étaient fermées et les habitants de la ville dans un fort grand embarras; les Arabes entouraient Tunis. Le dimanche, El-H'adj-Mami-Djamal fut nommé dey en ville, et plusieurs chefs furent envoyés au bey pour lui présenter les plus humbles soumissions, qu'il accepta à la condition qu'on éloignerait les perturbateurs. Ceux qui étaient enfermés à la k'as'ba, trompés par les promesses qu'on leur fit, en sortirent et se retirèrent dans la zaouïa de Sidi-Mah'rez; mais cet asile ne les protégea pas; le bey les en arracha, et ils furent mis à mort.

Mourad-Bey poursuivit avec la plus rigoureuse exactitude tous les auteurs des troubles qui avaient eu lieu. Ils furent presque tous mis à mort ou envoyés en exil; bien peu échappèrent au châtiment, châtiment certainement bien mérité; car la ville aurait été complétement ruinée par eux, si Dieu n'avait accordé la victoire au bey.

Lorsque Mourad eut rétabli l'ordre et puni les coupables; lorsqu'il eut retrouvé la plus grande partie de ce qui avait été pillé, il alla habiter le Bardo. Il envoya à Constantinople un rapport détaillé de tout ce qui s'était passé. Sa conduite fut approuvée par le sultan; dès lors sa gloire et sa puissance allèrent toujours croissant, et il monta bien plus haut que son père. Son autorité fut si bien établie en ville, où rien ne se faisait plus que par ses ordres ou au moins par ses conseils, qu'il put aller, la même année, faire les tournées ordinaires dans l'intérieur. A cette même époque, les habitants d'Ouslat commencèrent à s'agiter. Abou-el-K'âcem-ech-Chok' s'était réfugié chez eux, craignant la juste sévérité du bey. Mourad ayant, en effet, acquis la preuve que cet homme était au nombre de ses ennemis, et qu'il était entré dans la conspiration de Tunis, cherchait à s'en rendre maître. Abou-el-K'âcem, effrayé, s'était donc réfugié dans les montagnes d'Ouslat, où il trouva des gens qui ne valaient pas mieux que lui. Cette affaire de Tunis dévoila bien des choses; elle fit connaître ce que chacun avait dans le cœur.

La gloire de Mourad se répandit de l'Occident en Orient. J'ai été au nombre de ses courtisans; j'ai chanté ses louanges dans une pièce de vers dont il a daigné entendre la lecture, et qui tire de son sujet son principal mérite. Ce poëme, divisé en cent stances, contient, avec tous ses détails, l'affaire dont je viens de parler. Son père, son frère et ses fils y figurent et y brillent comme des perles. Elle commence par des généralités; je vais en rapporter quelques passages :

Le temps de la jeunesse revient-il? Hélas! une fois passé,

il ne revient plus. Mes premières années reviendraient-elles à moi, maintenant qu'elles ont été emportées au loin?

Je continue mes vers, en me plaignant du passé, jusqu'à ce que j'arrive à Mourad. Je dis alors :

Que ne dois-je pas à mes parents? moi, privé de talent et de fortune! Ils me demandèrent quel but je me proposais dans la vie; et je répondis : « Une position qu'on puisse envier. » Je pris conseil d'eux, ils me dirent : « Servez quelque roi puissant. — Vous avez raison, répondis-je; eh bien! l'êmir Mourad sera mon roi. C'est près de lui qu'on trouve la félicité : sa gloire s'étend en tout lieu; son courage est connu partout; il s'est réglé sur les modèles les plus glorieux. Lorsqu'il s'élance sur son coursier, il fait trembler jusqu'aux rochers de la terre. »

Je dis plus loin :

O toi qui sus t'élever au-dessus des rois, qui punis tes ennemis et répands les richesses, si tu eusses vécu au temps de K'osreh [1], il t'aurait cédé son trône.

Ce poëme contenait aussi le passage suivant, relatif aux deux fils de Mourad :

Les Ferk'edira [2] sont de ta famille; ce sont bien tes enfants; ils sont dignes de toi. Les actes de Moh'ammed sont loués de tous. Son frère 'Ali plane dans les régions les plus

[1] Cyrus. Cette fadeur d'El-K'aïrouâni rappelle les vers de Boileau :
. . . . et d'un vers incivil
Proposer au sultan de lui céder le Nil.

[2] Ce sont les deux étoiles que nous appelons, d'après les Grecs, Castor et Pollux. Ainsi notre K'aïrouâni compare Moh'ammed et 'Ali aux deux fils de Léda, comme nous dirions dans notre monde, ou plutôt comme on aurait dit avant la disgrâce de la mythologie.

élevées ; ils sont tes deux bras, tes deux yeux ; ils sont les astres bienfaisants de l'univers.

Si je ne craignais de fatiguer le lecteur, je mettrais ici tout le poëme, ainsi que celui que j'adressai plus tard au plus louable des princes, Abou-'Abd-Allah-Moh'ammed-el-H'aci, fils de Mourad ; j'aurais réuni ainsi ce qu'il convient de dire de ces deux hommes illustres. J'ai été rémunéré par les deux frères, que Dieu les rémunère dans ce monde et dans l'autre ! Ils ont donné de leur bienfaisance des preuves dont je parlerai plus tard ; personne n'a plus mérité qu'eux d'être loué. Je demande à Dieu d'éloigner d'eux le chagrin, de les préserver du mal et de les diriger dans la bonne voie, actuellement et dans l'avenir. Je viens maintenant à ce qu'il me reste à dire de Mourad.

Dès que Mourad eut appris que la montagne d'Ouslat était en révolte, il prit des mesures en conséquence. Il écrivit d'abord à Ech-Chok' une lettre comminatoire, qui ne produisit aucun effet. Il marcha alors contre lui, avec deux corps d'armée, où se trouvaient beaucoup d'hommes levés à Tunis. Son frère l'accompagna avec une troupe de Sbah'ïa. Lorsqu'il eut pris position aux abords de la montagne, il envoya des cheikhs et des marabouts aux rebelles pour les engager à se soumettre ; mais ils persévérèrent dans leur révolte. Alors il pénétra dans leur pays, coupant les arbres et ravageant tout sur son passage. Il y eut un sanglant combat, où les ennemis furent défaits. Ech-Chok' prit la fuite ; mais, poursuivi de près par le vainqueur et désespérant de lui échapper, il se donna la mort. Sa tête fut envoyée à Tunis. Dieu ne châtie que ceux qui le méritent. Cette victoire fut remportée dans le mois de safar 1086.

L'armée victorieuse rentra à Tunis : ce fut une belle entrée. Moh'ammed, fils aîné de Mourad, marchait à la tête du premier corps, et entra en ville le premier jour; le lendemain arriva son frère, 'Ali-Bey, à la tête du second corps. Chacun remarqua la noblesse de sa personne et la bonne harmonie qui existait entre les deux frères. Le drapeau osmanli flottait au-dessus de leurs têtes, les tambours osmanlis battaient devant eux. Mais ces jours si beaux furent les derniers de Mourad ; Dieu l'appela à lui : il mourut au Bardo dans la dernière dizaine de djoumâd-el-ooüel de cette année. Il fut inhumé dans la sépulture de sa famille; une foule immense assista à ses funérailles; mais il parut seul avec ses actes devant Dieu, lui qui avait rempli tant de palais de sa présence. Les marchés furent fermés.

Après sa mort, des plaies cicatrisées se rouvrirent; le malheur assaillit de nouveau les habitants de Tunis. Que Dieu rende le repos à toutes les âmes que trouble la crainte! Au nombre des bonnes œuvres de Mourad, il faut compter la construction d'un des plus beaux mesdjed de Badja, consacré au culte H'anefïa; des ouak'f y furent affectés. Il fit également construire une belle école près de la porte d'Er-Rebïa à Tunis; on la nomma de son nom El-Mouradïa; on l'appelle aussi école du repentir, parce qu'elle occupe un emplacement où était auparavant une caserne, et qu'ainsi ce lieu, où régnait jadis la débauche, est maintenant sanctifié par l'étude et la religion. Il y a des logements pour les professeurs et les employés; des ouak'f sont affectés à son entretien; ce sont, entre autres, les boutiques que l'on voit auprès. La date de sa fondation est exprimée par les lettres mêmes des mots qui en indiquent la destination : c'est celle de 1084 [1].

La fête où Mourad déploya au plus haut degré sa magnificence fut celle qu'il donna, en 1080, à ses fils 'Ali et Moh'ammed; ce fut la merveille de l'époque; elle égala, si même elle ne dépassa pas tout ce que son père avait fait en ce genre.

COMMANDEMENT DES DEUX FRÈRES ABOU-'ABD-ALLAH-MO'HAMMED ET ABOU-EL-H'ACEN-'ALI.

Après la mort de Mourad, ses fils Abou-'Abd-Allah-Moh'ammed et Abou-el-H'acen-'Ali arrivèrent au pouvoir, à la satisfaction générale; ils étaient frères de père et de mère et avaient sucé le même lait. L'homme le plus sage n'aurait pu faire un choix entre les deux, tellement ils étaient égaux en mérite. Malheureusement la discorde les divisa, et produisit des maux dont chacun d'eux eut sa part. Mais Dieu a des vues secrètes sur ses créatures; il sait les plaies de leur cœur, qu'il

---

[1] Outre les chiffres, les Arabes ont un système de numération écrite, où ils emploient les caractères de leur alphabet, ce qui leur permet de faire en paléographie, entre les dates et les événements, des rapprochements quelquefois très-ingénieux.

fasse jour ou qu'il fasse nuit. S'il n'avait pas permis l'accomplissement de ce que, dans sa prescience, il savait devoir précéder, la puissance des deux frères n'aurait pas été ébranlée.

Je vais rapporter une partie de ce qui se passa entre les deux frères jusqu'au moment où Dieu, ayant pitié des Tunisiens, rétablit l'harmonie entre eux.

Lorsque Mourad-Bey quitta la vie, 'Abd-Allah-Moh'ammed, l'aîné des deux frères, était à l'armée, selon l'usage; car son père lui en avait donné le commandement; Ben-el-H'acen-'Ali était, au contraire, à Tunis. Les grands convinrent de laisser l'autorité en commun entre les deux frères, car ils étaient comme les deux astres du monde. Il n'y avait aucune distinction à faire entre eux sous les rapports du mérite, du caractère et de la connaissance des affaires; on n'aurait pu que faire prévaloir le droit d'aînesse. Les choses étant ainsi réglées, 'Ali-Bey fut envoyé à son frère, accompagné des ar'a de la troupe; il était chargé de lui remettre le vêtement d'honneur, et de lui communiquer la décision qui les investissait tous deux du pouvoir. Les tambours battirent, les drapeaux furent déployés au-dessus de leurs têtes; tout le monde parut satisfait de cet arrangement. Moh'ammed mena bien les affaires, et perçut les contributions d'usage. Les ordres étaient donnés au nom des deux beys, qui retournèrent à Tunis dans le courant de la même année. Arrivés près de la ville, ils rencontrèrent beaucoup de monde qui, selon l'usage, venait au-devant d'eux pour les saluer.

Dès ce premier jour, des intrigants sans crainte de Dieu les circonvinrent et les aigrirent l'un contre l'autre, tellement qu'il manqua d'y avoir entre eux une dispute que Dieu détourna.

Le lendemain, ils firent leur entrée en ville avec les honneurs accoutumés. Lorsqu'ils furent rendus dans leur domicile respectif, ces mêmes intrigants les assaillirent de leurs conseils perfides. L'amitié qui les unissait en fut ébranlée, et une mésintelligence, d'abord secrète, puis publique, la remplaça; chacun d'eux se crut et se dit opprimé par l'autre. Moh'ammed, qui avait eu le commandement de l'armée, du vivant de son père, voulait le conserver sans partage; 'Ali prétendait en avoir sa part. De vives discussions s'élevèrent à ce sujet; enfin ils résolurent de s'en rapporter au divan, qui donnerait raison à qui de droit. La lutte qui s'engagea entre eux devant cette assemblée menaçant d'être interminable, ils convinrent, après bien des paroles, d'abandonner à leur oncle la direction des affaires : le divan y consentit.

Cet oncle était El-Moula-Abou-'Abd-Allah-Moh'ammed-el-H'aci-ben-Abi-'Abd-Allah-Moh'ammed-Pacha-Ben-Abi-et-Tasr-Mourad-Pacha; il fut proclamé bey avec le commandement suprême de la ville et du pays. On le revêtit des insignes du commandement. Il monta à cheval et parcourut les rues de la ville, précédé d'un héraut qui annonçait au peuple son élévation au pouvoir suprême. Il s'occupa ensuite à consolider sa position en faisant des largesses à ceux qui pouvaient lui être utiles.

Moh'ammed-Bey en prit de l'ombrage; il dissimula cependant son mécontentement jusqu'au moment où, selon l'usage, il put sortir de la ville pour aller se mettre à la tête des troupes. Son cousin et quelques-uns de ses domestiques l'accompagnèrent; il prit la direction de Kef.

En ville, son départ fut diversement interprété, et jeta des inquiétudes dans les esprits. Plusieurs personnes marquantes allèrent le rejoindre lorsqu'on le sut arrivé à Kef. Il les accueillit avec distinction et leur prodigua les richesses que lui avait laissées son père; il se disposa ensuite à faire ouvertement la guerre à son oncle.

Sur ces entrefaites était arrivée à Tunis la caravane des pèlerins [1]; elle avait pour cheikh Mah'rez-ben-H'enda, qui avait fait partie du gouvernement du temps que les deux frères étaient d'accord. Moh'ammed, en voyant la tournure que prenaient les affaires, ne voulut pas compromettre son repos, et remit le commandement à 'Ali; il envoya aussitôt après ce Mah'rez-ben-H'enda à Kef pour engager Moh'ammed-Bey à se réconcilier avec lui; mais celui-ci fut infidèle à sa mission, et ne travailla qu'à brouiller encore plus les deux partis. Pendant son absence, des bruits alarmants circulèrent à Tunis, et augmentèrent l'inquiétude des habitants. On disait que Moh'ammed s'était emparé de Badja, qu'il s'était ensuite porté sur K'aïrouân, qu'il

[1] C'est-à-dire la caravane partie du Maroc pour se rendre à la Mecque, ramassant sur la route les pèlerins des pays qu'elle traversait.

avait arrêté et fait mettre à mort Ah'med-el-Bekih'i, cheikh des zmala, et qu'enfin il se disposait à marcher sur Tunis pour combattre son oncle et son frère. Ceux-ci, effrayés par ces bruits, quittèrent la ville; mais ils se rencontrèrent avec le cheikh Mah'rez, qui revenait de Kef, et qui les décida à retourner à Tunis, en leur faisant entrevoir, contrairement à sa pensée, la possibilité d'un arrangement. Lorsqu'ils furent rentrés en ville, Mah'rez fit promettre à la garnison qu'elle tiendrait la balance égale entre les deux frères; mais il s'était secrètement entendu avec plusieurs chefs. Il repartit ensuite pour Kef, porteur des propositions d'Ali et de son oncle, et, comme la première fois, il ne chercha qu'à envenimer le mal.

Dans le mois de ramad'ân, on sut, à Tunis, que Moh'ammed-Bey ne voulait faire aucune espèce de paix avec son oncle et son frère, et qu'il était résolu de les mettre à mort si, à son arrivée, il les trouvait à Tunis. Moh'ammed-el-H'aci, alarmé de ces dispositions hostiles, et ne voulant pas, d'ailleurs, être la cause d'une guerre intestine, s'embarqua pour Constantinople avec sa famille. Le jour de son départ fut un jour de désolation pour Tunis. Hélas! comment ce qui avait été uni s'était-il séparé? Pourquoi le faisceau avait-il été rompu? Il n'y a de refuge qu'en Dieu.

Moh'ammed-el-H'aci arriva heureusement à Constantinople; plus tard, on le revit pacha à Tunis. Nous avons déjà parlé de ce changement de fortune.

Lorsque le neveu de Moh'ammed-el-H'aci eut appris son départ, il marcha sur Tunis suivi des grands et des k'âïds qui étaient avec lui. La plus grande partie des habitants se portèrent à sa rencontre; 'Ali-Bey y alla aussi, et, à sa vue, Moh'ammed laissa percer une partie de la haine qu'il ressentait pour lui; mais celle qu'il cacha dans son cœur était plus forte encore. Cependant il y eut entre eux une apparence de rapprochement. Moh'ammed descendit au Bardo; il exigea que son frère s'établît dans une maison de campagne, et lui défendit de paraître à Tunis lorsqu'il en serait lui-même absent. En 1086, au mois de choual, il partit pour le Djerid, selon l'usage.

Pendant son absence, la peste éclata à Tunis. Plusieurs parents et des sœurs d'Ali-bey en moururent, ainsi que sa femme; il n'assista point à leurs funérailles; il ne parut qu'à celles de son oncle H'acen-Bey, que le fléau frappa également. La tristesse était dans toutes les âmes. Bientôt après, on apprit qu'Ali-Bey était parti secrètement pour l'Ouest. On disait qu'ayant acquis la certitude qu'il avait tout à craindre de son frère, il avait voulu se mettre à l'abri du danger qui le menaçait. Dieu connaissait la cause véritable de ce départ; nous en parlerons plus tard.

Lorsque Moh'ammed eut achevé la perception des contributions, il rentra à Tunis, où la crainte et la discorde allaient toujours en augmentant. La campagne d'été de 1087 s'ouvrit; l'armée partit pour prélever les contributions des out'ans d'Afrique. A cette époque, arrivèrent diverses nouvelles de Constantinople. On sut que

Moh'ammed-el-H'acì était dans cette capitale ; son neveu retourna aussitôt à Tunis, et fit promettre aux chefs des troupes et aux membres du gouvernement qu'ils ne recevraient aucune proposition venant de lui. Il y eut à ce sujet une grande assemblée dans la mosquée de l'Olivier. Le lendemain, on apprit qu'un des partisans d'Alí-Bey, qui se trouvait à la tête d'un fort parti d'Arabes, avait enlevé le camp des spahis près d'Amdoun. Moh'ammed-Bey partit au plus vite, et, dès le lendemain, il envoya à Tunis quelques têtes d'Arabes pour tranquilliser les esprits, que la crainte agitait toujours. Il se dirigea ensuite sur K'aïrouân, où il apprit que la montagne d'Ouslat était révoltée. Il marcha contre les rebelles avec sa cavalerie et son infanterie, et prit position au pied de leur montagne ; il leur envoya de là des marabouts pour les sommer de mettre bas les armes. Ils y consentirent, et promirent de payer l'impôt ; mais Moh'ammed exigea, de plus, qu'ils abandonnassent leur montagne, ce dont ils ne voulurent pas entendre parler, protestant qu'ils aimaient mieux mourir dans leurs demeures que de les quitter. Moh'ammed, voulant les y contraindre, demanda des renforts à Tunis, et s'y rendit lui-même pour veiller à l'exécution de ses ordres. Il était très-aimé des soldats, qui auraient donné leur vie pour lui. Il retourna ensuite à l'armée, et envoya, en pure perte, message sur message aux gens d'Ouslat, qui persévérèrent dans leur refus. Enfin, tous ses préparatifs étant terminés, il pénétra sur leur territoire par plusieurs endroits à la fois, et les aurait écrasés si Dieu n'en avait autrement ordonné. Par un décret du Tout-Puissant, 'Ali-Bey se trouvait au milieu des gens d'Ouslat avec une partie de son monde, et avait ordonné à Moustafa, son k'âïd, de s'embusquer hors de la montagne. Lorsqu'il vit les troupes de Moh'ammed-Bey engagées dans cette même montagne, il alla attaquer le camp où le bey avait laissé ses bagages sous la garde de quelques troupes; il enleva des chevaux et des chameaux, et fut même bien près de se rendre maître de la position; car, quoiqu'elle fût bien défendue et pourvue d'artillerie, il l'attaqua avec une vigueur et une bravoure dont tous ceux qui ont assisté à cette affaire ont parlé avec admiration.

Les troupes qui étaient dans la montagne, entendant qu'on attaquait sur les derrières, furent saisies d'une frayeur subite et rebroussèrent chemin. Les soldats prirent la fuite sans regarder derrière eux; l'ami oubliait son ami, le parent ne s'occupait pas de son parent; c'était à qui courrait le plus vite. Les montagnards se mirent à leur poursuite, et en tuèrent un si grand nombre, qu'on n'avait jamais vu un pareil carnage; presque tous les officiers périrent, entre autres le k'âïd Moh'ammed-ben-'Ali, lieutenant du bey. Le bey lui-même manqua d'être pris; il fut obligé d'abandonner son artillerie, que, du reste, les montagnards laissèrent là où ils l'avaient trouvée. Enfin le bey put rentrer à son camp avec les débris de son armée; le lendemain il retourna à la montagne, reprit ses canons et revint à K'aïrouân.

Cette affaire désastreuse, qui rendit le trou plus grand que la pièce, eut lieu dans le mois de zil-k'ada 1087; la nouvelle en parvint bientôt à Tunis; mais elle y fut d'abord étouffée ; les uns la niaient, les autres la disaient vraie.

Moh'ammed-Bey fit ensuite demander de nouveaux renforts à Tunis. On lui en envoya; mais les soldats que l'on fit partir étaient tellement dominés par la peur, qu'ils n'espéraient pas même arriver sains et saufs à K'aïrouân. Ils y arrivèrent cependant. Lorsqu'ils furent réunis à ceux de leurs frères qui avaient échappé au dernier désastre, le bey forma, de soldats choisis parmi les uns et parmi les autres, une armée bien équipée qu'il envoya dans le Djerid, sous la conduite de son sandar Moh'ammed-Raïs, connu sous le nom de T'abak', et dont j'ai déjà parlé dans l'histoire des deys. Ce chef avait sous ses ordres le k'âïd Merad. Quant au bey Moh'ammed, il resta avec la seconde partie des troupes. Bientôt il apprit que son frère avait quitté la montagne avec peu de monde. Il crut qu'il avait eu quelque démêlé avec les gens d'Ouslat, et résolut de tenter de l'enlever. Il se mit en marche, et l'atteignit, le jour de la grande fête, près d'un lieu qu'on nomme Sbitela[1].

'Ali-Bey était campé, et n'apprit l'approche de son frère que par ses coureurs; il se disposa aussitôt au combat. Moh'ammed le chargea avec impétuosité; mais ses troupes étaient fatiguées d'une marche longue et

[1] L'ancienne Suffetula.

rapide; elles s'emparèrent d'abord des chameaux, et les cavaliers arabes se mirent à piller, selon leur habitude. 'Ali-Bey, voyant les soldats de son frère occupés au pillage, les chargea à son tour. Il avait avec lui son beau-père, Solt'ân-Ben-Mans'our-ben-Khâled, cheikh des Arabes, et ses sbah'ïa, qui se conduisirent avec beaucoup de courage. Dieu dispose de la victoire. Après moins d'une heure de combat, Moh'ammed fut mis en fuite; les troupes qu'il avait laissées en arrière, parce qu'elles étaient trop fatiguées pour le suivre, voyant venir à elles les premiers fuyards, prirent position là où elles se trouvaient, et se fortifièrent comme elles le purent. Moh'ammed leur fit dire de se défendre, car il craignait qu'elles ne fussent enlevées.

Il y eut dans cette affaire beaucoup de morts de part et d'autre. Moh'ammed-Bey prit la fuite avec ceux qui purent se soustraire au carnage, et gagna la ville de Kef. L'armée d'Ali-Bey fit un butin considérable; elle ne put même tout enlever. Moh'ammed avait apporté avec lui une grande quantité de dinars; les Arabes eurent les mains pleines d'argent et d'effets précieux. Après la bataille, 'Ali-Bey envoya quelques-uns de ses officiers à la partie de l'armée de son frère qui s'était retranchée, pour lui donner des paroles de paix; il expédia aussi des agents très-dévoués vers les troupes du Djerid. Ses envoyés les ramenèrent, et les contributions qu'elles avaient perçues furent remises à 'Ali-Bey. La nouvelle de sa victoire parvint à Tunis le troisième jour de la fête. Les agents du gouvernement furent d'abord dans une grande perplexité; enfin ils reconnurent qu'on n'avait d'autre parti à prendre que d'envoyer au vainqueur une députation composée d'une partie des chefs de la milice, des oulema et de deux muftis. Il arriva alors ce que nous avons raconté dans le livre précédent, c'est-à-dire la destitution d'El-H'adj-Mami-Djamal et la nomination d'El-H'adj-Mo'hammed-Bichara.

'Ali-Bey eut alors le pouvoir suprême; tous les ordres émanaient de lui. Moh'ammed fut longtemps errant, cherchant les moyens de se venger de son frère, et le trouvant toujours prêt à lui tenir tête partout où il se présentait. Il y eut entre eux des combats dont on parlera longtemps; ils y déployèrent l'un et l'autre une valeur qu'on ne saurait méconnaître, et qui a été justement célébrée. Enfin, après bien des guerres, et quelles guerres! Dieu rétablit la paix entre eux. Que le Tout-Puissant les préserve désormais des calamités qu'entraîne la désunion! Qu'aucun étranger ne se mette entre les deux frères!

GOUVERNEMENT D'ABI-EL-H'ACEN-'ALI-BEY [1].

Le père d'Ali-Bey ne négligea rien pour le rendre propre au commandement, et il y réussit. A son heure

---

[1] Il y a ici une longue tirade de prose rimée à la louange d'Ali-Bey. Cette tirade ne renferme aucun fait historique, et comme elle est d'ailleurs aussi insipide que peut l'être une pièce de ce genre, nous avons cru devoir en faire grâce au lecteur.

dernière, il fit des vœux, à ce que j'ai entendu dire, pour la prospérité de ce fils bien-aimé qui était auprès de lui. Le ciel exauça la prière du mourant, et protégea 'Ali, qu'il fit parvenir au comble de ses désirs. Dieu avait arrêté que le pouvoir qui sortait des mains du père arriverait à celles du fils. Abi-Delama a dit au sujet d'El-Mohdi, qui paya généreusement les louanges qu'il lui adressa :

Le pouvoir vint à lui la robe flottante; ils se convenaient réciproquement. Si tout autre que lui eût désiré le pouvoir, la terre l'aurait repoussé.

Dieu, comme nous l'avons vu plus haut, avait permis que la mésintelligence se mît entre les deux frères. Nous avons dit, dans le livre précédent, comment 'Ali perdit toute autorité, et comment son frère le relégua dans la demeure d'Omar pendant que la peste qui régnait à Tunis enlevait plusieurs personnes de sa famille. Il était là prisonnier, et il lui arrivait à chaque instant les nouvelles les plus fâcheuses; il correspondait cependant avec ses amis, car il préparait secrètement son évasion. Il se fiait au destin, qui lui promettait l'accomplissement de ses vœux. Enfin il quitta le pays. Peu de personnes l'accompagnèrent dans sa fuite périlleuse. Ech-Chalbi-Abou-el-'Abbas-Ah'med-ben-Ioucef-Dey, à qui Dieu fasse miséricorde, était avec lui. Ils marchèrent sans avoir ni protection ni refuge; il leur arriva des aventures que je passerai sous silence, attendu qu'elles sont connues de tout le monde et qu'elles contiennent peut-être autant de faux que de vrai.

Ils parvinrent, après bien des traverses, à Mers-el-Kherez[1], où ils s'embarquèrent. « Comment l'onde salée a-t-elle soutenu à sa surface cette onde douce? Comment cette perle a-t-elle surnagé au-dessus des flots? » On a le droit de s'en étonner. Le navire, conduit par la grâce de Dieu, on peut le dire, les amena en sûreté à Bône. Des habitants de cette ville, instruits de l'arrivée d'Ali-Bey, allèrent au-devant de lui, et le reçurent avec l'empressement et les honneurs qu'il méritait. Ce fut une journée mémorable. 'Ali-Bey commença aussitôt à mettre ses desseins à exécution; il envoya son oncle maternel à Alger pour demander du secours; mais cet oncle mourut dans cette ville. Bientôt les serviteurs de son père le joignirent à Bône; il lui arriva aussi beaucoup d'Arabes de la tribu des Drîd, et une partie des Oulâd-Saïd. Chacun s'empressant de venir à lui, il rassembla de nombreux partisans et leur fit des largesses.

Le dey d'Alger promit de le soutenir, mais il ne tint pas sa parole. Au reste, la victoire ne vient que de Dieu; il la donne à qui bon lui semble; on est invincible avec son appui. L'armée algérienne, qui s'était avancée presque jusqu'aux frontières, s'en retourna. À Tunis, les esprits étaient dans la plus grande anxiété; les nouvelles se croisaient et se contredisaient sans cesse. Tantôt on annonçait qu'Ali-Bey arrivait, tantôt qu'il était bien loin encore. On était trop éloigné du théâtre des événements pour savoir rien de positif.

Le plus puissant cheikh des Arabes, Solt'ân-Ben-

[1] Lacalle.

Mans'our, se rallia à 'Ali-Bey, et eut l'honneur de lui donner sa fille en mariage. Ce cheikh n'a eu qu'à se féliciter de cette alliance ; car il est devenu si riche, que sa fortune est proverbiale. Le k'âïd Moustafa-Espagnol s'unit aussi à 'Ali-Bey. C'était un homme du gouvernement ; il avait été commandant des sbah'ïa du temps du père d'Ali. Le cheikh Moh'ammed-ben-el-K'aïd-H'acen et ses enfants firent comme lui. Cette famille était, quoique d'origine 'adjem, une des plus considérables parmi les Arabes, au milieu desquels le cheikh Moh'ammed était né. Il avait été élevé parmi les chevaux et les chameaux ; on lui avait appris de bonne heure à jouter, à lutter. Il savait diriger les troupes, de jour comme de nuit. Un grand nombre de personnages influents prirent parti pour 'Ali.

Nous avons déjà parlé de la première affaire qui eut lieu, l'enlèvement du camp des sbah'ïa par le k'âïd Moustafa. 'Ali-Bey se porta ensuite du côté de Kef et se rendit maître des zmala, qu'il emmena avec lui. Cependant on le disait faible, et, alors que le feu de la guerre consumait le pays, on niait presque son existence. Il envoya plusieurs circulaires à la milice, mais elles ne produisirent aucun effet ; ceux à qui elles parvinrent les tinrent cachées. Mais Dieu lui donna la victoire précisément à cause du mépris que l'on affectait d'avoir pour lui. Les habitants d'Ouslat s'empressèrent de se soumettre à lui et de se révolter contre son frère. Enfin ses affaires prospérèrent jusqu'au combat d'Ouslat, où Moh'ammed-Bey fut vaincu.

Après la victoire, 'Ali-Bey racheta des montagnards les Turcs, qui étaient en grand nombre, tombés entre leurs mains, et leur pardonna; car il ne voulait faire aucun mal à la milice. Arriva ensuite la seconde affaire, qui eut lieu près de Sbitela, à la menzelat de Meribek [1], à l'époque de la grande fête, en 1087. Il s'empara là de la partie de l'armée de son frère qui s'était arrêtée, par suite des fatigues, et qui s'était retranchée. Il lui pardonna et lui donna l'aman. Les chefs allèrent lui faire leur soumission. Ce fut la première troupe turque qui se mît sous son commandement.

Le troisième jour de la fête, lorsque la nouvelle de la défaite de Moh'ammed parvint à Tunis, les ennemis d'Ali perdirent la tête et ne surent plus la distinguer de leurs pieds. La majorité de la milice montra peu d'empressement à marcher. Les habitants eurent des craintes qui les détournèrent de leurs affaires et les firent se mêler de choses qui ne pouvaient être d'aucune utilité pour eux. Des lettres de l'armée de Moh'ammed donnaient les détails de tout ce qui était arrivé. Les chefs furent d'avis d'envoyer et ils envoyèrent, en effet, divers d'entre eux à 'Ali-Bey. Les deux muftis, savoir celui des Maleki, Cheikh-el-Islam, Abou-'Abd-Allah-Moh'ammed, connu sous le nom de Setata, et celui des H'anefi, Cheikh-Abou-el-Meh'acem-Ioucef, surnommé Dragut, firent partie de cette députation. 'Ali-Bey les reçut parfaitement bien et avec tous les égards dus à leur caractère. On traita ensuite d'affaires

---

[1] C'est-à-dire à la station, ou gîte d'étape, appelé Meribek.

avec toute la députation réunie. Les députés reconnurent qu'Ali-Bey était un homme rempli de sens. On le connaissait peu avant cela; car il n'avait occupé aucun poste et il était toujours resté auprès de son père; il n'avait eu le maniement d'aucune affaire, de sorte que ses moyens étaient restés ignorés; on savait seulement de lui qu'il avait un bon caractère et un beau physique. Que Dieu augmente sa sagesse, qu'il l'élève au-dessus de ses rivaux, qu'il comble ses désirs et le consolide au pouvoir!

Il fut convenu entre 'Ali et les députés que le dey El-H'adj-Mami-Djamal abdiquerait et serait remplacé par El-H'adj-Moh'ammed-Bichara. On proclama ce dernier dans le camp, dans un lieu nommé El-K'ara, près de K'aïrouân. Il alla à Tunis avec les députés. El-H'adj-Mami fut obligé d'abdiquer; Bichara fut installé à la k'as'ba, où il resta jusqu'à ce qu'il lui arrivât ce que j'ai déjà raconté. 'Ali-Bey leva ensuite son camp, après avoir eu avec les gens de K'aïrouân une affaire que je passe sous silence et qui fut le prélude de la révolte des habitants de cette ville. Il se porta d'abord au Fah's, où il resta jusqu'à ce qu'il eût réuni toutes ses troupes; puis il se dirigea vers Kef. Il prit position non loin de cette ville; et, comme il avait résolu de l'assiéger, il fit demander à Tunis des canons, qu'on lui envoya. Lorsqu'ils furent arrivés, il dressa ses batteries et partagea les attaques entre ses troupes, de manière que chaque corps combattit à son tour. Le feu commença; les boulets endommagèrent les murs de la ville en plus d'un endroit. Mais Dieu a marqué son terme à chaque chose. Moh'ammed-Bey était alors dans l'Ouest; beaucoup de soldats qui servaient 'Ali avaient conservé leur ancienne affection pour lui; ils lui écrivirent pour l'engager à reparaître, et n'épargnèrent pas l'argent pour lui faire parvenir cet avis. Moh'ammed-Bey, l'ayant reçu, se dirigea sur Kef, où il entra de nuit. Il se mit aussitôt en relations avec les soldats dont je viens de parler, qui lui promirent de lui livrer l'armée. 'Ali eut quelque soupçon du complot, mais il ne put l'empêcher d'éclater. Ceux qui étaient pour lui se mirent contre lui. On pilla sa tente et celle des siens. Ne pouvant lutter, il se dirigea vers le Djerid, avec les troupes qui lui étaient restées fidèles. Il pressa sa marche, afin de n'être pas devancé par la nouvelle de ce qui venait de se passer à Kef. Arrivé à K'afs'a, il ordonna à la garnison de cette ville de le suivre. Elle ignorait les événements, et elle obéit. Il revint alors sur ses pas, suivant la grande route, comme en temps ordinaire. Les troupes de K'afs'a apprirent en chemin ce qui était arrivé à Kef. La désertion se mit aussitôt dans leurs rangs, ce qui n'empêcha pas 'Ali de réussir dans ses projets. Les cheikhs arabes les plus considérables se rendirent auprès de lui, entre autres le cheikh Ah'med-ben-Nouïr, et la partie des Meh'amid qu'il commandait. Il lui arriva aussi beaucoup d'Arabes de la tribu des Drîd, le sultan El-A'rab, à la tête de sa cavalerie et de son infanterie; enfin, ces démons d'Oulâd-Saïd. Ses amis, accourant de tous côtés à la fois, il se trouva bientôt à la tête d'une armée que Dieu seul aurait pu compter.

Lorsqu'il fut arrivé près de K'aïrouân, les habitants de cette ville lui montrèrent des dispositions hostiles. Il passa outre cependant, sans leur faire aucun mal : seulement ses sbah'ïa eurent avec eux un engagement. Il alla camper dans le Fah's, où il lui arriva des renforts de partout.

Je reviens maintenant à Moh'ammed-Bey. Lorsqu'il eut gagné l'armée de Kef, ainsi que je l'ai déjà dit, et que les chefs se furent replacés sous son obéissance, il envoya à Tunis le rapport des événements. Aussitôt la milice se souleva en masse, tira Mami-Djamal de la zaouïa où il s'était réfugié, lui rendit le titre de dey, et le réinstalla à la k'as'ba. Bichara fut contraint d'abdiquer. Quelques jours après il fut mis à mort, ainsi que je l'ai dit ailleurs. Dès lors le plus grand trouble, la plus grande confusion régnèrent dans la ville; chacun parlait selon sa manière de voir. La majeure partie des Tunisiens s'entretenaient de choses qu'il ne convenait pas de dire, et qui, d'ailleurs, ne pouvaient être d'aucune utilité pour eux. Il arrivait à chaque instant des nouvelles qui, le plus souvent, n'avaient pas de fondements. Il y avait tant de confusion, qu'on ne distinguait plus ceux qui entraient de ceux qui sortaient.

Le dey envoya quelques-uns des siens à Kef pour avoir des nouvelles; mais les uns moururent en chemin, les autres ne revenaient pas. Le prix des denrées augmentait. Bientôt on ne reçut plus de nouvelles du dehors. La garde se montait le jour et la nuit. Cet état de choses empirant tous les jours, les Tunisiens résolurent d'envoyer des oulema et des membres du gouvernement aux deux frères pour opérer une réconciliation entre eux. Cette députation resta quelque temps absente, à cause des démarches qu'elle fut obligée de faire pour tenter cette réconciliation; mais elle revint toute confuse, car elle ne put réussir. Les deux frères exigeaient des concessions qu'aucun d'eux ne voulait faire à l'autre.

Le cheikh El-H'adj et les siens s'étant rangés du parti de Moh'ammed-Bey, celui-ci s'élança vers le Fah's. Il y eut bataille entre les deux frères. Les Arabes, selon leur habitude, avaient avec eux leurs femmes montées sur des dromadaires. Une personne qui assista à cette bataille dit que de part et d'autre on fit des prodiges de valeur. Le cheikh Es-Solt'ân et 'Ali-Bey se portaient partout pour encourager les leurs à attaquer l'ennemi. La mêlée fut si intense, qu'on aurait dit que les deux armées n'en faisaient plus qu'une. Dieu accorda la victoire à 'Ali, dont l'armée fit un immense butin en chevaux et en armes. El-H'adj et les siens prirent la fuite; cet Arabe fut contraint d'abandonner sa femme. Les personnes qui l'ont vue disent qu'elle était montée sur un mulet. On la conduisit à 'Ali-Bey, qui la traita bien et la renvoya à son mari. El-H'adj, depuis cette affaire, perdit toute considération.

La cavalerie combattit seule ce jour-là. 'Ali-Bey avait

fait venir l'armée du Djerid; il l'avait dirigée sur Zar'ouân : « Vous resterez là, dit-il à ses troupes, qui étaient commandées par Moh'ammed-Raïs-T'abak', dont j'ai déjà parlé; si vous êtes pour moi, vous reviendrez à moi; sinon vous irez avec vos amis. » Ses soldats protestèrent de leur dévouement; mais il y comptait peu. Quant à la partie de la milice venue de Kef à la suite de Moh'ammed-Bey, elle se retrancha dans une position où 'Ali-Bey ne voulut pas l'attaquer. Lorsque le combat fut terminé, 'Ali fit prévenir les chefs de cette troupe qu'il les rendait responsables des maux qu'elle pourrait causer; il appela ensuite auprès de lui l'armée de Zar'ouân, et ordonna au kâïd Moustafa-Espagnol et à un boulouk-bachi de se rendre à Tunis pour informer les habitants de cette ville de la victoire qu'il venait de remporter. Ces événements eurent lieu vers la fin de rebi'-el-oouel 1088. Lorsque la nouvelle en arriva à Tunis, les craintes et l'agitation y augmentèrent. Moustafa-Espagnol, d'après les ordres d'Ali-Bey, la resserra tellement, qu'elle se soumit. Le sandar de la milice, Moh'ammed-T'abak', y fut alors envoyé, après avoir été proclamé dey dans le camp; j'ai parlé de cet événement.

'Ali-Bey parcourut ensuite l'Afrique pour prélever les tributs d'usage et pacifier le pays. Il eut dans cette expédition, avec les troupes de son frère, un autre combat où assistèrent El-H'adj, cheikh des H'anencha, les Oulâd-Abou-Zïan, et ceux des Drîd qui leur obéissaient. Des Arabes de Guerfa s'étaient joints à eux.

L'affaire fut très-chaude; le cheikh des H'anencha y périt. Il fut chargé à l'improviste vers la fin de la journée; il succomba accablé par le nombre et après avoir vaillamment combattu. Les troupes d'Ali-Bey furent un instant ébranlées, mais elles eurent pour elles la protection de Dieu et le courage de leur général. 'Ali-Bey fit faire bonne garde dans la nuit qui suivit cette première journée. Le lendemain, le combat recommença; les deux partis étaient plus acharnés que jamais. Beaucoup de monde périt de part et d'autre; les Oulâd-Chabi prirent la fuite avec les Arabes qui marchaient avec eux. Le butin fut immense en chevaux, en chameaux et en effets; les mains des vainqueurs se remplirent de richesses. Cette affaire, qui, par son importance, a passé en proverbe, eut lieu près d'un endroit qu'on nomme Bek'ra.

'Ali-Bey, après avoir obtenu ce qu'il désirait et terminé le recouvrement des impôts, retourna chez lui; il combla de présents le cheikh Ah'med-ben-Nouïr, et le renvoya dans son pays; mais ce cheikh mourut, avant d'y arriver, dans un combat qui eut lieu, aux environs de H'amma, entre lui et les partisans de Moh'ammed-Bey; la plus grande partie de sa tribu fut prise.

L'inquiétude allait toujours croissant à Tunis; on y disait qu'Ali était mort; toutes sortes de fausses nouvelles se répandaient. On avait tellement perdu l'esprit, que l'on niait les faits les plus frappants, et qu'on croyait à des choses impossibles. 'Ali-Bey rentra chez lui sain et sauf; il repartit ensuite, avec l'armée d'hiver, vers la fin de ramad'ân 1088 [1]. Il n'avait que peu de monde, et alla assiéger K'aïrouân. Son artillerie tira sur la place, qu'il aurait prise si ses troupes avaient été animées d'un meilleur esprit; mais elles ne combattaient qu'à contre-cœur. Il passa la fête du fat'er [2] à ce siége; puis il le leva, parce qu'il apprit que son frère s'était dirigé sur le Djerid : il dut aller au plus pressé. Ce qu'il y a de vraiment inimaginable, c'est que, pendant qu'il était sous les murs de K'aïrouân, les habitants de cette ville le croyaient mort et pensaient qu'ils étaient assiégés par un autre chef. C'était, certes, une insigne folie; cependant j'ai vu et entendu à Tunis des choses encore plus extraordinaires. Je prie Dieu qu'il nous rende enfin à notre bon sens et qu'il nous réunisse pour le bien.

'Ali-Bey, en arrivant dans le Djerid, trouva que son frère s'était emparé de la plus grande partie du pays et qu'il avait fait bâtir un fort à K'afs'a. Lorsque Moh'ammed-Bey apprit qu'il approchait, il s'enfuit dans le Zâb. 'Ali-Bey fit plusieurs journées de marche à sa poursuite, mais il ne put l'atteindre. Il revint alors sur ses pas et alla assiéger K'afs'a, qu'il attaqua par la mine. Ceux qui étaient dans la place demandèrent l'aman,

---

[1] Il y a encore ici une insipide tirade à la louange d'Ali-Bey; nous avons cru devoir la supprimer.

[2] C'est la même que les Arabes appellent 'Aïd-es-Sr'ir (petite fête), et les Turcs petit Beïram. On la célèbre le 1ᵉʳ du mois de choual, immédiatement après le ramad'ân.

qui leur fut accordé, et se rendirent. 'Ali-Bey mit garnison dans le fort, et lorsqu'il eut consolidé son autorité dans ce pays et prélevé les contributions du Djerid, il reprit le chemin de Tunis. Les Arabes lui ayant appris que son frère se disposait à marcher sur cette ville, il envoya en toute hâte le k'âïd Moustafa-Espagnol pour la défendre; mais cela ne lui servit de rien. Ce fut alors qu'eut lieu la grande affaire, à nulle autre pareille, où les portes de Tunis furent brûlées, où les boutiques furent pillées, où tant de malheurs fondirent sur Tunis. La k'as'ba fut assiégée ; la milice, conduite par le nouveau dey Sak'esli, marcha pour combattre les troupes d'Ali-Bey; la plupart des habitants quittèrent la ville avec leurs familles et leurs richesses. J'ai fait mention de ces événements en parlant du gouvernement du dey T'abak'.

'Ali apprit en route ce qui se passait à Tunis ; il en instruisit les chefs de ses forces, qui étaient considérables. Tous jurèrent de rester avec lui jusqu'à la mort. Il leur accorda une augmentation de paye de cinq nâs'ris par mois. Il pressa ensuite sa marche et arriva près du Fah's. Là il rencontra les troupes qui étaient sorties de Tunis, et qui avaient fait jonction avec celles qui venaient de K'aïrouân, de Kef, de Sfax, et avec une multitude d'Arabes dont Dieu seul pouvait connaître le nombre.

Les deux beys se rencontrèrent le 1er moh'arrem 1089. Le combat s'engagea; l'artillerie gronda des deux côtés. Les deux partis combattirent avec une égale bravoure. La cavalerie chargea la cavalerie; le combat s'anima, le sang coula, les rangs se mêlèrent, chacun criant : « Nous vous avons vaincus. » Puis, tout à coup, les combattants se mirent d'accord; ceux d'Ali-Bey oublièrent leurs serments. Il était dans ce moment loin d'eux, auprès d'un des siens qui expirait. Son lieutenant était le k'âïd Merad, qui commandait l'armée; les révoltés voulaient le tuer; Dieu le préserva. Il se sauva avec les sbah'ïa et les zmala. La troupe rebelle se rangea sous les ordres de Moh'ammed-Bey, qui se mit avec elle à la poursuite de son frère. Celui-ci s'était embusqué en avant, dans un lieu qu'on appelle Manzal. Lorsque Moh'ammed y fut arrivé, 'Ali et les siens le chargèrent en jetant de grands cris, et furent victorieux. Les poursuivants prirent la fuite à leur tour. Mourut qui mourut, échappa qui échappa; il faut que la volonté de Dieu s'accomplisse. Beaucoup de combattants succombèrent. Le combat, commencé vers la fin du jour, dura jusqu'à la nuit. Il n'échappa que ceux dont la vie devait être longue. Ceux qui ne moururent pas furent pris par les Arabes; ces derniers firent un si riche butin d'objets d'or et d'argent, qu'on ne peut l'évaluer. Cette bataille fut une des plus importantes qui aient été livrées en Occident; plusieurs habitants de K'aïrouân y périrent. Après l'affaire, 'Ali-Bey fit couper les têtes des morts, et en envoya à Tunis plusieurs charges de chameaux. Le jour de l'arrivée de ces têtes à Tunis fut un jour d'agitation. Ce qu'il y eut de vraiment étonnant, c'est que, pendant que ces têtes étaient exposées devant la k'as'ba, plusieurs habitants niaient la chose, disant qu'il n'y avait rien de vrai dans tout cela. Il n'y a de refuge et de force qu'en Dieu. Sans sa volonté, sans l'enchaînement des événements qu'il permit, cette affaire, dont nous parlons, n'aurait pas eu lieu; le feu de la guerre ne se serait pas allumé entre les deux armées, dont les guerriers périrent victimes de leur affection pour les deux frères. Dieu détermine la fin de chaque chose, il renverse ou consolide ce qu'il lui plaît, il possède les secrets de la destinée.

Des députés de K'aïrouân vinrent ensuite trouver 'Ali-Bey pour demander l'aman. Il pardonna aux habitants, partit et alla camper près de cette ville. L'aman leur ayant été accordé, il ne leur fit aucun reproche sur leur conduite, et ne sévit que contre Ben-ech-Chater. Cet homme, qui avait été le principal instigateur des troubles, qui avait poussé ses compatriotes à la révolte, mourut en prison.

'Ali-Bey retourna ensuite à Tunis; il tomba malade en chemin et arriva en cet état au Bardo; mais Dieu le conserva. Ses amis furent joyeux de son retour. Le bruit de sa mort courut en ville. Le hasard voulut que je fusse présent à son arrivée, que je le visse de mes propres yeux. Cependant j'entendis, un instant après, deux hommes se dire qu'il était mort et enterré. Je leur affirmai que je venais de le voir de mes yeux. Ils me firent jurer; je jurai, et je ne sais si alors ils me crurent.

Il arriva, à cette époque, à 'Ali-Bey des lettres de son frère pour la conclusion de la paix; mais ce commencement de négociation n'eut pas de suite. Quelques jours après son installation au Bardo, 'Ali-Bey fit son entrée en ville, et se rendit à la k'as'ba. On remarquait sur son visage les traces de la maladie. Les habitants de Tunis s'étaient rassemblés pour le voir. Ce fut un jour célèbre. L'ami qui le chérit et l'ennemi qui en dit du mal le virent également. Dieu lui rendit la santé. Louange à lui!

'Ali-Bey se reposa un peu, puis il partit dans la même année avec l'armée d'été, parce que les Arabes d'Afrique commençaient à remuer. Il se porta rapidement au milieu d'eux avant qu'ils pussent se réunir. Il préleva les contributions d'usage, et retourna à Tunis, avant l'époque ordinaire, pour voir son oncle, récemment arrivé de Constantinople avec le titre de pacha. Dieu les réunit après leur séparation, et leur joie fut grande. Ils firent le ramad'ân avec tranquillité et bonheur. Ils célébrèrent ensuite la fête qui vient après, et assistèrent à celle qui eut lieu en choual de la même année, et dont j'ai parlé.

'Ali-Bey quitta Tunis l'avant-dernier jour de cette fête, et se dirigea vers El-Monestir. Il avait rassemblé du monde de tous côtés. Son armée le précéda de quelques jours. Il s'établit près de la ville et en fit le siége. Il coupa tout ce qu'il put couper d'oliviers et d'autres arbres, de manière à ruiner les propriétaires. Il allait s'emparer de la ville, lorsqu'il apprit que son frère se trouvait près de Djerba à la tête de forces considérables. Il marcha rapidement contre lui avant qu'il se fût consolidé dans le Djerid. Il quitta donc El-Monestir, et se porta sur son frère, qui, à son approche, se retira précipitamment. Il dut renoncer à l'espoir de l'atteindre. Il retourna au Djerid, leva les contributions comme d'ordinaire, et quitta le pays victorieux et tout-puissant.

A son retour, il prit la route de Sfax; il détacha contre cette ville sa cavalerie, et écrivit aux habitants pour les engager à la soumission. Il parvint à prendre quelques habitants qui étaient sortis pour aller à leurs jardins; il usa de clémence envers eux, ne répandit pas leur sang, et les renvoya. Il retourna ensuite chez lui. Son armée rentra à Tunis vers la fin de safar 1090, mais il ne rentra pas avec elle; il se dirigea, avec ses Arabes et ses sbah'ïa, vers l'Ouest. Il avait reçu l'avis que son frère était allé dans ces contrées; que, cette même année, ses gens s'étaient répandus, comme à l'ordinaire, dans le pays pour prélever les contributions, tandis que Moh'ammed-Bey se tenait sur les limites avec son armée, dans la crainte qu'il n'entreprît quelque chose contre lui. 'Ali-Bey apprit aussi que ceux de Tôzer avaient abandonné son parti, et que son frère avait fait construire chez eux un bon fort qu'il avait muni de tout ce qui était nécessaire. 'Ali-Bey dirigea d'abord sur ce point des sbah'ïa. Ces forces rencontrèrent la cavalerie de Moh'ammed-Bey. Ben-el-Djesman mourut dans cette expédition. 'Ali-Bey fit ensuite marcher sur le même point l'armée d'hiver, commandée par son lieutenant le k'âïd Merad. Cette armée rencontra également les forces de Moh'ammed-Bey, et eut avec elles plusieurs engagements dans lesquels le k'âïd Merad fut victorieux. L'armée mit ensuite le siége devant Tôzer. On ouvrit la tranchée; on se battit avec acharnement; les mines jouèrent; une partie du fort s'écroula et la place fut emportée de vive force. La nouvelle de ce succès parvint à Tunis et y fit le plus grand plaisir. Les traîtres la démentirent. 'Ali-Bey, l'ayant reçue, se porta vers le Djerid, parcourut cette contrée, tranquillisa les esprits, perçut les contributions, et, dans les premiers jours de 1091, retourna vers l'Ouest. Il se mit en observation devant son frère pour l'empêcher de rien entreprendre. Il sut bientôt que des Arabes d'Afrique avaient envoyé des députés à son frère. Il punit ceux dont il put s'emparer, et leur ôta leurs chevaux. Il resta avec les Arabes et les troupes turques qui le suivaient dans les environs de Zouarin [1]. Il fit venir l'armée d'été, qui sortit avant le temps ordinaire, et rejoignit la première armée à Zouarin. La troupe se plaignait du manque d'argent; il fit venir de Tunis les agents chargés de la paye, qui fut faite dans le camp. Des marchés s'établirent dans ce camp; les marchands de toute sorte y affluèrent et y eurent des jours de plaisir.

'Ali-Bey forma ensuite le projet de marcher contre la ville de Kef; il fit connaître ses intentions à Tunis pour qu'on lui envoyât du canon. Il s'approcha de Kef avec son armée, et il y eut entre les deux partis des

[1] Entre Kef et K'aïrouân.

combats pendant quelques jours. Ce fut vers le 1er de rebi'-el-tani 1091, après que l'armée d'été fut partie de Tunis, rassemblée par les soins du dey pour rejoindre 'Ali-Bey.

Le 24 de rebi'-et-tani, on apprit à Tunis le combat qui avait eu lieu entre l'armée du bey et les gens de Kef : c'était un vendredi. On sut aussi dans cette ville que le 6 de ce même mois, jour de dimanche, 'Ali-Bey avait attaqué son frère Moh'ammed-Bey, qui se trouvait à sa portée; qu'il avait pris tous ceux qui étaient avec lui (ou que, du moins, il ne s'en était échappé que fort peu); qu'il avait fait prisonnier, entre autres, le cheikh des Arabes, et qu'il lui avait pardonné. Ces nouvelles firent grande impression à Tunis. Le 17 dudit mois, il y eut un combat entre les habitants de Kef et l'armée d'Ali-Bey, qui fut mise en fuite. La nouvelle en arriva à Tunis. Le 21, le crieur public publia en ville que les soldats qui voudraient être payés devaient aller au secours de l'armée qui était devant Kef. Tout payement fut suspendu à Tunis. Le dey annonça à la troupe qu'aucun soldat ne pourrait revenir en ville sans l'autorisation écrite du bey. Les soldats commencèrent alors à sortir par bandes de Tunis.

Le combat entre l'armée d'Ali-Bey et les assiégés avait duré plusieurs jours. Le 9 de djoumâd-el-oouel, le siége, qui avait été fort actif, fut levé; l'armée se retira après s'être bien battue.

Le 22 de djoumâd-el-oouel, des envoyés de l'armée d'Alger arrivèrent à Tunis. Ils avaient déjà vu le bey.

Leur mission était de rétablir la paix; mais ils n'en vinrent pas à bout. Le dey les reçut bien.

Les soldats qui ne voulurent pas aller à Kef furent punis de leur désobéissance par la privation de leur solde.

Le 1er de redjeb de la même année, le pacha sortit, irrité contre la troupe. Il s'arrêta quelques jours dans les jardins de Mernak'; puis il se rendit dans le Sah'el, où il leva les contributions; il se porta ensuite sur K'aïrouân. Les Oulâd-Saïd et d'autres Arabes se joignirent à lui, de sorte qu'il se trouva à la tête de forces considérables [1].

Les Oulâd-Saïd ont toujours été des rebelles et des perturbateurs. Dans cette tribu, petits et grands, tout le monde est animé du plus mauvais esprit. Sous feu Moh'ammed-Pacha, ils furent tellement abattus, qu'ils auraient mieux aimé se dire juifs que d'avouer leur origine; ils ne purent, de son vivant, lever la tête; il en fut de même sous Mourad-Bey. Ils restèrent dans cet état jusqu'à ce que Dieu eût permis les guerres dont nous parlons. Alors cette peste reprit de la force. Ils se rangèrent sous les ordres du bey de l'époque [2], qui les accueillit bien, les releva de leur avilissement, et les rétablit sur leurs terres. Ce bey leur laissait faire tout

---

[1] L'auteur n'explique pas ici plus clairement la conduite de Moh'ammed-Pacha; mais on voit plus loin qu'il avait abandonné 'Ali-Bey pour se ranger du côté de son frère.

[2] Il s'agit ici d'Ali-Bey; mais l'auteur, blâmant sa conduite dans cette circonstance, évite de le nommer.

ce qu'ils voulaient ; aussi commirent-ils une foule d'iniquités dans le pays. Mais Dieu n'accorde qu'un court répit aux méchants. Ils se livrèrent à tous les excès dans le pays, interceptèrent les communications et gênèrent tellement le commerce, qu'aucun marchand n'osait voyager sans être accompagné de l'un d'eux, qu'il payait pour lui servir de sauvegarde. Ils se partageaient les récoltes d'autrui, et en enlevaient ce qu'ils voulaient, sans que personne pût s'y opposer. Ils se fortifièrent dans la majeure partie de la contrée, et firent ce que ne feraient même pas les infidèles envers les musulmans. Le bey fermait les yeux sur leur conduite ; on ne leur faisait que de légers reproches, et on les traitait avec douceur. Cependant leurs déprédations augmentaient tous les jours. Le bey ne l'ignorait pas ; mais il patientait et n'aimait pas qu'on lui en parlât. Les Oulâd-Saïd se persuadèrent qu'il n'avait aucune puissance sur eux, et persévérèrent dans leur iniquité. Cependant ils finirent par ne plus le voir, dans la crainte qu'il ne sévît contre ceux d'entre eux qu'il trouverait à sa portée. Ils ne conservèrent de relations avec lui que par lettres, ce qui dura jusqu'à ce que Dieu eût décrété leur perte.

Lorsque le bey marcha sur Kef, comme je l'ai déjà dit, il les convoqua ; mais ils témoignèrent de la répugnance à le suivre, et se dispersèrent dans le pays. Quelques-uns allèrent dans le Sah'el, où ils commirent des brigandages ; d'autres restèrent dans le pays d'El-Djezira, près de Selîmân[1]. Il y eut, entre ces Arabes et les habitants de Selîmân, une dispute. On en vint aux coups, et Ben-K'eraï mourut dans le combat. Que Dieu ne lui fasse pas miséricorde! Cette perte ne fit qu'animer encore plus les Oulâd-Saïd; ils assiégèrent les gens de Selîmân, en tuèrent plusieurs, et furent même sur le point de s'emparer de la ville. Leur esprit égaré leur fit prendre la résolution de s'adresser au dey pour demander qu'il envoyât à leur aide quelques troupes des zouaoua. Leurs députés arrivèrent chez le dey, qui feignit d'accueillir leur demande; mais il se joua d'eux en leur promettant de faire payer le prix du sang versé[2]. Leur insolence s'accrut alors. Que Dieu les maudisse! Ils resserrèrent de plus en plus les gens de Selîmân. Le 17 de rebi'-et-tani, le dey envoya des troupes au secours de ceux de Selîmân. Il marcha lui-même avec ces troupes, auxquelles se joignirent une foule de volontaires désireux de faire le djeh'ad[3] contre les Oulâd-Saïd, car ces Arabes faisaient plus de mal que des chrétiens. La nouvelle de cet armement leur étant parvenue, ils s'éloignèrent de Selîmân. Ils surent aussi que le bey marchait sur eux à grandes journées, ce qui leur fit beaucoup perdre de leur audace. Ils se dirigèrent vers le Sah'el, et comprirent que, s'ils tombaient entre les mains du bey, celui-ci n'épargnerait

---

[1] La presqu'île du cap Bon.
[2] C'est-à-dire de forcer les gens de Selîmân de leur payer une somme d'argent pour la mort de leur chef Ben-K'eraï.
[3] Guerre sainte.

aucun d'entre eux. Lorsqu'ils eurent connaissance de l'irritation du pacha, ils se rangèrent de son parti, espérant avoir tout à gagner avec lui. Le pacha les accueillit de manière à les satisfaire. Ils l'accompagnèrent à K'aïrouân. Il se joignit à eux d'autres Arabes du même caractère, et cela dura jusqu'à ce qu'il arriva ce que je dirai plus tard, s'il plaît à Dieu.

Lorsque 'Ali-Bey (que Dieu le conserve!) apprit que les Arabes s'étaient joints à son oncle et à son frère, et que le feu de la guerre allait prendre plus de violence, il envoya à Tunis pour avoir des soldats. On désigna ceux qui devaient marcher, et il partit à la tête des zmala et de ceux qui étaient avec lui pour se porter vers K'aïrouân. Les deux armées se rencontrèrent. Après une heure de combat, les Oulâd-Saïd et les autres Arabes prirent la fuite dans la direction de Monestir. Le pacha trouva un asile à K'aïrouân, dont les habitants avaient pris son parti. On dit que le nombre des Arabes qui étaient avec lui était de dix mille cavaliers. Le pacha fit de grandes dépenses dans cette circonstance. L'affaire eut lieu le 10 de ch'aban 1091. Dieu donne la victoire à qui il lui plaît.

'Ali-Bey s'éloigna de K'aïrouân et descendit du côté de Monestir, où son frère et les Oulâd-Saïd s'étaient fortifiés; il les y resserra tellement, que la plus grande partie de leurs chameaux y moururent. Ils ne savaient comment se tirer de là. Enfin, voyant que le siége continuait, qu'ils étaient comme étouffés dans la place, ils eurent recours à la ruse. Ils firent dire à 'Ali-Bey qu'ils étaient prêts à se soumettre à lui, mais qu'ils le priaient de s'éloigner, afin qu'ils pussent sortir de la ville, ce qu'ils ne pouvaient faire, tant qu'il serait là, sans exciter la colère de son frère, qui les avait contraints de prendre son parti; mais que, quand il serait plus loin, ils iraient à lui, se mettraient à son service si cela lui plaisait, ou, du moins, lui obéiraient comme sujets.

'Ali-Bey s'éloigna et descendit près de Souça; comme il avait une grande multitude avec lui, il était fort gêné dans son camp, et ce fut ce qui le détermina à s'éloigner. Il resta près de Souça jusqu'à la fin du ramad'ân. Il fit venir de Tunis diverses personnes distinguées, voulant les envoyer à son frère pour traiter de la paix. Lorsque ces personnes furent auprès de lui, il leur communiqua ses intentions. J'ai entendu une d'elles exprimer à cette occasion son admiration pour 'Ali-Bey. « Quel bey! disait-il, quel jugement! quelle intelligence! quelle habitude du commandement! Vous direz telle chose à mon oncle; s'il vous répond de telle manière, vous répliquerez de telle autre. » Il parlait comme s'il eût pénétré dans les plus secrètes pensées de son oncle, ce qui prouve bien sa grande sagacité. Il fit un choix parmi ces personnes; il fit partir les unes, et garda celles qu'il craignait que l'on n'inquiétât en route. La paix ne se fit pas. Pendant qu'Ali-Bey était dans l'endroit que je viens de dire, les habitants de Sfax lui offrirent leur soumission, qu'il accepta. Un des siens alla prendre possession de cette ville. Les partisans de son frère qui s'y trouvaient prirent la fuite. Dieu préserva le bey de leur méchanceté sans qu'il fût obligé de sévir contre eux.

Lorsque la nouvelle de la prise de Sfax arriva à Tunis, le dey ne voulut pas d'abord faire tirer le canon, comme l'usage le prescrit en cas semblable, parce qu'il n'avait pas reçu de dépêche du bey, et que des brouillons niaient la chose. Quelques jours après, l'avis officiel arriva. Le fait étant alors constaté, on fit les réjouissances.

Après les fêtes, 'Ali-Bey s'avança vers K'aïrouân. Les habitants de cette ville n'allèrent pas à sa rencontre, et fermèrent leurs portes. Il ne leur fit aucun mal et se dirigea vers Ouslat.

Le 5 choual, arrivèrent, pour la seconde fois, des députés algériens à Tunis. Leur mission avouée était le rétablissement de la paix entre les deux frères; mais le bruit courut qu'ils voulaient autre chose que ce qu'ils disaient : il se répandit en ville mille versions diverses à ce sujet. Ces envoyés s'étaient d'abord arrêtés aux frontières. On apprit bientôt que l'armée algérienne avait pénétré dans le pays, ce qui indisposa les Tunisiens. Le dey consulta les cheikhs de la ville : ils lui répondirent qu'ils étaient résolus à se défendre, à défendre leurs enfants et qu'ils ne souffriraient pas la présence d'une armée étrangère. Le dey les félicita de leurs bonnes dispositions. Il exigea que les habitants de Souek'a lui livrassent des otages; ils y consentirent. Mais Dieu préserva la ville des malheurs dont ces otages ne l'auraient pas garantie s'ils avaient dû arriver.

On apprit aussi que le pacha avait quitté K'aïrouân, qu'il avait rejoint les Algériens, qu'il était rentré avec eux sur le territoire tunisien, et leur avait permis de prendre ceux des faubourgs de Tunis qui leur conviendraient. On sut également que les Algériens avaient envoyé des troupes à Kef pour y faire des vivres, que ces troupes avaient maltraité les habitants, cherché à tromper la garnison pour s'emparer des forts, et qu'enfin il était manifeste que le gouvernement d'Alger voulait se rendre maître de Kef.

Les députés algériens trouvèrent 'Ali-Bey campé près d'Ouslat, où nous avons dit plus haut qu'il était allé. Il leur dit qu'il comptait se rendre à leur armée. En effet, il partit avec eux.

Pendant ce temps, les nouvelles les plus alarmantes circulaient à Tunis; chacun disait ce qui lui passait par la tête. Si Dieu ne se fût montré indulgent pour ses créatures, Tunis aurait eu à supporter de bien grandes calamités. Le voyageur aurait pu lui dire : « Change ton nom, car tu inspires la tristesse [1]. » Mais, au moment où l'on pouvait craindre les plus grands malheurs, les alarmes cessèrent tout d'un coup. Ce que l'on disait de Kef était de nature à en inspirer de bien graves. Cette ville, qui pouvait se suffire à elle-même, serait devenue une plaie pour le pays en restant dans la situation politique où elle était. Quelques-uns prétendaient que, placée sur les frontières,

---

[1] Voir au livre Ier la note sur l'étymologie que donne K'aïrouâni au mot *Tunis*.

elle aurait pu braver les armées des deux états qu'elle séparait. Mais Dieu eut compassion de nous, et les événements s'arrangèrent selon sa volonté.

Le 21 de choual, des lettres du h'akem[1] de Kef au dey apprirent que cette ville se soumettait et demandait l'oubli du passé. On tira le canon et on fit des réjouissances. C'était, en effet, un grand événement, qui ramenait la confiance et diminuait les terreurs. Le 23, la nouvelle fut confirmée par des lettres du bey. Les habitants, à l'exception d'un petit nombre, reprirent confiance. On sut aussi qu'en apprenant cet événement les Algériens avaient rebroussé chemin. S'ils étaient parvenus à s'emparer de Kef, ils auraient été maîtres de tout le pays. On apprit encore que le bey était allé du côté de Zouarin, et qu'il avait envoyé un de ses officiers, avec quelques troupes, à Kef, sans y aller lui-même. Cette conduite lui était suggérée par la sagacité de son esprit; il voulait par là laisser entendre qu'il n'attachait pas grande importance à ce point. Il n'y alla ni cette année ni la suivante. Vraiment c'est un bey accompli sous tous les rapports. Louange à Dieu, qui lui a donné la victoire à laquelle est due la tranquillité! Si Dieu ne l'eût protégé, il aurait succombé sous les coups de ses ennemis.

Les nouvelles arrivèrent coup sur coup à Tunis jusqu'au 7 de zil-k'ada. On apprit ce jour-là qu'Ali-Bey avait fait la paix avec le pacha; cependant il n'arriva de lettres d'aucun d'eux. Cinq jours après, on reçut des

[1] Gouverneur.

dépêches contenant le récit de ce qui avait eu lieu. Elles furent lues dans le divan, et l'allégresse fut générale. Le lendemain, des boulouk-bachi apportèrent la confirmation de cette nouvelle. Le canon fut tiré. On sut que la paix avait été définitivement ratifiée à la satisfaction des deux parties contractantes. On put dire à ceux qui désiraient la continuation des troubles : « Toute discorde a cessé. » Au reste, personne ne sut ce qui se passa entre le pacha et le bey au sujet de leur réconciliation, car ils n'admirent personne à leur entrevue.

Les Oulâd-Saïd s'étaient joints à l'armée algérienne, ainsi qu'un certain nombre d'autres brigands des tribus kabiles. Il s'en fallut de peu qu'il ne s'allumât entre les deux pays une guerre à ébranler l'un et l'autre. Quelques-uns pensent que les Algériens n'avaient jamais eu d'autre dessein que celui de rétablir la paix entre les deux frères; d'autres assurent qu'ils voulurent venger d'anciennes offenses. Il y en a qui croient qu'ils avaient eu l'intention de purger le pays des Arabes insoumis, et qu'ils ne s'en abstinrent que par la crainte d'avoir la guerre de tous côtés. Les uns disent que l'affection pour leurs compatriotes leur mit seule les armes à la main; les autres, qu'ils n'entrèrent dans le royaume de Tunis que par le motif qui fit perdre le nez à K'oceïr. Dieu seul connaît le secret des événements et peut lire dans le cœur des hommes. Rien n'est produit sans cause.

Dieu, par sa toute-puissance, permit que la paix fût faite par l'entremise du sandar d'Alger H'acen. Ce nom est heureux par la bénédiction du Prophète. (Le salut soit sur lui!) Il dit à H'acen, son petit-fils[1] : « Plaise à Dieu que, par ton entremise, la concorde soit établie entre deux puissants partis! » Ce vœu fut accompli. La bénédiction resta attachée à ce nom de H'acen, que portait le sandar. Ce fut par son entremise que le deuil et la crainte cessèrent dans le pays de Tunis; ce fut lui qui rétablit, pour le bien du pays, l'harmonie entre le pacha et le bey. Le feu de la guerre s'éteignit après avoir brûlé si longtemps. Chacun fut satisfait, mais ce fut après qu'on eut passé par toutes les calamités qu'enfante l'orgueil. 'Ali-Bey y mit fin; mais ce fut après cinq années de guerre, après que l'inimitié eut régné entre les Arabes et les gens de la ville, après des malheurs tels, qu'on aurait dit que la fin du monde allait arriver. Que de sang fut répandu! que d'hommes se réunirent dans l'autre vie! Les deux frères, acharnés l'un contre l'autre, virent périr dans les combats bon nombre de leurs amis; eux-mêmes s'exposèrent à la mort. Que de têtes coupées! que d'argent dépensé! que d'êtres exterminés! Que de chefs (et quels chefs!) sacrifièrent pour les deux frères leur fortune et leur vie! Les peuples de l'Orient et ceux de l'Occident n'entendirent jamais le récit de plus terribles combats. Chacun affrontait la mort en attaquant un ennemi re-

[1] H'acen, fils d'Ali et de Fat'ima, fille du prophète. Il fut nommé khalife après son père, et abdiqua au bout de quelque temps pour rétablir l'unité brisée par un schisme, un fort parti ayant porté au khalifat Ben-Abi-S'afian.

doutable. La meule des batailles broyait les cavaliers au regard sévère. On aurait dit les combats d'Abs et de Dobian[1]. Les deux partis ne pouvaient se lasser de guerres. Combien de coups de sabre et de lance n'ont-ils pas déchiré la poitrine des cavaliers? La fumée des combats obscurcissait le jour. Les pointes des lances brillaient comme des étoiles dans le ciel des batailles. L'éclair du sabre dissipait l'obscurité. Louange à Dieu, qui a mis fin à ces maux et fait renaître l'amitié au moment où tout espoir de réconciliation semblait perdu! Lorsque l'on apprit que la paix venait d'être rétablie, lorsque cet événement, qui retentit dans le monde, fut connu de près et de loin, la production s'accrut, le prix des denrées baissa. La guerre ayant cessé ses ravages, on jouit du bonheur des élus, et chacun loua Dieu, qui avait dissipé les alarmes.

On sut à Tunis que la conférence entre le pacha et le bey avait duré une heure, et qu'on s'y était fait des concessions réciproques. 'Ali-Bey partit ensuite pour K'aïrouân, où il resta jusqu'à ce qu'il eût congédié les

---

[1] La tribu d'Abs et celle de Dobian eurent entre elles une guerre célèbre et souvent chantée par les poëtes arabes. Elle dura quarante ans, pendant lesquels ces deux tribus livrèrent des combats mémorables, qui ont passé en proverbes en Orient. Un cheval renommé, appelé Dah'is, en fut la cause première. Il appartenait au cheikh de la tribu d'Abs. Celui-ci l'ayant fait courir contre un cheval du cheikh de Dobian, les gens de ce dernier employèrent la supercherie pour lui arracher la victoire. Il naquit de là une dispute qui alluma la guerre à laquelle El-K'aïrouâni fait allusion. Ces événements eurent lieu peu de temps avant la venue de Moh'ammed.

Algériens et qu'ils fussent retournés dans leur pays. Il remercia aussi les Oulâd-Saïd, tout en méditant les moyens de les perdre. Il partit avec eux pour les réinstaller dans leur pays, cachant dans son cœur le feu de l'indignation qu'excitait en lui leur conduite. Il voulait faire d'eux un exemple éclatant, à cause de leurs mauvaises actions, tant nouvelles qu'anciennes. Il arriva avec eux jusqu'au Fah's. Là, s'étant mis en marche dans la nuit, il tomba sur leur camp au point du jour avec sa cavalerie et son infanterie. Les Oulâd-Saïd avaient été prévenus de ses intentions par quelques mauvais sujets; cependant 'Ali-Bey les surprit. Ce fut une terrible matinée pour eux : leurs biens furent pillés, leurs femmes prises, leurs enfants vendus; ils furent dispersés et accablés de plus de maux que ne l'avaient été leurs pères. C'est ainsi qu'ils furent punis de leur perversité. Le dimanche 22 zil el-k'ada 1091, la nouvelle en arriva à Tunis et y causa une grande joie. L'échec que venaient d'éprouver les Oulâd-Saïd y fit autant de plaisir que s'il se fût agi des infidèles. Grand nombre de ces Arabes échappés au carnage, grâce à la nuit et à la bonté de leurs chevaux, cherchèrent un asile auprès des marabouts; mais leur cause fut entièrement perdue. Chacun s'éloigna de ces pervers. Puissent ceux qui les conduisent dans le mal être effacés de la terre! Puissent ceux qui ont survécu s'armer les uns contre les autres! Dieu ayant favorisé 'Ali-Bey et complété sa victoire par la possession du pouvoir, sa mémoire se grava dans l'esprit de ses contemporains.

'Ali-Bey quitta le lieu où il était allé, et se dirigea vers le Djerid, selon l'usage; il s'arrêta près de K'aïrouân, où il lui arriva des aventures que je passe sous silence. De là il alla à K'âbes; il fit marcher l'armée turque comme à l'ordinaire, et descendit près de l'île de Djerba. Il fit la paix avec les habitants de cette île, puis il se mit à pacifier le reste de la contrée, traitant ses sujets avec douceur, et faisant tout ce qui pouvait leur être agréable. Il se dirigea ensuite vers la montagne de Mat'mat'a pour y apaiser quelques troubles qui y avaient éclaté. Cela fait, il retourna dans le Djerid, où il préleva ce qui restait à percevoir sur les contributions, et revint à Tunis en bonne santé et au comble de ses désirs.

Lorsqu'il fut parvenu près de K'aïrouân, son frère vint au-devant de lui pour le saluer. Ils s'embrassèrent, et les cœurs des assistants s'attendrirent à ce spectacle. Ils se séparèrent ensuite, et chacun d'eux retourna à son poste et à ses honneurs. Ils pouvaient se dire : « Dieu nous comble de ses grâces. Je suis Joseph, et voilà mon frère. Dieu a répandu sa grâce sur nous. »

Les deux frères consentirent à ce qui convint à l'un et à l'autre. Le pouvoir d'Ali-Bey fut consolidé, et il fut libre dans l'exercice de son commandement. Que Dieu soit loué de la grâce qu'il nous a faite! Le malheur s'est éloigné de Tunis; le pays prospéra, Dieu lui ayant accordé sa miséricorde.

'Ali-Bey commanda seul l'armée. Ses ordres furent reçus dans tout le pays, et sa volonté y prévalut. Maître du monde, tu donnes l'empire à qui il te plaît de le donner.

'Ali-Bey rentra au Bardo le 3 de rebi'-et-tani 1092, après une absence de trente mois. Tout lui prospérait par la bienfaisance de Dieu, qui est la bienfaisance même. « Il rejeta au loin la fatigue et oublia les peines passées, comme le voyageur se repose, à son retour dans le pays. »

Avant d'arriver à Tunis, il avait appris que la milice y était en agitation, et qu'elle demandait impérieusement au dey l'arriéré de solde qui lui était dû. Il manqua y avoir une émeute. Déjà les mains étaient levées, les rues fermées, et les langues se donnaient un libre cours. J'ai parlé de tout cela dans l'histoire du susdit dey. Le feu de la révolte aurait éclaté, si Dieu ne nous en eût préservés par l'arrivée d'Ali-Bey, qui mania avec douceur l'esprit des troupes, et le calma par sa sagesse. Ce fut encore là une grâce de Dieu.

'Ali-Bey descendit au Bardo, sa demeure, et n'entra pas à Tunis. Le 1ᵉʳ de djoumâd de la même année, il commença les préparatifs de la fête dans laquelle furent circoncis son frère et le fils de son oncle. Il ne voulait d'abord donner qu'une petite fête; mais il en donna une vraiment royale. Lorsque le caractère porte à la grandeur, les actes s'en ressentent nécessairement. Il fit donc ce que faisait son père. On accourut à sa fête par l'attrait du plaisir et par celui de la curiosité. Il y avait des musiciens turcs, des musiciens arabes et des jongleurs; les tables étaient couvertes de mets;

les confitures et les fruits circulèrent toute la nuit pour les assistants. Cette fête doit compter comme la plus belle de l'époque. Personne ne pouvait en donner une semblable, si ce n'est celui à qui Dieu vient d'accorder une victoire si éclatante, celui qu'il protégeait spécialement. Son père et ses ancêtres avaient été des hommes bons et généreux et pleins de gloire. 'Ali-Bey s'éleva à leur hauteur. La mer de ses bonnes actions fut formée des rivières de leurs vertus. Un poëte a dit:

Celui qui pêche dans ta mer, ô 'Ali! en retire de précieuses perles.

Je me contente de citer ce court passage, qui peut faire juger du reste, quoiqu'il ne soit qu'une goutte d'eau. Si je voulais rapporter tout ce qui a été dit à la louange de ce bey, les bornes de mon livre seraient trop resserrées; ensuite la plume, fatiguée par un long exercice, ne court plus aussi facilement. D'ailleurs comment louer dignement celui qui s'éleva à la plus haute dignité par son énergie et la force de son bras, qui réunit la gloire et les honneurs qu'il avait acquis à la gloire et aux honneurs que lui avaient transmis ses aïeux[2].

Le lecteur a dû comprendre, en voyant briller la lumière de cet astre dans la sphère de ce livre, qu'il était accompagné d'étoiles. La lune a son auréole, et doit être vue au milieu des étoiles. Assis sur son siége,

[1] Nous supprimons quelques autres phrases boursouflées et sans intérêt historique à la louange d'Ali-Bey.

'Ali-Bey est l'astre de nos contrées. Ses amis, ses serviteurs, sont les étoiles qui l'entourent.

Parmi les principaux de ceux qui dirigent vers le bien son gouvernement, qui l'aident dans toutes les circonstances, qui sont prêts à donner leur vie pour la sienne, qui ont travaillé et travaillent journellement à sa prospérité, il faut compter l'homme au bon jugement, le sage, l'homme de bon conseil, Moh'ammed-ben-el-H'acen, Turc d'origine, mais Arabe d'éducation, de langue, de costume et d'usages. Il est un des plus intimes amis du bey, dont il chercha à faire prospérer le gouvernement par la douceur. Les Arabes connaissent sa haute sagesse. Vaillant dans la guerre comme l'a été son père avant lui, c'est la colonne de l'espérance. 'Ali-Bey le consulte dans toutes les circonstances graves. Il a des enfants. Que Dieu les conserve! Qu'on puisse dire en les citant pour exemple : « Le lion provient du lion, et le héros du héros. »

Vient ensuite le k'âïd Merad, qu'Ali-Bey prend pour lieutenant, soit lorsqu'il est lui-même à l'armée, soit lorsqu'il n'y est point. C'est son mamelouk, élevé par ses soins. Que Dieu lui soit favorable, ainsi qu'à son maître! Les subordonnés connaissent la douceur de ses mœurs et la bonté de son caractère. Il joint la bravoure à ces belles qualités.

Parmi les mamelouks du bey, dans lesquels il met sa confiance, qui possèdent ses secrets, qui lisent ses lettres, on compte encore au premier rang le k'âïd Merad-ben-'Abd-Allah, véritable homme du gouvernement, toujours prêt à obéir. Il est pieux, ami des pauvres et des gens de bien; il fait partie d'une association religieuse qui le fait participer à ses grâces. Ce sont là ses premiers serviteurs, ceux qui l'approchent de plus près.

Il faut encore comprendre dans ce nombre l'excellent cavalier sur lequel le bey compte dans les grands jours, dont le devoir est d'être toujours à la tête de la cavalerie, qui est patient et impassible dans les adversités de la guerre, qui conserve son courage lorsque les cœurs tremblent, Moustafa-Espagnol, ainsi qu'un grand nombre d'autres guerriers dont les noms ne sont pas présents à ma mémoire.

Parmi les hommes de plume et de talent, à éducation distinguée, qui sont les secrétaires du bey, le premier est le parfait savant, l'homme à l'esprit vaste, le secrétaire de son père et de son grand-père, l'homme versé dans les finances, dont il a la direction, l'appui du bey, ce qui lui vaut une haute considération, le savant 'Abder-Rah'mân-ben-Abi-el-K'âcem-Khalf, issu des marabouts de Terdjala. Que la bénédiction de ses aïeux soit sur lui! Il est poli avec le monde, attaché à la religion, et connaît bien le K'oran. Que Dieu lui soit favorable et lui accorde une bonne fin!

Vient ensuite, parmi les secrétaires sur qui on peut se reposer pour la régularité des comptes, le savant Abou-'Abd-Allah-Moh'ammed-Deh'lab, très-versé dans la langue arabe, et connu par la beauté de sa plume. Ce sont là les plus distingués des secrétaires. Que Dieu les préserve de tout malheur! Il en est beaucoup d'autres. Je n'ai fait mention de ces employés que pour faire honneur au maître, afin que le lecteur, s'il a pu penser que tout n'était pas bien ordonné dans son gouvernement, revienne de son erreur.

Parmi les docteurs de la science sacrée brillent l'écrivain distingué à l'égal de Ben-Meklat, Iak'ouz-el-Metessani et Ben-Erian, le cheikh-el-islam, le mufti qui dirige la zaouïa d'Abi-Zemat-el-Balaoui, compagnon du prophète (que la prière et le salut soient sur lui!), Abou-'Abd-Allah-Moh'ammed-Seddam, connu sous le nom d'El-Imani. Brillent aussi, l'écrivain qui possède toutes les connaissances, Abou-Mah'foud'-Mah'rez-ben-Khalf, parent du cheikh 'Abd-er-Rah'màn, dont je viens de parler; et le savant Moh'ammed-Farez, versé dans l'astronomie, homme de mœurs simples. J'ai fait avec lui des recherches sur l'ancienne et sur la nouvelle poésie.

Tous les gouvernements ont eu des hommes distingués. Ils sont dirigés par la science lorsque Dieu veut leur donner une bonne impulsion.

Lorsque Dieu eut mis fin aux troubles et qu'il eut rétabli la prospérité, je présentai au noble bey ce que j'avais écrit sur son grand-père, sur son père et sur lui. Je n'ai eu en cela aucun mérite, car je n'ai fait que recueillir des perles dans une mer où elles abondent. J'en ai formé un collier, à l'exemple des poëtes mes prédécesseurs. Ils ont eu l'avantage de me précéder, mais je puis dire que le vin a des qualités que n'a pas le raisin¹. Au reste, je ne me donne pas pour poëte. Je me suis présenté, avec une faible pacotille, au marché de la faveur. 'Ali-Bey l'a accueillie avec bonté. Qu'Ali-ben-Abi-T'aleb, dont il porte le nom, le bénisse! Il m'a plongé dans la mer de sa générosité et de ses bienfaits; il m'a donné des mains et une langue. Comment ne pas louer celui que Dieu a choisi pour gouverner les hommes, qu'il a comblé de richesses et de pouvoir? Que Dieu continue à le favoriser! qu'il lui accorde sa miséricorde dans cette vie et dans l'autre.

Lorsqu'il se disposa à parcourir de nouveau le pays avec son armée, selon l'usage, il alla, au préalable, visiter les zaouïa pour obtenir la bénédiction du ciel, comme son père avait coutume de faire. Il visita le tombeau du cheikh Sidi-Mah'rez-ben-Khalf, celui de Sidi-Bel-K'âcem-ez-Zellaïdji et celui de Notre-Dame El-Menoubïa². Il gravit à pied le mont Zellaïdj pour aller faire ses dévotions au tombeau du cheikh Ech-Chadli. Que cet acte de piété soit agréable à Dieu! Il visita beaucoup d'autres lieux, distribuant des largesses et des aumônes; puis il retourna à son palais du Bardo. Le 1ᵉʳ vendredi du mois de redjeb, il entra à Tunis, visita Sidi-Ah'med-ben-'Arous, et fit sa prière dans la grande mosquée; puis il alla voir sa mère. Tout le

---

¹ L'auteur veut dire par là qu'il s'est servi des productions de ses devanciers pour faire quelque chose qui valait mieux, comme on se sert du raisin pour faire du vin.

² Lella-el-Menoubïa. C'est une sainte musulmane, inhumée à Tunis.

monde allongeait la tête pour le voir passer. Il se rendit ensuite à la maison qu'avaient habitée son père et son grand-père; le dey alla l'y trouver et lui rendit les honneurs qui lui sont dus. Après cela, il s'en retourna au Bardo.

Le dimanche 23 redjeb, il partit et alla au pont, où il s'arrêta trois jours [1]. Il s'est mis en route de là pour aller parcourir le royaume. Que Dieu nous le ramène sain et sauf!

Puisqu'il vient d'être question du pont, il convient que j'en parle ici avec quelque étendue, ainsi que de la beauté de ce lieu, qui est le plus beau site de l'Afrique. Il fut bâti, en 1025, par le grand-père de la mère d'Ali-Bey, Abou-el-Meh'acem-Ioucef-Dey. Que Dieu lui accorde sa miséricorde! Il fit cette construction à ses frais, pour l'amour de Dieu et l'utilité des musulmans; il y dépensa des sommes énormes; il fit aussi construire sur ce pont un moulin à eau et un palais. A la mort de ce dey, Ah'med-Chalbi, qui aimait par-dessus tout cette habitation, y ajouta de beaux pavillons dont il soigna l'architecture; elle est remarquable. Lorsqu'il mourut et que la guerre éclata, ces constructions auraient dépéri, si 'Ali-Bey ne s'était occupé de leur entretien; il y fit tant d'améliorations, que la magnificence de ce séjour est maintenant proverbiale. Il devint bien supérieur à ce qu'il avait jamais été. Si El-Badïa de Maroc le voyait avec mépris, je lui dirais : « Tu es

---

[1] Le pont de la Medjerda. Il en a été question dans le livre précédent.

un Beda, et c'est lui qui est le Badïa[1]. » Le mesdjed du sultan Kesra était superbe; aujourd'hui c'est une ruine, et le palais du pont s'élève jeune encore.

Si En-No'man-ben-Mandar venait à s'enorgueillir de Khoranek et de Sadir[2], je lui dirais : « Nous avons le pont, ses beaux environs, la rivière et l'étang qu'elle forme. » La contrée peut s'enorgueillir de ces pavillons, de ces dômes superbes, de ces solides et hautes murailles. Il n'y a rien de pareil dans tout le pays des Arabes. Les bords de la rivière sont admirables. La ville de H'amah[3] a répandu des pleurs pour sa machine hydraulique lorsqu'elle a su qu'elle avait une rivale en Occident. La roue qui tourne au pont est mue par l'Oued Medjerda, qui l'emporte sur l'Euphrate de H'amah. Les machines de H'amah sont plus anciennes, mais ce qui suit vaut mieux que ce qui précède.

Si 'Anou-Chirouan[4] voyait les magnificences du palais du pont, il s'écrierait : « Change ton royaume pour le mien. » En effet, ce séjour excite l'admiration de

---

[1] Il y a ici un détestable jeu de mots intraduisible.

[2] Deux palais magnifiques que fit bâtir à Nirah' No'man-ben-Mandar. Les Arabes racontent beaucoup de merveilles sur ces édifices. Ils disent que No'man fit périr Semramar, l'architecte qui les avait exécutés, dans la crainte qu'il n'allât en construire d'aussi beaux en d'autres pays; car toujours le vulgaire a quelque fable semblable à raconter des artistes dont les productions l'ont étonné. Voir, sur No'-man, la note 1, page 141, livre V.

[3] Ville de Syrie, sur l'Euphrate, où a régné le savant prince Aboul'-féda, historien et géographe célèbre.

[4] Nous croyons que c'est le roi de Perse que les historiens européens appellent Siroës.

tous ceux qui le visitent. Il y existe un jardin délicieux rempli d'une grande variété d'arbres fruitiers. C'est un paradis. Je me suis promené dans ce lieu charmant; j'ai bu de cette eau courante, dont les ondes, au moyen de mille ruisseaux, arrosent les jardins; j'ai visité le haut pavillon, d'où la vue plane sur cette masse de verdure, et je me suis écrié : « Louange à celui qui a créé des constellations dans le ciel! » J'ai vu le kechk (kiosque) de l'oratoire, d'où l'on peut apercevoir l'étang; j'ai admiré les beautés de ses sculptures; j'ai composé quelques vers sur ce beau monument, vers qui pourraient y être gravés; car la date de sa construction y est indiquée par les mots qui expriment le bonheur de celui qui l'habite[1].

Celui qui dirigea les travaux, qui fit son possible pour s'y distinguer, est 'Abd-er-Rah'mân, connu sous le nom de Rafradji; son habitation est auprès de là; c'est un serviteur fidèle du bey, c'est un homme d'un talent remarquable. A l'ouverture, on reconnaît le maître.

Après avoir passé trois jours au pont, 'Ali-Bey partit comme le croissant; puisse-t-il revenir lune entière ! Il se dirigea vers Kef, mettant sa confiance en Dieu,

---

[1] L'auteur donne ici cette pièce de vers; elle ne manque ni d'éclat, ni d'harmonie en arabe; mais la poésie descriptive étant très-difficile à bien traduire, nous avons supprimé ce morceau qui, du reste, est un hors-d'œuvre dans une histoire. Nous avons supprimé une autre pièce du même genre, qu'El-K'aïrouâni a mise à la suite de la sienne, en prévenant qu'elle est du cheikh Abou-'Abd-Allah-Moh'ammed, dit Fetoto.

et y fit ce qu'il avait à y faire. Les habitants l'accueillirent avec les plus grands honneurs. Ben-Kertan et Ben-Ioucef se portèrent au-devant de lui avec leur suite et les sbah'ïa. Ils lui firent de grandes protestations de soumission. Il les reçut avec bonté. Son entrée en ville fut celle d'un roi. Les habitants de la ville admirèrent sa magnificence; ils accoururent tous pour le voir, grands et petits. Ce fut un beau jour, qui satisfit tout le monde. Le canon de la citadelle annonça l'arrivée du bey; il semblait dire par ses détonations, qui durent être entendues même des sourds : « Voici celui que personne ne peut repousser. » J'ai appris qu'on tira plus de soixante et dix coups de canon. Les coups de pierrier et de fusil furent sans nombre; les décharges se succédèrent depuis le matin jusqu'à une heure fort avancée. La prise de possession de Kef compléta les conquêtes du bey; Dieu l'a comblé de ses grâces et a exaucé tous ses vœux.

Lorsqu'il se fut établi dans la maison qui lui avait été préparée, tout le monde s'empressa de venir le saluer, se prosterner devant lui et lui baiser la main. Il donna, dans cette occasion, une grande preuve de la souplesse de son esprit conciliant; voici à quel sujet. Quelques brouillons avaient écrit à la garnison du fort de Kef de se méfier du bey et de tout craindre de sa part. 'Ali voulut dissiper le moindre soupçon dans le cœur de cette troupe; il lui envoya son confident, le cheikh Moh'ammed-ben-el-H'acen, dont j'ai parlé. Ce fut lui qui conduisit cette affaire à bonne fin. La garnison redoutait le bey; il sut dissiper ses craintes. L'ar'a du fort s'étant décidé à ne pas marchander son obéissance, afin d'être compté au nombre des serviteurs du bey, quitta la forteresse, et se dirigea vers lui, encore incertain sur ce qui pourrait lui arriver et sur la réception qui lui serait faite. Les amis de cet ar'a engagèrent le cheikh Moh'ammed à aller avec lui; mais il jura qu'il ne quitterait le fort que lorsque l'ar'a serait revenu de sa visite. Ce trait de délicatesse prouve la générosité de ses sentiments. Au reste, il se conduisit toujours de même; ce cheikh a les vertus de son maître.

Le bey reçut l'ar'a avec bonté, et le revêtit d'une pelisse préparée à cet effet; les drapeaux furent déployés au-dessus de sa tête, et la musique joua. Il retourna à son fort comblé de présents. Moh'ammed-el-Melliti, son lieutenant, et les odabachia, qui firent ensuite leur visite, reçurent aussi des présents.

L'entrée d'Ali-Bey à Kef eut lieu le 15 redjeb. Les grâces de ce mois descendirent sur lui plus que sur tout autre; la fête dura trois jours. Les preuves de soumission que donnèrent les gens de Kef compensèrent les cinq années de leur révolte. Le 17 du même mois, 'Ali-Bey épousa une fille de la famille des Akiel, une des plus distinguées des familles arabes. Que Dieu bénisse ce mariage et le rende fécond! Le 20, il visita le fort dans tous ses détails. Il dit des paroles agréables à ceux qui s'y trouvaient, leur fit des présents, et fut très-généreux à leur égard. La garnison lui fit des excuses sur le passé, et montra bien qu'elle s'était éloignée du feu de la révolte et rapprochée du froid de l'obéissance. Dès lors elle fut en repos et en tranquillité.

Le bey a repris ensuite la route de sa demeure pour y célébrer le jeûne du ramad'ân et y terminer quelques affaires. Que Dieu le ramène sain et sauf dans son heureux pays! Le soleil a un lieu où il se retire [1].

Si Dieu me prête vie, je composerai, avec son aide, un livre consacré spécialement aux actes glorieux de notre bey [2], actes qui, comme des pierres précieuses, enrichiront mon ouvrage du commencement à la fin. Je prie Dieu qu'il le préserve de tout mal, qu'il déjoue les projets de ses ennemis, et qu'il rende ses actions utiles à la religion et aux choses de ce monde. Salut sur les prophètes! louange à Dieu, le maître de l'univers!

---

[1] Il y a encore ici dans le texte une tirade de vers élogieux.

[2] Si El-K'aïrouâni eût exécuté son projet, il n'aurait plus eu à raconter que des choses fâcheuses de son héros. En effet, 'Ali-Bey ayant fait périr le fils de son frère, qu'il croyait capable de faire valoir les droits qui paraissaient abandonnés par celui-ci, Moh'ammed reprit les armes. Il en résulta une nouvelle guerre civile, où 'Ali périt; de sorte que, en définitive, le pouvoir resta à Moh'ammed. Ce prince mourut d'une attaque d'apoplexie, et laissa le beylik à son frère Ramd'ân. Ramd'ân fut détrôné et mis à mort par son neveu Mourad, à qui il avait voulu faire crever les yeux. Mourad fut assassiné par le capitaine de ses gardes, Ibrahim-Cherif, qui lui succéda. Cet Ibrahim ayant été fait prisonnier dans une guerre contre les Algériens, les Tunisiens élevèrent au pouvoir suprême H'acen-ben-'Ali, d'une famille de renégats.

ÉPILOGUE

DIVISÉ EN QUATRE PARTIES.

PREMIÈRE PARTIE.

J'ai fait la description de Tunis au commencement de cet ouvrage. J'ai rapporté les opinions des historiens sur son origine. Ceux qui croient cette origine moderne suivent en cela le savant Ben-Chemma', dont l'ouvrage, du reste, n'entre pas dans assez de détails. Cet écrivain florissait vers le milieu de la période où régnèrent les Beni-H'afez, époque où Tunis était riche en hommes savants et distingués. Il composa son livre pour le khalife Abou-'Omar-'Otman. Il est surprenant qu'il se soit contenté d'un abrégé rétréci, qui tronque beaucoup de passages importants. J'ai indiqué plusieurs de ces passages. Je me suis abstenu pour d'autres par respect, car je suis loin d'avoir son mérite. Lorsque cet auteur parle de l'origine de Tunis, il laisse son récit incomplet; il dit seulement que cette ville fut bâtie l'an 80 de l'hégire, ainsi que je l'ai rapporté au commencement de mon ouvrage, où je combats plusieurs de ses assertions et celles d'autres écrivains. J'ai aussi ajouté quelque chose à ce qu'il a dit. Maintenant je rapporterai quelques événements qui eurent lieu sous le gouvernement turc; je ferai connaître quelques usages qui prirent naissance à la chute de celui des Beni-H'afez; j'en indiquerai d'autres qui n'ont subi aucun changement; enfin j'épuiserai les matériaux que j'ai recueillis pour l'utilité, s'il plaît à Dieu, de ceux qui viendront après moi.

Il m'est démontré, comme je l'ai déjà dit, que Tunis est de fondation antique, et qu'elle fut conquise par H'acen ou par Zouhir. Il y a, sur ce dernier point, désaccord entre les historiens. Elle était alors entourée d'un fossé. J'ai dit ensuite que les habitants de Tunis croient que les remparts ont été construits par le cheikh Mah'rez. Cette opinion est également répandue chez eux; mais, tout en leur demandant pardon, je l'ai combattue, en leur disant que peut-être le cheikh Mah'rez les avait réparés après les événements qui eurent lieu en Afrique du temps d'Abou-Izid-el-Khardji, événements que j'ai fait connaître avec quelque détail. Je dis actuellement que le rempart d'aujourd'hui est autre que celui du cheikh Mah'rez, qui est ruiné, et dont il ne reste plus rien. Dieu en sait davantage à cet égard. Je pense que ce rempart était celui qui ceignait les faubourgs où se trouvaient Bâb-el-Khadra, Bâb-Abi-Sadoun, et d'autres lieux bien connus des Tunisiens. Ben-Chemma' vient à l'appui de cette assertion lorsqu'il dit que Ben-Tafradjia affecta la moitié ou le tiers des loyers des moulins à huile, qu'il fit *h'abous*, à la construction des remparts extérieurs. Ces h'abous subsistent encore aujourd'hui. Dieu en sait davantage.

Les restes de ces remparts existèrent jusqu'à la fin du gouvernement des Beni-H'afez, époque où tout le pays tomba en décadence à cause des guerres et des troubles. Nous nous trouvons nous-mêmes dans un état semblable, et nous demandons à Dieu de jeter sur nous un regard de bonté.

Le lieu appelé El-Felta [1], près des fours à chaux hors du faubourg, et peu loin des tombeaux d'Ez-Zellaïdji, était aussi sur la ligne de ces remparts. Il est ainsi nommé parce que ce fut par là que les habitants sortirent en cachette lorsque les chrétiens s'emparèrent de la ville de Tunis, de crainte qu'on ne les empêchât de sortir par les portes. La plus grande partie des Tunisiens se sauvèrent par là, et l'on disait, « Nous sommes sortis par El-Felta, ils sont sortis par El-Felta; » et ce nom est resté à ce lieu jusqu'à ce jour. J'ai appris cette particularité d'un homme qui l'avait sue d'un individu, lequel le tenait d'un témoin oculaire de ces événements. Dieu sait la vérité là-dessus. Au reste, Tunis devait être peu de chose au commencement; car, si elle fut prise, elle dut souffrir, et par conséquent elle ne pouvait être dans un état bien florissant. Si, au contraire, elle a été fondée par les musulmans,

---

[1] C'est ainsi que le mot est écrit dans les manuscrits sur lesquels nous avons travaillé; mais nous nous sommes assurés que ce lieu est celui que l'on appelle à Tunis *Fella*, où il existe maintenant une porte de ce nom. Au reste, *fella* signifiant brèche, fente, crevasse, et *felta*, endroit par lequel on peut fuir, ou moyen de fuir, ces deux mots peuvent également être appliqués à l'endroit par où les Tunisiens s'évadèrent.

elle a dû être d'abord faible, et n'a pu prendre de l'importance que peu à peu. Or Ben-Chemma' est en opposition à cet argument lorsqu'il avoue qu'Abou-Dja'far-el-Mans'our-el-'Abbaci disait, quand il lui arrivait un envoyé de K'aïrouân : « Que fait la rivale de K'aïrouân? » ce qui donnait à entendre que Tunis était alors une ville florissante. Dieu sait ce qui en est.

Je n'ai trouvé aucun écrit sur l'histoire particulière de Tunis, si ce n'est le livre de Ben-Chemma', dont les assertions n'ont pas été réfutées, puisque personne autre que lui n'a écrit sur ce sujet. Peut-être les savants de cette époque dédaignaient ces sortes de travaux. Cependant Ben-Khaldoun[1], un des savants de cette ville, a écrit une histoire qui n'a pas de pareille. Aussi son livre le sauva par sa beauté lorsqu'il tomba entre les mains de Timour. Si je n'avais craint d'être trop long, j'aurais rapporté son histoire d'un bout à l'autre.

Je reviens à Tunis. Je soutiens qu'elle n'était que peu de chose au commencement, et qu'elle ne pouvait être citée à côté de K'aïrouân. Elle ne commença à prendre de l'importance que lorsque les Beni-'Ar'lab s'y fixèrent. Lorsque les Beni-'Obeïd leur eurent succédé, ils firent de Mohdïa leur capitale.

Les Senh'adja, pendant leur domination, avaient été délégués à Tunis. Les Tunisiens se révoltèrent contre

---

[1] 'Abd-Allah-ben-Moh'ammed-ben-Khaldoun naquit à Tunis, dans le viii° siècle de l'hégire, mais il passa presque toute sa vie en Orient. C'est un historien fort estimé, et qui, depuis quelque temps surtout, est en grande estime auprès des orientalistes.

eux, et reconnurent pour chef Ah'med-ben-Korsan, qui les gouverna. Ses enfants les gouvernèrent après lui; ils furent à Tunis ce que les Chabïens étaient à K'aïrouân. Un d'eux fut ce cheikh qui demeurait près de la maison d'El-H'adj-Moh'ammed-Faz. On vante encore sa justice, et la tradition le met au nombre des bons princes; mais je n'ai rien trouvé d'écrit sur son compte. Dieu sait la vérité là-dessus.

Lorsque Dieu voulut augmenter la prospérité de Tunis, les Beni-H'afez en devinrent les souverains. Leur gouvernement eut de l'éclat, car ils furent comme des khalifes; on les désignait, dans les prières publiques, sous le titre d'*émir-el-moumenin*. En 657, l'Andalousie et la Mecque les reconnurent en cette qualité. Tunis grandit alors; on s'y rendait de partout. J'avais désiré savoir comment il s'était fait que la Mecque eût reconnu les Beni-H'afez comme khalifes; j'interrogeai les savants versés dans l'histoire, mais je n'en appris rien. Ce ne fut qu'après un laps de temps considérable que ma curiosité fut satisfaite. Voici l'explication que je cherchais : lorsque les Beni-'Abbas, qui régnaient encore à Bagdad en 656, eurent été renversés par les Tartares, et que le khalife El-Metacem eut été tué par ces conquérants, les pays de l'Orient restèrent trois ans sans khalife, c'est-à-dire jusqu'en 660. Les Égyptiens reconnurent cependant une ombre de khalife de la famille déchue. Le khalifat Moumenïa, de l'Occident, s'était aussi écroulé. Alors on eut besoin d'un nouveau khalifat, et l'on ne trouva rien de mieux à faire que de le conférer à la dynastie qui régnait à Tunis, d'autant plus qu'on la disait du K'oreïch, de la tribu des Beni-'Ada et de la famille d'Omar-el-Khetab. Ce fut alors que les Beni-H'afez acquirent une grande prépondérance. Leur ville vit s'accroître sa population, on s'y rendait de tous les pays. Les savants abondaient, à cette époque, en Afrique. C'est ainsi qu'on désignait le pays de Tunis. Les Beni-H'afez accueillaient bien les savants et les honoraient; ils observaient aussi les lois de la justice, et se soumettaient à ses décisions. Leur réputation est faite à cet égard.

Il y avait à Tunis quatre k'âd'is : le k'âd'i d'El-Djemâ', le k'âd'i des mariages, le k'âd'i du commerce et le k'âd'i des immeubles. Le k'âd'i d'El-Djemâ' était le chef des k'âd'is. Il y avait aussi plusieurs muftis, les uns pour la plume, les autres pour la parole seulement. Les décisions judiciaires émanaient du k'âd'i El-Djemâ', qui prononçait sans contrôle.

En 900, les attributions du mufti s'accrurent, et il devint plus grand que le k'âd'i. Lorsqu'une question grave se présentait, le k'âd'i consultait le mufti, surtout sous le gouvernement turc. Les k'âd'is, venant de la Turquie, ignoraient la langue du pays; ensuite ils étaient de la secte h'anefi, tandis que les habitants de Tunis suivent celle de l'imam Mâlek. On sentit le besoin d'un autre magistrat, et l'on créa le naïb ou k'âd'i-el-k'essoumat [1]. Le k'âd'i turc fut le chef des k'âd'is.

[1] C'est-à-dire le k'âd'i des procès, lequel, comme l'indique la qualification de naïb, était le lieutenant du k'âd'i principal.

ÉPILOGUE.

Les Beni-H'afez réunissaient devant eux, le jeudi de chaque semaine, les k'âd'is, les muftis et les oulema, pour rendre la justice. Là se discutaient les grandes affaires. Les oulema faisaient les recherches et décidaient les points de droit. Ce medjelès [1] durait une heure. Les autres jours de la semaine, les k'âd'is prononçaient les jugements, soit chez eux, soit dans le lieu désigné à cet effet.

Lorsque les Turcs eurent acquis la domination du pays, et que les k'âd'is vinrent de la Turquie, ils voulurent aussi avoir un medjelès pour se conformer à l'usage. Il se rassembla devant le pacha, dans le palais du gouvernement dit *Dar-el-Pacha*. Lorsque le pacha ne pouvait y assister, il se faisait remplacer par son lieutenant. Les k'âd'is et les muftis s'y rendaient, ainsi que le nakib-el-acheraf [2]; on y discutait diverses affaires, selon l'usage.

La coutume permettait au défendeur qui craignait de perdre sa cause devant le k'âd'i de se pourvoir devant le medjelès. L'affaire était alors ajournée jusqu'au jeudi, et le jugement qui intervenait était sans appel. Cette coutume existe encore de nos jours.

Lorsque le sandar de la troupe fut devenu, comme

---

[1] On appelle ainsi une assemblée de jurisconsultes. Ce mot vient du verbe *djelès* (il est assis). C'est l'analogue de notre mot *assises*.

[2] Ou nakib-ech-cherfa, c'est-à-dire le chef des cherfa (au singulier cherif). On sait qu'on désigne ainsi ceux que l'on croit être de la descendance de Moh'ammed par sa fille unique Fat'ima. Rien ne les distingue des autres, que le privilége de porter un turban vert. On en trouve quelquefois dans les plus viles professions.

on l'a déjà dit, l'autorité la plus puissante de l'état, et qu'il eut inspection sur les autres, les jugements se rendaient bien au medjelès; mais, après chaque séance, le k'âd'i et les muftis se transportaient auprès de lui pour lui rendre compte de ce qui s'était passé. Souvent même une affaire était suspendue et ensuite jugée en sa présence. Quelquefois on en agissait ainsi à la demande des parties, ou lorsqu'un homme du gouvernement était impliqué dans l'affaire.

Sous le gouvernement turc, quatre muftis assistaient d'abord au medjelès. Lorsque l'un d'eux venait à mourir, il était à l'instant remplacé. De nos jours, il n'y a plus que deux muftis. Dans les premiers temps de la domination turque, il n'y avait pas de mufti h'anefi; il n'y avait qu'un k'âd'i de cette secte, qui était le cheikh Moh'ammed-ben-Abi-er-Rabïah', qui enseignait la doctrine de l'imam Abou-H'anifa. Il forma des élèves qui l'enseignèrent à leur tour et la propagèrent. Les Turcs nommèrent un mufti h'anefi après l'an 1040. Le cheikh Abou-el-'Abbas-Ah'med-ech-Cherif-el-H'anefi fut revêtu le premier de cette dignité. Ceux de la secte de Mâlek étaient au nombre de quatre dans les commencements de ce gouvernement. On n'élevait à cette charge que des hommes justes et religieux. Les premiers pachas se montrèrent en général soumis aux lois; il y en eut même qui possédaient de la science. J'ai entendu dire que l'un d'eux, Fad'li-Pacha, qui vivait après l'an 1020, et qui fut le dernier qui habita la k'as'ba, après avoir lu un billet que son secrétaire venait d'écrire aux directeurs des moulins à huile, s'écria, en s'arrêtant sur ces mots, « moulins à huile, » qui étaient écrits par un *sin* : « Il est fâcheux que le secrétaire de Fad'li-Pacha ne sache pas la différence qu'il y a entre le *sin* et le *s'ad*. » Cette remarque prouve qu'il n'était pas un ignorant. Or, s'il en était ainsi du pacha, que devaient être les oulema?

Ces oulema recherchaient dans le medjelès les questions de droit et leur application aux affaires qui se présentaient. Le dey faisait exécuter les arrêts de la justice.

Le premier qui donna du lustre à la charge de mufti, et qui ajouta à la majesté de cette charge l'éclat de son mérite personnel, fut le cheikh Abou-el-H'acen-en-Nefati, fils du cheikh Salem-en-Nefati, qui était mufti au commencement de la domination turque, et contemporain du cheikh K'âcem, du cheikh Ibrahim et du cheikh Moh'ammed-Kechour. Tous suivirent la voie du devoir. Que Dieu leur accorde sa miséricorde!

Je ne puis citer les noms de tous ceux qui ont été muftis et ont vécu avant moi. Je regrette de ne les avoir pas connus, mais je ne puis parler que de ceux que j'ai vus et connus. Au nombre de ces derniers est le cheikh Abou-el-H'acen, qu'une étroite amitié unissait à mon père. Son aspect seul inspirait le respect. Il était fort estimé. Le cheikh Iah'ia-er-Ressâ' était son contemporain et mourut avant lui. J'ai vu aussi le cheikh Abou-'Arbïah; il était également très-lié avec mon père. Le cheikh Abou-el-H'acen avait plus d'autorité que les autres; ses décisions avaient force de loi. Ce que je dis là est la vérité. Avant lui, lorsqu'un plaideur avait perdu son procès devant le k'âd'i ou le mufti, et que la question de droit avait été jugée contrairement à la jurisprudence reçue, il pouvait consulter les oulema, qui lui indiquaient les titres de la loi et les décisions pouvant s'appliquer à son affaire; il interjetait alors appel devant le medjelès, où la cause était débattue contradictoirement. Des personnes peu éclairées blâmaient les oulema de se prêter à ces appels. Abou-el-H'acen se fit envoyer à Constantinople par le gouvernement, et en revint avec un écrit de la Sublime Porte, qui déclarait qu'on ne devait pas revenir sur les arrêts prononcés. On se soumit à cette décision, et cet ordre de choses est en vigueur actuellement. Abou-el-H'acen conserva toute sa vie l'emploi élevé qu'il occupait. Les magistrats ses contemporains moururent, et il resta seul à la tête de l'ordre judiciaire avec ses deux frères le cheikh Abi-en-Nefati et le cheikh Moh'ammed.

En 1047, Ioucef, qui était dey à cette époque, chercha à le perdre en lui attribuant certains actes contraires à la justice, dont ses ennemis l'accusaient faussement. Le pacha crut à ces calomnies. Le cheikh partit pour aller visiter le tombeau du prophète. Il mourut en route, dans un lieu nommé El-Ineba', à trois journées de Médine et à dix de la Mecque. On y voit son tombeau. Son frère eut sa place, et fut destitué plus tard par 'Ostad-Merad lorsque celui-ci parvint au pouvoir. Ces deux frères furent remplacés par le cheikh

Abou-el-Fad'el-el-Mesrati et par le cheikh Ah'med-er-Ressâ'. Il avait existé une grande rivalité entre Abou-el-H'acen et El-Mesrati. Ce dernier persécuta Abi-en-Nefati et le cheikh Moh'ammed, frères de son ancien antagoniste; il alla jusqu'à les déclarer dignes de mort. Dieu ne les laissa pas succomber; ils se rachetèrent à prix d'argent. Lorsque le dey Ah'med-Khodja eut succédé à 'Ostad-Merad, ils demandèrent et obtinrent la permission de faire le pèlerinage de la Mecque. En Égypte et dans le H'edjaz, ils soumirent leur affaire aux oulema de ces contrées, qui leur donnèrent gain de cause. Après le pèlerinage, ils allèrent à Constantinople, et l'exposèrent à la Sublime Porte, qui trouva aussi leur cause bonne, et écrivit à Tunis dans le sens qu'ils voulaient. Le cheikh Moh'ammed resta à Constantinople, y devint molah', et y mourut en 1070. Ses enfants y sont encore. Son frère Abi retourna à Tunis, où il exerça sans opposition sa charge de mufti. El-Mesrati et Ah'med-er-Ressâ' furent destitués. Le cheikh Ah'med-el-H'anefi, dont j'ai déjà parlé, fut son collègue; après lui, ce fut le cheikh Moh'ammed-ben-Moustafa-el-'Azh'ari, habitant de Tunis, mais non originaire de cette ville. A la mort du cheikh Abi, qui eut lieu vers 1060, le cheikh Moh'ammed-ben-Moustafa eut la direction des deux sectes h'anefi et maleki. Il la conserva jusqu'à sa mort, en 1064. Le cheikh Moustafa-ben-'Abd-el-Kerim lui succéda; mais il n'eut que la juridiction h'anefi. El-Mesrati et Er-Ressâ' reprirent leur poste.

En 1074, le cheikh Moustafa fut remplacé dans ses fonctions par le cheikh Abou-el-Meh'acem-Ioucef-ben-Dragut, magistrat intègre. Le cheikh El-Mesrati commettant de fréquentes injustices, il chercha d'abord à le redresser; mais il finit par le faire destituer. Le cheikh Ah'med-er-Ressâ' resta avec lui k'âd'i de nom seulement. Le cheikh Ioucef liait et déliait. Il mourut dans la guerre intestine dont j'ai parlé.

Lorsque Dieu eut permis que des troubles éclatassent dans la milice au temps de Mourad-Bey, on vit le cheikh El-Mesrati au nombre de ceux qui les fomentèrent. Ce fut lui qui écrivit les griefs prétendus des mutins. Dieu déjoua ses projets. Le bey, ainsi que je l'ai déjà dit, fut victorieux; il pardonna aux uns et punit les autres. Il destitua le cheikh El-Mesrati et le fit arrêter, il voulut même le mettre à mort; mais le cheikh Abou-el-'Abbas-Ah'med-ech-Cherif, qui lui était allié, intercéda pour lui et obtint sa grâce. C'était en 1084. Mourad, voulant ensuite remplacer El-Mesrati par un homme digne de l'emploi, fit choix du cheikh actuel, à la satisfaction générale. Ce choix réunit tous les suffrages, car il tomba sur un homme célèbre dans les sciences, auprès duquel accouraient tous ceux qui voulaient s'instruire; un homme dont les musulmans ont droit d'être fiers; sur qui Moh'ammed, dont il porte le nom, a répandu ses grâces; qui connaît les lois de la justice, qu'il a apprises des plus illustres docteurs; dont la mémoire est prodigieuse; qui est versé dans toutes les sciences, qui s'est rendu célèbre dans la rhétorique et la poésie, qui est un ciel de science, qui suit les usages des Arabes, ce qui le met en honneur auprès d'eux : tel est celui qu'on ne saurait trop louer, le cheikh Abou-'Abd-Allah-Moh'ammed. Que Dieu le préserve de tout mal ! qu'il le sauve des embûches de ses ennemis, et qu'il le conserve à ses amis et dans l'intérêt de la science !

Je prends Dieu à témoin que ce que je dis de lui est encore au-dessous de son mérite. Je n'ai contracté envers lui aucune obligation qui me pousse à faire son éloge ; mais il n'y a que l'ignorance qui pourrait mettre en doute ses grandes qualités. C'est un homme unique dans son genre, qui fait droit à ses ennemis comme à ses amis. Lorsqu'on est doué d'un beau caractère, il se trahit, comme le musc, par son odeur. Il ne voulait pas d'abord accepter la charge que lui offrait Mourad-Bey ; sa modestie la lui faisait redouter. Cette résistance, qui fut connue, augmenta l'estime qu'on avait pour lui ; car elle provenait de son désintéressement et de ses principes religieux. Mais le bey, ayant besoin de ses services, et ne trouvant personne qui pût le remplacer, le força d'accepter, et il dut se soumettre. Cette action du bey doit être comptée au nombre de ses meilleures. Les gens raisonnables et honnêtes se réjouirent de la nomination du cheikh Moh'ammed, dont la conduite fut toujours exemplaire[1]. Le bey avait beau-

---

[1] Nous avons supprimé ici quelques vers à la louange du cheikh Moh'ammed, ainsi que quelques phrases de prose qui leur servent d'introduction.

coup d'affection pour lui, à cause de son mérite, qu'il appréciait. Je n'ai malheureusement pas étudié sous sa direction, je n'ai pu ramasser les pierres précieuses qu'il répandait autour de lui; cependant j'en ai un peu profité, ainsi que des leçons de son fils Ah'med, qui est un de mes amis. J'espère que ce fils sera aussi célèbre que le père, puisqu'il a commencé à professer du vivant de celui-ci. Il a composé un livre précieux sur les choses religieuses et d'autres sur les sciences. J'aime son second fils, Abou-Ish'ak'-Ibrahim, et j'en suis aimé; je me plais à croire que le cheikh Moh'ammed a aussi de l'affection pour moi. Si je ne craignais d'être trop long, je m'étendrais davantage sur ce sujet. Au reste, le peu que j'ai dit doit suffire. Je jure par Dieu que cette famille mérite tout le bien que j'en dis; rien ne m'obligeait d'en faire l'éloge.

Lorsque le cheikh Moh'ammed fut mufti, il continua à être humble et bon envers tout le monde. Il ne changea rien à son costume, et devint même encore plus modeste; il faisait tout par lui-même dans son intérieur, il ne percevait aucun droit sur les actes. Que Dieu lui conserve ses faveurs! Dans les circonstances critiques où il se trouva compromis par la méchanceté de ses ennemis, dans cette fâcheuse affaire, dont Dieu le tira heureusement, où il fut arrêté, ainsi que le cheikh Ioucef, mufti-el-h'anefi, et où ce dernier périt, il dut la vie à la bénédiction de la science. J'ai déjà parlé de cette affaire. Je lui avais écrit une lettre pour le féliciter sur sa délivrance; mais la timidité m'empêcha de la lui expédier. J'y disais entre autres choses : « Que Dieu vous préserve de tomber entre les mains d'un peuple sans foi! » Cette lettre était longue; je m'abstiens de la rapporter.

Le cheikh Moh'ammed est très-occupé; il professe dans plusieurs écoles, savoir : dans la grande mosquée, dans son mesdjed particulier, près de l'école du vizir, et dans sa propre maison. Ajoutez à cela l'exercice de ses fonctions. Il fut nommé mufti en 1089, étant prédicateur dans la mosquée de Ioucef-Dey. Il était jeune encore; mais sa jeunesse avait toujours été pure de toute action condamnable [1].

DEUXIÈME PARTIE.

On parlera, dans ce chapitre, de diverses institutions qui n'existaient pas anciennement dans le pays de Tunis, et qui n'y ont été introduites qu'à la chute des Beni-H'afez.

Le gouvernement de cette dynastie fut très-glorieux dans la première période de son existence. Il fut même, dans son temps, le plus noble gouvernement des musulmans. J'en ai suffisamment parlé dans ce qui précède. Je vais cependant en dire encore quelques petites choses ici, pour l'instruction de ceux qui veulent s'instruire.

---

[1] Ces deux dernières phrases sont les seules que nous ayons traduites d'un paragraphe plus étendu, et qui, à l'exception de ces quelques lignes, ne contient que des redites élogieuses à l'adresse du mufti.

Le gouvernement des Beni-H'afez était tout arabe. Les troupes étaient armées de sabres, de lances et d'arcs. Les armes à feu n'étaient pas connues dans les premiers temps de cette dynastie; elles ne le furent que vers la fin du règne d'El-Fench le Louche, roi de K'echtala (que Dieu le maudisse!). Depuis lors l'usage s'en est répandu dans presque tous les pays habités. Les troupes régulières portaient le nom de mouah'-ed-dîn, à cause de Ben-Toumart, dont j'ai parlé, et qui avait donné ce nom à ses sectateurs. Il avait écrit pour eux des préceptes en langue berbère. Ceux qui ne les suivaient pas étaient considérés comme des gens sans religion. Après lui, ceux qui avaient embrassé sa doctrine continuèrent à la suivre sous la direction de leur imam.

Les premiers princes de la famille des Beni-H'afez eurent sous leurs lois les vastes contrées qui s'étendent de Tlemsên à Tripoli. Lorsque la dynastie des Beni-'Abd-el-Moumen fut en décadence dans le Mor'reb, et que les dissensions et les guerres eurent augmenté entre les enfants des khalifes, on donna ce titre aux Beni-H'afez. L'Andalousie et d'autres pays les reconnurent pour tels. L'extinction du khalifat d'Orient obligea la Mecque de les reconnaître également. Leur puissance fut alors très-grande. Mais la discorde se mit entre les membres de cette famille, et cette puissance alla toujours en décroissant jusqu'au règne de Moh'ammed-'Abou-el-H'acen. Les osmanlis s'emparèrent alors de Tripoli et d'Alger. Il ne resta à Moh'ammed que

Tunis et Bône. Pendant le règne d'H'acen, son fils, les habitants de K'aïrouân s'insurgèrent et se placèrent sous la domination des Khabiin. El-K'oleï se révolta à Souça et à Mohdïa. Sous le sultan Ah'med-ben-el-H'acen, l'armée des osmanlis arriva jusqu'à H'amamet. Ah'med gouverna longtemps et rendit un peu de vigueur à l'état. Cependant il n'avait pas plus de deux mille cavaliers, qu'il appelait zmala. Ce prince était passionné pour l'astronomie et l'astrologie. On lui avait prédit que son gouvernement succomberait, qu'il serait remplacé par celui d'un peuple qui ne parlerait pas la langue arabe, et dont le chef ne monterait pas à cheval et irait à pied. Cette prédiction lui donna beaucoup d'inquiétude; il ne savait pas à qui elle pouvait s'appliquer. Il prit alors à son service un certain nombre de nègres qui constituèrent une espèce de gouvernement qu'on appela *doulet-el-djennaouïa*[1]; puis il les fit massacrer. Il donna le titre de pacha à 'Ali, un de ses mamelouks : tout cela pour détourner l'effet de la prédiction. Mais Dieu fait ce qu'il veut. Lorsque les Turcs se furent emparés du pays, la prédiction qui avait embarrassé Ah'med s'expliqua; car ils allaient à pied, ainsi que leur chef, qui est le dey. Le dey représente véritablement le sultan, puisqu'il donne en son nom des ordres dans le pays.

Lorsque les Turcs se furent établis d'une manière stable à Tunis, ils y introduisirent des usages qui

[1] C'est-à-dire, gouvernement des gens de Djenné, qui était le pays de ces nègres.

n'existaient pas avant eux. Ils eurent des oda-bachi, c'est-à-dire des chefs de chambre. *Oda* veut dire, chez eux, chambre, et *bach*, tête; *i* signifie dans. Ils mettent cette préposition après son régime à cause de l'inversion qui est propre à leur langue. Chacun de ces oda-bachi a une vingtaine d'hommes sous ses ordres. Les boulouk-bachi sont au-dessus d'eux. *Boulouk* signifie réunion, et *bach*, tête, ainsi que je viens de le dire. Les grades ne se franchissent que l'un après l'autre. L'oda-bachi peut devenir boulouk-bachi, et le boulouk-bachi, ar'a. Les Turcs ne font rien sans consulter ce dernier fonctionnaire. Autrefois il recevait des ordres de l'ar'a de la Sublime Porte; mais aujourd'hui il n'en est plus de même. Au lieu de recevoir des ordres de Constantinople, il a, à Tunis, d'autres ar'a qui sont sous sa dépendance.

Il n'y eut d'abord que cent cinquante oda-bachi; mais, l'armée augmentant, leur nombre augmenta aussi. Il y en a aujourd'hui deux cents. Lorsqu'un d'eux meurt, il est remplacé. Ils portent un vêtement qui les fait reconnaître : c'est un ak'bïa dont les manches, très-larges jusqu'au coude, se rétrécissent ensuite de manière à resserrer fortement le poignet. Ils ont pour coiffure des tertour très-soignés dans leur confection et d'une forme qui leur est propre. Les boulouk-bachi ont pour marque distinctive un turban sur le tertour. L'ar'a porte, pour insigne de sa dignité, un turban d'une forme particulière. Un officier de sa maison est spécialement chargé de le lui arranger. Cet officier a sous ses ordres d'autres serviteurs que l'on nomme *aïbachïa;* ils ont une marque distinctive brodée d'or qu'ils portent à la tête toutes les fois qu'ils montent à cheval, ou qu'ils escortent l'ar'a, lorsque ce dignitaire se rend au divan. Dans le principe, l'ar'a et le divan formaient le gouvernement. Cet état de choses exista jusqu'à la révolution dont j'ai parlé, c'est-à-dire jusqu'au massacre des boulouk-bachi et à l'institution du dey.

L'ar'a et l'assemblée dont il vient d'être question se réunissent dans un lieu que l'on appelle *maison du divan.* Six chaouch sont attachés au divan. Ils sont vêtus comme les oda-bachi, à l'exception de la coiffure, qui est différente. Quand l'assemblée est réunie, l'ar'a s'assied au centre, sur un fauteuil, et les autres membres prennent place à ses côtés, selon le rang qu'ils occupent dans la hiérarchie, de manière à ce que les grades ne soient jamais confondus. Le divan a un secrétaire et un interprète. Quatre des principaux oda-bachi en font partie; on les nomme *bachoda,* c'est-à-dire chefs des chefs de chambre. On arrive à cette dignité par la voie hiérarchique. Vient ensuite celle de boulouk-bachi, et enfin celle d'ar'a.

L'usage veut que, pendant les six mois que durent ses fonctions, l'ar'a ne sorte de sa maison que pour aller au divan. Pendant la séance, le chef des chaouch est derrière lui, et l'interprète à côté. Lorsque chacun a pris sa place, le kateb se lève, prie pour le sultan et récite le fatah'; puis le crieur sort du divan et annonce que ceux qui ont des réclamations à adresser peuvent se présenter. A mesure que les plaignants entrent, l'interprète va au-devant d'eux, s'informe de ce qu'ils veulent et l'explique à l'ar'a. Le crieur appelle ensuite les quatre bachoda, à qui l'ar'a fait connaître de quoi il est question. Si l'affaire est de la compétence de la justice ordinaire, on la lui renvoie; si elle est politique ou administrative, le divan en décide d'après ses lumières et conformément à l'usage; si elle présente des difficultés, on en réfère au dey. La séance terminée, on sert à manger aux plus grands, et chacun va de son côté. L'ar'a rentre dans sa maison. Après la séance, quelques-uns des membres du divan, tels que les khodja du divan et le chef des chaouch, se présentent devant le chef de l'état pour lui rendre compte des jugements qui ont été prononcés, passant sous silence les affaires de peu d'importance. Telle est la marche suivie chaque jour. Au bout de six mois, l'ar'a est remplacé par celui qui vient après lui; mais le nouveau titulaire se conforme en tout à ce que faisait son prédécesseur.

Les Turcs ont des solennités dans lesquelles ils déploient une pompe royale : c'est ce qui a lieu, par exemple, lorsque l'armée doit se mettre en marche, à l'époque fixée par l'usage[1]. D'abord les chaouch, qui font ici l'office de crieurs, montent à cheval, parcourent les rues pour annoncer le prochain départ, et

---

[1] Le gouvernement tunisien fait, tous les ans, partir deux corps de troupes pour la levée des contributions. Il y a l'armée ou corps d'hiver, pour la partie du Sud, et celui d'été pour le Nord.

prévenir qu'on ait à se tenir prêt à entrer en campagne. Le lendemain, les soldats, revêtus de leur costume de guerre, se réunissent près de la k'as'ba. Le h'akem se trouve à cette réunion. L'ar'a et les oda-bachi se rendent ensuite à la maison des khalifa, où se trouvent aussi les khodja, porteurs des étendards, qui doivent suivre le chef de l'armée. Le bey ou le khalifa du bey désigné pour marcher se rend au même lieu. Le pacha le revêt d'un habillement royal; puis le k'ah'ïa du pacha et les bourreaux sortent avec celui qui vient d'être investi. Les bourreaux sont à pied; les drapeaux sont déployés; la musique osmanli, composée de fifres, de tambours et de cymbales, joue; et les soldats sont rangés depuis la maison des khalifa jusqu'à la porte de la k'as'ba. Pendant ce temps, le reste de la troupe se réunit dans ce dernier lieu. Lorsque le bey et l'ar'a approchent de la k'as'ba, le dey se lève et marche, s'il le juge à propos, à la tête du premier rang, ou il se fait remplacer par un de ses grands : c'est un honneur qui lui revient, puisque, dans cette circonstance, il donne des ordres que tous ceux qui sont réunis sont tenus d'exécuter. On sort ensuite de la ville, et l'on se dirige vers le lieu où sont dressées les tentes du bey et celles des soldats qui doivent faire l'expédition. Le bey et l'ar'a entrent dans le camp, ainsi que la troupe; le reste du cortége reprend le chemin de la ville. L'ar'a et les oda-bachi qui doivent faire partie de l'expédition sont désignés d'avance, ainsi que celui qui doit, jusqu'au retour, représenter le dey à l'armée. La discipline la plus sévère est observée dans la marche et dans les haltes. Les Turcs ont d'autres usages que je passe sous silence.

Lorsque l'armée revient de l'expédition, on envoie des courriers pour annoncer le jour de son entrée. Les soldats restés dans la ville se disposent alors à aller au-devant d'elle. En se rencontrant, les troupes de la garnison et celles de l'expédition simulent un combat et tirent des coups de mousquet. Ce sont là de belles cérémonies, et beaucoup de gens se réunissent pour les voir. Les chefs de l'armée vont à la maison des khalifa. On revêt le bey, ou le khalifa qui le remplace, d'un vêtement royal, et il retourne à sa demeure accompagné des membres du divan. La musique joue pendant une heure, puis tout le monde se retire.

Ce que je viens de dire a lieu deux fois par an. Cet usage diffère de celui qui se pratique dans les autres villes de l'Occident occupées par les Turcs. Que Dieu fasse que le drapeau des osmanlis soit toujours déployé pour la clémence, et que la concorde règne dans leur empire! Que le sabre du sultan soit toujours tranchant pour le cou des infidèles, et que ses ordres soient toujours exécutés pour le bien de la religion et celui du monde!

TROISIÈME PARTIE.

Nous allons parler de quelques usages particuliers aux Tunisiens, et qui les ont mis en renom parmi les autres peuples de l'Occident. Je ne rapporterai pas en détail toutes les excellentes choses dont Tunis peut se vanter; je me contenterai de les faire connaître sommairement. Tunis était naguère la plus heureuse et la plus riche des villes; ses habitants étaient dans la joie et la sécurité; les voyageurs s'y arrêtaient avec délices : tout cela est un peu changé maintenant; cependant il en reste encore quelque chose que je rapporterai pour que ceux qui veulent le savoir le sachent.

S'il est en Occident une ville qui ait le droit d'être fière, c'est Tunis. Le voyageur qui y arrive en est émerveillé. Ce qui prouve l'aisance dont jouit la population de cette cité, c'est que la plupart de ses habitants ont des maisons de campagne où ils passent, avec leurs familles, l'automne et l'été. Ceux qui sont dans le commerce vaquent à leurs occupations dans la journée, et, le soir, vont coucher dans leurs jardins, où ils se livrent à la joie; le lendemain ils reviennent de bonne heure à la ville. Ce fut à cause d'eux qu'on établit le marché de Rebah', qui est le plus grand de tous et qui ne s'ouvre qu'après le lever du soleil. Les Tunisiens mettent beaucoup de pompe dans la célébration des noces et des fêtes. Ils y introduisent même des choses qui sont contraires à la loi. Les mets qu'ils servent dans ces solennités sont particuliers au pays; tel est, par exemple, le mek'arouad, dont ils tirent vanité. Il est assez connu pour que je puisse me dispenser de le décrire. C'est leur meilleur plat de douceur; ils ne voient rien au delà. J'ai rencontré des étrangers qui l'ont trouvé eux-mêmes délicieux. Ils ont aussi un excellent ragoût de viande qu'ils appellent *merouzïa*, du nom d'une ville de la Perse. Ils le préparent avec des épices et autres ingrédients recherchés. Ils aiment à en manger après le jeûne. Il en est de même d'une sorte de pain qu'ils font pour les fêtes, et qui n'est pas en usage dans les autres pays ; les Tunisiens tirent vanité de sa grosseur et de sa beauté. Un de ces pains peut, en effet, rassasier vingt hommes, et reste plus d'un mois sans se gâter. Voici ce qu'on raconte de son origine.

Il y avait autrefois à Tunis un gouverneur dont l'administration fut longue et glorieuse ; on dit que c'était Ben-Khorsân. Des méchants intriguèrent contre lui auprès de son prince, et dirent à ce dernier : « Voilà qu'il est devenu sultan, et qu'il ne reconnaît plus votre autorité. » Ils l'engagèrent à le faire tuer. Le prince partit avec son armée et marcha contre le gouverneur. Lorsqu'il fut près de Tunis, Ben-Khorsân prit deux pains très-grands et alla à sa rencontre. Arrivé auprès de lui, il mit pied à terre, baisa l'étrier de son maître et lui tendit les deux pains. Le prince les prit, les examina et les lui rendit. Après quoi il tourna bride pour retourner dans sa capitale, en disant à ses grands : « Cet homme n'est pas un rebelle ; car il vient de me dire dans un langage figuré : Vous m'avez donné du pain ; si vous voulez le reprendre, reprenez-le. » Le prince avait compris que les intentions de Ben-Khorsân étaient pures ; il le laissa gouverneur de Tunis, et partit satisfait. Il se trouva que le jour où cette aventure eut lieu était celui de la fête. Les Tunisiens en rappellent la mémoire en faisant usage, pendant cette même fête, de pains semblables à ceux du gouverneur.

Voilà ce que l'on raconte au sujet de ces pains. Pour moi, j'ai une autre version que voici : les femmes du pays sont plus gourmandes que les hommes, et n'aiment pas à travailler pendant les fêtes ; c'est pour cela qu'elles font, dans ces occasions, ces gros pains et la merouzïa, qui se conservent plus longtemps que les aliments ordinaires.

Les fêtes durent quinze jours chez les Tunisiens ; c'est un usage bien établi. J'ai vu l'époque où les marchés étaient fermés pendant ces quinze jours, que les habitants passaient à la campagne et dans les plaisirs. Une partie de ces usages sont maintenus, d'autres ont été abandonnés.

Le 10e jour de moh'arrem est encore un jour de réjouissance pour les Tunisiens, et ils cherchent à le rendre le plus beau de tous. Il en est bien peu qui ne dépensent beaucoup d'argent ce jour-là. Si l'on voulait additionner tout ce qui se dépense en comestibles, à Tunis, dans cette circonstance, on arriverait à une somme énorme. On chôme aussi le 9 du même mois. Ce jour-là on mange des poules avec un certain mets appelé *dïouda,* qui a de la ressemblance avec le kenafah' des Égyptiens, mais qui est plus épais. Les Tunisiens disent, en plaisantant, que le fet'ir et le ma-it'ir doivent être mangés avec des poules [1]. Ils honorent plus

[1] Le fetir est de la pâte sans levain, et c'est avec cette pâte que l'on

le 9 de moh'arrem que les autres peuples. Dans cette fête, ils régalent leurs familles, et mangent des poules, pour se conformer aux préceptes des médecins, qui disent que, quoique l'abus de cette viande donne la goutte, l'usage modéré en est bon. La coutume veut aussi qu'ils fassent des aumônes ce jour-là. Les boutiques où se vendent les fruits secs sont ornées et d'un bel aspect. Chacun achète selon ses moyens, et il est bien peu de marchands qui ne vendent pas. J'ai entendu une conversation entre un Algérien et un Tunisien, qui vantaient réciproquement leur pays. Le Tunisien disait : « Je voudrais que ces boutiques pussent être transportées, dans une nuit, à Alger, dans l'état où elles sont, pour qu'on pût les y voir, et qu'elles revinssent ensuite à leur première place. Je suis sûr que vos femmes voudraient vous quitter[1]. » C'était sans doute pousser l'exagération trop loin. Mais ceux qui ont assisté à ces fêtes peuvent attester qu'elles sont vraiment magnifiques. On y vend des instruments de musique et des jouets d'enfants pour des sommes incalculables, ce qui prouve l'opulence des habitants.

fait le mets appelé dïouda. *Ma-it'ir* signifie *ce qui vole.* L'auteur répète donc ici un misérable jeu de mots, basé sur la consonnance qui existe entre *fetir* et *ma-it'ir.*

[1] C'est-à-dire qu'elles voudraient aller dans le pays où il y a de si belles choses. Il y a bien des puérilités dans ce que dit El-K'aïrouâni des fêtes de Tunis ; mais ces misères ont de l'importance pour les peuples esclaves, à qui elles font momentanément oublier leur servitude.

Les Tunisiens honorent aussi beaucoup le mouloud[1] : c'est une de leurs plus grandes fêtes, car ils ont une dévotion extrême pour celui qui naquit ce jour-là et qui est le seigneur de toutes choses. Que la prière de Dieu soit sur lui! Le premier qui, en Occident, donna de l'éclat à cette fête, fut le sultan Abou-'Enan-el-Merini. Que Dieu l'en récompense! Son exemple fut aussi suivi par les Beni-H'afez, et le premier qui le suivit fut Abou-Farez-'Abd-el-'Aziz, au commencement du IXe siècle de l'hégire. Que Dieu lui en tienne compte! Ses successeurs continuèrent à célébrer avec pompe cette fête. Que Dieu leur rende selon leurs œuvres! Ce jour-là les écoles sont ornées, les murailles de ces établissements sont tapissées, des festons en décorent les portes; on y lit des poésies sacrées composées en l'honneur du prophète. Il y a illumination de lampes et de bougies. C'est une des plus belles nuits de l'année. On prépare, pour l'amour de Dieu, d'excellents mets qui sont distribués aux pauvres. Quelques-uns le font par ostentation, mais Dieu récompense chacun d'après le mobile qui le fait agir. Il y a, cette même nuit, grande réunion chez le nakib-el-achraf; les personnages de marque et des savants y assistent. On chante des hymnes avec accompagnement de musique. De tous les côtés de la ville on accourt à cette assemblée. Cette nuit n'a pas sa pareille.

Le nakib-el-achraf a certaines rétributions en huile, cire et autres objets de nécessité, que lui accorde le

---

[1] Fête de la naissance de Mahomet.

gouvernement. Il jouissait de ce droit sous les Beni-H'afez, et les Turcs le lui ont conservé.

J'ai vu autrefois, dans les deux zaouïa dites *El-Kechachïa* et *El-Bak'rïa*, de belles cérémonies qui duraient quinze jours, et auxquelles on se portait en foule. On y passait la nuit; les chants religieux ne discontinuaient pas; mais elles sont tombées depuis en désuétude. Quant aux autres zaouïa, il n'y avait rien de déterminé pour ces cérémonies [1].

C'est à cause de leur zèle à célébrer le mouloud que Dieu accorde tant de biens aux Tunisiens. Il peut se passer, à cette fête, des choses contraires à la loi, mais seulement par le fait de quelques ignorants qui ne pensent pas mal faire. Ceux qui désireraient plus de détails sur le mouloud n'ont qu'à consulter, pour être satisfaits, le *Mouerred-fi-Akbar* du savant Djelal-ed-Dîn-el-Assiout'i [2].

Le 1er mai [3] est aussi un jour de fête pour les Tunisiens; ils dépensent, à cette occasion, des sommes qu'on ne saurait évaluer, et font des mets qu'on ne saurait décrire et parmi lesquels domine surtout le

[1] C'est-à-dire que les personnes qui les desservaient réglaient la fête à leur fantaisie.

[2] Djelal-ed-Dîn-'Abd-el-Rah'mân-el-Assiout'i, écrivain célèbre, né en Égypte dans le ixe siècle de l'hégire. On a dit de lui qu'il avait fait plus de livres que les autres n'en avaient lu. Il a écrit sur la grammaire, la rhétorique, la théologie, la médecine, l'histoire, etc.

[3] Quoique les musulmans comptent par années lunaires, composées de douze mois dont les noms sont tirés de la langue arabe, ils se servent des noms de mois adoptés par les Occidentaux lorsque ce qu'ils disent se rapporte à l'année solaire.

markaz[1]. Il n'y a que les pauvres qui n'en mangent pas. Il se vend beaucoup de fruits et de fleurs. La consommation de légumes et de fruits est plus considérable ce jour-là que dans le reste de l'année. Les Tunisiens parent l'intérieur de leurs maisons avec ces fleurs et ces fruits, et y dressent des espèces de boutiques. Il y en a bien peu qui ne se conforment pas à cet usage. On chante et on se livre à une joie immodérée. L'allégresse est plus vive que dans les autres jours de fête.

Ils avaient encore, vers l'an 1050, l'habitude de se réunir hors des portes de la ville pour se réjouir dans un lieu qu'on appelle Ouarda; on y faisait des parties où chacun payait sa quote-part et où l'on invitait ses amis. On trouvait là des jongleurs, des chanteurs, des musiciens et des marchands de fruits secs et de confitures. Les fêtes duraient quinze jours, et commençaient, chaque jour, à l'ac'er, pour finir vers le coucher du soleil. Elles offraient un spectacle plus agréable que les autres fêtes, et se renouvelaient chaque année. C'était un usage établi de père en fils. Ostad-Mourad le supprima. Il reprit ensuite; mais il fut définitivement supprimé par Ah'med-Khodja. J'ai vu les fêtes d'El-Ouarda. Je ne sais pourquoi on a ainsi nommé cet endroit; je présume que c'est parce qu'il s'y trouvait autrefois des rosiers[2]. Les fêtes ont été abolies, mais le lieu a conservé son nom.

[1] Espèce de saucisses faites avec du bœuf.
[2] *Ouard* est le nom de la rose en arabe.

Quant aux réjouissances qui se font dans l'intérieur des maisons, elles ont encore lieu; elles ont même pris plus d'éclat. Les femmes luttent entre elles à qui sera la mieux parée et fera les meilleurs ragoûts.

Personne ne connaît, à Tunis, l'origine de la fête de mai. Les personnes qui veulent dénigrer les Tunisiens disent qu'elle a été instituée en l'honneur de Pharaon. Que Dieu le maudisse! Comment pourraient-ils l'honorer? Ces mêmes personnes citent à ce propos le passage du K'oran qui commence ainsi : « Je vous verrai le jour de la fête. » Les défenseurs des Tunisiens disent, au contraire, qu'ils célèbrent la victoire que Dieu accorda à Moïse sur Pharaon. Que le salut soit sur Moïse! Au reste, nous n'avons que faire de tout cela. C'est un des beaux jours de l'année. J'ai entendu les savants de Tunis donner une explication que la raison peut admettre. Ils disent que le soleil de mai nuit aux enfants qui n'ont pas atteint la puberté, et que c'est pour cela que les parents établissent, dans l'intérieur de leurs maisons, ces espèces de boutiques, afin que les enfants n'aillent pas au soleil, et jouent dans la maison, et non au dehors. Les Tunisiens mettent aussi sur le nez de leurs enfants un peu de goudron, à cause des vertus qui sont attachées à l'odeur de cette résine. Dieu en sait davantage.

Il y a des personnes qui prétendent que ce jour est celui du Nourouz; mais elles ne savent pas ce que c'est que le Nourouz; elles ignorent pourquoi il arrive dans le mois de mai, et non dans un autre, et pourquoi on le célèbre à cette époque. J'ai acquis la certitude que c'est bien en effet le Nourouz qui tombait jadis à un autre mois, et qui est arrivé dans celui-ci. Il y a bien des choses à dire là-dessus. J'en rapporterai une partie, afin que le lecteur sache que les premiers habitants de Tunis n'agissaient pas sans discernement. J'ai extrait ces renseignements de divers écrivains [1]. Nourouz est un mot persan qui veut dire nouveau jour ; *nou* signifie nouveau, et *rouz*, jour. Les Persans mettent l'adjectif devant le substantif. Le premier qui, chez eux, distingua ce jour, fut Djam-Chid, surnommé El-Fichdania ; il appartenait aux premières générations et fut le troisième de leurs rois. Il vivait avant Abraham, sur qui soit le salut! Djam-Chid veut dire rayon de la lune ; *djam* signifie lune, et *chid*, rayon. Il était maître de sept royaumes. Son administration fut juste. Il classa les professions de manière à ce que personne ne pût quitter la sienne pour en prendre une autre. Ce fut lui qui ordonna de célébrer le Nourouz.

Ce prince était clément. Chaque branche de son administration avait un sceau particulier. Celui de la guerre portait ces mots, *condescendance, douceur*. On lisait sur celui des finances *clémence, prospérité;* sur celui des ambassadeurs, *droiture, confiance,* et sur celui

---

[1] El-Ma'çoudi a traité ce sujet dans son livre intitulé *l'Indicateur et le Moniteur,* dont M. de Sacy a publié de longs extraits dans le tome VIII des Notices et Extraits des manuscrits de la Bibliothèque royale. Il en parle aussi dans son grand ouvrage historique, intitulé *les Prairies d'or et les Mines de perles,* dont M. de Guignes a donné l'analyse dans le tome Ier du même recueil.

des commandants de province, *politique*, *justice*. Les traces de ces choses existèrent jusqu'à ce que les musulmans les eurent effacées. Vers la fin de son règne, Djam-Chid devint superbe, orgueilleux, et abandonna la bonne voie qu'il avait suivie jusque-là. Il s'attira la haine des grands. Bedrassab, l'un d'eux, se révolta contre lui, le tua, et régna à sa place.

Le roi d'Égypte Menaouch-ben-Menk'anouch[1] introduisit le Nourouz chez les K'obtes. C'est lui qui, le premier, adora le bœuf; il institua les métiers et inventa la charrue; il bâtit les gigantesques monuments du pays d'Égypte. Son règne dura trois cent trente ans. Il fut enseveli dans la petite pyramide, où l'on enfouit avec lui beaucoup de richesses, savoir : sept statues représentant les sept planètes au moyen desquelles il découvrait les trésors cachés, mille lampes d'or et d'argent, dix mille petites cassettes d'or et d'argent, mille fioles d'élixir pour les opérations chimiques, et d'autres objets. On raconte de lui bien d'autres choses, mais ce n'est pas ici le lieu d'en parler. Je me suis déjà laissé entraîner trop loin; je reviens au Nourouz.

Les Sabéens le célébraient le jour où le soleil entre dans le signe du bélier. C'était la plus grande de leurs fêtes, parce que cet astre était dans la constellation des honneurs. Les Persans renvoyèrent ensuite le Nourouz au cinquième jour de h'aziran[2], époque où les moissons mûrissaient chez eux. C'était alors que les

---

[1] Celui que nous appelons Manès.
[2] Mois du calendrier syrien.

agents du fisc sortaient pour prélever les impôts. La fête eut donc lieu alors, en Perse, au temps des moissons. C'était à cette époque qu'on se réjouissait du renouvellement de l'année. On se livrait à la bonne chère, et l'on se faisait réciproquement des présents. Cet usage dura jusqu'à ce qu'il plut à Dieu d'envoyer les musulmans en Perse. Au commencement de l'islamisme, il y avait peu de désaccord entre l'année solaire et l'année lunaire. Les musulmans prélevaient les impôts, donnaient la zekkat, et allaient en pèlerinage en suivant l'année lunaire, qui était l'année légale. Les travaux de la terre se rapportaient à l'année solaire. Le nombre des jours de l'année solaire est de trois cent soixante-cinq jours et une fraction; celui des jours de l'année lunaire est de trois cent cinquante-quatre et une fraction : la différence entre les deux années est donc de onze jours environ. Après une période de cent vingt ans, les Persans ajoutaient un mois à l'année. Lorsqu'allait commencer le mois de h'aziran, ils retournaient à aïar; le Nourouz avait lieu le 5 d'aïar, et ne dépassait pas cette époque.

Lorsque H'echâm-ben-'Abd-el-Mâlek-ben-Merouan était khalife, l'Irâk' était gouverné en son nom par Khaled-ben-'Abd-Allah-el-Kasri, et l'époque du mois double arriva. On en informa Khaled, qui défendit de le doubler. On chercha à obtenir son consentement en lui offrant de l'argent, mais il persévéra à le refuser; seulement il en référa à H'echâm, en lui faisant observer que c'était une de ces choses que le K'oran regarde comme inutiles, et qu'il y avait impiété à la tolérer. Le khalife lui répondit de persister dans son refus; en conséquence, le mois ne fut pas doublé; le Nourouz fut variable. C'était à cette époque que l'on commençait à prélever les impôts. L'année lunaire s'éloigna beaucoup de l'année solaire.

Sous le règne d'El-Metouakkel-'Ala-Allah, on fut frappé de la différence qui existait entre les années. Ce khalife ordonna d'abandonner l'année 241, et de l'appeler 242. Si je ne craignais pas d'être trop long, je rapporterais les motifs de cette mesure, et je ferais connaître comment on en reconnut la nécessité. On écrivit dans les provinces pour prescrire aux gouverneurs de se conformer à cette réforme du calendrier; mais cette année continua à être pour les uns 241, tandis que pour d'autres elle était 242. Le khalife mourut sans avoir pu réussir dans son entreprise, et après lui, les choses revinrent à leur premier état.

Sous le khalifat de Mot'adel-Billah, le Nourouz fut réglé sur les calculs des chrétiens; les peuples d'Égypte en firent autant, et leur comput fut d'accord avec celui des K'obtes. Le même prince transporta l'année 276 à l'année 277. El-Mot'adel-'Ala-Allah-el-'Abbassi recula le Nourouz de soixante jours, et les impôts furent prélevés d'après cette base. La fête fut avancée d'un jour. Les autres khalifes Beni-'Abbas continuèrent à reculer le Nourouz de vingt jours, plus ou moins, pour mettre au temps convenable la perception des impôts. Sous le khalifat de Met'il-Allah-el-'Abbassi et l'administration d'Ez-el-Dola-ben-Bouïa et du vizir El-H'imali, l'an

951, il y eut encore une transposition d'années. A cette époque, Es-Sabi [1] composa sur l'astronomie un traité célèbre, qu'aucun autre que lui n'aurait pu faire, et que j'aurais rapporté ici en entier, si je ne craignais d'être trop long. L'écrit du k'âd'i 'Abd-er-Rah'mân est aussi très-estimé [2]; on le comprend, mais il contient néanmoins des difficultés. En Égypte, on négligea de transporter des années, de sorte qu'en 499 on se trouvait en 501, et qu'en 559 on se trouva en 565. On rétablit la concordance par le moyen de l'écrit du k'âd'i 'Abd-er-Rah'im-el-Bissani, dont il a été parlé. Cet ouvrage eut un grand succès, et suffirait à la gloire de son auteur, quand il n'eût fait que celui-là.

Les khalifes Beni-'Abbas, leurs sultans [3], les grands et les savants, étaient dans l'usage de célébrer avec pompe le Nourouz. On se faisait ce jour-là des cadeaux; les poëtes récitaient leurs vers, et on luttait de faste et de luxe. Les khalifes Beni-'Ommîa en agissaient de même en Andalousie; mais je ne sais à quelle époque ils célébraient le Nourouz. On parle beaucoup de leurs

[1] Ibrahim-ben-H'elal-ben-Zaharoun-es-Sabi, secrétaire d'état sous le sultan Ez-el-Dola, de la dynastie des Bouïdes, au temps où les khalifes n'avaient pas d'autorité réelle.

[2] Il s'agit des tables connues des astronomes sous le nom de tables H'akemites, parce qu'elles furent dédiées au khalife fatimite H'akem par leur auteur Abou-el-H'acen-'Abd-er-Rah'mân-ben-Ah'med-ben-Iounès. On trouve, dans le tome VII des Notices et Extraits des manuscrits de la Bibliothèque royale, plusieurs fragments considérables de cet important ouvrage.

[3] C'est-à-dire les princes tartares qui avaient usurpé le pouvoir politique sur les derniers Abbassides.

fêtes, qui étaient brillantes. On se faisait aussi des cadeaux. Ces usages existèrent jusqu'à la chute de leur gouvernement.

Quant à Tunis la bien gardée, elle suit le calcul des chrétiens, et le Nourouz est invariable; presque tous les quatre ans, on ajoute un an. Les Persans le célébraient le 5ᵉ jour d'aïar, qui est le mois de mai des chrétiens. Dans l'année où l'on double un mois, on le célèbre en h'aziran. Après cent vingt ans, ils faisaient l'année de treize mois, comme il a été dit. Lorsqu'ils arrivaient à h'aziran, qui est le juin des chrétiens, ils revenaient à mai, et alors le Nourouz changeait. Khaled-ben-'Abd-Allah-el-Kasri les empêcha d'en agir ainsi, parce qu'il lui parut que cet usage était une chose contraire aux préceptes de Dieu. Cependant ce que dit le K'oran ne s'applique pas à cet objet; au reste, ce n'est pas le lieu d'entrer dans ces détails.

Le Nourouz fut donc célébré à Tunis le 1ᵉʳ mai. A cette époque, les productions de la terre mûrissent, et on procède à la perception des droits. Les Tunisiens vantent beaucoup l'excellence de leurs produits, qu'ils rangent en sept classes, dans un ordre où ils ne sont pas toujours d'accord entre eux. Les fêtes du Nourouz étaient en usage sous les Beni-H'afez et existent encore. La crainte de grossir cet ouvrage m'empêche de rapporter les poésies qui ont été composées sur le Nourouz.

Je suis entré dans assez de détails pour que le lecteur sache maintenant que les usages des Tunisiens ont une origine antique et raisonnable. Tunis a été, on le sait, un état célèbre dont les souverains avaient la dignité de khalifes. Les révolutions qu'elle a éprouvées ont ébranlé les institutions, changé ou modifié des usages auxquels on tenait jadis beaucoup, et qu'il serait maintenant difficile de rétablir.

Aujourd'hui on pratique le Nourouz dans tout le Sah'el, où on le nomme El-Meh'aoul. Les impôts en grains et en huile sont en retard quant aux époques de leur perception, tellement que ceux de 1088 ont été prélevés en 1091, et, à mesure que l'on avance, cette différence deviendra plus considérable. Cela tient à celle qui existe entre l'année solaire et l'année lunaire. Divers usages se règlent sur l'année lunaire, et la perception des impôts en nature sur l'année solaire. Après trente-trois années solaires, il y a une année lunaire de plus. La chose continue à marcher ainsi, et de jour en jour le trou devient plus grand que la pierre. Il n'est pas convenable que je m'appesantisse sur ce sujet; je me suis déjà laissé entraîner trop loin, ainsi je n'en dirai pas davantage. Au reste, Dieu connaît la vérité et ce qui est caché dans les cœurs.

Les Tunisiens ont d'autres usages que je ne pourrais rapporter tous sans sortir des bornes que je me suis tracées. Ils honorent beaucoup la nuit du milieu de redjeb, ainsi que celle du 27 du même mois [1]; tout le monde sait pourquoi. Ces nuits sont honorées par-

---

[1] Voir la note de la page 351, livre VII, pour cette nuit du 27 de redjeb.

tout, mais plus à Tunis qu'ailleurs. Il en est de même du ramad'ân ; les Tunisiens n'épargnent rien pour le célébrer dignement, et ils en exécutent rigoureusement les prescriptions. C'est à cette époque que l'on termine, dans presque toutes les mosquées, la lecture du K'oran par la prière de teraouich [1]. On y lit aussi El-Mesnad-es-Salih', d'El-Boukhari, et les six Assanid ; mais El-Boukhari est préféré parce qu'il est plus complet. Dans d'autres villes de l'Occident on préfère le livre de Moslem-ben-el-H'adjadj [2]. Au reste, tous deux contiennent la vérité. Mais les Tunisiens aiment les livres détaillés. Leurs savants sont habitués à la lecture d'El-Boukhari.

Il est bon que je parle maintenant de ce qui se pratique lorsque se termine la lecture d'El-Boukhari, afin que mon livre ait lui-même une bonne conclusion. Je vais cependant, avant cela, faire connaître quelques savants de notre époque, dont les noms, cités dans mon ouvrage, seront pour moi autant de bénédictions. Je ne m'attacherai qu'aux plus éminents ; cependant je serai obligé de dire peut-être quelques mots des autres.

Un des plus illustres et des plus avancés en âge est Abou-el-'Abbas-ech-Cherif-Ah'med ; il a vu plusieurs générations, et des savants distingués ont été ses disciples. Il a voyagé en Égypte et dans le H'edjaz, où il a vu et fréquenté des docteurs dont les leçons lui ont

---

[1] Prière spéciale aux nuits du ramad'ân.

[2] Il est parlé de cet auteur dans une note du livre II. Il était docteur de la secte de H'anbal.

été profitables. Il reçut d'eux le diplôme de docteur, et, à son tour, il l'a donné à d'autres. Il est aujourd'hui la bénédiction du pays. Les t'olba lisent dans la mosquée qui est près de la maison du pacha. Il sait par cœur tout El-Boukhari, qu'il lit en entier dans trois mois. Le jour où il termine cette lecture est un jour de fête. Malgré son grand âge, il a l'usage de tous ses sens. Il professe aussi dans la mosquée située près de Dar-el-Khalifah. Il est âgé de quatre-vingts ans, bon et doux, et a formé des disciples qui marchent sur ses traces.

Vient ensuite le savant qui connaît l'histoire, la géographie, les lois, la religion, la rhétorique, les mathématiques, le professeur humble, Cheikh-Abou-'Abd-Allah-Moh'ammed, mufti de Tunis, cheikh des cheikhs du pays d'Afrique, connu sous le nom de Fetala. J'en ai déjà parlé; mais il n'est pas mal d'en parler de nouveau, pour que l'on connaisse tout son mérite. Ce cheikh professe encore, et on accourt à ses leçons. Il dirige plusieurs écoles, dont une à la grande mosquée. Cela ne l'empêche pas de vaquer à ses fonctions. Il a formé beaucoup de disciples qui sont dans les emplois.

On compte aussi au nombre des savants notre ami digne de louanges, Abou-'Abd-Allah-Moh'ammed, homme versé dans toutes les connaissances; il est sans cesse occupé dans son mesdjed d'El-Malak', près du marché aux légumes, ainsi que dans l'école dite *El-Mentseriä*. J'ai déjà parlé de lui au commencement de ce livre. C'est un de ceux qui professent les sciences religieuses; il a formé un grand nombre d'élèves; il est lui-même disciple du cheikh Ah'med-ech-Cherif, et a étudié sous d'autres savants.

Abou-'Abd-Allah-Moh'ammed-el-Khemad est encore un de nos savants cheikhs. Il a autant d'éloquence que son père ; il professe, près de la porte d'Er-Rebah', dans l'école d'El-Moradïa.

Abou-el-H'acen-'Ali-el-Khemad est aussi un professeur distingué de la grande mosquée de Tunis ; il professe également au mesdjed qui porte son nom dans le quartier des Teinturiers et dans la zaouïa d'El-Helfaouïa à Bâb-el-Souek'a. Que Dieu le conserve à l'amour des musulmans !

On compte encore parmi les savants le cheikh Abou-el-'Abbas-Ah'med, connu sous le nom d'El-Meïdaoui ; il est actuellement prédicateur dans la mosquée du H'alk', près de Bâb-el-Djedid.

Le cheikh Abou-el-Kheir-Sa'ïd-ech-Cherif est aussi au nombre des savants ; il est disciple du cheikh Sidi-Moh'ammed-Fetala, et professe à la grande mosquée et à son mesdjed ; il est d'un caractère doux et timide, incapable de faire le mal, et il vit loin du monde.

Du nombre des savants est encore 'Abd-el-K'ader-el-Djibali, professeur à la grande mosquée ; il est disciple du cheikh Fetala. C'est un homme poli et pieux. On compte aussi dans ce nombre le cheikh qui craint Dieu, Abou-'Abd-Allah-Moh'ammed, dit Kouecim, un des habitants du faubourg de Bâb-el-Souek'a ; il est très-aimé dans son quartier, car, lors des troubles, son intervention fut utile à bien du monde. J'ai entendu dire qu'il s'occupe en ce moment d'une histoire des compagnons de Moh'ammed, d'après l'ouvrage d'El-'Aïad, intitulé *Ech-Chefa* [1].

Figure parmi les savants, le docteur de noble origine, le cheikh 'Abd-Allah, dit H'ammouda, fils du cheikh Abou-'Abd-Allah-Moh'ammed-Fetala, qui professe du vivant de son père. Y figure aussi le cheikh Bel-K'âcem-el-Khermari, habitant de Bâb-el-Souek'a. Il est imam de la mosquée des Andalous; c'est un homme très-pieux.

Tels sont les savants les plus remarquables des Maleki. Il en est d'autres qui ne sont pas aussi célèbres que ceux-ci, et d'autres que je ne connais que par ouï-dire.

Quant aux docteurs h'anefi, on compte parmi eux les deux cheikhs, Moh'ammed-ben-Cheban, imam de la mosquée d'Ioucef-Dey, et le cheikh Moustafa-ben-'Abd-el-Kerim, ancien mufti, imam de la mosquée de Moh'ammed-Pacha; Abou-el-H'acen-'Ali, connu sous le nom d'Es-Souffi, profondément versé dans la langue arabe, connaissant la théologie et autres sciences; Abou-et-Tena-Moh'ammed-ben-el-Mokhtar, qui explique El-Boukhari à la k'as'ba; et enfin le cheikh Abou-el-H'acen-'Ali, dit Kerbassa, qui professe au marché à la cire.

[1] Abou-el-Fad'l-ben-Mouça-es-Sebti, connu sous le nom du k'âd'i 'Aïad, né en 470 de l'hégire, composa plusieurs ouvrages. Celui dont il est ici question est intitulé *Ketab-ech-Chefa*, c'est-à-dire *le Livre de la santé, du salut*. On a vu, dans la première partie du livre VI, qu'il suscita une révolte à Ceuta, dont il était k'âd'i, et qu'Abd-el-Moumen l'obligea de quitter cette ville et d'aller habiter Maroc.

Il connaît le calcul, la géométrie et l'astronomie; personne ne l'égale dans ces deux dernières sciences. Ces docteurs sont en état d'expliquer El-Boukhari. Quant aux autres savants de la même secte, ce sont des sources dont les rives sont dégarnies de verdure. Ils se disent en état d'expliquer El-Boukhari, et s'imaginent que leur extérieur suffit pour les ranger parmi les docteurs; mais la plupart sont aveuglés par les démons.

Lorsque les Turcs s'emparèrent du pays, les professeurs distingués disparurent, si ce n'est le cheikh Abou-'Abd-Allah-Moh'ammed-Tadj-el-'Arecin-el-'Otmani, qui professait à la grande mosquée, et dont les leçons étaient très-suivies pendant les mois de redjeb, ch'aban et ramad'ân. Son école fermait le 26 de ramad'ân. Le cheikh Abou-Bekr le remplaça et marcha sur les traces de son père. Il expliquait les lois du prophète, et les docteurs attestent qu'il était très-profond sur ce sujet. Il mourut en 1073. Depuis lui les explications sont moins complètes; on va les entendre par habitude et pour les grâces qui y sont attachées.

Les enfants du cheikh Abou-Bekr n'eurent pas ses talents, et ne suivirent pas la même carrière que lui. Dieu versa ses grâces sur un cheikh qui le remplaça et dont les leçons procurent des bénédictions à ceux qui les suivent. C'est Sidi-'Ali-el-'Amari. Que Dieu prolonge sa vie! Il professe actuellement à la grande mosquée.

Je vais maintenant parler de la lecture d'El-Boukhari, et ce sera mon dernier chapitre. Que Dieu veuille m'accorder la bénédiction qui est accordée à cette lecture! Il n'y a de Dieu que lui, il n'y a de bien que celui qui vient de lui.

QUATRIÈME PARTIE.

Voici les cérémonies qui se font lorsqu'on termine la lecture d'El-Boukhari[1].

Le jour et le lieu étant désignés, on se rend à l'assemblée. Le cheikh se revêt de ses meilleurs habits; la mosquée désignée est illuminée de lampes et de bougies, et exhale l'odeur des parfums.

Mon père a composé un ouvrage sur ce qu'observent les musulmans d'Afrique à la clôture d'El-Boukhari. Il l'a intitulé : *Explication claire de la saine doctrine*. Il explique, d'après les docteurs, quelles sont les qualités que doivent avoir ceux qui commentent les écritures, et quel doit être l'ordre des séances. Il dit ensuite que les docteurs sont d'avis qu'avant de passer aux commentaires on doit lire les passages du K'oran auxquels ils se rapportent. C'est, en effet, la méthode adoptée chez les peuples d'Afrique. Lorsqu'on arrive à la fin de la lecture d'El-Boukhari, on lit, avant les

[1] Abou-'Abd-Allah-Moh'ammed-ben-Isma'îl-el-Boukhari, le plus célèbre des théologiens musulmans, vivait dans le IIIe siècle de l'hégire. Son grand ouvrage sur les traditions, intitulé *Réunion des vérités*, est presque aussi vénéré que le K'oran. Abou-'Abd-Allah-Moh'ammed-er-Rachid, écrivain du VIIe siècle de l'hégire, a écrit la vie d'El-Bokhari, le théologien, qu'il ne faut pas confondre avec Allah-ed-Dîn-el-Boukhari, grammairien qui vivait dans le VIIIe siècle.

commentaires, le sourat El-Melk, jusqu'au sourat El-H'amma, et ensuite les petits sourats.

On fait ensuite des prières sur notre seigneur Moh'ammed; puis le professeur fait la lecture des maximes du prophète. Mon père a écrit qu'à K'aïrouân on fait, à cette occasion, une grande fête, pour laquelle on néglige toutes les occupations mondaines, q·elque importantes qu'elles puissent paraître. Lorsque le crieur public a annoncé que, tel jour, à telle heure, à tel endroit, on terminera la lecture d'El-Boukhari, et que l'instant est arrivé, on ferme les boutiques, et tout le monde, hommes, femmes, enfants, citadins et campagnards, se rendent au lieu désigné. Le professeur fait d'abord l'éloge de Moh'ammed. On chante ensuite; puis le professeur adresse des exhortations à l'assemblée et cherche à lui inspirer la crainte de Dieu. Souvent l'auditoire fond en larmes; les fidèles se repentent de leurs fautes et invoquent la miséricorde de Dieu. Cette première solennité est bien faite pour ramener les pécheurs dans la bonne voie. Après cela, le professeur parle de la miséricorde infinie de Dieu et fait des salutations en l'honneur de Moh'ammed (que la prière soit sur lui!); enfin on termine El-Boukhari. Cette cérémonie dure depuis le lever du soleil jusqu'après son coucher.

A Tunis, on agit différemment : on ne lit El-Boukhari qu'après le K'oran et le Chefa du k'âd'i 'Aïad. Mon père, qui a rapporté les usages de chaque peuple en cette occasion, donne l'ordre des lectures tel qu'il existait alors[1]. De nos jours, on a beaucoup retranché de ces détails. De son temps, n'assistait pas qui voulait à la lecture d'El-Boukhari; aujourd'hui y va qui veut; la plupart ne le font que par vanité et pour que l'on puisse dire : « Un tel comprend les commentaires des lois du prophète. »

Les vrais savants ne lisent que par amour pour Dieu; la lecture dure trois mois, et ils en célèbrent convenablement la fin. Mais il est des musulmans qui ne font rien de tout cela; ils se contentent de se vêtir proprement, pour qu'on les prenne pour des lecteurs. Il en est qui apprennent par cœur les explications des docteurs sur le dernier chapitre d'El-Boukhari; mais si quelqu'un leur fait une question en dehors de ce qu'ils ont retenu ainsi, ils ne savent que répondre. Ceux qui agissent ainsi ne sont conduits que par la vanité, ou par le désir d'usurper une place parmi les oulema; mais ce n'est que le plus petit nombre qui se conduit ainsi; en général, les Tunisiens ont de l'éloignement pour les actions honteuses et mondaines; ils célèbrent la clôture d'El-Boukhari avec dévotion et humilité. Lorsque le professeur a fini sa lecture, il récite la prière du tesbieh[2]; puis il remercie Dieu, et prêche l'assemblée dans des termes appropriés à la circonstance. Il adresse ensuite des vœux au ciel pour les assistants, et tout

---

[1] Nous avons supprimé cet *ordre des lectures*, qui serait sans intérêt pour les lecteurs de cette traduction.

[2] Une des courtes formules qui composent la Salah', série des prières que doivent faire les musulmans cinq fois par jour.

le monde répète à haute voix : « Amen, amen, ô maître des humains ! Louange à Dieu, maître du monde, et salut sur ses envoyés ! » Après cela, on lit le fatah' à plusieurs reprises, selon la coutume du lieu ; puis chacun se retire, après avoir baisé la main du cheikh et reçu sa bénédiction. Lui-même reçoit les grâces d'en haut à cette occasion. Que Dieu donne à chacun selon ses mérites !

Je vais terminer mon livre par les mots que le maître du genre humain a prononcés, lui qui ne dit pas de fausseté. Le prophète a dit : « Deux mots sont chers à Dieu ; ils sont légers à la prononciation, mais ils pèsent dans la balance. Louange à Dieu dans sa gloire, louange à Dieu le très-grand ! »

O vous qui écoutez les vœux et pardonnez les fautes, je vous supplie d'exaucer ma prière, au nom de votre serviteur Moh'ammed, le plus noble des fils d'Adam, au nom des préceptes divins lus dans cette nuit où vous avez promis de distribuer vos grâces, nuit de prières, d'honneurs et de miséricorde ! Je vous demande le pardon de mes fautes ; je vous demande votre indulgence pour cet ouvrage ; je vous demande votre appui et votre miséricorde dans cette vie et dans l'autre. J'ai commencé par confesser l'unité, je finirai de même, ô maître du monde !

Je déclare que ce livre a été terminé dans la nuit, au milieu du mois de ch'aban, le béni, de l'année 1092 de l'hégire, par le pauvre de Dieu, qui confesse ses erreurs et ses fautes, El-H'adj-Moh'ammed-ben-el-H'adj-

'Omar-es-Seffar-er-Raïni-el-K'aïrouâni, dans la zaouïa de Meradïa. Que Dieu accorde sa bénédiction à celui qui l'a bâtie!

Que le salut et la prière soient sur notre seigneur et notre maître Moh'ammed et sur les siens!

Louange à Dieu, maître de l'univers!

FIN DE L'HISTOIRE DE L'AFRIQUE.

TABLE DES MATIÈRES.

	Pages.
Préface des traducteurs.	I
Préface de l'auteur.	VII

LIVRE PREMIER.

Description de Tunis.	1

LIVRE SECOND.

Description de l'Afrique.	21

LIVRE TROISIÈME.

Conquête de l'Afrique par les musulmans. Émirs qui ont gouverné ce pays du temps des khalifes et postérieurement.	36

LIVRE QUATRIÈME.

Du Gouvernement 'Abadia depuis son origine.	90
Règne de l'imam El-Moh'di.	93
——— d'El-K'aïem-Bamr-Allah.	96
——— d'El-Mans'our-Billah.	103
——— de Moez-Liddin-Allah.	106
——— d'El-'Aziz-Billah.	114
——— de H'akem-Bamr-Allah.	116
——— d'Ed-Daher.	117

TABLE DES MATIÈRES.

	Pages.
Règne de Mestancer-Billah	117
—— d'El-Mesta'alli-Bamr-Allah	118
—— d'El-Bah'kan-Allah	119
—— de H'afed'-Liddin-Allah	120
—— de Tafer-Billah	121
—— d'El-Faiez-Bamr-Allah	Ibid.
—— d'El-Aded-Liddin-Allah	122

LIVRE CINQUIÈME.

Des Êmirs de Senhadja	124
El-Mans'our-ben-Balkin-ben-Ziri-ben-Menâd	131
Badis-ben-el-Mans'our-ben-Ioucef-ben-Ziri-ben-Menâd-es-Senhadji	135
El-Moez-ben-Badis-ben-el-Mans'our-ben-Balkin-ben-Ziri-ben-Menâd-es-Senhadji	138
Temin-ben-el-Moez-ben-Badis-ben-el-Mans'our-ben-Ioucef-Balkin-ben-Ziri-ben-Menâd	145
Iah'ia-ben-Temin-ben-el-Moez-ben-el-Badis-ben-el-Mans'our-ben-Ioucef-Balkin-ben-Ziri-ben-Menâd	151
'Ali-ben-Iah'ia-ben-Temin	152
El-H'acen-ben-'Ali-ben-Iah'ia-ben-Temin-ben-el-Moez-Badis	153

LIVRE SIXIÈME.

PREMIÈRE PARTIE.

Du gouvernement des Beni-H'afez	161
Gouvernement d'Abd-el-Moumen	192
——————— de Ioucef-ben-'Abd-el-Moumen	198
——————— de Iak'oub	199
——————— de Moh'ammed-en-Nâc'er	205
——————— d'El-Mostans'er-ben-Moh'ammed	208
——————— d'Abou-Moh'ammed-'Abd-el-Ouah'ed	209
——————— d'El-'Adel	210
——————— de Iah'ia-ben-en-Nâc'er	211
——————— d'Abou-el-'Ala-Edris	Ibid.
——————— d'Er-Rachid	212
——————— d'Abou-el-H'acen-es-Saïd	213
——————— d'Abou-H'afez-'Omar	214
——————— d'Edris-ben-es-Saïd	215

TABLE DES MATIÈRES.

DEUXIÈME PARTIE.

	Pages.
El-Moula-Abou-Moh'ammed	217
Gouvernement d'El-Moula-Abou-Zakaria	219
—————— d'Abd-Allah-Moh'ammed-el-Mostr	224
—————— d'El-Moula-Abou-Zakaria-Iah'ia	229
—————— d'Abou-Ish'ak'-Ibrahim	230
—————— d'El-Moula-Abou-H'afez	233
—————— d'Abou-'Ossaïda	234
—————— d'Abou-Iah'ia	235
—————— d'Abou-el-Bak'a	236
—————— d'Abou-Zakaria	237
—————— d'Abou-Iah'ia-Abou-Bekr	239
—————— d'Abou-H'afez-'Omar	241
—————— d'Abou-H'acen-'Ali-ben-Saïd-el-Merini	243
—————— d'Abou-el-'Abbas	248
—————— d'Abou-Ish'ak'-Ibrahim	249
—————— d'Abou-el-Bak'a-Khâled	251
—————— d'Abou-el-'Abbas-Ah'med	Ibid.
—————— d'Abou-Farez	255
—————— d'Abou-'Abd-Allah	260
—————— d'Abou-'Omar	261
—————— d'Abou-Zakaria-Iah'ia	266
—————— du sultan Moh'ammed	267
—————— d'El-H'acen-Solt'an	270
—————— d'Ah'med-Solt'an	283
—————— du sultan Moh'ammed	296

LIVRE SEPTIÈME.

GOUVERNEMENT DES OSMANLIS.

Osman, chef de leur dynastie	305
Sinan-Pacha, chef de l'expédition dirigée contre Tunis	320
Gouvernement de Ioucef	346
—————— d'Ostad-Mourad	351
—————— d'Ah'med-Khodja	354
—————— d'El-H'adj-Moh'ammed	356
—————— d'El-H'adj-Moustafa-Faz	359
—————— de K'ara-Kous	361

	Pages.
Gouvernement d'El-H'adj-Moh'ammed-Djadjagli.................	363
——————— d'El-H'adj-Cha'bân......................	364
——————— d'El-H'adj-Moh'ammed-Mentechli................	366
——————— d'El-H'adj-'Ali-Faz......................	Ibid.
——————— d'El-H'adj-Mami-Djamal.....................	368
——————— d'El-H'adj-Moh'ammed-Bichara................	370
Deuxième gouvernement d'El-H'adj-Mami.....................	371
Gouvernement d'Azen-Ah'med...............................	372
——————— actuel, Moh'ammed dit T'abak'................	374

LIVRE HUITIÈME.

Suite du gouvernement des Osmanlis........................	380
Commandement de Moh'ammed............................	383
——————— d'Abou-en-Nâc'er-Mourad-Bey................	402
——————— des deux frères Abou-'Abd-Allah-Moh'ammed et Abou-el-H'acen-'Ali...........................	411
Gouvernement d'Abi-el-H'acen-'Ali-Bey.......................	421

ÉPILOGUE.

Ire Partie. Fondation de Tunis............................	466
IIe Partie. Diverses institutions introduites après la chute des Beni-Hafez.........................	479
IIIe Partie. Usages particuliers aux Tunisiens..................	486
IVe Partie. Cérémonies pour la lecture du Boukhari..............	507

ERRATA DU TOME VI.

Pag. 34, lig. 19. En effet, le roi de Tlemsên, malgré la perte de sa capitale, et celui de Tenès, qui résistait encore aux Turcs, avaient promis, *lisez* : En effet, le roi de Tlemsên, et celui de Tenès, qui, malgré la perte de sa capitale, résistait encore aux Turcs, avaient promis.

Pag. 61, lig. 14. Cercine, *lisez* : Caxine.
    78,   21. Facilement, *lisez* : fidèlement.
   103,   8. 1754, *lisez* : 1574.
   114,   15. Castejou, *lisez* : Castejon.
   115,   12. Castejou, *lisez* : Castejon.
   130,   18. 1595, *lisez* : 1495.
   196,   8. Entier, *lisez* : entrer.
   222,   4. D'Autoin, *lisez* : d'Antoin.
   285,   9. Donations, *lisez* : donatives.
   311,   16. 45°, *lisez* : 45'.
   317,   7. Arabes, *lisez* : barbares.
   397,   8. Temps d'enfance, *lisez* : antiquité.
   404,   26. A l'embouchure, *lisez* : entre l'embouchure.
   404,   26. Et à celle, *lisez* : et celle.
   412,   3. Faubourg, *lisez* : bourg.
   427,   25. Mers-el-Djoun, *lisez* : que Mers-el-Djoun.

www.ingramcontent.com/pod-product-compliance
Lightning Source LLC
Chambersburg PA
CBHW051353230426
43669CB00011B/1629